国家出版基金项目
NATIONAL PUBLICATION FOUNDATION
“十三五”国家重点图书
出 版 规 划 项 目

中国语言资源保护工程

中国濒危语言志

汉语方言系列

总主编 曹志耘

主编 张振兴 邢向东

广西钟山董家垌土话

邓玉荣 著

创于1897
商务印书馆
The Commercial Press

图书在版编目(CIP)数据

广西钟山董家垌土话/邓玉荣著. —北京：商务印书馆，2019
(中国濒危语言志)
ISBN 978-7-100-17237-0

I.①广… Ⅱ.①邓… Ⅲ.①汉语方言—介绍—钟山县 Ⅳ.①H172.3

中国版本图书馆CIP数据核字(2018)第057348号

广西钟山董家垌土话

邓玉荣 著

出版发行：商务印书馆
地　　址：北京王府井大街36号
邮政编码：100710

印　　刷：北京雅昌艺术印刷有限公司

开　　本：787×1092 1/16　　印　　张：20 3/4
版　　次：2019年6月第1版　　印　　次：2019年6月北京第1次印刷
书　　号：ISBN 978-7-100-17237-0

定　　价：120.00元

董家垌地形地貌　回龙镇 / 2017.4.20 / 廖祖平　摄

回龙镇泉岭村村貌　回龙镇泉岭村 / 2017.4.20 / 廖祖平　摄

石龙镇古戏台　石龙镇 / 2015.12.17 / 廖家庄 摄

调查工作现场　钟山县迎宾馆 / 2018.5.13 / 董蕊文 摄

序

我的老家在浙江金华。我在老家生活的年代是20世纪六七十年代。那时候人们白天黑夜地干，酷暑寒冬地干，但就是吃不饱饭。山上光秃秃的，地上光秃秃的，简直成了不毛之地。如今40年过去了，回到家乡，只见茂林修竹，清流激湍，芳草鲜美，落英缤纷，俨然人间仙境。进山的小路早已被草木掩没，没有刀斧开路，则寸步难行。

在我家附近的塔石乡，有一个叫“大坑”的畲族村子，坐落在一条山沟里，有50多人。畲族相传发源于广东潮州凤凰山，明代以来逐渐北迁，从广东到福建，从福建到浙江、江西、安徽等地。数百年来，畲族尽管不断迁徙，散落中国东南各地，然而始终保持着他们共同的语言——畲话。1981年，我在山东大学上学期间，曾经一个人跑到大坑去，拿着日本人编制的调查表记录他们的畲话。当时村里男女老少，基本上人人会讲畲话。但时至今日，很多人已不会讲或讲不好畲话了，25岁以下无一人会讲。照此发展下去，估计几十年后，大坑人沿袭千年之久的母语将彻底消亡。

自然环境的破坏可以修复，但语言的消亡无法挽回，不可再生。

根据联合国教科文组织的《世界濒危语言地图》(2018)，在世界现存的约6700种语言中，有40%的语言濒临灭绝，平均每两个星期就有一种语言消亡。中国有130多种语言，其中有68种使用人口在万人以下，有48种使用人口在5000人以下，有25种使用人口不足1000人，有的语言只剩下十几个人甚至几个人会说了。汉语方言尽管使用人数众多，但许多小方言、方言岛也在迅速衰亡。即使是那些还在使用的大方言，其语言结构和表达功能也已大大萎缩，或多或少都变成“残缺”的语言了。

冥冥之中，我们成了见证历史的人。

然而，作为语言学工作者，绝不应该坐观潮起潮落。事实上，联合国教科文组织早在1993年就确定当年为“抢救濒危语言年”，同时启动“世界濒危语言计划”，连续发布“世界濒危语言地图”(联合国已确定2019年为“国际本土语言年”)。二十多年来，国际上先后成立了上百个抢救濒危语言的机构和基金会，各种规模和形式的濒危语言抢救保护项目在世界各地以及网络上展开。我国学者在20世纪90年代已开始关注濒危语言问题，自21世纪初以来，开展了多项濒危语言、方言调查研究课题，出版了一系列重要成果，例如孙宏开先生主持的“中国新发现语言研究丛书”、张振兴先生等主持的“中国濒危语言方言研究丛书”、鲍厚星先生主持的“濒危汉语方言研究丛书”（湖南卷）等。为了全面、及时抢救保存中国语言方言资源，教育部、国家语委于2015年启动了规模宏大的“中国语言资源保护工程”。在语保工程里，专门设立了濒危语言方言调查项目，迄今已调查76个濒危语言点和60个濒危汉语方言点。对于濒危语言方言点，除了一般调查点的基本调查内容以外，还要求对该语言或方言进行全面系统的调查，并编写濒危语言志书稿。随着工程的实施，语保工作者奔赴全国各地，帕米尔高原、喜马拉雅山区、藏彝走廊、滇缅边境、黑龙江畔、海南丛林都留下了他们的足迹和身影。一批批鲜活的田野调查语料、音视频数据和口头文化资源汇聚到中国语言资源库，一些从未被记录过的语言、方言在即将消亡前留下了它们的声音。

为了更好地利用这些珍贵的语言文化遗产，在教育部语言文字信息管理司的领导下，商务印书馆和中国语言资源保护研究中心组织申报了国家出版基金项目“中国濒危语言志”，并有幸获得批准。该项目计划在两年内按统一规格、以EP同步方式编写出版30卷志书，其中少数民族语言20卷，汉语方言10卷。自项目启动以来，语信司领导高度重视，亲自指导志书的编写出版工作，各位主编、执行编委以及北京语言大学、中国传媒大学的工作人员认真负责，严格把关，付出了大量心血，商务印书馆则配备了精兵强将以确保出版水准。这套丛书可以说是政府、学术界和出版社三方紧密合作的结果。在投入这么多资源、付出这么大努力之后，我们有理由期待一套传世精品的出现。

当然，艰辛和困难一言难尽，不足和遗憾也在所难免。让我们感到欣慰的是，在这些语言、方言即将隐入历史深处的时候，我们赶到了它们身边，倾听它们的声音，记录它们的风采。尽管我们无力回天，但已经尽了最大的努力，让时间去检验吧。

曹志耘

2018年10月

于浙江师范大学

目录

第一章 导论

第一节

调查点概况

一　地理位置与地形地貌

（一）钟山县

调查点董家垌隶属于钟山县。钟山县隶属于广西壮族自治区贺州市，位于广西壮族自治区东部偏北，东经110°58'—111°31'、北纬24°17'—24°46'之间，地处南岭山脉中段，萌渚岭、都庞岭余脉西南，东与贺州市平桂区毗邻，南与贺州市昭平县交界，西与桂林市平乐县、恭城瑶族自治县接壤，北与贺州市富川瑶族自治县相连接。

在以舟楫为主要交通工具的古代，钟山有思勤江接入桂江，有临水（富江河）连接潇水与贺江的交通要道，南通广信（今梧州），为古代中原进入岭南的重要通道，可谓“两粤要冲，三湘入桂门户”。现有国道323线、桂林至梧州高速公路、永州至贺州高速公路、贵阳至广州高速铁路横贯县境，是西南地区东进粤港澳最便捷的出海通道。

（二）董家垌

“垌”是广西常见的地名用字，山间的田野叫垌。董家垌是山间盆地，垌中心距钟山县城约15公里，“董家垌习惯上是指珊瑚河从珊瑚镇到大桥村的流域，包括珊瑚、凤翔、石龙、回龙四个乡镇和公安镇的部分村寨，是桂东地区一大平原，居民十万上下，四面山岭环绕，中间一条河流把平原一分为二。河的两岸良田千顷，许多村寨子傍水而居，村与村的距离很近，可用‘鸡犬之声相闻’来形容。”（李琼永，2007）董家垌旧志上叫东家垌，有人认为因这个盆地形状像冬瓜，其实最初是叫作冬瓜垌的，因为垌中姓董的人较多，是垌中董、钟、陶、潘、虞、骆六大姓之一，冬、董音近，冬瓜垌就叫成并写成了董家垌。董家垌是钟山最大的盆地，耕作条件好，在农耕时代是较为富庶的地方，垌内人口密集，不少村庄人口在五千人以上，有的七八千人。

董家垌以古圩场石龙圩为中心，是潇贺古道与湘漓古道横向连接线上的核心地带。珊瑚河自东南穿越董家垌蜿蜒流向西北，流经石龙注入桂江的重要支流思勤江，河中一块巨石将河水劈为两边，两岸有石脉伸向河中，人们认为是二龙戏珠，因而将此地叫作石龙。后来人们在河中巨石上筑庙，并筑桥连接两岸，是为石龙桥。

石龙桥是钟山众多石拱桥中最为精美完整的一座，是自治区级重点文物保护单位。此桥始建于乾隆十一年（1746年），光绪四年（1878年）重建。整座桥全用青石拱建而成，两端各置石狮一对，桥面上两侧石栏、望柱、华盖内侧饰满浮雕图案，望柱外侧分别阴刻“石锁珠江”“龙蟠东水”八个雄健横联大字，石栏上有刻工细腻、形象生动的神话传说和戏文掌故浮雕，反映了中原文化对地处岭南腹地的地方戏曲文化的深刻影响。

董家垌内有众多农耕时代的豪华古民居，其中回龙镇龙道村古民居群独具特色。龙道村古民居群位于董家垌盆地北侧，其古建筑群始建于宋代，整个建筑群依山面水，富于岭南特色，又有本地独特的风格，最大的特点是每一个宅院都有用质地坚实的石料做的门框，有的门框还饰有精美浮雕图纹；门框上都刻有对联，对联形式工整，内容积极向上，使人们感到村子人文气氛的厚重。石龙镇松桂寨现存七座门楼，十二处院落，数百间房子。村巷规划整齐，每个院落正门入口处有两三级台阶，显得高贵大气，各种雕刻图案精致古朴，极具岭南人文气息。建于清代的文昌阁是村中的重要教育场所，农耕时代为村子为国家培养了不少人才。龙道村、松桂村是住建部、文化部、财政部等联合发文公布的中国传统村落。

二 历史沿革与人文掌故

董家垌所在的钟山县开发的历史较早，据文物部门对县境内古人类居住遗址的发掘考证，距今4000—10 000年前，今思勤江和富江流域就有人类活动生息。公元前214年秦置南海郡，钟山地属南海郡（郡治在番禺，即今广州市）。汉元鼎六年（公元前111年），武帝平南越置富川县，县治设今钟山县钟山镇。三国至元今钟山境分属各州或县。明洪武二十九年（1396年）属富川县，富川县治从钟山迁至今富阳镇，钟山始名钟山镇，置边蓬寨巡检司。万历四年（1576年）析富川之二五都（今县境南部）入昭平县，均属平乐府。清顺治十二年（南明桂王永历九年，即1655年），县域属平乐府。道光十四年（1834年），平乐理苗通判移至钟山。1917年设钟山县，中华人民共和国成立后为钟山县。1953年撤销富川、钟山2个县，合并置富钟县。1962年3月富川与钟山分治，恢复设置钟山县，今钟山县属贺州市。

钟山县人文历史文化丰富，境内现有文物古迹一百多处，其中自治区人民政府公布的重点文物保护单位9处，还有一批县人民政府公布的重点文物保护单位。

钟山现有多处有重要历史意义的摩崖石刻和碑刻，从不同角度反映了历史上各民族各族群在钟山这块土地上的纷争与融合的过程。位于城厢白马村南合掌石摩崖石刻，为宋元符三年（1100年）富川王瑞礼重刻唐苏口撰《隋富川列女蒋氏家西观寺碑》，记载了南朝岭南酋帅钟士雄之母忠烈诫子归隋，反对分裂维护国家统一的史实，碑文在《北史》《隋书》等正史列传中有载。英家街尾观音山东麓思勤江故道旁的明万历二十五年（1595年）摩崖石刻"百蛮遵道"反映了明代开辟水陆航道，统治者恩威并施，使瑶壮民众归顺的史实。透过这些历史事实，我们可以从一个侧面体会到千百年来，多语多方言在钟山这片土地上的接触与演变过程。与董家垌珊瑚河水道相连的思勤江在舟楫为重要交通工具的时代是钟山的重要交通要道，思勤江上的英家古街为明清时期钟山重要的商业街，居民多是近代从水路东来的商人，最有代表性的建筑是粤东会馆。客家话、广府粤语、属粤语勾漏片的阳山话等多种方言在此融合交融，必然对当地语言包括董家垌土话产生重大的影响。

三　口传文化与民俗

董家垌的口传文化相当丰富。戏台是口传文化传播的重要场所，钟山县保存较完整的古戏台有十二座，一个县有这么多的古戏台在广西较为少见。其中董家垌石龙街古戏台、丹霞观古戏台、大田村古戏台最为精美，现在还在使用，大田村古戏台是自治区级文物保护单位。戏台是口传文化传播的重要场所，在文化传承的同时在语言相互影响与融合中也起到了重要的作用。钟山包括董家垌没有用当地方言演唱的戏剧，旧时戏班演出的是以西南官话桂柳话为演出语言的桂剧和彩调。民间盛行以当地话传唱的山歌，其中董家垌山歌是市级非物质文化遗产，回龙镇东寨村蒋世福是贺州市非遗项目"董家垌山歌"传承人。董家垌有丰富的民间故事在民间流传，许多老年人能讲用本地土话传承的民间故事。用本地话传承的谚语童谣在民间口耳相传，20世纪70年代县文化部门编有钟山县民间文学三集——《钟山县故事集》《钟山县歌谣集》《钟山县谚语集》油印本，收集了不少的民间故事、谚语与歌谣。主要收集人与撰稿人李琼永、陈有温等是董家垌人，所收集的不少故事、歌谣、谚语主要流传地区就是董家垌。董家垌当地师公做法事时用的是董家垌的土话。

董家垌旧时有一习俗在桂东一带影响很大，就是打石头仗。钟山董氏族谱记载："吾三世祖玉公进居上泉溪，与李舍邻，年宵董李玩戏石战，因邻比扶，为此成俗。"打石头仗每年在泉岭村附近的老虎头与白鹤头两座山岭之间进行，双方以攻上对方的山岭为赢，武器就是山上随手可以捡到的石头。泉岭村有一座庙宇叫"洞心寺"，民间有谚曰："洞心寺，寺同心，三年冇打（石头仗）发人瘟"（董家垌土话"心""瘟"同韵），旧时当地人认为不打石头仗就不吉利，只有每年打石头仗并见血（有人受伤流血）才人寿年丰。1949年后，政府禁止此俗，而此俗完全消失是在20世纪60年代后期，由此俗可见董家垌一带民风的侠义强悍。

第二节

董家垌土话使用现状

一　钟山县的语言与方言

钟山县为多民族多方言居民聚居区，语言方言众多，主要有以下几种：

（一）汉语方言

钟山讲汉语方言的人口约有37万人。按当地的名称有下面几种：

1. 钟山话。钟山话又叫钟山土话，也叫本地话，是钟山县的主体方言，讲钟山话的人约32万，各乡镇都有分布，以县城南的董家垌盆地中的回龙、石龙、凤翔等乡镇最为集中。整个董家垌内只有董家垌土话分布，没有其他语言与方言分布。钟山土话内部有差别，董家垌土话在钟山土话中最有特色。

2. 桂林话。钟山当地的“桂林话”属西南官话，讲桂林话的人约1.5万，主要分布在清塘、燕塘、花山等乡镇。西南官话进入广西时间大约在明代，钟山境内讲其他语言与方言的居民大多能听懂或会讲西南官话。以西南官话为母语的居民大部分为历史上由讲少数民族语言改讲汉语方言，一部分为近代以来在钟山境内厂矿定居的工人及干部的后代。

3. 客家话。讲客家话的人约2.8万人，主要分布在燕塘、清塘等乡镇。客家话人口是后来的，进入钟山的时间约200年，对董家垌土话的影响不大。

4. 阳山话。讲阳山话（粤语的次方言，属勾漏片）的人约2000人，分布在清塘镇的新龙、东平等村屯。他们迁自广东阳山县，进入钟山的时间不长，对当地土话影响不大。

5. 宝庆话。钟山当地叫“宝庆话”的方言属湘语，讲宝庆话的居民来自湖南宝庆府，讲宝庆话的人约300人，零星分布在花山乡的林坪、三叉等村。

6. “瑶话”。“瑶话”指钟山县居住在平地的瑶族居民讲的一种汉语土话，这种土话与富川都话、湘南土话为同一类土话，在钟山主要是瑶族居民使用，当地瑶族居民自称为"瑶话"。讲"瑶话"的人约5000人，主要分布在两安瑶族乡，花山乡、红花镇也有少量分布。这种土话与我们这里研究的董家垌土话大为不同，相互之间不能通话。

（二）少数民族语言

钟山县的少数民族语言有壮语与勉语两种：

1. 壮语。壮语分布在清塘、花山、燕塘等乡镇，讲壮语的人约6000人。讲壮语的居民他们的祖先在明代进入钟山，现在大部分壮族村庄的居民已经改讲西南官话，部分家庭祖辈还会讲壮语，父辈能部分听懂或讲壮语，年青的孙辈已经基本不会讲壮语了，因此壮族人口数与会讲壮语的人数并不等同。

2. 勉语。讲勉语的为瑶族居民，主要居住在县西北的高山上，分布在两安乡的密溪、大桶山、下岭脚、塘肚山等村屯，讲勉语的人约200人。由于年轻人改讲官话、钟山土话或当地叫作"瑶话"的汉语土话，勉语在当地行将消失。

二　董家垌土话的名称与归属

钟山县把当地最多人讲的主体语言称为土话，当地人又称为钟山话、本地话，在以水上交通为主的时代，因董家垌中河流不具备水上交通条件，四面群山环绕，整个盆地相对封闭，垌中人生活习俗相同，居住的全部是讲土话的居民，口音与董家垌周边的方言有明显的不同。钟山人普遍认为董家垌的话是钟山话的代表，就是董家垌之外的人也这样认为，可见董家垌语言在当地的影响之大。本书记录的是钟山董家垌的土话，以回龙镇泉岭村为记录点，以泉岭村为中心周边村庄之间的土话语音差别不大。

《中国语言地图集》（第2版）把钟山话划归粤语勾漏片。《桂北平话与推广普通话研究》将钟山话划归桂北平话一起讨论。谢建猷《广西汉语方言研究》把钟山公安话放在平话部分讨论。我们认为以董家垌土话为代表的钟山话处于粤语的边缘，由于官话及湘南延伸过来的土话的影响，又有了一些桂北平话与湘南土话的特点，是糅合了一些土话特点的边缘粤语。

三　董家垌土话的形成

从族群谱牒、口传历史等多方面考察，董家垌土话是历史上移民语言与当地语言不断接触融合的产物。现在董家垌人口大约为12万（2017年钟山县政府网站数据），而董、钟、陶、潘、虞、骆六姓人口约占董家垌人口半数以上，其他人口较多聚族而居的姓氏还有杨、蒋、陈、侯、廖等姓。从董家垌主要姓氏的族谱看，他们最早在钟山定居为南朝，在钟山定居已经超过1000年，而从当地出土文物看，钟山人文历史比各姓族谱记载的最早在钟山居住的时间要早得多。

钟山县光绪三十年（1904年）版董氏族谱记载："世及洪武年间，吾中兴始祖讳董庭海公，原籍南京临江府珠玑巷人氏，登仕籍，连枝有四，尊讳江湖河海是也。彼时洪武二十四年，遭遇元故臣月鲁帖木儿叛，合德昌会川诸番攻建昌，转攻苏州及临江府珠玑巷，一省地方扰乱，而民无家可归，兄弟妻子离散。吾始祖因而单身徙来西粤平乐富城域，暂居雉鸡山下，再移珊瑚大塘岛……三徙至董家洞泉溪老寨岭顶居住，兴家立业。"今董家垌董姓居民主要居住在泉岭及周边的村庄。

石龙镇大虞村虞姓清光绪十年绸布手绘本族谱记载："追稽吾族之根本，原出于山东省青州府昌乐县杉木峡人氏，迁移南京居住珠玑巷。原（注：原本用此字）朝年间，又移来广西，直至贺县立居于龟岭。……迨新皇洪武登基……始祖讳起渊公，婆禤氏一家奔龙岩……又移上酒瓶山脚……又移过几里，再立东林村焉，……又移下和睦坊。此旷野平洋，乃中吾祖之意也，于是始立虞村仔。即起宅安居，建庙立社，又将山场地段插标为号，此时尚未有富川县，至洪武二十四年（1391年），才立富川县，始开都甲户籍，公将山场地段四处土名，与粮米地税载入富川县一六都九甲八户册籍内完纳。自此公住虞村仔，俱系富川所管矣。"今董家垌虞姓居民主要居住在大虞及周边的村庄。

据石龙镇松桂村民收藏民国二十三年（1934年）版钟山潘姓族谱记载："始祖讳念举，公于元末明初自南京珠玑巷奉母迁来广西，初居富川县平山岩，三迁至二伍都狮子头而定居焉。明万历四年拨隶昭平，民国六年拨隶钟山。"今董家垌潘姓居民主要居住在松桂等村庄。

据钟山县《骆氏族谱》（1998年版）记载："琼公讳真伟来自南京珠玑巷，自南京迁徙楚南，至太祖贵贤公，祖妣莫夫人再度南迁粤西平乐府富川县八都灵亭择土卜居，膝下二子志颜、志威于明代中叶又移钟山凤翔舞龙村，旋又迁至回龙岗山塘台、川岩，遂卜居以开基业，蕃（繁）衍生息。藉祖宗之荫庇，瓜绵瓞衍，子孙炽昌，凡二十有五代，历时五百余年矣。"骆氏一支迁入董家垌时间虽不甚具体，但大约时间在明中叶无疑。今董家垌骆姓居民主要居住在穿岩、塘台等村庄。

据钟山钟姓族谱记载，今董家垌钟姓居民主要居住在源头、黎寨等村庄。

关于董家垌居民的来源，民间有口头传说讲董家垌的董、潘、虞、陶、骆、钟等姓的祖先原来为同一戏班，因唱戏得罪皇上集体逃难至钟山董家垌。但在地方史志及各姓族谱中至今没有看到与此相关的记载，各姓族谱记载到钟山的时间也不同，今董家垌黎寨村钟姓族谱记载，今黎寨村钟姓为南朝岭南酋帅钟士雄的后代，而据《北史》《隋书》对南朝岭南酋帅钟士雄母蒋氏的记载，钟山至少部分钟姓在南朝时就在钟山一带定居，陶姓的主体在唐代末年就定居钟山一带，可见民间口传这一事实的可信度不高。董、潘、虞、骆各姓族谱记载其祖先是由南京珠玑巷迁来，其真实性待考。但从一个侧面反映董家垌唐宋以前就有先民居住，后来移民逐步迁入，迁入时都是一两户人家，人数都不多，不是群体性的大面积人口覆盖，来自各地的移民带来的语言不可能整体覆盖替换当地原有的语言，而是移民语言与董家垌原有居民的语言在不断融合中逐步形成了当地富有特色的土话。

四　董家垌土话与粤方言的关系和异同

（一）董家垌土话与勾漏片粤语有密切关系，在语音、词汇、语法几个方面都有较多的共同点。

1．语音方面

（1）古全浊声母不分平仄声调，今一律读不送气清音。如：婆po^{232}（～puə^{232}）｜田tĩ^{232}｜陈ʃuã^{232}｜穷tʃoŋ^{232}｜辫pĩ^{33}｜徛ki^{33}｜病pẽ^{31}｜电tĩ^{31}｜白piʌ^{31}｜杂θa^{31}。

（2）古微母字今读双唇鼻音，与古明母同。如：舞mu^{33}＝母mu^{33}｜万mæ̃^{31}＝慢mæ̃^{31}｜文muã^{232}＝民muã^{232}。

（3）齿音声母只有一套，读舌叶音。如：[tʃ　tʃʰ　ʃ]。

（4）流摄、臻摄开口一等与三等字同韵。如：楼lɔ^{232}＝流lɔ^{232}｜走tɔ^{42}＝tɔ^{42}酒｜沟kɔ^{35}＝鸠kɔ^{35}｜跟kuã^{35}＝斤tʃuã^{35}。

2．词汇方面

（1）表示雌性动物用“乸na^{42}”。如：鸡乸｜猪乸｜狗乸。

（2）有一批与周边粤语共有的特色动词与量词。如：□拿huã^{35}、拧拿nẽ^{51}、逃跑tiu^{232}、讴叫唤ɔ^{35}、揈晃动faŋ^{51}、□摆动，搅动fa^{31}、□咬、舔luæ^{51}～骨头：咬骨头、漉蘸，使沾湿lo^{44}、□（猪用嘴）拱piu^{31}，□疤痕，补丁na^{35}、嚿kɔ^{31}量词，用于大的物量。

3．语法方面

（1）副词“先”修饰动词时，一般后置。如：你去先｜煮熟先｜你吃先｜我住先。

（2）有一批与周边粤语共有的逆序词。如：人客、衫破破衣服、菜干、鸡公、鸭母、猪公、猪乸。

（二）董家垌土话处于粤语的边缘地区，由于受到相邻西南官话及土话的影响，与勾漏片粤语也有较大的差别。

1．语音方面

（1）董家垌土话的韵母与勾漏片粤语相比，韵母大量归并。如：铎韵塞音韵尾失落后与肴韵合并，教kiʌ^{51}＝各kiʌ^{51}；覃谈韵端系字与寒韵端系字、山删韵字今读同音，男næ̃^{232}＝难næ̃^{232}，山ʃæ̃^{35}与男næ̃^{232}同韵；侵韵字与真韵字今读也同音，心θuã^{35}＝新θuã^{35}；唐阳江三韵合并，缸kiæŋ^{35}＝姜kiæŋ^{35}＝江kiæŋ^{35}；今音没有[p][t][k]等塞音韵尾，鼻音韵尾只剩下[ŋ]，没有了[m][n]，有鼻化韵。

（2）就声调而言，董家垌土话比周边勾漏片粤语已经大为减少，董家垌土话及钟山县内同类的土话，平上去根据古声母清浊分为阴阳两类，清塘镇入声根据清浊分阴阳入，有[-t][-k]两个塞音韵尾，有八个声调；县城附近入声清声母字部分归阴平，部分归阴去，入声浊声母字归阳去，只有六个声调；而董家垌土话塞音韵尾消失，入声浊声母字归阳去，入声部分清声母字归阴去，部分清声母字自成一类为入声，有七个声调。

2. 词汇方面。董家垌土话有一些本地常用的词语，周边勾漏粤语不见或少见。如：地名用字“墇 $tʃaŋ^{35}$”“枹 $pɔ^{31}$”“港 $koŋ^{42}$”。

3. 词汇语法方面。周边粤语表示动作行为或现象的助词多用“紧”和“住”，董家垌土话用“倒 lo^{42}”。如“拧倒 $n\tilde{e}^{51}lo^{42}$”“徛倒 $ki^{33}lo^{42}$”“外头落倒水 $mui^{31}tɔ^{232}lo^{31}lo^{42}ʃui^{42}$”。

五　董家垌土话濒危现状

董家垌本地居民都是讲董家垌土话，但几百年来，特别是进入近代以来，西南官话对包括董家垌在内的钟山土话产生了巨大的影响，在董家垌外钟山的一些地方，已经有当地居民放弃了原来的方言改讲当地称为桂林话的西南官话，县内的部分壮语居民就放弃母语改讲西南官话。钟山县包括董家垌在内讲各种方言和语言的人一般都会讲西南官话，以至当地只有西南官话桂柳话演唱的桂剧和彩调，已经没有当地方言演唱的曲艺与戏剧。当地道士做法事，一般讲述及念经用的是本地土话，但到读祭文环节，就改用官话；祭祖、祭社坛、祭庙宇读祭文的环节都是用西南官话，可见官话作为强势方言对当地土话影响至深。民间有学讲官话题材的故事流传，说明人们曾把它作为共同语来推广学习。清末民初以后，钟山多地包括地处董家垌的珊瑚发现了多种矿藏，大批外地矿工进入钟山，也进入了董家垌内的珊瑚矿区，矿区流行的是西南官话，更加大了西南官话对本地土话的影响。

20世纪50年代以后，钟山开始推广普通话。至20世纪末，钟山县境内普通话与各种方言并存，方言与少数民族语言虽不断萎缩，但进程并不剧烈，在广大农村仍然保留着较为纯粹的方言语境。进入21世纪后，随着农村学前教育的普及，3岁以上年纪的幼童大部分都进入幼儿园学习，农村小孩在幼儿园就学会了普通话，回到家里往往也用普通话与父母祖父母辈交流，当地土话反而不熟悉。在董家垌这种土话原本比较纯正单一的地方，常可见到三几个幼童在一起，他们之间的交际语言是普通话而不是当地土话。老一辈熟稔的童谣和民歌已逐渐远去，当地许多小孩已经不会唱当地的童谣，很多年轻人已经不会唱当地的民歌，不会讲当地的民间故事了。

第三节

董家垌土话研究现状

从现在可以查找到的文献看，研究钟山方言的论文与著作很少，研究董家垌土话的论文与著作更少，因而我们把两者结合起来说明。

论文主要有下面几篇:《钟山方言音系》(邓玉荣2000)、《钟山方言声调发声模式的研究》(李立宁2012)、《钟山方言单字调对比实验研究》(钟晓婧2015)。

著作有《广西汉语方言概要》(广西师院中文系《广西汉语方言概要》编辑组1960)(以下简称《概要》)，记录的是钟山镇的语音，只有同音字表。《广西汉语方言研究》(谢建猷2007)，其中记录了钟山话公安镇调查点的声韵调并有例字，收录了单字读音3810个、词汇1041条。《钟山方言研究》(邓玉荣2005)是研究钟山方言的专著，对钟山方言做了较为全面的介绍，收录了单字读音约4100个，词汇约6000条，有语法分析及相当数量的语料。另外《钟山县志》(钟山县志编纂委员会1995)(以下简称《县志》)，有语言一章，其中汉语一节记录有钟山话的声韵调及例字。《雁叫秋风》(李琼永2007)论及钟山话，介绍了一些钟山方言的特色词及语言文化，没有记音及语音分析。

各研究者对钟山方言的描写异同如下：

表1-1　钟山方言研究声调比较表

	阴平	阳平	阴上	阳上	阴去	阳去	入声
《概要》	35	213	44	33	534	324	
钟晓婧	34	12	435	34	53	31	

续表

	阴平	阳平	阴上	阳上	阴去	阳去	入声		
李立宁	231	121	43	44	53	31			
邓玉荣	35	213	42	33	51	31	44		
谢建猷	35	23	54	33	52	21	44		
《县志》	243	132	33	54	51	21	阴入	中入	阳入
							4	3	2

各研究者调查的地点不同，发音人不同，调查手段也不同，李立宁与钟晓婧用的是实验语音学的方法。钟山方言内部有差异，发音人发音也有差异，但除阴平阳平声调的描写有较大差异外，其他声调描写的差异不大。钟山方言有的点还保留有入声，县境内从南往北声调从八个渐次减少，至县城附近只有六个声调，已经没有入声，因而钟晓婧、李立宁的声调归类中没有入声，邓玉荣、谢建猷记录的声调有入声。阳平调有的人念作降升调，有的人念作升降调，这次语保调查也收集到了念降升调的例子，李立宁也发现有念降升调的例子。应该说钟山方言阳平念升降调为主流，本书调查点为升降调232。《钟山县志》指出“钟山话声调分为9个，随着社会的发展有合并为5个声调的趋势”。认为“阳上并为阴去”“阴入并为阴平”“中入并为阴上”“阳入并为阳去”。

表1–2　钟山方言研究声母比较表

《概要》21个	p pʰ m f	t tʰ n θ l	tʃ tʃʰ tɕ tɕʰ ȵ ɕ	k kʰ ŋ h	j Ø
李立宁27个	p pʰ m f v p̈	t tʰ n θ l t̤ θ̠	ts tsʰ ȵ s tʃ tʃʰ ʃ ts̤	k kʰ ŋ x k̤	Ø
邓玉荣20个	p pʰ m f v	t tʰ n θ l	tʃ tʃʰ ɲ ʃ	k kʰ ŋ h	j Ø
谢建猷19个	p pʰ m f	t tʰ n θ l	tʃ tʃʰ ȵ ʃ	k kʰ ŋ h	ʔ Ø
县志19个	p pʰ m f w	t tʰ n θ l	tɕ tɕʰ ȵ ɕ	k kʰ ŋ h	j

邓玉荣与谢建猷除在u开头的零声母处理上略有不同外，声母与所辖的字基本相同。李立宁声母例字中一些字与邓、谢调查结果不同。

表1–3　钟山方言研究韵母比较表

《概要》 26个	a o ɔ e œ ai i iɤ iu ui u ua uɤ uɐi y	ĩ ɛ̃ œ̃ ẽŋ ãŋ ũŋ õŋ yə̃ iãŋ uãŋ	ŋ
邓玉荣 27个	a o ɔ e ø ə æ iu i iɔ ie u uø uæ ui y	ĩ ũ ã õ ẽ ø̃ æ̃ iã uã	m ŋ
谢建猷 53个	a ɛ ø ɔ ə ai iu au ɔu i ia iɛ iɔ iə iai iui ɛi u ua uɛ uɔ uə uai ui y ɛia ɔɛ iuə uɐi	ĩ ɛ̃ ã ø̃ ə̃ ɔ̃ uã yɛ̃ iuã iyɛ̃	iŋ aŋ oŋ əŋ ɛŋ øŋ iaŋ ioŋ uəŋ uaŋ uoŋ iuaŋ iuŋ ŋ
县志 28个	a ɔ ə œ ai au əi i iə iɛ iɛu iəu u uə ui y	ĩ ɔ̃ ã ỹ œ̃ ũ	aŋ ɔŋ iəŋ iɛŋ iək iɛk

各研究者描写的韵母数不同，邓玉荣与谢建猷归纳的韵母数量相差较多，在记音上略有不同。这除了调查点不同外，主要是音系处理上不同，邓玉荣把部分带摩擦的介音u处理为声母v，带摩擦的介音i处理为声母j，因而韵母数少了。李立宁、钟晓婧侧重于钟山方言声调的语音实验研究，没有同音字表，更没有涉及到词汇语法。

对董家垌土话及钟山县方言的研究还有待深入。

第二章 语音

第一节

声韵调

一　声母

董家垌土话声母18个，包括零声母：

p 八兵爬病肥饭	p^h 派片怕劈捧潘	m 马麦明味问舞	f 风副灰风裤富	
t 甜毒资早租酒	t^h 讨天草寸清七	n 脑南年泥女捺	θ 字坐三想祠谢	l 多东老蓝连路
tʃ 张争纸主九近	$tʃ^h$ 刺抽抄初车春	ȵ 热软月业玉二	ʃ 茶床山船手十	
k 歌高耕共权桥	k^h 可课规决倾欠	ŋ 饿艾熬迎仰银	h 开轻好虚黑谐	
ø 活县安温王用				

声母说明：

1. tʃ、$tʃ^h$、ʃ舌位稍靠前。
2. 开口韵零声母前头有喉塞音ʔ，本书记音时省略。
3. h处于x与h之间。

二　韵母

董家垌土话有韵母46个：

	i 师丝试戏二翼	u 胡苦路庐夫武	y 猪鱼柱箸雨律
e 习逼直色尺锡	ie 写社接贴热节		
ø 多歌磨坐开初			
ə 都是，副词了助词		uə 过盒十活七国	yə 入日乙越一 1

æ 改赖排鞋快寨	iæ □拐～：小青蛙	uæ 世米鸡跪龟鬼	yæ □朽烂
a 茶瓦鸭法辣刮	ia 下夏	ua 华挖话猾滑画1	
	iʌ 饱交托药壳白		
ɔ 豆喉走酒北德	iɔ 忧油游有幼右		
o 宝高谷六绿局	io 肉育若岳		
	iu 庙笑桥条缴彪		
	iui 蕊	ui 赔灰脆对吹泪	
	ĩ 盐甜年权边月		ỹ 圆2
ẽ 升兴病星兄劲	iẽ □头～～：头发少不好看状	uẽ 永2	
ø̃ 甘敢肝汗安旱	iø̃ □毛～～：毛茸茸状		
æ̃ 南衫单山关饭		uæ̃ 还弯挽玩皖	
	uã 心根新春眶贞	yã 人认	
	iæŋ 糖响床双讲		
aŋ 航灯硬争矿森	iaŋ 蝇蚊～：苍蝇	uaŋ 横	
oŋ 光彭王东红风	ioŋ 壅容勇泳用	uoŋ 枉往旺	
	iuŋ □～～笑：笑不露齿状	uŋ 暗半短官本寸	
m 呣叹词、唤牛声	ŋ 梧五伍午		

韵母说明：

1. ie中的e偏央。e韵与ie韵有合拼的趋向，部分人两韵混合不分。

2. iə、uə、yə里的ə比前面的i、u、y短。

3. æ、iæ、uæ、yæ、iæŋ中的æ的在a与æ之间。

4. æ、iæ、uæ、yæ有时有较短的韵尾e，为æe、iæe、uæe、yæe。

5. ɔ在ɔ与ɒ之间。

6. 来源于古匣母合口的零声母字，开头的u实际读音接近v。u韵与声母mn相拼时，受声母影响有时有鼻尾色彩，近似uŋ，如“雾”听上去像是muŋ。

7. uŋ韵前面的u很短，ŋ较长。

三　声调

阴平35　　东该灯风通开天春

阳平232　　门龙牛油铜皮糖红

阴上 42　　懂古鬼九统苦讨草

阳上 33　　买老五有动罪近后树

阴去 51　　冻怪半四痛快寸去，百搭拍塔

阳去 31　　卖路硬乱洞地饭，六麦毒盒罚

入声 44　　谷节急哭切刻

声调说明：

1. 阴上 42 和阴去 51 比较接近，但听感上是容易区别的。例如：屎ʃi^{42} ≠ 试ʃi^{51}、古 ku^{42} ≠ 故 ku^{51}、底 luæ^{42} ≠ 帝 luæ^{51}、手ʃɔ^{42} ≠ 瘦ʃɔ^{51}、请 tʰẽ^{42} ≠ 听 tʰẽ^{51}。

2. 入声自成调类，读长调。调值跟阳上比较接近，但听感上也是容易区别的。例如：柳 lɔ^{33} ≠ 德 lɔ^{44}、舅 tʃɔ^{33} ≠ 仄 tʃɔ^{44}、导 to^{33} ≠ 足 to^{44}、老 lo^{33} ≠ 屎 lo^{44}。

第二节

单字音表

下列是董家垌土话单字音表，表中同一横行表示声母相同，同一竖栏表示韵母和声调相同。空格表示没有配合关系。有意义而无适当字可写的，表里用号码表示，在表下加注。有需要特别说明的字用黑体字表示，也在表下加注。

表2-1　单字音表之一

韵	i						u						y						e						
调声	阴平	阳平	阴上	阳上	阴去	阳去	阴平	阳平	阴上	阳上	阴去	阳去	阴平	阳平	阴上	阳上	阴去	阳去	阴平	阳平	阴上	阳上	阴去	阳去	入声
	35	232	42	33	51	31	35	232	42	33	51	31	35	232	42	33	51	31	35	232	42	33	51	31	44
p	陂	皮	比	被	滗	鼻	部	葫	斧	傅	布	步													壁
p^h	披	丕	①		屁		铺		普	⑨	瀑	扑													劈
m	②	眉	糜		谜	味			拇	武		目													
f	飞				废		夫	扶	虎	俘	富	附													
t	资		子	的	③	地	租	徒	祖	肚	做	度												狄	积
t^h					次		粗		土		醋	突	蛆		**取**		趣								踢
n				你	腻	匿		奴	努			怒				女							呢		惄
θ	思	祠	死	巳	四	自	苏			漱	诉	**肃**	需		⑬		序	聚						籍	锡
l	④	离	⑤	理	⑥	利	**都**	卢	赌	卤		路	里	驴	里	吕	⑭	虑						力	滴

续表

韵	i	u	y	e
tʃ	枝 技 纸 吱 志 秩	⑩	猪 主 ⑮ 注 驻	植 织
tʃʰ	眵 祈 齿 翅		杵 趋 处 ⑯	尺
ȵ	儿 疑 ⑦ 议 ⑧ 二		⑰ 鱼	
ʃ	师 时 屎 市 试 事		输 薯 鼠 柱 数 箸	食 色
k	机 棋 几 徛 记 忌	姑 ⑪ 鼓 顾	居 渠 举 距 锯 具	⑱ 极 激
kʰ	岂 乞	箍 苦 酷 ⑫	区 倔	⑲
ŋ				⑳ ㉑
h	欺 喜 嘻 气 翳		圩 许 去	吃 ㉒ 吃
∅	衣 移 椅 矣 意 疫		与 余 愚 雨 腴 预	㉓ 译 益

肃 θu^{31} 又读 θo^{44}

都 lu^{35} ～城。又读 tu^{35}

取 tʰy^{42} 又读 tʰu^{42}

① pʰi^{42} 眼～～：眼小难看状

② mi^{35} 黏糊。～饭：烂而糊的饭

③ ti^{51} 酒～：粉刺

④ li^{35} 量词，把

⑤ li^{42} 撕，拔。～草：拔草

⑥ li^{51} 动物身上特别是尾部的小肉突

⑦ ȵi^{42} 不明状。灯～～：灯不明亮状

⑧ ȵi^{51} ～手～脚：蹑手蹑脚

⑨ pʰu^{33} 象声词，～～响

⑩ tʃu^{35} 呼鸡声

⑪ ku^{232} ～～困：睡着打鼾声

⑫ kʰu^{31} 象声词，牙咬脆物声

⑬ θy^{42} 头～～：无精打采状

⑭ ly^{51} 蚊虫叮咬，蜂蝎用毒刺刺

⑮ tʃy^{33} 处；地方

⑯ tʃʰy^{31} 大气：喘气状

⑰ ȵy^{35} 唤猪声

⑱ ke^{51} 伸头窥探

⑲ kʰe^{44} ～～争：争吵状

⑳ ŋe^{232} 吾～：二胡

㉑ ŋe^{31} 头～～：仰头自负状

㉒ he^{31} 笑声，～～笑

㉓ e^{35} 叹词

表2–2 单字音表之二

韵	ie							ø						ə						uə						
调声	阴平 35	阳平 232	阴上 42	阳上 33	阴去 51	阳去 31	入声 44	阴平 35	阳平 232	阴上 42	阳上 33	阴去 51	阳去 31	阴平 35	阳平 232	阴上 42	阳上 33	阴去 51	阳去 31	阴平 35	阳平 232	阴上 42	阳上 33	阴去 51	阳去 31	入声 44
p	①			憋		别	鳖	玻		跛	蔆	簸	薄								菩				拨	笔
pʰ			②	③			撇	犓				破										㊳				匹
m			咩		④	灭	瘪	摩	磨			摸	磨												物	殁
f			⑤																			火		货	或	阔
t		⑥			借	碟	节	灾	抬	⑳	再	代		都	㊲										夺	卒
tʰ				⑦	⑧		铁	拖		彩		菜													特	七
n	⑨					聂	⑩	挼	挪		㉑	挪	耐							捏					讷	㊴
θ		邪	写		泻	谢	膝	腮	财	锁	坐	赛	座							唆					绝	雪
l	⑪		⑫			裂	⑬	多	来	朵		剁	㉒				了								笠	得
tʃ	遮		者	⑭	蔗	⑮	折	㉓	㉔	阻	㉕	㉖								㊵					及	急
tʃʰ	车		扯	彻	斜		**却**	初				戳	㉗													出
ȵ	⑯					热	⑰																			
ʃ	畲	蛇	舍	社	赦	射	血	梳	锄	㉘		箭	㉙												实	室
k		茄				杰	劫	哥	㉚			割				嗰	箇			㊶		果		过	掘	国
kʰ	⑱						诀			可		㉛													㊷	旮
ŋ		⑲		惹				㉜	鹅	㉝	獃	㉞	艾										我		㊸	嘿
h								开		海		荷	㉟													
ø	爷	爷		野	夜	叶	页		河	㊱	亥	**爱**	害							窝	禾	屙	祸	涴	盒	爩

却 tʃ^{h}ie^{44} 又读 ko^{31}

爱 ø^{51} 又读 ŋæ^{33}

① pie^{35} 肚～～：肚子大状

② p^{h}ie^{42} 象声词，小的水流声

③ p^{h}ie^{33} 扑克

④ mie^{51} 凹进去的地方

⑤ fie^{42} 口～～：似笑非笑状

⑥ tie^{232} 背～～：背弯歪斜状

⑦ t^{h}ie^{33} 物体密实无缝

⑧ t^{h}ie^{51} 歪斜

⑨ nie^{35} 气～～：呼吸困难状

⑩ nie^{44} 量词，扎。一～纱

⑪ lie^{35} 捆扎

⑫ lie^{42} ～～：蔫萎状

⑬ lie^{44}绳的死结

⑭ tʃie^{33}副词，才，刚刚，还

⑮ tʃie^{31}差劲、不好

⑯ ȵie^{35}颈～～：脖子短状

⑰ ȵie^{44}物体自身缩下去

⑱ k^{h}ie^{35}心～～：心惦记状

⑲ ŋie^{232} ～～呻：不停地呻吟

⑳ tø^{42}象声词：～～响声

㉑ nø^{33}眼～～：斜眼看状

㉒ lø^{31}鼻～～：流鼻涕状

㉓ tʃø^{35}受伤起的肿包

㉔ ʃø^{232}量词，串、簇

㉕ tʃø^{33}量词，块。一～姜

㉖ tʃø^{31}捆扎

㉗ tʃ^{h}ø^{31}象声词，锄地声

㉘ ʃø^{42}一晃而过状

㉙ ʃø^{31}象声词，大哭声

㉚ kø^{232}母鸡产蛋前的叫声

㉛ k^{h}ø^{51}用手指关节击打

㉜ ŋø^{35}猪被杀时的叫声

㉝ ŋø^{42}碾轧

㉞ ŋø^{51}切割

㉟ hø^{31}喘气声

㊱ ø^{42}理睬

㊲ tə^{232} ～噉：这么

㊳ p^{h}uə^{42}恐怕，也许

㊴ nuə^{44}蛤～：蝌蚪

㊵ tʃuə^{35}木段

㊶ kuə^{35}完、完结

㊷ k^{h}uə^{51}责备

㊸ ŋuə^{31} ～～：打瞌睡状

表2–3 单字音表之三

韵	yə							æ						iæ						uæ					
调声	阴平 35	阳平 232	阴上 42	阳上 33	阴去 51	阳去 31	入声 44	阴平 35	阳平 232	阴上 42	阳上 33	阴去 51	阳去 31	阴平 35	阳平 232	阴上 42	阳上 33	阴去 51	阳去 31	阴平 35	阳平 232	阴上 42	阳上 33	阴去 51	阳去 31
p									牌	摆	③	拜	败							跰			妣	闭	弊
p^{h}								④		派		湃								批					
m									埋	歪	买	⑤	卖							劘	眯	㉔	米	㉕	
f								⑥	槐			快								亏					
t													大							㉖	啼	仔	弟	祭	第
t^{h}								⑦				太								梯		体		涕	
n									⑧	⑨	奶										泥		蚁	细	㉗
θ			①					揌	⑩			晒								西	脐	洗		婿	㉘
l								拉			攋	带	赖							低	犁	底	礼	帝	例

续表

韵	yə	æ	iæ	uæ
tʃ		斋 ⑪ 债		**制**
tʃʰ		猜 豺 踩		
ȵ	入 日		⑰ ⑱	
ʃ		筛 柴 ⑫ ⑬ 晒 寨		筛 ㉙ 使 柿 世
k		街 解 界 ⑭		鸡 葵 鬼 乖 贵 柜
kʰ		凯 概		亏 契
ŋ		挨 涯 哀 ⑮ **爱**		**艺**
h		谐 骇		眉
ø	② 曰 粤 乙	唉 鞋 矮 隘 ⑯	⑲ ⑳ ㉑ ㉒ ㉓	威 围 委 ㉚ 畏 位

晒 θæ^{51} 完，结束

爱 ŋæ^{33} 又读 ø^{51}

蚁 muæ^{33} 又读 ȵi^{31}

制 tʃuæ^{51} 又读 tʃi^{51}

艺 ŋuæ^{31} 又读 ȵi^{31}

① ȵyə^{44} θyə^{42}：地上细小的线条形杂物

② yə^{232} 鸡蛋变质的味道

③ pæ^{33} 衣服久穿起毛

④ pʰæ^{35} 斜靠着躺卧

⑤ mæ^{51} ～～来：不断地来

⑥ fæ^{35} ～事：免得

⑦ tʰæ^{35} 坐着不想动

⑧ næ^{232} ～～者：伸开手脚睡着状

⑨ næ^{42} 踩踏

⑩ θæ^{232} 吃得多，吃得久

⑪ tʃæ^{42} 亮、清楚。灯～～：灯很亮状

⑫ ʃæ^{42} 肋 ʃaŋ^{51} ～～，肋骨外露很瘦状

⑬ ʃæ^{33} 以舌取物

⑭ kæ^{31} 以物压物

⑮ ŋæ^{33} 裂缝大状

⑯ æ^{31} 剥。～篾

⑰ ȵiæ^{232} 不好，不好看

⑱ ȵiæ^{42} 拐～：小青蛙

⑲ iæ^{35} 赖～：小孩耍赖状

⑳ iæ^{232} 贱；差劲

㉑ iæ^{42} ～～：走路东倒西歪状

㉒ iæ^{51} 败～：吃不下状

㉓ iæ^{31} 口～～：嘴巴张开状

㉔ muæ^{42} 视力不好状

㉕ muæ^{51} 雄性阳物

㉖ tuæ^{35} 对女性的称呼

㉗ nuæ^{31} 充塞涂抹

㉘ θuæ^{31} 猛吃。～一口

㉙ ʃuæ^{232} 劝说或唆使别人做事

㉚ uæ^{33} 吐出来

表2–4　单字音表之四

韵	yæ						a							ia							ua						
调声	阴平35	阳平232	阴上42	阳上33	阴去51	阳去31	阴平35	阳平232	阴上42	阳上33	阴去51	阳去31	入声44	阴平35	阳平232	阴上42	阳上33	阴去51	阳去31	入声35	阴平35	阳平232	阴上42	阳上33	阴去51	阳去31	入声44
p							粑	粑	把	叭	八	罢	⑥														
pʰ							⑦			**扒**	怕	⑧	**趴**														
m							**妈**	麻	**妈**	马	孖	抹	⑨														
f							花		⑩		法	罚	⑪														
t									**打**	哒	踏	达	⑫														
tʰ											塔																
n							**黟**		乸		镊	纳															
θ							⑬		萨		洒	杂	⑭														
l							**拉**	⑮	罅	啦	答	蜡	⑯														
tʃ							渣		咤	喳	炸	责	咋														
tʃʰ							叉			**赤**	岔	嚓															
ȵ	①		②											㉑				㉒		㉓							
ʃ							沙	茶	耍	刹	杀	煠															
k							加	⑰	假	⑱	甲	夹															
kʰ							揢		垮	旮	卡		⑲														
ŋ							椏	牙	架	瓦	**嗫**	⑳															
h							虾	霞	下	哈	瞎	暇	**黑**														
ø	③	④	⑤				椏		阿	丫	鸭			㉔			夏		眨		华	蛙		挖	话		

扒 p^ha^{33} 又读 pa^{232}

趴 p^ha^{44} 又读 pa^{33}、p^ha^{33}

妈 ma^{35} 又读 ma^{42}

妈 ma^{42} 又读 ma^{42}

打 ta^{42} 又读 la^{42}、la^{51}

拉 la^{35} 又读 $læ^{35}$

黟 na^{35} 又读 $ȵia^{35}$

赤 $tʃ^ha^{33}$ 又读 $tʃ^he^{44}$

嗫 $ŋa^{51}$ 又读 $ŋuə^{44}$

黑 ha^{44} 文读，白读 $hɔ^{44}$

① $ȵyæ^{35}$ 用指甲掐

② $ȵyæ^{42}$ 肉。吃～：吃肉

③ $yæ^{35}$ 朽烂。又读 $yæ^{42}$

④ $yæ^{232}$ 贱，差劲

⑤ $yæ^{42}$ 朽烂。又读 $yæ^{35}$

⑥ pa^{44} ～～：咂嘴声

⑦ p^ha^{35} 鼻～：鼻子扁平

⑧ p^ha^{31} 拍打声

⑨ ma^{44} ～～淡：很淡

⑩ fa^{42} 大口～～：物体开口开得大的样子

⑪ fa^{44}大声～～：大声责备

⑫ ta^{44}敲。～铁钉

⑬ θa^{35}～出来：参差不齐地伸出

⑭ θa^{44}松散不粘。饭～

⑮ la^{232}遗失

⑯ la^{44}找，捡。～剩：捡剩下来的东西

⑰ ka^{232}两腿分开跨过

⑱ ka^{33}量词，把：一～米

⑲ ka^{44}疑问语气词

⑳ ŋa^{31}擦。～火柴

㉑ ȵia^{35}五指抓拢

㉒ ȵia^{51}物体表面粗糙

㉓ ȵia^{44}松散，不容易黏合

㉔ ia^{35}tʃe^{31}：合掌拜神状

表2–5 单字音表之五

韵	iʌ							ɔ							iɔ					
调声	阴平 35	阳平 232	阴上 42	阳上 33	阴去 51	阳去 31	入声 44	阴平 35	阳平 232	阴上 42	阳上 33	阴去 51	阳去 31	入声 44	阴平 35	阳平 232	阴上 42	阳上 33	阴去 51	阳去 31
p	包	刨	胞		百	白	**剥**	⑮		**饱**	⑯	暴	龅	北						
pʰ	抛				炮	①	②	**泡**				**泡**								
m	猫	茅	③	亩	**剥**	脉		踎	谋	扭	有	穮	墨	铆						
f					④	⑤		浮					⑰	否						
t					**作**	度	**作**	邹	**头**	酒	奏		豆	则						
tʰ					托		鹊	秋	**头**	敨		透		⑱						
n					**⿰角弱**			嬲	⑲	纽		**扭**	⑳							
θ						索	凿	**修**		抖	骚	秀	袖	塞						
l	⑥	辽	⑦	⑧	**⿰角弱**	落	⑨	蔸	刘	斗	柳	斗	漏	德						
tʃ			找		捉		酌	州	求	久	舅	救	旧	仄						
tʃʰ	抄		炒		册			抽		丑		臭								
ȵ	**抓**		**抓**		⑩															
ʃ	⑪	巢			潲	勺	⑫	收	愁	守	授	瘦	寿	㉑						
k	交	⑬	搅	铰	角	撅	脚	沟	㉒	狗		够	嚿	㉓						
kʰ	敲		考		搉	藿	觉	烤				寇		克						
ŋ	挠	⑭	爪	咬	轭	弱		勾	牛	㉔	藕	袄	熬	㉕						
h					壳					口		靠	**候**	**黑**						
ø					恶	学	约	欧	喉	㉖	厚	沤	呕		忧	油	绕	有	幼	右

剥 piʌ^{44} 白读，又读 miʌ^{51}

剥 miʌ^{51} 文读，又读 piʌ^{51}

作 tiʌ^{51} 工～。又读 tiʌ^{44}

作 tiʌ^{44} ～业。又读 tiʌ^{51}

觮 niʌ^{51} 又读 liʌ^{51}

觮 liʌ^{51} 又读 niʌ^{51}

抓 ȵiʌ^{35} 又读 ȵiʌ^{42}

抓 ȵiʌ^{42} 又读 ȵiʌ^{35}

饱 pɔ^{42} 又读 piʌ^{42}

泡 p^{h}ɔ^{35} 量词

泡 p^{h}ɔ^{51} 动词

头 tɔ^{232} 又读 t^{h}ɔ^{232}

头 t^{h}ɔ^{232} 又读 tɔ^{232}

扭 nɔ^{51} 又读 nɔ^{42}、niu^{42}

候 hɔ^{31} 又读 ɔ^{31}

黑 hɔ^{44} 白读，文读 ha^{44}

① p^{h}iʌ^{31} 象声词，～～响：较小的声音

② p^{h}iʌ^{44} 象声词，～～响：较大的声音

③ miʌ^{42} 象声词，猫叫声

④ fiʌ^{51} 甩。牛尾～

⑤ fiʌ^{31} ～～吃：狼吞虎咽状

⑥ liʌ^{35} 拨动

⑦ liʌ^{42} 搅拌

⑧ liʌ^{33} ～～绿：很绿

⑨ liʌ^{44} 赤～：赤膊

⑩ ȵiʌ^{51} ～～者：很多人或动物移动状

⑪ ʃiʌ^{35} 掀，翻，揭

⑫ ʃiʌ^{44} 打开

⑬ kiʌ^{232} ～～：大声喊叫

⑭ ŋiʌ^{232} ～～叫：放声大哭

⑮ pɔ^{35} 肚～～：肚肿胀状

⑯ pɔ^{33} 水泡浸肿大状

⑰ fɔ^{31} 在烂泥中行走

⑱ t^{h}ɔ^{44} 累

⑲ nɔ^{232} 把脖子伸长

⑳ nɔ^{31} 任性，脾气大

㉑ ʃɔ^{44} 擦拭液体

㉒ kɔ^{232} 挖、掏、扣、舀

㉓ kɔ^{44} 眼～～：眼睁睁地

㉔ ŋɔ^{42} 眼～～：眼窝凹深状

㉕ ŋɔ^{44} 量词，节、段

㉖ ɔ^{42} 皮下瘀血的深黑色

表2–6　单字音表之六

韵	o							io							iu						ui					
调声	阴平 35	阳平 232	阴上 42	阳上 33	阴去 51	阳去 31	入声 44	阴平 35	阳平 232	阴上 42	阳上 33	阴去 51	阳去 31	入声 44	阴平 35	阳平 232	阴上 42	阳上 33	阴去 51	阳去 31	阴平 35	阳平 232	阴上 42	阳上 33	阴去 51	阳去 31
p	煲	袍	宝	抱	报	袱	①								彪	薸	表			⑭	杯	陪		悲	辈	吠
p^{h}	匍						仆								飘		⑮		票		坯	裴			配	
m		毛	②		③	木	凹								喵	苗		妙		庙	妹	媒		每	㉑	外
f						服	福														灰		匪		肺	

续表

韵	o							io							iu						ui					
t	糟	桃	枣	导	灶	毒	足								蕉	条	剿		醮	调	㉒	颓	嘴		最	队
tʰ	操		草		糙	椭	秃								挑		斞		粜		推		腿		脆	
n	搂		④	脑		闹	⑤								⑯	袅	**扭**	鸟	⑰	尿		㉓			累	内
θ	臊	槽	嫂	造	扫	续	宿								消	瞧	小		笑	噍	虽	随	髓	罪	岁	
l	刀	劳	佬	老	到	六	漉								撩	疗	缭	了	吊	料	堆	雷	儡	累	对	泪
tʃ	⑥					⑦	竹								招		⑱		照		追				赘	㉔
tʃʰ							畜								超						吹					
ȵ								⑬				皱	玉	悄												
ʃ						熟	叔								烧	朝	少		少	赵	衰	锤	水		税	睡
k	高	⑧	稿	锅	告	焗	谷								骄	侨	缴	藠	叫	轿						㉕
kʰ	科		颗		课	葛										**求**	丘		窍		魁			傀	溃	
ŋ	**熬**	⑨	**擻**	⑩	⑪	**熬**									翘	摇	⑲		⑳							
h	蒿		好	⑫	耗	霍	哭								嚣											
∅	呵				哦	号	屋		哟		唷		若	育	腰	谣	妖	舀	跃	鹞	煨	茴	㉖	会		会

匍 p^ho^{35} 又读 p^ho^{44}

熬 $ŋo^{35}$ 又读 $ŋo^{31}$、$ŋɔ^{31}$

擻 $ŋo^{42}$ 用力摇（使松动）

熬 $ŋo^{31}$ 又读 $ŋo^{35}$、$ŋɔ^{31}$

扭 niu^{42} 又读 $nɔ^{42}$、$nɔ^{51}$

求 k^hiu^{232} 又读 $tʃɔ^{232}$

妹 mui^{35} 又读 mui^{31}

① po^{44} 象声词，～～响声

② mo^{42} 眼～～：眼浮肿状

③ mo^{51} 懵懂

④ no^{42} ～嘴：努嘴

⑤ no^{44} 揉、搓。～衫，～脚

⑥ $tʃo^{35}$ ～嘴：噘嘴

⑦ $tʃo^{31}$ 用力压物

⑧ ko^{232} 象声词。～～叫声

⑨ $ŋo^{232}$ 象声词。大动物叫声

⑩ $ŋo^{33}ŋo^{51}$ 者：声音嘈杂状

⑪ $ŋo^{51}ŋo^{33}$ 者：声音嘈杂状

⑫ ho^{33} 湴泥～：烂泥巴

⑬ $ȵio^{35}$ 儿儿～～：弯弯曲曲

⑭ piu^{31} 猪用嘴拱物

⑮ p^hiu^{42} 肚～～：肚胀气

⑯ niu^{35} 有黏性

⑰ niu^{51} 两头大中间小

⑱ $tʃiu^{42}$ 扭得很紧

⑲ $ŋiu^{42}$ 特别起劲地挺胸扭腰

⑳ $ŋiu^{51}$ 女子长得漂亮

㉑ mui^{51} 喝。～水：喝水

㉒ tui^{35} 涴～：脏

㉓ nui^{232} 松软

㉔ $tʃui^{31}$ 用力压

㉕ kui^{31} 用肘压

㉖ ui^{42} 物品破损

表2-7　单字音表之七

韵	iui						ĩ						ỹ						ẽ					
调声	阴平35	阳平232	阴上42	阳上33	阴去51	阳去31	阴平35	阳平232	阴上42	阳上33	阴去51	阳去31	阴平35	阳平232	阴上42	阳上33	阴去51	阳去31	阴平35	阳平232	阴上42	阳上33	阴去51	阳去31
p							边		匾	辫	变	便							兵	平	丙		柄	病
pʰ							篇				片								䇮				姘	
m								棉	娩	敏	面	缅							⑥	名	⑦		⑧	命
f																			兄					
t							尖	甜	剪		箭	垫							精	亭	井	⑨		定
tʰ							天		浅		侵								清		请		听	
n							粘	年	撚	你		念							叮	宁	顶		拧	罜
θ							先	钱	宣		线	贱							星	晴	醒	静	姓	净
l							癫	连	点	②	楝	练							钉	零	鼎	岭	订	令
tʃ							专		展		战						**转**		征	⑩	整		政	**剩**
tʃʰ							穿		遣		窜						**串**		称		**掅**		秤	
ȵ	①			蕊			③	严		软		愿			④		⑤							
ʃ							牵	船	险	善	扇	传							声	成	升	⑪	胜	**剩**
k							兼	拳	检	俭	见	乾							京	⑫	颈		镜	**剧**
kʰ							谦		犬		欠								卿		**掅**	⑬	倾	
ŋ																				迎	⑭		⑮	
h																			轻			幸	庆	⑯
∅					锐		烟	员	隐	远	厌	县		**园**					英	嬴	映		应	

转 tʃỹ51 又读tʃĩ51

串 tʃʰỹ51 又读tʃʰĩ51

园 ỹ232 又读ĩ232

拧 nẽ51 又读nẽ42

剩 tʃẽ31 又读ʃẽ31

剩 ʃẽ31 又读tʃẽ31

剧 kẽ31 杂～：玩耍

掅 tʃʰẽ42 又读kʰẽ42

① ȵiui35 衣物上起的毛

② lĩ33 蚜虫

③ ȵĩ35 ～～者：无精打采状

④ ȵỹ42 含在嘴里用门齿轻咬

⑤ ȵỹ51 ～～笑：笑而不露齿状

⑥ mẽ35 遮盖、围扎。～头巾

⑦ mẽ42 很少的量。～儿：一点点

⑧ mẽ51 物体的小缺口

⑨ tẽ^{33}停止不动。～～者：一动不动状

⑩ tʃẽ^{232}灵～：爱管闲事

⑪ ʃẽ^{33}徛倒～～：站立状

⑫ kẽ^{232}拿。～东西：拿东西

⑬ kʰẽ^{33}凑～：刚好，刚巧

⑭ ŋẽ^{42}红～红～：有点红

⑮ ŋẽ^{51} ～～者：物体不稳欲倒状

⑯ hẽ^{31}中意。你～冇：你中意吗?

表2–8 单字音表之八

韵	iẽ						uẽ						ø̃						iø̃					
调声	阴平 35	阳平 232	阴上 42	阳上 33	阴去 51	阳去 31	阴平 35	阳平 232	阴上 42	阳上 33	阴去 51	阳去 31	阴平 35	阳平 232	阴上 42	阳上 33	阴去 51	阳去 31	阴平 35	阳平 232	阴上 42	阳上 33	阴去 51	阳去 31
p													②											
pʰ																								
m																								
f																								
t																								
tʰ																								
n																								
θ																								
l																								
tʃ																								
tʃʰ																								
ɲ	①																		⑦					
ʃ																楦	助							
k													肝		敢	③	赶							
kʰ													④					⑤						
ŋ																								
h																	看	⑥						
ø										永			安	寒		旱	按	汗						

永 uẽ^{33} 又读 ioŋ^{33}、ĩ^{33}

① ɲiẽ^{35}头～～：头发少不好看状

② pø̃^{35}象声词，较大的水响声

③ kø̃^{33}大力戽水

④ kʰø̃^{35}象声词，咳嗽声

⑤ kʰø̃^{31}大力戽水

⑧ hø̃^{31} ～～热：阵阵发热

⑦ ɲiø̃^{35}毛～～：毛茸茸状

表2–9 单字音表之九

韵	æ̃						uæ̃						uã						yã					
调声	阴平 35	阳平 232	阴上 42	阳上 33	阴去 51	阳去 31	阴平 35	阳平 232	阴上 42	阳上 33	阴去 51	阳去 31	阴平 35	阳平 232	阴上 42	阳上 33	阴去 51	阳去 31	阴平 35	阳平 232	阴上 42	阳上 33	阴去 51	阳去 31
p	班	①	板	**犯**	扮	饭							宾	玟	**粉**		粪	份						
pʰ	攀			襻	盼										品		喷							
m	挽	蛮	**反**	晚		慢							文	民	⑦		汶	问						
f	番	环	**反**	范	贩	幻							婚	焚	缓		⑧							
t	簪	谈	趱	淡	旦	蛋							津	钝	⑨	扽	浸	炖						
tʰ	贪	檀	毯		叹								亲		⑩		⑪	⑫						
n		南		②		难							⑬	脸	蚓		⑭	⑮						
θ	三	残	散	③	散	溅							心	秦	笋	尽	信	⑯						
l	单	拦	胆	懒	担	烂							⑰	林	⑱	揾	⑲	论						
tʃ	沾		斩		站	赚							针	琴	准	近	圳	镇						
tʃʰ	参	馋	铲		潺	**惨**							春		蠢		趁							
ȵ																				人	饮	忍	㉔	认
ʃ	衫	禅	疝	删	渗								深	神	婶	肾	呻	顺						
k	间	④	减	橄	惯	⑤							军	群	滚	菌	棍	鳙						
kʰ			刊		**勘**	⑥							坤		捆	哐	困							
ŋ	啱	颜	**盏**	眼		雁								银			⑳	㉑						
h	悭	还	**喊**		**喊**								㉒		很		瞓	恨						
∅		咸		限	晏	馅	湾	还	腕	玩		万	温	云	稳	㉓	蕴	闰	因	寅	允	引	印	孕

犯 pæ̃^{33} 又读 fæ̃^{33}

反 mæ̃^{42} 又读 fæ̃^{42}

反 fæ̃^{42} 又读 mæ̃^{42}

惨 tʃʰæ̃^{31} 又读 tʰæ̃^{42}

勘 kʰæ̃^{51} 又读 kʰæ̃^{42}

盏 ŋæ̃^{42} 又读 tʃæ̃^{42}

喊 hæ̃^{42} 叫

喊 hæ̃^{51} 责骂

粉 puã^{42} 又读 fuã^{42}

① pæ̃^{232} 爬行

② næ̃^{33} 歪斜。头～：头歪

③ θæ̃^{33} 打人的动作

④ kæ̃^{232} 烧。着火～：被火烧

⑤ kæ̃^{31} 拇指与食指张开的距离。又读 kʰæ̃^{31}

⑥ kʰæ̃^{31} 拇指与食指张开的距离。又读 kæ̃^{31}

⑦ muã^{42}（猪）不认真吃食的动作

⑧ fuã^{51}摆动

⑨ tuã^{42}核查。～实：核实

⑩ tʰuã^{42}舀

⑪ tʰuã^{51}骂

⑫ tʰuã^{31}抓（人）

⑬ nuã^{35}受潮湿润状

⑭ nuã^{51}慢慢摸、掏

⑮ nuã^{31}愚蠢

⑯ θuã^{31}不好的，差劲的

⑰ luã^{35}微痒

⑱ luã^{42}结实，匀称

⑲ luã^{51}食物从胃里往上反

⑳ ŋuã^{51}责备

㉑ ŋuã^{31}斜伸出来

㉒ huã^{35}拿

㉓ uã^{33}用手轻抚

㉔ ȵyã^{51}干草。禾～：稻草

表2-10 单字音表之十

韵	iæŋ						aŋ						iaŋ						uaŋ					
调声	阴平 35	阳平 232	阴上 42	阳上 33	阴去 51	阳去 31	阴平 35	阳平 232	阴上 42	阳上 33	阴去 51	阳去 31	阴平 35	阳平 232	阴上 42	阳上 33	阴去 51	阳去 31	阴平 35	阳平 232	阴上 42	阳上 33	阴去 51	阳去 31
p	帮	旁	榜	膀		傍	崩	凭	乓	⑥	棒	凭												
pʰ	镑			①			抨	⑦		嘭	胖													
m		芒		网	②	望	绷	盲	蜢	猛	絣													
f											掬													
t	浆	糖	蒋	③	酱	荡	憎	藤		⑧	甑	邓												
tʰ	枪		抢		烫			倘	⑨	趟														
n	裆	娘			攘	浪	粒	能	褦		⑩	⑪												
θ	箱	墙	想	象	像	脏		层	⑫		擤	赠												
l	当	粮	党	两	靓	谅	灯	楞	等	冷	凳	廊												
tʃ	庄		掌		账	撞	争				⑬													
tʃʰ	窗		厂		唱		铛		⑭		掌													
ȵ					④	让							㉖	㉗	㉘	㉙								
ʃ	双	床	赏	丈	向	尚	生	绳	省	⑮	⑯	⑰												

续表

韵	iæŋ	aŋ	iaŋ	uaŋ
k	江 强 讲 犟 降 ⑤	耕 ⑱ 梗 耿 更 ⑲		
kʰ	康 强 僵	⑳ 鲠 矿 狂		
ŋ	昂	㉑ ㉒ ㉓ 硬		
h	糠 漮 炕	坑 肯 ㉔ 痕		
ø	央 杨 养 巷	瘿 行 ㉕	蝇	横 ㉚ ㉛

镑 pʰiæŋ^{35} 一种宽口的锄头

浪 niæŋ^{31} 又读 liæŋ^{31}

撞 tʃiæŋ^{31} 又读 tʃʰiæŋ^{51}

凭 paŋ^{232} 又读 pẽ^{232}

盲 maŋ^{232} 又读 miæŋ^{232}

① pʰiæŋ^{33} 歪

② miæŋ^{51} 量词，块

③ tiæŋ^{33} ～～光:（天色）很亮状

④ ȵiæŋ^{51} 韧

⑤ kiæŋ^{31} 使物体稳定住

⑥ paŋ^{33} 用力踢：～一脚

⑦ pʰaŋ^{232} ～饱：很饱

⑧ taŋ^{33} 轻扶

⑨ tʰaŋ^{42} 台阶的一级叫一～

⑩ naŋ^{51} 疤痕

⑪ naŋ^{31} 坠下

⑫ θaŋ^{42} 大

⑬ tʃaŋ^{51}（用拳头）捶

⑭ tʃʰaŋ^{42} 用力蹬踢

⑮ ʃaŋ^{33}（脚）伸

⑯ ʃaŋ^{51} 畦。一～菜

⑰ ʃaŋ^{31} 听而不闻。耳～～

⑱ kaŋ^{232} 骂

⑲ kaŋ^{31} 扔掉，丢弃

⑳ kʰaŋ^{35} ～硬：很硬

㉑ ŋaŋ^{35} 用力屙屎

㉒ ŋaŋ^{42} 用力击打

㉓ ŋaŋ^{51} 吆喝

㉔ haŋ^{51} 发霉的气味

㉕ aŋ^{51} 答应

㉖ ȵiaŋ^{35} 毛发、枝条杂乱不齐状。又读 ȵiaŋ^{232}

㉗ ȵiaŋ^{232} 毛发、枝条杂乱不齐状。又读 ȵiaŋ^{35}

㉘ ȵiaŋ^{42} ～～者：不整齐状。又读 ȵiaŋ^{33}

㉙ ȵiaŋ^{33} ～～者：不整齐状。又读 ȵiaŋ^{42}

㉚ uaŋ^{51} 凹进去

㉛ uaŋ^{31} 干。风吹～：风吹干

表2-11 单字音表之十一

韵	oŋ						ioŋ						uoŋ					
调声	阴平 35	阳平 232	阴上 42	阳上 33	阴去 51	阳去 31	阴平 35	阳平 232	阴上 42	阳上 33	阴去 51	阳去 31	阴平 35	阳平 232	阴上 42	阳上 33	阴去 51	阳去 31
p	泵	朋		①	放	磅												
p^{h}	埄	**庞**	捧		碰													
m	锰	盟	懵	②		梦												
f	方	防	纺			凤												
t	宗	铜	总	动	纵	洞												
t^{h}	聪		桶		痛													
n	侬	浓	**弄**		③	**弄**												
θ	松	从	耸	④	宋													
l	东	龙	董	**笼**	冻	**弄**												
tʃ	钟	穷	肿	供	种	窘												
tʃ^{h}	冲		宠		铳													
ȵ							髶	**浓**		**拥**	嗅							
ʃ	凶	虫		重		⑤												
k	光	⑥	广	⑦	贡	共												
k^{h}	哄		恐		控													
ŋ			⑧	戆		⑨												
h	空	洪	烘		空	**旺**												
ø	翁	红	揖		瓮		雍	容	勇	泳		用		**王**	枉	往		**旺**

庞 p^{h}oŋ^{232} 又读 paŋ^{232}

弄 noŋ^{42} 又读 noŋ^{31}、loŋ^{33}、loŋ^{31}

弄 noŋ^{31} 又读 noŋ^{42}、loŋ^{33}、loŋ^{31}

笼 loŋ^{33} ～箱：箱子

弄 loŋ^{31} 又读 noŋ^{42}、noŋ^{31}、loŋ^{33}

浓 ȵioŋ^{232} 又读 noŋ^{232}

拥 ȵioŋ^{33} 又读 ioŋ^{42}

王 uoŋ^{232} 又读 oŋ^{232}

旺 uoŋ^{31} 又读 oŋ^{31}

① poŋ^{33} 量词，串。一～：一串

② moŋ^{33} 掩盖事实使别人受骗

③ noŋ^{51} 肥～～：很肥状

④ θoŋ^{33} 蓬松

⑤ ʃoŋ^{31} 扑

⑥ koŋ^{232} 捅

⑦ koŋ^{33} 量词，段、截。一～：一段

⑧ ŋoŋ^{42}（物体）突起。起：突起

⑨ ŋoŋ^{31} ～～者：精神不振状

表2-12　单字音表之十二

韵	uŋ						iuŋ						m						ŋ					
调声	阴平 35	阳平 232	阴上 42	阳上 33	阴去 51	阳去 31	阴平 35	阳平 232	阴上 42	阳上 33	阴去 51	阳去 31	阴平 35	阳平 232	阴上 42	阳上 33	阴去 51	阳去 31	阴平 35	阳平 232	阴上 42	阳上 33	阴去 51	阳去 31
p	搬	盘	**本**	伴	半	笨																		
pʰ	潘				判																			
m	**模**	门	**本**	满		闷																		
f	欢		款		焕																			
t	尊	团		断	钻	段																		
tʰ	村				寸																			
n			①	暖		嫩																		
θ	酸	全	选	②	蒜	旋																		
l	敦		短	卵	③	乱																		
tʃ					④																			
tʃʰ																								
ȵ											⑥													
ʃ		**缠**				**纯**																		
k	官		管		贯																			
kʰ																								
ŋ			⑤																					
h																								
ø		含	**碗**		暗	唤							**呣**	**唔**					**呣**	梧	**碗**	五		**呣**

本 $puŋ^{42}$ 又读 $muŋ^{42}$

本 $muŋ^{42}$ 又读 $puŋ^{42}$

模 $muŋ^{35}$ 又读 mo^{31}

缠 $ʃuŋ^{232}$ 又读 $ʃĩ^{232}$

纯 $ʃuŋ^{31}$ 又读 $ʃĩ^{232}$

碗 $uŋ^{42}$ 又读 $ŋ^{42}$

呣 m^{35} 叹词，表示疑问

唔 m^{232} 象声词。唤牛停住声

呣 $ŋ^{35}$ 叹词，表示疑问

碗 $ŋ^{42}$ 又读 $uŋ^{42}$

呣 $ŋ^{31}$ 叹词，表示应答

① $nuŋ^{42}$ 身上起的小疙瘩

② $θuŋ^{33}$ ～甜：有点甜

③ $luŋ^{51}$ 约定

④ $tʃuŋ^{51}$ 蘸，使湿

⑤ $ŋuŋ^{42}$ 语气词。表示拒绝

⑥ $ȵiuŋ^{51}$ ～～笑：笑不露齿状

第三节

连读变调及轻声

一　两字组连读变调规律

董家垌土话两字组连读，一般都是前字变调，后字不变调。其规律如下：

1. 阴类调、入声在阴类调及入声前读同阳上33调。

2. 阴类调在阳类调前读同入声44调。有时高于44为55，一律记为44。

3. 阳类调作为前字时，不论后字读什么调，读为11调。

4. 少数古入声清声母字今读阴去的字作为后字时读44调，与入声调调值相同。

表2-13　董家垌土话两字组连读变调表

前字变调 \ 后字调 / 前字调	阴平 35	阳平 232	阴上 42	阳上 33	阴去 51	阳去 31	入声 44
阴平　35	33	44	33	44	33	44	33
阳平　232	11	11	11	11	11	11	11
阴上　42	33	44	33	44	33	44	33
阳上　33	11	11	11	11	11	11	11
阴去　51	33	44	33	44	33	44	33
阳去　31	11	11	11	11	11	11	11
入声　44	33	—	33	—	33	—	33

两字组连读变调举例，先列调类组合和调值，后列例子，例子只记声韵，不再记调值。

阴平＋阴平[35-33 35]

先生θĩ ʃaŋ　吹风t^{h}ui foŋ　春分tʃ^{h}uã fuã　通书t^{h}oŋ ʃy　沙煲ʃa po

阴平＋阳平[35-44 232]

清明t^{h}ẽ mẽ　春头tʃ^{h}uã tɔ　朝头tʃiu tɔ　薅田ho tĩ　风炉foŋ lu

阴平＋阴上[35-33 42]

星子θẽ ti　甘草kø̃ t^{h}o　清早t^{h}ẽ to　担水læ̃ ʃui　灯草laŋ t^{h}o

阴平＋阳上[35-44 33]

天旱t^{h}ĩ ø̃　街市kæ ʃi　清淡t^{h}ẽ æ̃　安静ø̃ θẽ　香菌ʃiæŋ kuã

阴平＋阴去[35-33 51]

冬至loŋ tʃi　车线tʃ^{h}ie θĩ　光棍koŋ kuã　相信θiæŋ θuã　春菜tʃuã t^{h}ø

阴平＋阳去[35-44 31]

针鼻tʃuã pi　风柜foŋ kuæ　修路θɔ lu　冬豆loŋ tɔ　正月tʃẽ ȵĩ

阴平＋入声[35-33 44]

圩日hy ȵyə　担脚挑夫læ̃ kiʌ　猪血tʃy ʃie　苞粟piʌ θo　厅屋t^{h}ẽ o

阳平＋阴平[232-11 35]

雷公lui koŋ　坟山puã ʃæ̃　年初nĩ tʃ^{h}ø　牛车ŋɔ tʃ^{h}ie　茶杯ʃa pui

阳平＋阳平[232-11 232]

红云oŋ uã　行年aŋ nĩ　城门ʃẽ muŋ　年成nĩ ʃẽ　围墙uæ θiæŋ

阳平＋阴上[232-11 42]

潮水ʃiu ʃui　年底nĩ luæ　床板ʃiæŋ pæ̃　禾槁uə ko　铜锁toŋ θø

阳平＋阳上[232-11 33]

年晚nĩ mæ̃　徒弟tu tuæ　姨丈i ʃiæŋ　犁尾luæ mĩ　龙眼loŋ ŋæ̃

阳平＋阴去[232-11 51]

芒种miæŋ tʃoŋ　淋粪luã puã　长凳ʃiæŋ laŋ　门扇muŋ ʃĩ　牛轭ŋɔ ŋiʌ

阳平＋阳去[232-11 31]

寒露ø̃ lu　行路aŋ lu　麻袋ma tø　犁地luæ ti　莲叶lĩ ie

阳平＋入声[232-11 44]

时节ʃi tie　柴劈ʃæ p^{h}e　流血lɔ ʃie　茅屋miʌ o　麻骨ma kuə

阴上＋阴平[42-33 35]

表哥piu kø　水车ʃui tʃ^{h}ie　手巾ʃɔ tʃuã　普通p^{h}u t^{h}oŋ　扁挑pĩ t^{h}iu

阴上＋阳平[42-44 232]

小寒θiu õ　水壶ʃu iu　火笼fuə loŋ　假爷干爹ka ie　顶筒nẽ toŋ

阴上＋阴上[42-33 42]

火狗流星fuə kɔ　点种lĩ tʃoŋ　水桶ʃui t^{h}oŋ　果子kuə ti　表嫂piu θo

阴上＋阳上[42-44 33]

表弟piu tuæ　仔女tuæ ny　炒米t^{h}iʌ muæ　狗母kɔ mu　纸马tʃi ma

阴上＋阴去[42-33 51]

水碓ʃui lui　伙计fuə ki　讲价kiæŋ ka　短裤luŋ fu　手背ʃɔ pui

阴上＋阳去[42-44 31]

狗牸kɔ θi　体面t^{h}uæ mĩ　考虑k^{h}iʌ ly　写字θie θi　草席t^{h}o θe

阴上＋入声[42-33 44]

表叔piu ʃo　体育t^{h}uæ io　打铁la t^{h}ie　屎窟ʃi fuə　水竹ʃui tʃo

阳上＋阴平[33-11 35]

米筛muæ ʃæ　后生ɔ ʃaŋ　被蛆臭虫pi t^{h}y　坐车θø tʃ^{h}ie　野鸡ie kuæ

阳上＋阳平[33-11 232]

后年ɔ nĩ　晚头mæ̃ tɔ　老时lo ʃi　岭坪lẽ pẽ　女人ny ȵyã

阳上＋阴上[33-11 42]

雨水y ʃui　户主u tʃy　受苦ʃɔ fu　养狗iæŋ kɔ　马牯ma ku

阳上＋阳上[33-11 33]

老妣lo puæ　马母ma mu　被里pi li　被动pi toŋ　犯罪fæ̃ θui

阳上＋阴去[33-11 51]

受气ʃɔ hi　上课ʃiæŋ k^{h}o　老蒜lo θuŋ　野货ie fuə　晚辈mæ̃ pui

阳上＋阳去[33-11 31]

被面pi mĩ　眼泪ŋæ̃ lui　冷汗laŋ õ　徛柜ki kuæ　马路ma lu

阳上＋入声[33-11 44]

眼色ŋæ̃ ʃe　有益iɔ e　储蓄tʃy tʃ^{h}o　有福iɔ fo　五谷ŋ ko

阴去＋阴平[51-33 35]

蔗渣tʃie tʃã　灶囱to t^{h}oŋ　潲箕ʃiʌ ki　唱歌tʃ^{h}iæŋ kø　客姑hiʌ ku

阴去 + 阳平 [51-44 232]

晏头 æ̃ tɔ　拜年 pæ nĩ　戏台 hi tø　蒜苗 θuŋ miu　割禾 kø uə

阴去 + 阴上 [51-33 42]

放水 poŋ ʃui　灶口 to hɔ　倒水 lo ʃui　扫杆 θo kõ　蒜子 θuŋ ti

阴去 + 阳上 [51-44 33]

碓柱 lui ʃy　送礼 θoŋ luæ　糙米 t^{h}o muæ　伯妣 pa puæ　鸭母 a mu

阴去 + 阴去 [51-33 51]

沤粪 ɔp uã　芥菜 kæ t^{h}ø　布告 pu ko　看戏 hõ hi　放屁 poŋ p^{h}i

阴去 + 阳去 [51-44 31]

半夜 puŋ ie　半路 puŋ lu　见面 kĩ mĩ　菜豆 t^{h}ø tɔ　鸭蛋 a tæ̃

阴去 + 入声 [51-33 44]

惯节 kæ̃ tie　背脊 pui te　去湿 hy ʃuə　砌屋 t^{h}i o　撒谷 θa ko

阳去 + 阴平 [31-31 35]

大风 tæ foŋ　外翁岳父 mui oŋ　卖瓜 mæ ka　漏风 lɔ foŋ　立秋 luə t^{h}ɔ

阳去 + 阳平 [31-11 232]

涖田 pæ̃ tĩ　埠头 pu tɔ　旧年 tʃɔ nĩ　地堂 ti tiæŋ　饭匙 pæ̃ ʃi

阳去 + 阴上 [31-11 42]

雾水 mu ʃui　饭桶 pæ̃ t^{h}oŋ　睡椅 ʃui i　命苦 mẽ fu　落水 liʌ ʃui

阳去 + 阳上 [31-11 33]

夜晚 ie mæ̃　糯米 nø muæ　味淡 mi tæ　附近 fu tʃuã　豆米 tɔ muæ

阳去 + 阴去 [31-11 51]

路费 lu fui　脾气 pi hi　饭菜 pæ̃ t^{h}ø　大戏 tæ hi　白菜 piʌ t^{h}ø

阳去 + 阳去 [31-11 31]

大雾 tæ mu　命大 mẽ tæ　地洞 ti toŋ　命运 mẽ uã　白露 piʌ lu

阳去 + 入声 [31-11 44]

磨谷 mø ko　外出 mui tʃ^{h}uə　字帖 θi t^{h}ie　炼铁 lĩ t^{h}ie　蜡烛 la tʃo

入声 + 阴平 [44-33 35]

谷枝 ko tʃi　谷仓 ko t^{h}iæŋ　菊花 ko fa　铁丝 t^{h}ie θi　节瓜 tie ka

入声 + 阳平 [44-44 232]

黑云 hɔ uã　　粥瓢 tʃo piu　　出门 tʃʰuə muŋ　　竹床 tʃo ʃiæŋ　　屋檐 o ĩ

入声＋阴上[44-33 42]

谷桶 ko tʰoŋ　　屋顶 o lẽ　　壁虎 pe fu　　铁板 tʰie pæ̃　　出丑 tʃʰuə tʃʰɔ

入声＋阳上[44-44 33]

谷雨 ko y　　节俭 tie kĩ　　接受 tie ʃɔ　　粟米 θo muæ　　虱母 ʃuə muŋ

入声＋阴去[44-33 51]

出嫁 tʃʰuə ka　　铁器 tʰie hi　　一贯 ɣə kuŋ　　脚痛 kiʌ tʰoŋ　　结冻 kie loŋ

入声＋阳去[44-44 31]

谷磨 ko mø　　黑豆 hɔ tɔ　　识字 ʃe θi　　屋漏 o lɔ　　竹席 tʃo θe

入声＋入声[44-33 44]

击谷 ke ko　　出血 tʃʰuə ʃie　　结雪 kie θuə　　血迹 ʃie tie　　竹蟀 tʃo tuə

部分两字组连读不变调，如：

老人 lo^{33}ȵyã^{232}　　碎钱 θui^{51}θĩ^{232}　　继爷 ki^{51}ie^{232}　　眼红 ŋæ̃^{33}oŋ^{232}

书面色彩较浓的词一般不变调，如：

飞机 fui^{35}ki^{35}　　钢笔 kiæŋ^{51}puə^{44}

数字词组一般不变调，如：

三个 θæ̃^{35}kuə^{51}　　八嗜 pa^{51}kɔ^{31}

部分两字组不按以上规律变调，如：

我哋 ŋuə$^{33-44}$ti^{31}　　姓骆 θẽ$^{51-33}$liʌ^{31}　　箇头 kə$^{33-44}$tɔ^{232}　　坐定肯定 θø$^{33-44}$tẽ^{31}

部分为重叠变调：

样样 iæŋ$^{31-35}$iæŋ^{31}　　大大 tæ$^{31-35}$tæ^{31}

闹闹热热 no^{31}no$^{31-35}$ȵie^{31}ȵie^{31}

少数两字组后字变调，如：

□吾一点点儿 mẽ^{42}ŋ$^{232-44}$　　几年 ki^{42}nĩ$^{232-44}$　　扁吾扁担 pĩ^{42}ŋ$^{232-44}$

箇年今年 kə^{33}nĩ$^{232-35}$　　箇夜 kə^{44}ie$^{31-51}$　　好好 ho^{42}ho$^{42-33}$

两个 liæŋ^{33}kuə$^{51-44}$　　十个 ʃuə^{31}kuə$^{51-44}$

极少数两字组前后字都变调，如：

慢慢 mæ̃$^{31-11}$mæ̃$^{31-33}$　　夜夜 ie$^{31-35}$ie$^{31-51}$　　味道 mi$^{31-11}$to$^{31-33}$

二　三字组连读变调规律

（一）董家垌土话大部分三字组连读变调，与三字组内部的语法结构有关。三字组按结构切分，一般可以分为两个部分。一个部分为两字组，另一个部分独立一个字。一般情况下作为两字组的部分无论在前或在后都按照两字组的变调规律变调，另一个字无论在前或在后都不变调。如：

1. 两字组在前：

鸡公车 $kuæ^{35\text{-}33}koŋ^{35}tʃ^{h}ie^{35}$　　莲藕塘 $lĩ^{232\text{-}11}ŋɔ^{33}tiæŋ^{232}$

白头霜浓霜 $piʌ^{31\text{-}11}tɔ^{232}ʃiæŋ^{35}$　　过云水 $kuə^{51\text{-}11}uã^{232}ʃui^{42}$

2. 两字组在后：

半山腰 $puŋ^{51}ʃæ̃^{35\text{-}33}iu^{35}$　　大热水将沸的水 $tæ^{31}ȵie^{31\text{-}11}ʃui^{42}$

马笼头马笼嘴 $ma^{33}loŋ^{232\text{-}11}tɔ^{232}$

山老鼠 $ʃæ̃^{35}lo^{33\text{-}11}ʃy^{42}$

（二）有部分不按上述规律变调，而按下面规律变调：

1. 两个阳类调在前，两个都变11调，第三字不变调：

石头马 $ʃe^{31\text{-}11}tɔ^{232\text{-}11}ma^{33}$　　石头仗 $ʃe^{31\text{-}11}tɔ^{232\text{-}11}tʃiæŋ^{51}$　　油麻油 $iɔ^{232\text{-}11}ma^{232\text{-}11}iɔ^{232}$

2. 两个阴类调在前，第一个变44调，第二个变11调，第三字不变调：

纱操衫 $ʃa^{35\text{-}44}t^{h}o^{35\text{-}11}ʃæ̃^{35}$　　单身公 $læ̃^{35\text{-}44}ʃuã^{35\text{-}11}koŋ^{35}$

手巾儿 $ʃɔ^{42\text{-}44}tʃuã^{35\text{-}11}ȵi^{232}$　　剃头佬 $t^{h}uæ^{51\text{-}44}tɔ^{232\text{-}11}lo^{42}$

（三）另有一些三字组不按上述规律变调，如：

冬间天 $loŋ^{35}kæ̃^{35\text{-}33}t^{h}ĩ^{35}$　　两个人 $liæŋ^{33}kuə^{51\text{-}44}ȵyã^{232}$

螺丝批 $lø^{232\text{-}11}θi^{35\text{-}11}p^{h}uæ^{35}$　　十二月 $ʃuə^{31\text{-}11}ȵi^{31\text{-}33}ȵi^{31}$

三　轻声

董家垌土话没有类似北京话那样的轻声。语气助词在句末一般也有明显的声调，受不同句调的影响调值会有变化，有时读得较轻较平，本书把用于句中提顿语气及句末的语气助词按实际读音标调或标原调。

第四节

音 变

一　变声与变韵

（一）变声

声母改变读音，如“冇曾”[mɔ^{33}taŋ^{232}]的“曾”[taŋ^{232}]，声母[t]有时变读为同部分[n]或[l]，读成“冇曾”[mɔ^{33}naŋ^{232}]或“冇曾”[mɔ^{33}laŋ^{232}]，一般用在句中，如：“冇曾到”[mɔ^{33}naŋ^{232}lo^{51}]。

（二）变韵

受声母的影响，一些开尾韵的字受鼻音声母同化读了鼻化韵或鼻尾韵。如：你ni^{33}→nĩ^{33}、儿ȵi^{232}→ȵĩ^{232}、尾mi^{33}→mĩ^{33}、耳ȵi^{33}→ȵĩ^{33}、奴nu^{232}→nuŋ^{232}、雾mu^{31}→muŋ^{31}、母mu^{33}→muŋ^{33}。其中“尾”[mĩ^{33}]、“耳”[ȵĩ^{33}]的同化读法已经变成了常态。

再如：“闹热no$^{31-11}$ȵie^{31}”读成“闹热noŋ$^{31-11}$ȵie^{31}”。

地名“大□”[tæ$^{31-11}$mo^{42}]，又叫“大□岭”[tæ$^{31-11}$mo^{42}lẽ^{33}]，“□”[mo^{42}]是“山岗”的意思，是壮侗语底层词。雅化为“大猛岭”[tæ$^{31-11}$moŋ^{42}lẽ^{33}]，“□”[mo^{42}]受声母影响读为鼻音韵母[moŋ^{42}]。

有的字韵母发生变化，没有什么规律。如：“吾叔叔叔”[ŋ$^{232-11}$ʃiu^{51}]，“叔”[ʃo^{44}]变韵，读为[ʃiu^{51}]。“高岭顶”[kɔ$^{35-33}$lẽ^{33}nẽ^{42}]地名，口语读成[kɔ$^{35-33}$lo^{33}nẽ^{42}]。

二　弱化、脱落、合音等

（一）弱化

一些有韵腹韵尾的音节，弱化为一个容易发音的元音，如：“同嗽像这样，这样”[toŋ^{232}kə^{42}]

弱化为[tə$^{31-11}$kə^{42}]。“同箇子像这”[toŋ^{232}kə^{33}ti^{42}]弱化为[tə$^{31-11}$kə^{33}ti^{42}]。

（二）脱落

音节中的一部分脱落。如：“廖屋”[liu^{31}o^{44}]，“廖”[liu^{31}]韵尾脱落，人们习惯说为[li^{31}o^{44}]。“姓廖”的“廖”还是读[liu^{31}]。“日本”[ȵyə^{31}puŋ^{42}]的“本”[puŋ^{42}]声母与韵腹脱落，又读作“日本”[ȵyə^{31}ŋ^{42}]。“眼雾低老花眼”[ŋæ̃^{33}mu^{31}luæ^{35}]，读作[ŋæ̃$^{33-11}$u$^{31-11}$luæ^{35}]，“雾”[mu^{31}]声母脱落。“热佛⁼子痱子”[ȵi^{31}pø^{31}ti^{42}]，“ȵi^{31}”是“热”[ȵie^{31}]的音变。“剩记得还记得”[ʃe^{31}ki^{51}luə^{44}]，[ʃe^{31}]为“剩”[ʃẽ^{31}]鼻化韵脱落。“腊⁼令闪电”[la^{31}le^{31}]，名词。“令”[lẽ^{31}]鼻化韵脱落读成[le^{31}]。

（三）合音

两字快读，两个音节合成了一个音节。如：“有曾未曾；没有”[mɔ^{33}taŋ^{232}]。合音快读为[maŋ^{232}]。一般用在句末：“渠晓知□”[ky^{232}ʃiu^{42}tʃi^{35}maŋ^{33}]？

（四）故意变读

民间口语有时故意改读别人的村名，有的是不雅的读音，时间久了，当地这种不雅的改读，人们已经习以为常，如：

“泉陂”[θuŋ^{232}pi^{35}]，村名，本来雅化为“泉溪”[θuŋ^{232}hi^{35}]，民间口语有人故意改读为“□陂”[θuã^{31}pi^{35}]，且习以为常，日常口语中人们多说“□陂”[θuã^{31}pi^{35}]，少说“泉陂”[θuŋ^{232}pi^{35}]或“泉溪”[θuŋ^{232}hi^{35}]。“□”[θuã^{31}]意为“不好的、差劲的”。

“江亚”[kiæŋ$^{35-33}$ia^{51}]，村名，人们口语故意改读为“讲恶”[kiæŋ$^{42-33}$iʌ^{51}]，并习以为常。

“珠玑村”[tʃy^{35}ki^{35}tʰuŋ^{35}]，当地口语说为“猪屎村”[tʃy^{35}ʃi^{42} tʰuŋ^{35}]。

“鹤岗”[iʌ^{31}kiæŋ^{42}]，村名，雅化为“学岗”[iʌ^{31}kiæŋ^{42}]，口语叫作[ha^{33}kiæŋ^{35}]。[ha^{33}]与“鹤”[iʌ^{31}]、“学”[iʌ^{31}]的读音都不符。

“天师观”[tʰĩ^{35}ʃi^{35}kuŋ^{51}]变读成了“铁屎罐”[tʰie^{44}ʃi^{42}kuŋ^{51}]。

第五节

古今语音比较

本节与中古音的比较，其中的“古音”指《广韵》系统，声韵调名称以及表格样式均依照丁声树撰文、李荣制表的《汉语音韵讲义》，例字和标音是董家垌土话。

一　声母的古今比较

表2–14　董家垌土话古今声母比较表

	清		全浊
帮组	帮八pa꜄兵꜀pẽ	滂派꜂pʰæ片pʰĩ꜄	並爬꜁pa病pẽ꜅
非组	非飞꜀pi ～ ꜀pʰi ～ ꜀fui 风꜀foŋ	敷副fu꜄ 蜂꜀poŋ ～ ꜀foŋ	奉肥꜁pi饭pæ̃꜅
端泥组	端多꜀lø东꜀loŋ	透讨꜂tʰo天꜀tĩ	定甜꜁tĩ毒to꜅
精组	精资꜀ti早꜂to租꜀tu酒꜂tɔ	青草꜂tʰo寸tʰuŋ꜄清꜀tʰẽ 刺tʃʰi꜄	从字θi꜅贼θɔ꜅坐꜃θø全꜁θuŋ
知组	知张꜀tʃiæŋ竹tʃo꜆	彻抽꜀tʃʰɔ拆tʃʰiʌ꜄	澄茶꜁ʃa柱꜃ʃy
庄组	庄争꜀tʃaŋ装꜀tʃiæŋ	初抄꜀tʃʰiʌ初꜀tʃʰø	崇事ʃi꜅床꜁ʃiæŋ
章组	章纸꜂tʃi主꜂tʃy	昌车꜀tʃʰie春꜀tʃʰuã	船船꜁ʃĩ顺ʃuã꜅
日母			
见晓组	见高꜀ko九꜂tʃɔ	溪开꜀hø轻꜀hẽ	群共koŋ꜅权꜁kĩ
影组	影安꜀õ温꜀uã		

次浊		清	全浊	
明麦 miʌ꜅ 明 ꜁mẽ ～ ꜁mui				帮组
微味 mi꜅ 问 muã꜅				非组
泥脑 ꜃no 南 ꜁næ̃ 年 ꜁nĩ 泥 ꜁nuæ	来老 ꜃lo 蓝 ꜁læ̃ 连 ꜁lĩ 路 lu꜅			端泥组
		心丝 ꜀θi 三 ꜀θæ̃ 酸 ꜀θuŋ 想 ꜂θiæŋ	邪祠 ꜁θi 谢 θie꜅	精组
				知组
		生山 ꜀ʃæ̃ 双 ꜀ʃiæŋ		庄组
		书手 ꜂ʃɔ 书 ꜀ʃy	禅十 ʃuə꜅ 城 ꜁ʃẽ	章组
日热 ȵie꜅ 软 ꜃ȵĩ				日母
熬 ŋɔ꜅ ～ ꜀ŋo ～ ŋo꜅ 疑月 ȵĩ꜅		好 ꜂ho 晓灰 ꜀fui 响 ꜂ʃiæŋ	匣活 Øuə꜅ 县 Øĩ꜅	见晓组
云王 ꜁Øoŋ ～ ꜁Øuoŋ 云 ꜁Øuã	以用 Øioŋ꜅ 药 Øiʌ꜅			影组

二　韵母的古今比较

表2-15　董家垌土话古今韵母比较表一

		一等			二等			
		帮系	端系	见系	帮系	泥组	知庄组	见系
果开	ø o ie uə		多꜀lø 舵to꜅	歌꜀kø 我꜃ŋuə				
果合	ø uə o	破pʰø꜄ 婆꜁puə 婆꜁po	坐꜃θø 妥꜂tʰo	过kuə꜄ 科꜀kʰo				
假开	a ie				马꜃ma		茶꜁ʃa	牙꜁ŋa
假合	a ua							花꜀fa 华꜁Øua
遇合	u uŋ ŋ y ø o	布pu꜄ 模꜀muŋ 模꜀mo	租꜀tu	姑꜀ku 梧꜁Øŋ				
蟹开	ui ø æ uæ i	沛pʰui꜄	꜁lø来 戴læ꜄	开꜀hø 改꜂kæ	排꜁pæ	奶꜃næ	寨ʃæ꜅	꜁Øæ鞋
蟹合	ui æ ua uæ	赔꜁pui	堆꜀lui	灰꜀fui 块fæ꜄				乖꜀kæ 话Øua꜅
止开	i ui uæ							
止合	i ui uæ							
效开	o ɔ iʌ iu iɔ	毛꜁mo	桃꜁to	高꜀ko	饱꜂pɔ 饱꜂piʌ	闹no꜅	抄꜀tʃʰiʌ	꜀kiʌ交

三四等									
帮系	端组	泥组	精组	庄组	知章组	日母	见系		
							茄꜁kie	ø o ie uɔ	果开
								ø uɔ o	果合
			斜꜁θie		社꜃ʃie			a ie	假开
								a ua	假合
꜀fu 夫		庐꜁lu 女꜃ny	蛆꜀ty	楚꜂tʰu 梳꜀ʃø	猪꜀tʃy	如꜁Øy	居꜀ky	u uŋ ŋ y ø o	遇合
米꜃muæ 币 pi꜅	低꜀luæ	泥꜁nuæ 厉 li꜅	西꜀θuæ		世 ʃuæ꜄ 势 ʃi꜄		鸡꜀kuæ 继 ki꜄	ui ø æ uæ i	蟹开
肺 fui꜄			脆 tʰui꜄		税 ʃui꜄		惠 fui꜅ 桂 kuæ꜄	ui æ ua uæ	蟹合
皮꜁pi 碑꜀pui	地 ti꜅	离꜁li 尼꜁nuæ	丝꜀θi	师꜀ʃi	知꜀tʃi	二 ȵi꜅	戏 hi꜄	i ui uæ	止开
飞꜀pi 匪꜂fui		泪 lui꜅	醉 tui꜄	帅 ʃui꜄	吹꜀tʃʰui		鬼꜂kuæ	i ui uæ	止合
m꜁苗庙꜅	tʰ꜀挑 l 钓꜄	l꜃了 n 尿꜅	t꜀椒 θ 笑꜄		tʃ꜀招照꜄	Ø꜂绕	k꜁桥 ʃ꜂晓	o ɔ iʌ iu iɔ	效开

表2-16　董家垌土话古今韵母比较表二

		一等			二等			
		帮系	端系	见系	帮系	泥组	知庄组	见系
流开	iʌ u ɔ iu	亩꜃miʌ 母꜃mu 贸mɔ꜅	豆tɔ꜅	厚꜃Øɔ				
咸开舒	æ̃ ø̃ uŋ ĩ		꜁næ̃南	甘꜀kø̃ 暗Øuŋ꜄			斩꜂tʃæ̃	监꜀kæ̃
咸开入	a ie uə		腊la꜅	盒Øuə꜅			tʃʰ插꜄	鸭Øa꜄
咸合舒	æ̃							
咸合入	a							
深开舒	uã æ̃ aŋ yã							
深开入	uə e ie yə							
山开舒	æ̃ ø̃ ĩ		单꜀læ̃	汉hø̃꜄	板꜂pæ̃		山꜀ʃæ̃	晏Øæ̃꜄
山开入	a ø o ie uə iʌ		辣la꜅	割kø꜄ 葛ko꜅	八pa꜄		杀ʃa꜄	瞎ha꜄
山合舒	uŋ ĩ æ̃ uæ̃	半puŋ꜄	短꜂luŋ	官꜀kuŋ			撰꜀ʧĩ	关꜀kæ̃ 弯꜀Øuæ̃
山合入	uə o a ua iʌ ie yə	钵puə꜆ 末mo꜆	夺tuə꜅	阔fuə꜆				刮ka꜄ 挖Øua꜄

三四等									
帮系	端组	泥组	精组	庄组	知章组	日母	见系		
富 fu꜄ 谋꜁ mɔ 彪꜀piu		流꜁lɔ 廖 liu꜅	꜀秋 tʰɔ	愁꜁ʃɔ	手꜂ʃɔ		九꜂tʃɔ 纠꜂kiu	iʌ u ɔ iu	流开
贬꜂pĩ	点꜂lĩ	念 nĩ꜅	尖꜀tĩ		闪꜂ʃĩ	染꜃ȵĩ	盐꜁Øĩ	æ̃ ø̃ uŋ ĩ	咸开舒
	碟 tie꜅	猎 la꜅ 聂 nie꜅	接 tie꜆		摄 ʃie꜅		叶 Øie	a ie uə	咸开入
范꜃fæ̃								æ̃	咸合舒
法 fa꜄								a	咸合入
品꜂pʰuã		林꜁luã	心꜀θuã	蚕꜁θæ̃ 森꜀ʃaŋ	深꜀ʃuã	任 ȵyã꜅	金꜀tʃuã	uã æ̃ aŋ yã	深开舒
		立 luə꜅	习 θe꜅	涩 kie꜆	十 ʃuə꜅ 蛰 ʃe꜅	入 ȵyə꜅	急 tʃuə꜆	uə e ie yə	深开入
边꜀pĩ	天꜀tʰĩ	年꜁nĩ	钱꜁θĩ		战 tʃĩ꜄	燃꜁Øĩ	见 kĩ꜄	æ̃ ø̃ ĩ	山开舒
鳖 pie꜆	铁 tʰie꜆	裂 lie꜅	节 tie꜆ 薛 θuə꜆ 屑 θiʌ꜆		舌 ʃie꜅	热 ȵie꜅	结 kie꜆	a ø o ie uə iʌ	山开入
饭 pæ̃꜅		恋 nĩ꜅	旋 θuŋ꜅ 宣꜀θĩ		砖꜀tʃĩ	软꜃ȵĩ	权꜁kĩ	uŋ ĩ æ̃ uæ̃	山合舒
罚 fa꜅ 袜 miʌ꜅		劣 lie꜅	雪 θuə꜆		说 ʃo꜆		血 ʃie꜆ 粤 Øyə꜅	uə o a ua iʌ ie yə	山合入

表2-17 董家垌土话古今韵母比较表三

		一等			二等			
		帮系	端系	见系	帮系	泥组	知庄组	见系
臻开舒	uã aŋ uŋ yã		吞꜀tʰuã	根꜀kuã 痕haŋ꜅				
臻开入	uə ie i e yə							
臻合舒	uŋ uã	闷muŋ꜅	寸tʰuŋ꜄	稳꜂øuã				
臻合入	uə o u	没muə꜅ 勃po꜅	卒tuə꜆ 突tʰu꜅	骨kuə꜆				
宕开舒	iæŋ aŋ	帮꜀piæŋ 莽꜂maŋ	糖꜁tiæŋ	缸꜀kiæŋ 抗kʰaŋ꜄				
宕开入	iʌ o u io	薄piʌ꜅ 膜mo꜅ 幕mu꜅	托tʰiʌ꜄	各kiʌ꜆				
宕合舒	oŋ uoŋ uã aŋ iæŋ			光꜀koŋ 黄꜁øuoŋ				
宕合入	iʌ o			郭kiʌ꜄ 霍ho꜅				
江开舒	iæŋ oŋ				邦꜀piæŋ 蚌꜀poŋ		窗꜀tʃʰiæŋ	讲꜂kiæŋ
江开入	iʌ u uə				驳piʌ꜄ 朴pʰu꜅		捉tʃiʌ꜄ 浊tʃuə꜅	壳hiʌ꜄
曾开舒	aŋ oŋ ẽ uã ĩ	崩꜀paŋ 朋꜁poŋ	灯꜀l aŋ	肯꜂haŋ				
曾开入	ɔ uə e i	北pɔ꜆	德lɔ꜆ 特tʰuə꜅	刻kʰɔ꜆				

三四等									
帮系	端组	泥组	精组	庄组	知章组	日母	见系		
民꜁muã		鳞꜁luã	进tuã꜄	衬tʰuŋ꜄	陈꜁ʃuã	认ȵyã꜅	巾꜀tʃuã 印Øyã꜄	uã aŋ uŋ yã	臻开舒
笔puə꜆ 必pie꜆ 密mi꜅		栗luə꜅	七tʰuə꜆ 膝ʃi꜅ 悉θe꜆	虱ʃuə꜆	实ʃuə꜅	日ȵyə꜅	吉tʃuə꜆ 一Øie꜆ Ø一꜆	uə ie i e yə	臻开入
问muã꜅		轮꜁luã	遵꜀tuŋ 笋꜂θuã		春꜀tʃʰuã	润Øuã꜅	军꜀kuã	uŋ uã	臻合舒
			戌θuə꜆	蟀tuə꜆	出tʃʰuə꜆		橘tʃuə꜆	uə o u	臻合入
		凉꜁liæŋ	枪꜀tʰiæŋ	床꜁ʃiæŋ	张꜀tʃiæŋ	让ȵiæŋ꜅	秧꜀Øiæŋ	iæŋ aŋ	宕开舒
		略liʌ꜅	削θiʌ꜆		勺ʃiʌ꜅	弱ŋiʌ꜅ 若Øio꜅	脚kiʌ꜆	iʌ o u io	宕开入
放poŋ꜄ 望miæŋ꜅							王꜁Øoŋ 往꜃Øuoŋ 筐꜀kʰuã 狂꜁kʰaŋ	oŋ uoŋ uã aŋ iæŋ	宕合舒
								iʌ o	宕合入
								iæŋ oŋ	江开舒
								iʌ u uə	江开入
凭꜁paŋ 冰꜀pẽ 冰꜀puã		陵꜁lĩ			证tʃẽ꜄	仍꜁Øĩ	凝꜁nẽ	aŋ oŋ ẽ uã ĩ	曾开舒
逼pe꜆		力le꜅	息θe꜆	侧tɔ꜆ 色ʃe꜆	织tʃe꜆		极ke꜅ 翼Øi꜅	ɔ uə e i	曾开入

表2-18　董家垌土话古今韵母比较表四

		一等			二等			
		帮系	端系	见系	帮系	泥组	知庄组	见系
曾合舒	oŋ			弘 ꜁hoŋ				
曾合入	uə y			国 kuə꜆				
梗开舒	oŋ aŋ ẽ uã				彭 ꜁poŋ	冷 ꜂laŋ	生 ꜀ʃaŋ	硬 ŋaŋ꜅ 茎 ꜂kẽ
梗开入	iʌ a e ie				白 piʌ꜅		窄 tʃiʌ꜄ 责 tʃa꜅	客 hiʌ꜄ 客 ha꜄
梗合舒	aŋ uaŋ oŋ ioŋ ẽ ĩ							矿 kʰaŋ꜄ 横 ꜁Øuaŋ 宏 ꜁hoŋ
梗合入	u ua i							获 fu꜅ 划 Øua꜅
通合舒	oŋ ioŋ	蓬 ꜁poŋ	东 ꜀loŋ	公 ꜀koŋ				
通合入	o io ɔ u iu y	木 mo꜅ 卜 pɔ꜅ 瀑 pʰu꜄	毒 to꜅	屋 Øo꜆				

部分字读音例外，可能另有来源，列举如下：

蟹开二等 罢 pa^{31}、筛筛子 ʃuæ^{35}、洒 θa^{33}

蟹开三四等 艺 ŋuæ^{31}（～ ȵi^{31}）、势 ʃuæ^{51}（～ ʃi^{51}）、溪 kʰuæ^{35}（～ hi^{35}）、计 kuæ^{31}（～ ki^{51}）

止开三等 碑卑 pui^{35}、筛筛子 ʃuæ^{35}、蚁 muæ^{33}（～ nuæ^{33}）

止合三等 毁 fui^{42}

三四等									
帮系	端组	泥组	精组	庄组	知章组	日母	见系		
								oŋ	曾合舒
							域 øy꜄	uɔ y	曾合入
꜁mẽ 名	定 tẽ꜅	岭 ꜂lẽ	精 ꜀tẽ		声 ꜁ʃẽ 贞 ꜀tʃuã		领 ꜂kẽ	oŋ aŋ ẽ uã	梗开舒
碧 pe꜆	踢 tʰe꜆	历 le꜄	脊 te꜆		石 ʃe꜄		吃 he꜆ 液 øie꜄	iʌ a e ie	梗开入
							荣 ꜁øioŋ 兄 ꜀fẽ 琼 ꜁kĩ	aŋ uaŋ oŋ ioŋ ẽ ĩ	梗合舒
							役 øi꜄	u ua i	梗合入
风 ꜀foŋ		龙 ꜁loŋ	从 ꜁θoŋ	崇 ꜁θoŋ	虫 ꜁ʃoŋ	绒 ꜁øioŋ	穷 ꜁tʃoŋ 用 øioŋ꜄	oŋ ioŋ	通合舒
福 fo꜆ 目 mu꜄		六 lo꜄	宿 θo꜆	缩 θo꜆	叔 ʃo꜆	肉 ȵio꜄ 辱 øiu꜄	菊 ko꜆ 育 øio꜆ 浴 øy꜄	o io ɔ u iu y	通合入

山开一等 渴 hø̃^{51}

山合二等 刷 ʃø̃^{31} 山合四等 县 ĩ^{31}

江开二等 戳 tʃʰo^{44}（～ tʃʰø^{51}）

曾开三等 匿 ni^{31}

梗开二等 打 la^{42}（～ la^{51}）

三　声调的古今比较

表2–19　董家垌土话声调古今比较表

	平		上		去		入	
	清	浊	清	浊	清	浊	清	浊
阴平 35	东该灯风通开天春			部杜巨拒距				
阳平 232		门龙牛油铜皮糖红						
阴上 42			懂古鬼九统苦讨草					
阳上 33				买老五有动罪近后		树		
阴去 51					冻怪半四痛快寸去		百搭甲鸭拍塔托客	
阳去 31				跪笨待罢道稻赵盾		卖路硬乱洞地饭事		六麦叶月毒白盒罚
入声 44							谷节急接哭切刻七	

说明：表中例字大字表示基本情况，小字表示字数较少或例外。有少部分全浊上声字读阳去。

第六节

音韵特点

一　声母特点

（一）古全浊声母不分平仄声调，今一律读不送气清音。例如：皮 pi^{232} ｜团 $tuŋ^{232}$ ｜婆 $puə^{232}$ ｜穷 $tʃoŋ^{232}$ ｜徛 ki^{33} ｜电 $tĩ^{31}$ ｜病 $pẽ^{31}$ ｜白 $piʌ^{31}$。例外的有：叛 $p^huŋ^{51}$ ｜辟 p^he^{35} ｜突 t^hu^{31} ｜特 $t^huə^{31}$。还有个别字有不送气与送气两读。如：头 $tɔ^{232}$、$t^hɔ^{232}$ ｜投 $tɔ^{232}$、$t^hɔ^{232}$ ｜舵 to^{31}、$t^hø^{31}$。

（二）古非敷奉母字大部分字读[f]，如：夫 fu^{35}、抚 fu^{42}、扶 fu^{232} ｜贩 $fæ̃^{51}$、番 $fæ̃^{35}$、烦 $fæ̃^{232}$ ｜方 $foŋ^{35}$、访 $foŋ^{42}$、防 $foŋ^{232}$ ｜福 fo^{44}、复 fo^{44}、服 fo^{31}。部分字读[p]，如：放 $poŋ^{51}$ ｜粪 $puã^{51}$ ｜斧 pu^{42} ｜傅 pu^{33} ｜饭 $pæ̃^{31}$ ｜坟 $puã^{232}$ ｜份 $puã^{31}$ ｜肥 pi^{232} ｜吠 pui^{31}。

以上两种情况，多跟文白读有关。读[f]的一般多文读，读[p]的一般多白读。部分字有文白两读，白读音是[p]或[pʰ]，文读音是[f]。如：枫 $poŋ^{35}$ ～ $foŋ^{35}$ ｜逢 $poŋ^{232}$ ～ $foŋ^{232}$ ｜符 pu^{232} ～ fu^{232} ｜腐 pu^{31} ～ fu^{31} ｜妇 pu^{33} ～ fu^{33} ｜房 $poŋ^{232}$ ～ $foŋ^{232}$ ｜翻 $p^hæ̃^{35}$ ～ $fæ̃^{35}$。还有个别字文白读有[p][pʰ][f]三个读音。如：蜂 $poŋ^{35}$ ～ $p^hoŋ^{35}$ ～ $foŋ^{35}$。

有同一个字文白读出现在不同的词语中，为习惯用法，读音不能互换。如以下“飞”字的读音：

飞儿 $pi^{35\text{-}44}ȵi^{232}$ 小鸟的总称　　飞飞 $pi^{35}pi^{35}$ 赤子阴

飞鼠 $p^hi^{35\text{-}33}ʃy^{42}$ 蝙蝠　　禾飞虫 $uə^{232\text{-}11}p^hi^{35}ʃoŋ^{232}$ 灯蛾

飞剪 $fui^{35\text{-}33}tĩ^{42}$ 推子　　飞头 $fui^{35\text{-}11}tɔ^{232}$ 理发

（三）大体上古端母今读[l]母阴调类，古来母今读[l]母阳调类。例如：多 $lø^{35}$ ≠锣 $lø^{232}$ ｜低 $luæ^{35}$ ≠黎 $luæ^{232}$ ｜单 $læ̃^{35}$ ≠拦 $læ̃^{232}$ ｜得 $luə^{44}$ ≠勒 $lɔ^{31}$。

个别定母字也读[l]，如：敌 le^{44}。

（四）个别娘母字读为[l]。如“鸟塘村”的“鸟”口语称为“liu^{31}”。

（五）精母字与定母字同读[t]声母，精母字读阴调类，定母字读阳调类。如：租 tu^{35}、图 tu^{232} | 祖 tu^{42}、肚腹肚 tu^{33} | 做 tu^{51}、渡 tu^{31} | 棕 toŋ^{35}、同 toŋ^{232} | 总 toŋ^{35}、动 toŋ^{35} | 粽 toŋ^{51}、洞 toŋ^{31}。

透母字与清母字同读[tʰ]声母。如：兔 tʰu^{51}、醋 tʰu^{51} | 讨 tʰo^{42}、草 tʰo^{42} | 千 tʰĩ^{35}、天 tʰĩ^{35} | 铁 tʰie^{44}、切 tʰie^{44} | 通 tʰoŋ^{35}、葱 tʰoŋ^{35}。

（六）大部分见母字与群母字读[k]声母，少数三四等字读[tʃ]。读[tʃ]声母的，如：九 tʃɔ^{42} | 救 tʃɔ^{51} | 橘 tʃə^{44} | 禁 tʃuã^{42} | 锦 tʃuã^{42} | 今 tʃuã^{35} | 吉 tʃuə^{44} | 及 tʃuə^{31} | 近 tʃuã^{33} | 旧 tʃɔ^{31} | 舅 tʃɔ^{33} | 勤 tʃuã^{232} | 穷 tʃoŋ^{232} | 球 tʃɔ^{232}。部分两读，如：求 tʃɔ^{232}、kʰiu^{232} | 紧 tʃuã^{42}、kuã^{42} | 供 tʃoŋ^{51}、koŋ^{51}。

（七）董家垌土话只有一套塞擦音及相配的擦音声母[tʃ][tʃʰ][ʃ]。[tʃ][tʃʰ]主要来自知组字与照组字，[ʃ]除了来自知组字与照组字外，还有部分来自古晓匣母。知组，如：朝 tʃiu^{35}、超 tʃʰiu^{35}、潮 ʃiu^{232}；照组，如：装 tʃiæŋ^{35}、疮 tʃʰiæŋ^{35}、床 ʃiæŋ^{232}、霜 ʃiæŋ^{35} | 遮 tʃie^{35}、车 tʃʰie^{35}、蛇 ʃie^{232}、舍 ʃie^{42}、社 ʃie^{33}；晓母，如：晓 ʃiu^{42}、显 ʃĩ^{42}、血 ʃie^{44}；匣母，如：协 ʃie^{44}、弦 ʃĩ^{232}。

二　韵母特点

（一）从中古韵母到董家垌土话韵母有了较大的归并，例如：

1．宕摄合口唐阳韵通摄合口东冬钟韵归并，黄 oŋ^{232} = 红 oŋ^{232}，在讲到红黄两种颜色，上下语境不清楚，不足以区分时，要特别说明黄色为“二栀子（栀子）ȵi^{31}tʃi^{35}ti^{42}”色。

2．宕摄开口唐阳与江摄开口江韵合并，如：缸 kiæŋ^{35} = 姜 kiæŋ^{35} = 江 kiæŋ^{35}。

3．咸摄开口一等端系覃韵读同山摄开口一等寒韵端系、二等山删韵，如：贪 tʰæ̃^{35} = 滩 tʰæ̃^{35}、男 næ̃^{232} = 难 næ̃^{232}。

4．深摄开口三等读同臻摄开口一等痕韵、三等真殷韵、臻合一等魂韵端系、臻合三等谆文韵。如：琴 tʃuã^{232}、跟 kuã^{35}、近 tʃuã^{33}、困 kʰuã^{51}、菌 kuã^{33} 同韵；金 tʃuã^{35} = 巾 tʃuã^{35} = 斤 tʃuã^{35}。

5．果摄读同蟹摄开口一等同读[ø]韵，如：左 tø^{51} = 再 tø^{51}、拖 tʰø^{35} = 胎 tʰø^{35}、哥 kø^{35} = 该 kø^{35}、饿 ŋø^{31} = 艾 ŋø^{31}、贺 ø^{31} = 害 ø^{31}、蓑 θø^{35} = 腮 θø^{35}、罗朒 lø^{232} = 来 lø^{232}、坐 θø^{33} = 在 θø^{33}。

（二）古阳声韵今读没有[m][n]鼻音韵尾，古咸深山臻四摄大部分读鼻化韵，少数读[ŋ]韵尾，宕江曾梗通五摄大部分读[ŋ]韵尾，少部分读鼻化韵。如：三 θæ̃^{35} | 甘 kõ^{35} | 咸 æ̃^{232} | 尖 tĩ^{35} | 甜 tĩ^{232} | 心 θuã^{35} | 单 læ̃^{35} | 山 ʃæ̃ | 钱 θĩ^{232} | 田 tĩ^{232} | 关 kæ̃^{35} | 砖 tʃĩ^{35} | 根 kuã^{35} | 亲 tʰuã^{35} | 春 tʃʰuã^{35} | 证 tʃẽ^{51} | 井 tẽ^{42} | 含 uŋ^{232} | 短 luŋ^{42} | 门 muŋ^{232} | 帮 piæŋ^{35} | 床

ʃiæŋ^{232}｜光 koŋ^{35}｜放 poŋ^{51}｜双 ʃiæŋ^{35}｜灯 laŋ^{35}｜生 ʃaŋ^{35}｜东 loŋ^{3}｜龙 loŋ^{232}。

（三）古入声韵今读开尾韵，没有塞音韵尾 [p][t][k]。如：塔 tʰa^{51}｜插 tʃʰa^{51}｜鸭 a^{51}｜接 tie^{44}｜页 ie^{44}‖舌 ʃie^{31}｜滑 ua^{31}｜绝 θuə^{31}｜雪 θuə^{44}｜鳖 pie^{44}｜铁 tʰie^{44}‖托 tʰiʌ^{51}｜恶 iʌ^{51}｜药 iʌ^{31}｜学 iʌ^{31}｜北 pɔ^{44}｜力 le^{31}｜麦 miʌ^{31}｜屋 o^{44}｜竹 tʃo^{44}。

三　声调特点

（一）古平、上、去根据声母的清浊分两类，清声母字分别读阴平、阴上、阴去，浊声母字不论全次浊都分别读阳平、阳上、阳去。

（二）古入声清声母字主要是三四等的字自成一类为入声，没有了塞音韵尾，读高平调。如：接 tie^{44}｜帖 tʰie^{44}｜湿 ʃuə^{44}｜急 tʃuə^{44}｜鳖 pie^{44}｜铁 tʰie^{44}｜雪 θuə^{44}｜七 tʰuə^{44}｜脚 kiʌ^{44}｜色 ʃe^{44}｜屋 o^{44}。一小部分主要是一二等的字归阴去，如：答 la^{51}｜甲 ka^{51}｜鸭 a^{51}｜八 pa^{51}｜挖 ua^{51}｜索 θiʌ^{51}｜捉 tʃiʌ^{51}｜百 piʌ^{51}。

古入声浊声母字大部分归阳去，如：辣 la^{31}｜叶 ie^{31}｜热 ȵie^{31}｜碟 tie^{31}｜十 ʃuə^{31}｜舌 ʃie^{31}｜滑 ua^{31}｜绝 θuə^{31}｜食 ʃe^{31}｜白 piʌ^{31}｜木 mo^{31}｜物 muə^{31}｜麦 miʌ^{31}｜译 i^{31}。少数几个次浊声母字有阳去和入声两读，或者读入声。如：日日期 ȵyə^{31} ～日前日 ȵyə^{44}｜物货物 muə^{31} ～物是物 muə^{44}｜席酒～ θe^{44}｜页 ie^{44}｜育 io^{44}，个别入声次浊声母字归阴去，如：跃 iu^{51}｜翼 i^{51}。

福

第三章　同音字汇

几点说明：①本字汇表共收字约4650个，包括一字多音在内。②字表按音系排列，以韵母为序，同韵的字以声母为序，声韵相同的字以声调为序。③写不出的字用方框“□”表示。④举例中用浪号“～”表示所释字，写不出的字不再用方框表示，直接标写读音。⑤一字数音者在右下角用小字标明，用“文”表示文读，用“白”表示白读，用“新”表示新读，用“老”表示老读，用“又”表示又读音，用数字“1”表示最常用或最口语化的读音，“2”次之，依此类推。如：“妇白，又”“赤2又”。

i

p [35]陂小水坝飞白，～儿：小鸟。又 [232]皮疲脾琵枇肥蓖 [42]陛彼臂鄙比 [33]被棉～婢 [51]滗 [31]蔽敝髲篦鼻箅痹避备弼被介词币

p^h [35]披纰布类将烂飞白，飞儿～：小鸟飞。又□～～：表面一小层 [232]丕 [42]□眼～～：眼小难看状□牵扯 [51]屁

m [35]□黏糊。～饭：烂而糊的饭 [232]迷靡眉楣□转动得快 [42]縻 [51]谜眯沕～水：潜水 [31]泌秘味未密文，又蜜文，又□饱足

f [35]飞文，～头：理发。又□能干 [51]废白，又

t [35]资姿雌咨又弟小男孩，文螆植物上长的蚜虫或小动物身上寄生的小虫哟 [42]姊梓紫又子儿子；同～：像什么样子；量词，把，捆。一～禾 [33]嘀的 [51]□酒～：粉刺 [31]地吔我～：我们

t^h [51]砌次茨小刺赐此

n [33]尔你2又呢又 [51]腻 [31]拟匿

θ [35]私斯狮司伺思丝 [232]糍瓷兹慈滋鹚辞词祠嗣磁 [42]死 [33]巳祀 [51]四肆 [31]自字牸寺饲

l [35]□量词，把□～～：人或庄稼长得不好状□轻抚使发微痒 [232]离篱璃梨厘狸鳌 [42]□撕，拔，～草 [33]李里理鲤履 [51]□动物身上特别是尾部的小肉突。鸡嘴～：鸡屁股尖 [31]厉励丽荔～浦利痢脷吏

tʃ [35]知蜘痴支枝肢妓之芝栀 [232]技 [42]纸侈旨指～向，又脂止趾又址挤文，又滓紫又 [33]吱疑问语气词。冇是～：不是吗□还是。坐倒吃好～徛倒吃好 [51]智至致志痣誌痔治稚 [31]秩制文，又

$tʃ^h$ [35]撕眵黐咨又 [232]沂祈 [42]嗤蚩齿始耻□理睬 [51]斥刺翅

ȵ [35]儿利～：小气。又 [232]倪宜疑儿飞～：小鸟。又 [42]□不明状。眼～～：眼小或半闭状；灯～～：灯不明状□指点。～出来 [33]议 [51]□～手～脚：蹑手蹑脚 [31]谊义二贰仪艺手～，文，又

ʃ [35]斯施师尸诗 [232]池驰匙迟时持 [42]徙矢屎 [33]是似市 [51]逝势文，又试式嗜恃 [31]誓氏豉示视士仕事侍膝柿～饼，又□副词，从，～细：从小；还，～记得：还记得；再，～慢去：再慢去。又

k [35]饥肌祁箕基机讥既 [232]奇骑岐其棋期旗 [42]指手～，又趾脚～，又已几茶～；～个 [33]徛 [51]继寄冀纪记季文，又计伙～，又 [31]鳍忌

k^h [42]岂 [31]讫乞

h [35]牺奚熙希稀欺溪泉～，又 [42]启起喜嬉 [33]兮嘻 [51]系係戏企器弃气汽 [31]翳伤心

Ø [35]医已以衣依 [232]移夷姨遗逸 [42]兮倚椅 [33]矣咦语气词 [51]意薏异翼忆亿役肄 [31]易容~毅疫

u

p [35]部 [232]葫符白，又□搬□~~者：满嘴食物状 [42]补斧 [33]傅簿父白，又妇白，又 [51]布 [31]怖步埠腐豆~，白，又布瀑布

p^h [35]铺 [42]普谱甫浦蒲捕脯辅 [33]□象声词，~~响 [51]瀑铺 [31]讣朴扑

m [42]拇 [33]武舞母又□做 [31]暮幕慕墓募雾又戊目牧穆

f [35]呼夫肤鮎敷枯老，又 [232]护扶芙乎符文，又 [42]苦文，又浒府俯腑抚腐败~，文，又 [33]俘妇文，又父文，又 [51]裤戽付又赋富副负□用脚踢[31]互赴付又附阜茯佛

t [35]租组都2，~是，又杜[232]徒屠途涂图嘟[42]祖堵[33]肚腹肚[51]做妒[31]度渡镀踱□量词，段。一~：一段

t^h [35]粗楚清~吐又 [42]础土取专指买，白，又娶又，白楚~国 [51]兔醋吐又□~一拳：揺一拳 [31]突

n [232]奴又 [42]努□地方；处。亚~：那里 [31]怒

θ [35]苏酥 [33]漱□收捡；聚集 [51]素诉塑 [31]肃文，又

l [35]都~城 [232]卢炉芦庐 [42]赌虏肚猪~ [33]掳卤橹鲁 [31]路露鹭

tʃ [35]□呼鸡声

k [35]姑孤枯新，又箍鸪 [232]□~~困：睡着打鼾声 [42]古估股鼓臌牯□眼~~：瞪大眼状□量词，一大把的量 [51]故固锢雇顾库水~

k^h [35]箍动词，双手揽物□象声词，~~笑 [42]苦白，又 [51]酷 [31]□象声词，牙咬脆物声

Ø [35]乌污坞诬 [232]胡鬍湖糊蝴狐壶吴蜈 [42]梧焐 [33]户握喔呜 [31]恶可~务雾又芋白，又误悟□（苍蝇）附落

y

t^h [35]蛆 [42]取文，又娶文，又 [51]趣锉又

n [33]女

θ [35]须鬚需 [42]□头~~：无精打采状 [51]序叙绪署白，又絮 [31]聚□头~~：低头无精神状

l [35]里亚~：那里，又 [232]驴□折磨；超负荷工作 [42]里屋~，又□指向；指出□打~：手杖 [33]缕屡吕旅里~头，又 [51]□蚊虫叮咬，蜂蝎等用毒刺刺 [31]虑滤律率

tʃ [35]猪诸褚朱蛛株珠诛 [42]煮主 [33]□处；地方 [51]注蛀 [31]著储驻住文，又

$tʃ^h$ [42]处相~杵 [33]趋 [51]处~所□使火灭。~宿火 [31]□大气~~：喘粗气状。

ȵ [35]□唤猪声 [232]鱼渔虞

ʃ [35]书舒输庶 [232]徐除薯厨 [42]鼠署数动词 [33]恕柱戍竖树□眼~~：眼神无光彩状 [51]数名词暑文，又□抱小孩屙屎尿 [31]术箸述秫殊苎住白，又

k [35]居拘驹巨拒屐距距离车~马炮□蕨~：蕨草 [232]渠瞿蠼蠼~：蟾蜍 [42]举矩 [33]渠他距鸡~蕨 [51]锯句 [31]据剧戏~，又俱具惧

k^h [35]枢区驱 [31]倔屈~原

h [35]圩虚嘘吁 [42]许 [51]去

Ø [35]与 [232]如余馀于迂淤儒榆 [42]愚

[33]语雨乳禹羽 [51]腴 [31]御誉预豫寓遇宇逾愉愈喻裕浴域狱娱芋文，又

e

p [44]壁璧逼煏火近人迫碧

pʰ [35]辟劈

t [31]狄 [44]集积迹脊即疾缉鲫老，又

tʰ [44]踢剔戚又□织□油炸东西用的捞箕

n [33]呢语气助词，又 [44]惄心～～：心里惦记状

θ [31]籍藉席主～蓆□～～跳：不停地跳 [44]习昔惜息熄媳夕析锡悉席酒～

l [33]咧语气助词，用于祈使句末 [31]力历白，又□助词，用于陈述句末尾疬颈部的淋巴结疾病 [44]的滴嫡敌籴□水中捞物□助词，用于疑问句末尾。老张～

tʃ [31]直又值殖植置执～照，又只又 [44]只又织职炙

tʃʰ [44]尺赤2又

ʃ [31]石食蛰蚀又直又□禽 [44]释色识饰□轻跳。～～跳：小孩轻快地跳

k [51]□伸头窥探 [31]级极□额头～奔头儿 [44]击又激

kʰ [44]□～～争：不停地争吵

ŋ [232]□～～啼：不停地哭□吾～：二胡 [31]□～头：点头；头～～：仰头很自负状

h [35]吃2又 [31]□笑声：～～笑 [44]吃1又

∅ [35]□叹词 [31]唉也又亦文，又译易交～ [44]益

ie

p [35]□肚～～：肚子大状 [33]憋 [31]别便～宜，又 [44]必鳖

pʰ [42]□象声词，小的水流声[33]□扑克 [44]撇襒用刀削、砍僻

m [42]咩□木～：蜻蜓□偷偷抓。～木～：抓蜻蜓□量词，张 [51]□凹进去的地方□躲藏。～入去□～～：躲藏状 [31]灭篾 [44]瘪□～出去：用簸箕簸出去

f [42]□口～～：口微张似笑非笑状

t [232]□背～～：背又弯又歪斜状 [51]借 [31]谍碟牒蝶叠 [44]节接捷

tʰ [33]□物体密实无缝 [51]□歪斜□～开：避开 [44]铁切截戚又帖贴妾且怯

n [35]□气～～：呼吸很困难状 [31]聂 [44]□量词，扎。一～纱

θ [232]邪斜 [42]写泻（汤水）倾倒出 [51]泻泄卸又 [31]谢卸又 [44]㾕垫物使物稳定□～茄⁼：一种叫声很美的昆虫

l [35]□捆扎 [42]□～～：蔫萎状□媳妇对丈夫叔辈的面称 [31]列烈裂劣鲇 [44]□用力苦干□绳的死结

tʃ [35]遮占～米，又 [33]□副词，才；刚刚；还者 [51]蔗 [31]□差劲；不好□ia³⁵～：合手拜神的动作□～～：蟋蟀 [44]折浙哲辙褶摺啫语气词

tʃʰ [35]车 [42]扯撤趄走，离开 [33]彻 [51]笪 [44]却老，又

ȵ [35]□～～：不出众状□颈～～：脖子短缩状 [31]热业孽廿 [44]□物体自身缩下去

ʃ [35]些畲用篱笆围的菜园 [232]蛇 [42]舍舍弃 [33]社奢□脚～～：脚伸开状 [51]赦麝舍房舍□嫖～：嫖娼□口～～：张口不好意思状 [31]射舌蚀又涉胁摄 [44]赊血穴协设说小～，又

k [232]茄 [31]杰□量词，半担。两～为一担

□～镊：螃蟹嘅语气词 [44]给结洁涩劫击打，～仗：打仗。又

k^h [35]□心～～：心里惦记状□～～：蹲着状 [44]决诀缺揭

ŋ [232]□～～呻：不停地呻吟 [33]惹

Ø [35]爷吾～，又 [232]爷舅～，又 [33]野耶椰 [51]夜2又 [31]夜1又液腋叶也又 [44]腌页糟一2又

ø

p [35]波菠玻坡□肚～～：肚大状 [42]跛 [33]蔢植株不高而向四周伸展状□蹲下状 [51]簸播 [31]佛2又薄～荷□物体（多指人体）占地较宽，或占着位置不动□热～子：痱子

p^h [35]𥮾量词，丛。一～蔗□坐 [51]破剖

m [35]摩摹魔摸又 [232]磨动词 [51]摸形容词。慢～：很慢，又□～来：不经意地来，悄悄地来 [31]磨名词

t [35]灾宰 [232]台苔抬驮驼砣 [42]□象声词，～～响。名词，屙～：（小孩）屙尿 [51]左佐再载 [31]待怠殆代袋贷舵白，又

t^h [35]拖胎搓又 [42]彩睬 [51]措错菜蔡锉又唾～口水：吐口水

n [35]搓用手揉搓，又 [232]挪～台凳，又 [33]□眼～～：斜眼看人状 [51]挪～身体，又 [31]糯耐奈

θ [35]蓑鳃腮梭唆2老，又 [232]才材财裁 [42]所锁琐□遮盖物不整齐状 [33]坐在～上，又 [51]赛□物体结构松散□～～跌：不断地跌落 [31]座□放置

l [35]箩牛～多啰～唆 [232]来罗萝箩茶～锣骡螺脶 [42]朵摞 [51]剁□冠～～：鸡冠长而大状 [31]□大鼻～～：鼻涕要流又未流下状

tʃ [35]□头上受伤起的肿包□抛弃；丢弃□副词，才、刚刚、再 [232]□量词，串；簇。一～果子 [42]阻□朵 [33]□量词，块。一～姜 [51]□缢□捆扎□～出来：肉体突出来

$tʃ^h$ [35]初 [51]啄戳老，又□赶狗声 [31]□象声词，锄地声

ʃ [35]梳疏蔬 [232]锄□～～：果实累累状□象声词，喷火声 [42]□动作很快，一晃而过状 [51]箾用细枝条抽打□表皮破损 [31]□～～，象声词，大哭声

k [35]哥歌该 [232]□象声词，母鸡产卵前的叫声 [51]盖割

k^h [42]可□大声～～：声音很大 [51]□用手指击打（头部）

ŋ [35]□象声词，猪被杀的叫声 [232]蛾鹅俄 [42]□碾、轧、擀 [33]獃傻乎乎 [51]□切割 [31]饿艾□～棉：用简便器械除去棉籽

h [35]开 [42]海□～～声：声音很大 [51]荷2薄～，又□～～者：热闹嘈杂状 [31]□象声词，喘气声；呕吐声

Ø [232]河何荷～花，又□也、亦啊句末语气词□～是：如果 [42]□理睬 [33]亥 [51]爱新，又荷1薄～，又 [31]碍害而贺亦白，又

ə

t [35]都1副词。～是，又 [232]□～嗽：这么，像这么

l [33]喽了助词得2又

k [42]嗰我～：我的。嗽这么，那么 [33]箇代词，这；这个，这样□手～：多于五个的手指□手～～：手指僵硬状

uə

p [232]菩婆白 [31]拨佛1又□阻塞；堵塞 [44]钵笔毕不□传授

p^h [51]□恐怕；也许□认为 [44]泼匹□欺骗

m [31]密白，又蜜白，～糖：蜂蜜，又没物～件。又勿 [44]殁灭绝物是～：什么。又

f [42]火伙夥 [51]货 [31]或惑忽□快猛。～～吃：吃得快猛状 [44]阔窟窟窿。屎～：屁股拂用力碰

t [31]夺□捶，砸□斥责□跌 [44]卒蟀椊堵塞□抹，擦

t^h [31]忒特咄斥责□男人的阳物 [44]撮七漆出一～戏脱□推□弄平□量词，把。一～草□捏动使连接

n [35]捏□揉 [31]讷话～：口吃 [44]□揉捏，～糍粑□蛤～：蝌蚪□出～：大方；出众

θ [35]唆1老，又 [31]绝 [44]雪戌薛□理睬

l [31]捋历文，又立笠栗肋老，又 [44]得1又甩脱落□箇～：这，这些，这里□用器具铲装

tʃ [35]□木段 [31]及侄新，又浊□液状物黏稠 [44]汁拾急质吉橘摘执又

$tʃ^h$ [44]出

ʃ [31]十实适侄老，又 [44]湿什虱失

k [35]□完；完结 [42]果 [51]个过 [31]掘屈残缺；短残。～尾牛：尾巴残断的牛，又□黏稠。～头闷：很稠的稀饭 [44]骨国鸽蛤佮～伙□奸～：奸诈

k^h [31]□责备。～～：责备声 [44]㕘将物体翻盖或翻转

ŋ [33]我1又 [31]□～～：打瞌睡状 [44]嗫不停地讲，倾牙～：闲谈。又□一种难闻的气味。～气

∅ [35]凹窝 [232]和禾 [42]屙 [33]我2又祸□～纳：诡诈 [51]沃涴脏屈又 [31]活合盒核□扔物 [44]爩（烟）熏屈屈折，又□使物体密封不透气而产生变化

yə

θ [42]□ $ȵyə^{44-33}$～：地上细小的线条形杂物

ȵ [31]入日～期；日子 [44]日一日；前～。～头：白天□无齿轻咬状□～$ȵi^{35}$：吝啬□～$θyə^{42}$：地上细小的线条形杂物

∅ [232]□坠落，下坠□鸡蛋变质的味道 [42]曰□想呕吐□受遮挡不明亮 [31]阅粤越悦 [44]乙一1又

æ

p [232]排牌 [42]摆 [33]□衣服久穿起毛 [51]拜 [31]稗败

p^h [35]□斜靠着躺 [42]派□两臂平伸两手伸直的长度 [51]湃

m [232]埋霾 [42]歪 [33]买□吃太久 [51]□量词，很长的列□～～来：（人）不断地来 [31]卖

f [35]□～事：免得 [232]怀槐淮 [51]块快

t [31]大

t^h [35]□坐着不想动 [51]太态泰

n [232]□（舌头）伸出。～～者：伸开手脚睡着状 [42]□踩踏 [33]乃奶

θ [35]揌浪费；可惜□没有了；婴儿夭折 [232]□吃得多吃得久 [51]晒完，结束。吃～：吃完

l [35]拉又la^{35}䆀最末的，最小的：番薯～□松垮下来；没有骨气 [33]攋遗失，遗落濑物体成线状倾泻下来□随便叫一下□理睬 [51]戴带 [31]赖癞

tʃ [35]斋 [42]□亮；清楚 [51]债

tʃ^h [35]猜搋以手用力压和揉差出差 [232]豺 [42]踩□歪斜。嘴~~：嘴歪斜状

ʃ [35]筛①斟。~酒 ②喝。~酒：喝酒 ③把木头锯开。新，又 [232]柴□随便吃□牙齿~~：牙齿外露状 [42]□肋ʃaŋ^{51} ~~：肋骨外露很瘦状 [33]□以舌取物 [51]晒□传说中的一种动物，嘴巴很大很难看 [31]寨

k [35]佳街阶 [42]改拐解讲~ [51]介芥疥界届戒械丐怪解押送□用粗棍打 [31]□以物压物

k^h [42]凯楷 [51]慨概溉

ŋ [35]挨 [232]埃涯崖捱□研磨 [42]哀蔼 [33]□裂缝大 [51]爱老，又□唤小牛声；小牛叫声

h [35]谐揩□用力搓压 [51]骇□喘气声

Ø [35]哎 [232]鞋孩 [42]矮 [51]隘 [31]□剥，~篾

iæ

ȵ [232]□不好；不好看 [42]□拐~：小青蛙□山~蛤：一种山蛙□小东西；小不点。你个头~：你这个小东西 [51]□嚼

Ø [35]□赖~：小孩耍赖状□~~：没有能力做事，懒洋洋状 [232]□贱；差劲□东西下坠状。肚~~：肚子突出下坠状 [42]□~~：走路东倒西歪状 [51]□败~：吃得太多吃不下状 [31]□口~~：嘴巴张开状

uæ

p [35]跰（手脚）伤残，手~ [33]妣吾~：面称母亲 [51]闭 [31]弊事情搞砸了；坏事了。~了

p^h [35]批剕削

m [35]劘剥开 [232]眯又。眼~~：眼微开状 [42]□视力不好状；眼睁不开不好看状 [33]米蚁1又 [51]□雄性阳物

f [35]亏1又

t [35]□对女性的称呼 [232]堤提题啼蹄 [42]仔 [33]弟白 [51]祭际挤白，又剂济□用力塞 [31]第递隶

t^h [35]梯妻 [42]睇寻找采开~体□ [51]替涕剃屉

n [232]尼泥 [33]蚁2又 [51]细小；小孩。吾~：我的小孩。又，白 [31]□充塞涂抹

θ [35]西栖茜水草犀荽 [232]齐脐 [42]洗□唆使 [51]婿细文，又 [31]□用力打□猛吃，~一口

l [35]低 [232]黎犁荔~枝 [42]底抵 [33]礼 [51]帝蒂□咬。~骨头：咬骨头 [31]例历日~

tʃ [51]制白，又

ʃ [35]筛老，又 [232]□劝说或唆使别人做事 [42]使驶甩摔 [33]雉柿大~子，又 [51]世率史势白，又

k [35]鸡闺规老，又龟归稽 [232]圭奎葵□身上的污垢 [42]诡轨鬼 [33]乖 [51]鳜桂贵髻癸季白，又□比饭碗大的盛菜的大碗 [31]跪柜计~谋，又

k^h [35]亏2又窥规新又溪岑~，又 [51]会~计刽桧愧契

ŋ [31]艺白，又

h [35]肩雌性阴物

Ø [35]伟威魏坏 [232]违围苇韦微唯维惟危桅为回洗一~，又 [42]纬委萎□烂□折回 [33]□吐出来□~~：口张开状 [51]畏喂胃谓卫警~ [31]伪位讳慰卫~生

yæ

ȵ [35]□痴迷□用指甲掐 [42]□～～：一种腰细的小黄蜂□肉。吃～：吃肉

∅ [35]□1朽烂。又 [232]□贱，差劲 [42]□2朽烂，又

a

p [35]粑疤霸坝爸老，又巴老，又□打：～一掌 [232]钯杷爬琶耙拔扒老，又 [42]巴新，又靶把 [33]芭趴老，又叭□两脚分开 [51]伯八爸新，又 [31]罢吧 [44]□～～：咂嘴声

p^h [35]□扁平。鼻～：鼻子扁平 [33]趴新，又扒新，又 [51]怕 [31]□拍打声 [44]趴～下去

m [35]□攀爬妈吾～：祖母，面称和背称 [232]麻痳蔴嘛 [42]妈吾～：母亲，面称和背称□跨过去擘～开眼：张大眼睛。又 [33]马码蟆蚂 [51]孖犸背负擘～开眼：瞪眼。又 [31]抹□～直去：打直去 [44]□～～淡：很淡

f [35]花 [42]□大口～～：物体口开得大的样子；喻讲大话 [51]化法乏发伐筏 [31]罚画～眉。又□摆动，搅动 [44]□大声～～：大声责备人

t [42]打文，～开。又 [33]哒大又，吾～：父亲 [51]踏2又 [31]达沓踏1又 □古～虫：蟑螂 [44]搭敲：～铁钉

t^h [35]□～～黑：很黑 [51]擦塔塌遢□头～：秃头

n [35]拿2又□抓；捉□用力按抓□皮肤上的疤痕；补丁𥽍1粘贴，又 [42]㴸 [51]镊 [31]哪纳捺拿1又□用力按抓

θ [35]□～出来：参差不齐地伸出 [42]萨 [51]洒撒 [31]杂□乱丢 [44]□松散不粘：饭～□很湿

l [35]拉老，又 [232]□遗失 [42]打白，～作：打算。又□搅动𨭉缝隙 [33]啦 [51]答搭旯□找寻打指特别用力地打，～石头仗。又□投掷 [31]腊蜡猎辣邋□扫视列列；行；畦：一～菜；一～字□用刀划□～令：闪电 [44]□～剩：拾捡收获后遗漏的庄稼

tʃ [35]楂渣揸执又 [232]喳 [42]咤鲊（俗借字）腌渍制成的菜。肉～ [33]喳蝉 [51]诈炸痄扎榨砸 [31]札轧铡泽择宅又责 [44]乍咋

$tʃ^h$ [35]叉杈差钗 [33]赤1又 [51]岔插洽察□2钹。又 [31]嚓

ʃ [35]沙纱杉砂痧 [232]茶搽查察 [42]耍厦偏～：厢房 [33]刹□～出来：两边斜出来 [51]杀煞□～码：猜码 [31]辖煠用水久煮□塘～：放在鱼塘中用来管护鱼的竹木枝叶□～把：等一下

k [35]家加嘉傢瓜□卷曲 [232]□两腿分开跨过 [42]假贾寡咖句首语气词，用于提顿语气 [33]□～～瘦：很瘦□阻占（地方）□把：一～米 [51]驾嫁稼价卦挂甲胛匣钾格尬褂剐掛刮架衫～，又 [31]闸夹裌狭峡括挟架丢～，又 [44]□疑问语气词

k^h [35]搭 [42]垮夸侉跨咔卡2又 [33]旮 [51]卡1又□（用手指）抠

ŋ [35]桠1又□用手抓握的量：一～青菜 [232]牙芽衙□张开：～开口 [42]架一～车，又□鞋～脚：鞋打脚 [33]雅瓦额老，又 [51]嚡乱～：乱讲话。又 [31]□～定：肯定□～ $θa^{31}$：啰唆□擦，～枝火柴

h [35]虾鸦瘕痰，咳。～嗽：咳嗽□欺负 [232]霞瑕遐 [42]下等一～ [33]哈鹤文，～岗，地名 [51]客文瞎吓文 [31]暇下量词，一～，两～ [44]黑文，又□ $ŋa^{51}$ ～：唢呐

∅ [35]桠2又 [42]阿亚 [33]丫后～生仔，又啊下击一～ [51]鸭押压

ia

ȵ [35]□五指抓拢□皱折：口～面皱。口～～：口张开哭笑不得状䅺2又 [51]□～火：恼火□物体表面粗糙□有齿的耙□抓 [44]□～～：东西松散，不容易黏合

ø [35]□ ～ ʧe³¹：合掌拜神状 [33]夏 厦 下底～；～降呀 [31]眨

ua

ø [232]华铧划桦哗 [42]哑哇蛙 [51]挖 [31]话猾滑画图～。又

iʌ

p [35]鲍包苞 [232]鉋刨 [42]胞饱白，又 [51]泊百柏魄驳搏膊博豹爆白，又曝 [31]薄厚～白帛雹□曾祖母 [44]剥白，又□象声词，～～响

pʰ [35]跑泡白，量词，一～尿 [51]拍帕泡名词，起～，又炮鳔 [31]□象声词，～～响：较小的响声 [44]□象声词，～～响：较大的响声

m [35]猫 [232]茅锚 [42]□象声词，猫叫声 [33]亩卯□～闷：心烦闷难受状 [51]剥文，又 [31]袜莫姓～，又麦脉牡

f [51]□甩：牛尾～ [31]□象声词，～～吃：狼吞虎咽状

t [51]作工～，又 [31]度量～；估计 [44]作～业，又

tʰ [51]托□山～：山腰的小块平地 [44]雀1又鹊

n [51]觞1角落，又

θ [51]索削屑朔 [31]凿□～～跳：受惊吓状□料～：本事。冇料～：没有本事

l [35]□拨动 [232]聊辽□割 [42]□搅拌 [33]□～～绿：很绿 [51]觞2角落：角～。又□拖；拉 [31]落骆洛络略乐快～掠 [44]□赤～：赤膊

ʧ [42]找～开：把大票换成小票□责骂 [51]卓绰罩捉窄 [44]酌着～衫雀2又

ʧʰ [35]抄钞�牛用角挑人 [42]炒□～～转：转得快状 [51]策拆册吵□叠，动词□～～转：转速快状□1钹，又

ȵ [35]抓又□植物微湿状 [42]抓又 [51]□～～者：很多人或动物移动状

ʃ [35]□击打□掀、翻、揭：～田：犁第二遍田□饭～：草编的盛饭袋子 [232]巢大～：地名 [51]潲猪食嗍吸吮 [31]着睡～勺芍宅又淆 [44]□打开，～开盖

k [35]交郊胶 [232]□～～：大声喊叫 [42]狡搅 [33]铰绞白，又 [51]各角郭廓觉睡～革隔教珓骹牙～：牙颌骨□刀钝临时蹭几下，动词 吸 [31]撖卡住 [44]脚

kʰ [35]敲 [42]考巧白，又 [51]确白，又扩白，又搉击打 [31]藿恰 [44]觉～悟

ŋ [35]挠抓翘牛角～～，又 [232]□～～叫：放声大哭 [42]爪拗折 [33]咬白，又 [51]轭扼 [31]弱额新，又逆溺

h [51]壳客白赫校学～；～对较效孝铐酵吓白，又

ø [51]恶□～～者：烟气上升状 [31]学药钥乐音～，又鹤白，白～，又 [44]约扰白，又

ɔ

p [35]□肿胀。肚～～：肚肿胀状 [42]饱文，又 [33]□水泡浸肿大状 [51]暴爆白又 [31]龅齿突出卜枹 [44]北□刺

pʰ [35]抛泡鱼～ [51]泡～净领衫，动词□讲话不实在、不可靠

m [35]踎蹲（俗借字）䅦松软 [232]谋矛 [42]□扭□朽烂 [33]冇 [51]穮空的；不饱满的，谷～；蛋～□～～大：成长很快状□～猪膏：煎猪油 [31]冒老，又貌茂贸墨默某莫～讲，又□丢，扔 [44]铆

f [232]浮泅 [31]□在烂泥中行走 [44]否

t [35]邹 [232]头1，又投1，又 [42]走陡酒□相差。～好远：差很远 [33]奏祷 [31]稻豆痘就～来；～去橶木桩□用力踩踏 [44]测则侧得晓～

tʰ [35]偷秋 [232]头2又投2，又 [42]滔淘敨□过；完。讲～了：讲过了 [51]透凑聚合，带。～妹：带小孩 [44]□累。好～：很累

n [35]嬲恼恨 [232]□把脖子伸长 [42]纽扭1～齿饭，又 [51]扭2～屎窟，又 [31]□任性；脾气大□标新立异；花样多

θ [35]修 [42]抖□詈语□菜花 [33]骚 [51]嗽秀绣锈 [31]袖贼就将～□唆使牛打架声 [44]塞□重孙□菜~：菜薹顶端最嫩的部分

l [35]捞打～，又搂镂褛兜蔸□凑；邀请。我～你去：我请你一起去□掏；挖。～耳屎 [232]楼刘留榴馏骝流琉硫 [42]斗升～□又长又直 [33]唠柳篓□不光滑。～手：（物体粗糙）刺手 [51]斗争斗；逆；迎；拼凑；凑集逗窦动物的窝□量词，一～地：一块地□凑 [31]漏陋溜白，又肋新，又勒簕 [44]德□～眼：刺眼□苍蝇叮爬过，动词□闭合。～眼：合眼

tʃ [35]周舟州洲 [232]囚求老，又球 [42]九久玖韭 [33]舅□耳～～：细心倾听状 [51]咒救究宙灸柩 [31]肘旧 [44]

tʃʰ [35]抽□竹编的手提容器 [42]丑醜羞 [51]臭

ʃ [35]收休 [232]绸稠筹飕仇酬愁 [42]手首守 [33]受授 [51]瘦 [31]兽售寿 [44]□拭擦液状物。～油：擦油

k [35]购鸠阄勾2又钩2又沟 [232]□挖；掏；扣；舀□眼～～：眼凹下去状 [42]搞狗苟笱□量词，条状物揉成团的量。一～毛 [51]够诰构 [31]嚿量词，用于大的物量□丢难。着～：被丢难□手～：胳膊肘 [44]□眼～～：眼睁睁状

kʰ [35]扣2又抠烤拷 [51]扣1又寇犒□用力挖 [44]刻克

ŋ [35]勾1又钩1又 [232]牛 [42]□眼～：眼窝凹陷得深状 [33]咬文，又偶藕 [51]袄□量词，个 [31]傲熬又1怄□～头：点头 [44]□量词，节；段

h [35]□勾引（女人）[42]口□～比：难道 [51]靠浩 [31]候2又 [44]黑白，又

Ø [35]吼欧瓯讴喊；叫□语气助词 [232]侯喉猴郝姣 [42]□皮下瘀血的深紫色□哄小孩开口吃饭声 [33]后～年，又厚 [51]懊奥殴讴沤詏用语言顶撞 [31]呕候1又

iɔ

Ø [35]忧优扰文悠邱文 [232]由邮油肴游犹尤鱿 [42]绕 [33]有友酉 [51]坳幼□～～者：烟气上升状 [31]又右佑柚釉

o

p [35]煲 [232]袍婆文□量词，团。一～毛 [42]保褒宝堡 [33]抱泡大涝～啵助词，用于陈述句末，表强调语气 [51]报□肚～：动物或人的内脏 [31]勃菢～蛋：孵蛋伏白，又□量词，一～泥：一团泥 [44]□象声词，～～响袱

pʰ [35]匐2又 [44]匐1伏地，趴。又仆□撒粉状

物，米～肉

m [232]毛 [42]□～～肿：肉体肿起状；眼～～：眼浮肿状□大～：地名。又 [51]□懵懂□哄骗 [31]膜漠寞模手～印末茉沫木陌帽冒感～，又 [44]凹

f [31]服伏文，三～，又 [44]福幅蝠复腹

t [35]遭糟 [232]掏陶萄绹桃□混合，～羹：将菜汤与饭混合 [42]早枣蚤 [33]导 [51]灶 [31]惰毒独读犊道 [44]足笃督

tʰ [35]操 [42]妥讨草□（用力）倒抛 [51]套糙燥澡操曹～□象声词，风～～：风声 [31]椭舵文，又 [44]躁秃□呛

n [35]挼用手揉搓，又 [42]□～嘴：努嘴 [33]脑恼□～头：尽头□眼～～：表示讨厌的眼神 [31]闹诺□用手按压□～～动：一下一下地跳动 [44]□揉，搓：～衫、～脚

θ [35]馊臊唆新，啰～，又 [232]曹槽嘈 [42]嫂□mo⁴²～：老糊涂，懵懂 [33]造 [51]扫～地 [31]续赎1又牍族爵造一年三～ [44]宿缩粟俗束速肃白，又□～时：有时

l [35]刀捞好～，又 [232]劳痨牢鸬罗背脊～骨：脊梁骨 [42]佬倒打～ [33]老啰句末助词爊用水烫，水～菜 [51]岛到倒～东西□轻轻抚摸□～～饥：饥肠辘辘□次，动量词 [31]六陆烙涝录绿槐圈栏或简易房子，猪～：猪栏 [44]屎底部；尽头□蘸，使沾湿

tʃ [35]□～嘴：噘嘴 [31]□用力压物□劝阻 [44]竹逐轴祝粥烛嘱

tʃʰ [44]筑畜蓄促触拙戳新，又

ʃ [31]熟蜀属赎2又 [44]叔淑说又曲

k [35]高膏篙羔糕 [232]□象声词，～～叫 [42]稿 [33]锅戈 [51]告 [31]局焗阁却新，又 [44]菊谷榖鞠咯母鸡叫声

kʰ [35]科 [42]棵颗□扣，使容器底朝天 [51]课 [31]瞌嗑葛确文，又扩文，又□象声词，～～响

ŋ [35]熬3又 [232]□象声词，大动物的叫声 [42]撴用力摇（使松动）[33]□□ŋo⁵¹～者：声音嘈杂状 [51]□～□ŋo³³者：声音嘈杂状 [31]熬2又□心怀不满不停地讲

h [35]薅～田：耘田 [42]好形容词，～坏。副词，很，～好：很好 [33]□湴泥～：烂泥巴 [51]耗好爱～ [31]霍 [44]哭

∅ [35]呵感叹词 [51]哦驱鸡鸭声□估计，估量 [31]号～数□～kuə⁴⁴：这样 [44]屋

io

ȵ [35]□儿儿～～：弯弯曲曲 [51]皱 [31]肉玉□～～动：一下一下地跳动 [44]恧动□缩，～入去：缩进去□折叠

∅ [232]哟 [33]唷□～下：合眼暂睡状 [31]诱若□粥～～：米饭稀糊状 [44]郁育岳□欲呕吐又没有吐出来

iu

p [35]标彪表手～穮（植物）猛长（芽）趮飞快地跑瀌迸射 [232]瓢嫖薸浮萍 [42]表裱婊 [31]□猪用嘴拱物

pʰ [35]飘瞟漂击水～，又 [42]□肚～～：肚胀气状 [51]漂～白，又

m [35]喵 [232]苗描瞄 [33]藐渺秒妙淼杳 [31]庙谬

t [35]焦蕉樵椒刁 [232]逃条 [42]丢剿屌 [33]醮□动量词，一～：一次□物量词，一～：一块 [31]掉调～和

t^h [35]锹挑 [42]斢调换 [51]跳粜

n [35]□有黏性 [232]袅□条状物颤动欲断状 [42]扭3又 [33]鸟 [51]□两头大中间小□煎熬；磨炼，～出来：从艰苦的环境中熬过来 [31]尿

θ [35]肖捎消宵霄硝销鞘悄梢悄箫 [232]瞧 [42]小筱 [51]俏笑 [31]噍嚼

l [35]撩 [232]疗燎镣寮瞭1盯梢，又□牛的阳物 [42]缭鹩撂 [33]了动词瞭2又溜文，又 [51]吊钓 [31]廖料□丢弃

tʃ [35]朝早上召诏昭招昼 [42]□扭得很紧 [51]照

$tʃ^h$ [35]超

ʃ [35]稍烧 [232]朝～代；～向潮韶 [42]少多～晓朽 [51]少年～□翘起，嘴～～：嘴翘起状 [31]赵兆邵沼绍

k [35]骄娇纠 [232]乔侨桥 [42]缴绞文，又饺 [33]矫荞藠跷1又□ʃa⁴²～：吹口哨 [51]叫 [31]轿橇1～颈：闹别扭，又

k^h [232]求新，又 [42]丘邱白巧文，又 [51]窍撬2又跷2又翘又

ŋ [35]翘又 [232]摇饶 [42]□特别起劲地挺胸扭腰 [51]□女子长得漂亮□头～～：昂起头看不起人，很自负状

h [35]嚣

∅ [35]邀腰要～求吆 [232]谣瑶窑姚尧 [42]妖幽尤 [33]舀□打，～一掌：打一巴掌 [51]跃要主～；重～耀 [31]辱鹞

ui

p [35]杯碑赔卑 [232]培陪 [42]悲 [51]辈背～脊，又贝宝～ [31]倍吠背后面，桥～，又贝棉花

p^h [35]胚坯 [232]裴 [51]配佩辔沛

m [35]妹唱戏～，又 [232]梅脢枚媒煤媚明～日：明天，又 [33]每美 [51]□喝，～水，[31]妹～儿，又昧外寐

f [35]恢灰惠非飞文，～机，又妃挥辉徽麾□鸡～：鸡的睾丸 [42]悔毁匪翡晦 [51]肺慧费痱废白，又

t [35]□涴～：脏 [232]颓□钝；不尖利□笨；不聪明 [42]嘴 [51]醉最 [31]队

t^h [35]推催崔 [42]腿 [51]退蜕脆翠褪

n [232]□松软 [51]累好～。形容词□植物蔫萎 [31]内

θ [35]虽绥 [232]随 [42]髓 [33]罪在～世，存～。又 [51]碎粹岁穗遂隧

l [35]堆垒虆竹编的容器□铜～：铜钱 [232]雷擂檑 [42]儡□转卖，低价进高价出 [33]累连～。动词□做苦工 [51]对碓兑 [31]类泪

tʃ [35]锥追 [51]赘缀坠2又□用事情去麻烦别人嘬～细子儿：吻小孩 [31]□用重力压

$tʃ^h$ [35]吹炊喘

ʃ [35]衰 [232]垂锤捶槌谁 [42]水 [51]税瑞帅 [31]睡坠1耳～，又

k [31]□用肘压

k^h [35]盔魁 [33]傀 [51]溃

∅ [35]贿煨 [232]回来～，又茴 [42]□物品破损 [33]会～冇～绘 [31]汇会开～烩

iui

ȵ [35]□衣物上起的毛□～～：唤猪声 [33]蕊

∅ [51]锐

ĩ

p [35]鞭边编 [42]贬扁匾 [33]辫辨辩 [51]

变遍1讲一～，又殡鬓 [31]便方～，又

pʰ [35]篇偏蝙□翻开。～书 [51]骗遍新，～地，又片聘

m [232]棉绵 [42]娩悯尾 [33]抿敏免勉 [51]面底～，又遍2讲一～，又 [31]面又缅渑闽皿

t [35]尖颠煎不用水干煎，又 [232]甜田佃填 [42]剪 [51]荐箭煎用水煎熬，又 [31]电店簟殿奠垫

tʰ [35]千歼迁添天签笺 [42]浅践舔挺艇 [51]侵寝□挣扎

n [35]粘拈两指夹物黏～液 [232]年 [42]撚 [33]你1又 [31]念验彦恋谚

θ [35]仙鲜先 [232]钱前 [42]癣宣喧冼□～～徛：呆立状 [51]线 [31]贱

l [35]癫圂老，圆，卷曲，又 [232]镰帘连莲联怜陵凌菱 [42]点典 [33]□蚜虫 [51]楝□打滚□用针线缝合□量词，瓣，片 [31]殓敛练炼链檩吝

tʃ [35]毡专砖撰皾剥开（皮）占～符，又 [42]展白卷形容词 [51]战篆占霸～，又转老，又

tʃʰ [35]川穿 [42]遣 [51]窜串□传递

ȵ [35]□～～者：无精打采状 [232]严俨 [33]软染冉研碾耳 [31]愿月□…□…越……越……

ʃ [35]掀牵馨□直 [232]弦传～递船椽缠1又悬纯1又 [42]宪陕闪险显薰勋□斜坡熏1又 [33]善膳欣 [51]扇献禅老，～让，又羡欠1又 [31]传～记

k [35]兼肩绢捐坚 [232]琼猄钳拳权颧乾擒□手～：手镯□老～婆：老太婆（贬义）[42]检捡坚茧卷动词；名词倦 [33]槛件1又俭眷谏 [51]剑建键健见 [31]件2又

kʰ [35]谦圈圆～；猪～ [42]犬顷□肥壮 [51]欠2又歉劝

ø [35]烟胭冤阉尹鸳蔫食物发馊不新 [232]盐嫌延筵炎言贤丸员玄缘铅元园老，又圆老，又芫阮原源宛袁辕援然燃檐阎仍沿□（昆虫）爬行完老，又 [42]掩焉兖眩隐颖餍伤口愈合后的痂皮厣螺类介壳口圆片状的盖 [33]远永老，又□还是 [51]厌艳淹燕宴怨焰砚□毽子 [31]县现

ỹ

tʃ [51]转新，又

ȵ [42]□含在嘴里用门齿轻咬 [51]□～～笑：笑而不露齿状

ø [232]园新，又院新，又圆新，又

ẽ

p [35]冰2又兵浜 [232]平坪评苹萍屏瓶频凭白，又□～…～…：一边……一边…… [42]秉饼禀丙 [51]迸柄并□搬□撵赶 [31]病

pʰ [35]箳竹篾等编成的块状物 [51]姘拼文，又

m [35]□遮盖；围扎 [232]名铭眠鸣明又 [42]□很少的量。～儿：一点点 [51]□物体的小缺口□缺损，动词 [31]命

f [35]兄

t [35]精晶睛 [232]亭停廷庭蜓□箇～：这种□一～事：一件事 [42]井□种；样，一～两～：一种两种 [33]□停止不动，～～者：一动不动状 [31]澄定锭笛

tʰ [35]清厅青蜻 [42]请 [51]听

n [35]叮 [232]凝宁泞 [42]顶拧拎；掂，拿，把 [51]拧拿□皮肤上的小肉突 [31]𦘺乳房；乳汁

θ [35]星腥□头毛～～：头发稀少状 [232]情晴□～日：昨天 [42]省醒 [33]静 [51]性姓 [31]净

l [35]丁钉铁～疔叮啄 [232]灵铃零伶翎 [42]踮鼎顶～住 [33]领岭拎□量词，一～花：一朵花 [51]钉装～订令量词□陡峭；坡度大 [31]令另

tʃ [35]正～月征蒸2又 [232]□灵～：爱管闲事 [42]拯整□拿；提□～膊头：耸肩头 [51]正证症政 [31]称～呼剩又

tʃʰ [42]掅（用手）提，又 [51]称秤□估量

ʃ [35]升声 [232]惩橙乘承丞呈程成城诚 [42]升量词 [33]□徛倒～～：站立状 [51]胜甚圣盛 [31]剩从，～细：从小；还，～记得：还记得；再，～慢去：再慢去。又□～经：快些

k [35]京惊鲸经擎荆□坚固 [232]□拿，～东西：拿东西□瘦，小～～瘦：很瘦□蜢蛣～：螳螂 [42]劲茎颈胫景警 [51]竞竟镜境敬径 [31]剧又，杂～：玩耍

kʰ [35]卿杏钦倾～谈□自夸□象声词，小狗叫声 [42]掅（用手）提，又 [33]□凑～：刚好，刚巧 [51]倾

ŋ [232]吟迎□～～者：物体不稳欲倒状□连接一点点，～门：将门闩上一点点 [51]□～～者：物体不稳欲倒状

h [35]兴轻 [33]幸 [51]兴庆靖 [31]□中意，你～冇：你中意吗？

ø [35]应响～鹰鹦缨樱英莺膺罂麻～：细麻线盘成的圆状物 [232]盈赢形刑型营莹荧萤 [42]映影演 [51]应响～□怎么；再

iẽ

ȵ [35]□头～～，头发少不好看状

uẽ

ø [33]永文1，又

ɒ̃

p [35]□象声词，较大的水响声

ʃ [51]楦 [31]刷助

k [35]甘柑老，又干～湿肝 [42]感敢杆秆竿 [33]□大力戽水 [51]干～部赶

kʰ [35]□象声词，咳嗽声 [31]□大力戽水

h [51]撼憾看汉渴 [31]□～～热：阵阵发热

ø [35]安鞍庵 [232]寒 [33]旱 [51]岸按案 [31]汗焊翰□也，你读书，我～读书

iɒ̃

ȵ [35]□毛～～：毛茸茸状

æ̃

p [35]班斑颁 [232]□爬行 [42]扳板版 [33]犯白～着，又 [51]扮1又□扑打 [31]办饭瓣湴

pʰ [35]攀翻老，又 [33]襻 [51]扮2又盼□不规则的缠绕

m [35]挽以手攀搭引拉 [232]蛮 [42]反老，又 [33]晚□语气助词 [31]慢馒漫幔蔓万老，又迈□助词，用于陈述句末，表示不满语气

f [35]帆番幡藩返翻新，又 [232]繁凡环烦顽老，又 [42]反新，又 [33]范患宦犯新，又 [51]贩 [31]泛幻

t [35]簪掸 [232]潭谭谈坛弹～拨 [42]趱移

动位置□借钱物 [33]淡氮倓~定 [51]暂渐诞旦 [31]蛋弹子~但□放置

tʰ [35]贪参滩瘫摊餐 [232]檀 [42]毯坦灿惨1又 [51]探炭叹

n [232]南男难蝻 [33]□歪斜，头~：头歪 [31]难患~

θ [35]三 [232]蚕痰惭残 [42]散 [33]□打人的动作□凿石 [51]伞散 [31]錾溅□~跳：受惊跳动状

l [35]耽担动词篮丹单 [232]蓝篮兰拦栏 [42]胆览榄揽缆□剩下的，菜~：剩菜。人~：没有用的人 [33]懒 [51]担名词 [31]滥烂□用棍子打

tʃ [35]沾 [42]斩瞻崭盏2又展文 [51]站 [31]赚蘸栈

tʃʰ [35]参~差□禽类交配□鸭鹅用嘴铲食□又扁又斜，头~~：头扁斜状 [232]馋谗 [42]产铲 [51]潺 [31]惨2又

ʃ [35]衫珊栅山 [232]禅新，又蝉䗁 [42]疝 [33]删□大腰~~：腰长状 [51]渗单姓~

k [35]奸关间锏简鳏监~房，又槛艰冠鸡冠 [232]□烧。着火~：被火烧 [42]减拣笕柬碱 [33]橄 [51]监~视，又鉴舰间~断涧惯 [31]□1用拇指与食指或中指量度，动词；拇指与食指或中指张开的距离，名词，又

kʰ [42]堪坎砍刊勘1又 [51]勘2又 [31]□2用拇指与食指或中指量度，动词；拇指与食指或中指张开的距离，名词，又

ŋ [35]啱 [232]岩颜 [42]盏1又 [33]眼 [31]雁

h [35]悭省俭 [232]还~有 [42]喊叫憨 [51]喊责骂

Ø [232]函咸衔韩闲 [33]限陷罕 [51]晏 [31]馅苋

uæ̃

Ø [35]弯湾 [232]浣还顽新，又完新，又 [42]腕挽 [33]玩 [31]皖万新，又

uã

p [35]彬斌分给予，~开冰1又宾槟 [232]贫坟□玩弄，做。~屎虫：屎壳郎；~春：做春天农事 [42]粉白，又 [51]粪 [31]份

pʰ [42]品□翻转 [51]喷

m [35]炆文一~钱 [232]民文纹蚊闻 [42]□猪不认真吃食的动作 [51]汶□掰开 [31]问蜜~糖：蜜蜂，又

f [35]分~数，一~地芬纷昏婚□烘干 [232]焚 [42]缓粉文，又 [51]□甩开□摆动

t [35]津樽老，又□用力打 [232]钝□掩盖 [42]□核查，~实：核实 [33]扽用力放下；用力往地上放，~场水：下一场大雨 [51]浸进晋俊 [31]炖囤抖动使密实□用力跺（脚）；用力压实

tʰ [35]亲吞饨 [42]□舀 [51]□骂 [31]□抓（人）

n [35]□受潮湿润状□非常想得到 [232]腍松软；烂熟 [42]蚓蚯蚓捻谂想□引火索 [51]□慢慢摸、掏□愚蠢

θ [35]心辛新薪 [232]寻秦存 [42]榫笋 [33]尽□冲撞惊吓禽畜 [51]信讯迅 [31]□不好的、差劲的

l [35]□微痒□（绳子）编结得紧密结实□讨厌；嫌弃□古~：篾编的有盖子的盛物器具 [232]林淋邻鳞磷仑伦沦轮临 [42]□结实；匀称□躲藏 [33]揾寻找□看望□满 [51]□食物从胃里往

上反□碰、撞□脱～：脱离 [31]论

tʃ [35]今金针斟珍真榛臻巾斤筋砧贞侦枕动词 [232]岑琴勤芹 [42]锦诊疹紧1又仅谨准枕名词□用文火煮使黏结，～牛红：用文火慢煮牛血 [33]近 [51]禁襟颤郑圳震1又 [31]镇振震2又□用手按物阵2又趁～热吃，又

tʃ^{h} [35]椿春□颈～～：脖子短状 [42]蠢闯又 [51]趁～圩，又□从上往下套戴，～帽□盖，～章□罩，～鸡

ʃ [35]深身申伸 [232]神辰娠唇晨臣旬荀循巡尘鹑陈沉自沉 [42]沈审婶醇 [33]肾肫□腐臭味□眼～～：眼皮下坠状 [51]呻 [31]慎殉顺舜训沉外力使沉阵1又

k [35]跟根君军 [232]禽擒群裙 [42]滚紧1又□碰，扰乱 [33]菌 [51]棍艮逛□用凉水浸泡□打扮得很漂亮 [31]□以肘按物，蠄～蟝：蟾蜍□半～：半截□身体前倾

k^{h} [35]昆崑坤均荤匡筐眶 [42]捆垦恳□是～：对怀孕的讳称 [33]啂象声词 [51]困混抆盖，名词；动词

ŋ [232]银□物体外伸而遮盖他物 [51]□责备 [31]□斜伸出来

h [35]□拿 [42]很 [51]晒 [31]恨狠

Ø [35]温瘟恩鹌 [232]云馄晕□痒□连词，和、与、同□车～：车轮 [42]吻刎稳 [33]□用手轻抚 [51]蕴关，拘禁，～牛，～人。[31]运韵闰润湿～，又

yã

ȵ [232]人仁□只；只管 [42]饮□用牙慢慢磨，～碎：用牙慢慢磨碎 [33]忍 [51]□干草，禾～：稻草 [31]认壬又任又

Ø [35]因姻阴殷渊音 [232]寅匀 [42]允揞以手轻盖 [33]引瘾 [51]印壬又任又 [31]孕润猪～：猪肝，又

iæŋ

p [35]帮邦□赶；撵 [232]旁滂螃傍靠近□看管 [42]榜谤绑 [33]膀旁旁边，斜着；斜着踢 [31]傍靠；依靠

p^{h} [35]镑一种宽口的锄头□用手掌或板状物打 [33]□歪

m [232]亡忘芒虻忙茫盲老，又□眼～～：眼斜状 [33]网 [51]□量词，块。一～：一块□面～～：满面怒气状□～～去：很多人或动物走过去状 [31]妄望

t [35]将～来浆糨 [232]堂棠螳唐糖塘 [42]蒋奖桨 [33]□～～光：天很亮 [51]酱将～士葬 [31]荡去～：去玩□水晃动

t^{h} [35]仓苍枪汤 [42]抢□～～阔：很宽阔 [51]烫敞创呛抢磨剪子～菜刀□蒸米粉的圆形器具□放水在田地中跑一趟使田湿润□摊，动词，～开搪顺着一定的方向推；用熨斗熨平衣物

n [35]裆猪尿～：猪尿肚娘父姐 [232]娘瓤 [51]攮□用力拉 [31]浪2又

θ [35]相箱厢湘襄镶桑 [232]藏墙详祥 [42]相互～想爽 [33]象相将～ [51]像橡相～貌丧老，又 [31]匠脏又

l [35]当应～□田～：水田的出入水口 [232]良狼凉量粮郎梁粱 [42]党挡档朗又辆两斤～ [33]两～个□帮，专指两边相争时帮助某一边 [51]靓当典～档大排～晾2又哴用水在容器中摇洗，～口：漱口 [31]亮浪1又量数～谅晾1又

tʃ [35]庄赃脏桩张装章樟 [42]掌长生～ [51]涨帐账胀仗杖障瘴壮 [31]撞遇见，又

tʃ^{h} [35]疮窗昌菖 [42]厂□歪 [51]畅唱倡撞

碰撞，又

ȵ　[51]□韧 [31]酿壤让

ʃ　[35]霜孀商伤香乡双 [232]场床常尝裳长~短肠 [42]赏偿响饷享□含水分少□什么 [33]丈上动词 [51]向项吾~，又□什么 [31]尚状上~面壮~族脏又

k　[35]冈纲刚岗江缸疆缰僵姜 [232]强 [42]讲蕻植物的根须 [33]犟 [51]钢降杠1又□老人死后当天不能安葬而停柩□以物托物使架空 [31]□使物体稳住□好像

kʰ　[35]康慷羌扛腔 [42]强勉~

ŋ　[33]仰昂

h　[35]糠 [42]漮粗糙不光亮 [51]炕烘烤晌刹~：天将黑

ø　[35]央秧殃鸯 [232]羊洋杨扬疡阳行□~眼：眯起眼留一条缝 [33]养项一~两~，又 [31]样巷项鸡~：没有孵过蛋的母鸡

aŋ

p　[35]崩绷搣用力拉拔 [232]庞新，又凭文，又棚新，又□群；帮，一~人：一群人 [42]乓膨新，又□~起：拱起 [33]□用力踢，~一脚步 [51]棒蹦□挣，~脱：挣脱 [31]凭靠；依靠□~~臭：阵阵发臭

pʰ　[35]抨打，~一铳：打一枪□~~臭：很臭 [232]□~~饱：很饱 [33]嘭 [51]胖□倒下；又指死□歪

m　[35]绷把有伸缩性的东西拉开覆盖：~鼓□向人讨要东西 [232]盲~门头。新，又 [42]莽蟒蜢 [33]猛新，又□表疑问句末语气词 [51]絣拉，拔□损缺

f　[51]揈晃动□理睬，冇~：不理睬□翘，嘴角~上天

t　[35]曾增憎僧罾新，又 [232]腾誊藤曾~经 [33]□轻扶 [51]甑□~~讲：大声讲话状 [31]邓滕用物坠使两边平衡□框架，屋~：房屋的框架□~褦：物体悬吊下坠状

tʰ　[232]倘躺□垫脚登高的突出物□身上衍生的小肉突 [42]□台阶的一级叫一~，码头~：台阶 [51]趟□等，~人□层，一~两~

n　[35]粒量词，个；块；台；座 [232]能 [42]褦联结；牵连 [51]□疤痕□重提（旧事）[31]□坠下

θ　[232]层 [42]□大 [51]丧新，又杂~剧：玩耍□~着：男女之间不正当交往擤~鼻：用两手指甩鼻涕□斥责 [31]赠

l　[35]登灯□掷，~石头□~牛：纸扎的独角兽，过年时舞动 [232]楞 [42]等戥 [33]冷 [51]凳 [31]廊□~□θaŋ51：不干净

tʃ　[35]争筝睁踭墇蒸2又□欠 [51]□（用拳头）捶，~背脊

tʃʰ　[35]铛撑撑起 [42]□用力蹬踢 [51]掌撑用物支撑蹭□一步一步地往上登

ʃ　[35]生牲笙森甥参人~ [232]绳□理睬；管，冇~佢：不理睬他们 [42]省~长；节~ [33]□（脚）伸 [51]□畦，一~菜；肋~：肋骨 [31]□听而不闻，耳~~：听而不闻状

k　[35]羹耕更粳埂庚□扎实；坚固 [232]□骂 [42]梗□吾~：面称祖父 [33]耿□用棍子拦；又喻阻止别人做某事□一种体小味臭的蝽 [51]杠2又更□倾倒□詈语 [31]□扔掉；丢弃

kʰ　[35]□~~硬：很硬 [232]狂 [42]鲠□物体表面的小突点□碰□心~~：心事重重状 [51]抗炕旷矿况劥有本事；产品质量高□脾气犟

ŋ　[35]□用力屙屎 [42]□用力打□吆喝 [31]硬

h [35]坑□欺负 [42]肯 [51]□发霉的味道，臭~□没有主意□懵懂 [31]痕

Ø [35]瘿鸡~：鸡嗉 [232]行衡恒航杭□果实饱满 [51]□答应

iaŋ

ȵ [35]□1~~：毛发、枝条等杂乱不齐状，又 [232]□2~~：毛发、枝条等杂乱不齐状，又 [42]□1~~者：不整齐状，又 [33]□2~~者：不整齐状

Ø [232]蝇蚊~：苍蝇

uaŋ

Ø [232]横□打赌 [51]□凹进去 [31]□凳~：凳脚的横木□干，风吹~：风吹干

oŋ

p [35]枫白，又蚌泵蜂老，又□抛投□~~响，象声词 [232]房~屋朋棚老，又彭膨老，又篷蓬逢白，又 [33]□量词，串。一~：一串 [51]放 [31]磅

pʰ [35]埄□薯类淀粉多，煮后松散好吃蜂新1，又 [232]庞老，又 [42]捧 [33]碰□浮

m [35]锰蒙热头生~，又□̀用石头砸 [232]蒙水儿~，又濛矇盟萌 [42]孟猛又蠓懵蒙~倒：捂住，又 [33]□掩盖事实使别人受骗 [31]梦

f [35]荒慌方肪芳风疯枫文，又峰蜂新2，又锋封 [232]防妨坊冯房长~逢文，又缝 [42]纺访仿彷谎讽 [31]风奉俸

t [35]宗棕综踪鬃 [232]同铜桐筒童瞳臀 [42]总 [33]动 [51]粽纵 [31]洞垌栋2又戙桩子揀用手指或木棍戳彤

tʰ [35]通匆葱囱聪 [42]桶捅统 [51]痛疼

n [35]侬 [232]农脓浓新，又 [42]弄4搞；整，又□愚笨 [51]□肥~~：很肥状 [31]弄1把玩，又□下坠，牛~：牛脖子下的赘肉

θ [35]松轻~嵩胸2又 [232]从丛崇松~木□傻鳙 [42]耸 [33]□蓬松 [51]送宋诵颂

l [35]聋东冬窿 [232]龙咙珑笼鸡~隆□用手或物伸进去 [42]董懂陇拢垅□绳套 [33]笼~箱：箱子弄3搞；整，又 [51]冻栋1又□用手或物伸进去 [31]弄2搞；整，又

tʃ [35]中钟忠盅仲终□重物从高处掉下；放置重物；坐着不动 [232]穷穹 [42]肿种迥 [51]种动词中射~众□头朝下掉落供~吃，~奉 [31]窘

tʃʰ [35]冲充春 [42]冢怂宠□丰足，大力~：力多用不完 [51]铳揰推击□烤，~火：烤火

ʃ [35]凶汹胸1又 [232]虫雄重~复熊3又老 [33]重~量 [31]□扑

k [35]光公攻功弓蚣宫工恭又 [232]□插 [42]港广巩拱躬恭又 [33]□量词，截；段。一~：一段□自言自语发牢骚 [51]贡供又□孔洞□用力钻 [31]共供新，又

kʰ [35]哄哄骗，又 [42]恐孔□~~：狗叫声 [51]控哄哄骗，又

ŋ [42]□（物体）突起，~起：突起 [33]戆笨；不精灵□~~者：精神不振状 [31]□~~者：精神不振状

h [35]空 [232]弘洪宏 [42]烘轰□抢夺，~开：抢夺掉 [51]空~闲 [31]旺1又

Ø [35]翁 [232]红虹鸿黄1又簧1又蟥1又王1又皇1又蝗1又 [42]揘用力推 [51]汞瓮蕹

ioŋ

ȵ [35]髼毛发蓬松□蹲 [232]熊1老，又浓老，又

[33]拥又 [51]嗅闻，嗅

Ø [35]雍壅痈 [232]容溶蓉荣融戎绒庸茸熊2新，又 [33]永新，又泳咏 [31]用

uoŋ

Ø [232]王2又黄2又簧2又蟥2又王2又皇2又蝗2又 [42]枉 [33]往汪 [51]旺2又

uŋ

p [35]般搬奔 [232]盘盆 [42]本2又 [33]伴□两脚合拢 [51]半拌绊 [31]笨□缠绕

pʰ [35]潘 [51]判叛喷拼文，又

m [35]模~样□鱼篓□考虑，~量：掂量 [232]门扪瞒魂2又 [42]本1又□搬□闭 [33]满母虱~，又 [31]闷焖巫姓~

f [35]欢宽□松动 [42]款□窠臼；小坑 [51]焕

t [35]钻尊遵樽又蹲□象声词，东西掉到水里的声音 [232]团 [33]断 [51]钻名词□没头没脑地乱撞 [31]吨顿段锻缎盾遁□~~臭：阵阵发臭□~蛋：散了蛋黄变质了的蛋

tʰ [35]村□移动 [51]寸衬篡

n [42]□个~：这里□身上起的小疙瘩 [33]暖□用眼示意 [31]嫩

θ [35]孙逊酸 [232]全泉栓 [42]选损 [33]□~~甜：有点甜 [51]算蒜巽 [31]旋

l [35]敦墩礅端圞新，圆，卷曲，又 [42]短□阻止 [33]卵 [51]□约定 [31]乱

tʃ [51]□蘸，使湿

ʃ [232]缠2又 [31]纯2又

k [35]官棺观参~泔柑新，又 [42]管馆□花~：花蕾 [51]灌罐贯冠~军观寺~

ŋ [42]□语气词，表示拒绝

Ø [232]含魂1又 [42]豌碗1又 [51]暗 [31]唤换

iuŋ

ȵ [51]□~~笑：笑不露齿状

m

Ø [35]呣叹词，表示疑问 [232]唔唤牛停住声

ŋ

Ø [35]嗯叹词，表示疑问 [232]梧吾①我，我的；②小的，相当于"儿"尾□什么；哪。~子：怎么样□~ŋe²³²：二胡 [42]碗2又□叹词，表示拒绝 [33]五伍午母鸡~，又 [31]嗯叹词，表示应答

第四章　词汇特点

第一节

方言特别词

垌toŋ^{31}田野，山间平地。又写作“洞”。当地以“垌”做地名的有“董家垌”“星子洞”“旱洞”“岭脚洞”等。“垌”作为自然地理实体通名，在广西各地都常见。

墇tʃaŋ^{35}土石堆，小山包，台地，自然地理实体通名。地势高的叫“高墇ko^{35}tʃaŋ^{35}”，作为专名当地有地名“龙眼墇loŋ^{232}ŋæ̃^{33}tʃaŋ^{35}”“油麻墇iɔ^{232}ma^{232}tʃaŋ^{35}”“水寨墇ʃui^{42}ʃæ^{31}tʃaŋ^{35}”“铜

图1　垌　石龙镇/2015.7.19/廖家庄 摄

锣埲toŋ[232]lo[232]tʃaŋ[35]”等，当地人说董家垌有“八埲七枹”。当地地图及地名志上都把读音为“埲tʃaŋ[35]”的地名雅化，根据意义写成了“墩”，如地名“龙眼埲loŋ[232]ŋæ̃[33]tʃaŋ[35]”写成了“龙眼墩”，“油麻埲iɔ[232]ma[232]tʃaŋ[35]”写成了“油麻墩”，“铜锣埲toŋ[232]lo[232]tʃaŋ[35]”写成了“铜锣墩”。“墩”标音为“dūn”，字不是原地名的本字，音也不是原字音折为普通话的读音。《玉篇·土部》：“埲，隔塞也，壅也，防也。”清俞樾《诸子平议·管子一》：“《说文·土部》‘埲，擁也。’经典多以‘障’为之。《吕氏春秋·贵直篇》：‘是障其原而欲其水也。’高诱注曰：‘障，塞也。’障塞即埲擁也。”障，《广韵》漾韵之亮切：“界也，隔也，又步障也……。”《广韵·阳韵》：“隔也，又丘山顶上平。诸良切。”董家垌土话传承的是平声“诸良切”的音义，读阴平，与阳平稍有不合，韵也近。本地俗写用“埲”，当地李姓族谱有“某某公葬某某埲”的写法，读同“争tʃaŋ[35]”。同为台地，高地，“枹”上面一般有树林，“埲”不一定有树林。

枹pɔ[31]稍高于周边田野的独立的台地。如果上面长满树木，就叫做“木枹mo[31]pɔ[31]”，董家垌内有近十个带“枹pɔ[31]”的村名，如“栗木枹”“乌木枹”“田心枹”“新塘枹”“大塘枹”“大枹”“茄子枹”“竹吾枹”等。与泉岭村紧邻的村子“大塘枹”以村旁有一口大水塘得名，现“大塘枹”已经成了村庄（见图），但作为独立的台地的地形还隐约可见。以“枹”做地名通名是董家垌内地名的特色。“枹”为当地俗写字，当地志书及地图上都用“枹”字，

图2　枹　回龙镇松林村大塘枹 /2017.4.20/ 廖祖平 摄

与《现代汉语词典》上“枹”的字义不合，本字待考。

□ mo^{42} 有洼地的山冈，当地自然地理实体通名。作为专名当地有“大□ tæ^{31}mo^{42}”，又叫“大□岭 tæ^{31}mo^{42}lẽ^{33}”，当地用音近字写作“大寞岭”或“大漠岭”，雅化为“大猛岭 tæ^{31}moŋ^{42}lẽ^{33}”，为现回龙镇圩场所在地，“□ mo^{42}”音义来源待考。

岗 kiæŋ^{35} 山岭，当地自然地理实体通名，作为专名当地有“鹤岗、茅栗岗”等。

岩 ŋæ̃^{232} 钟山部分是岩溶地貌，董家垌内有不少的岩溶峰峦，多岩石与岩洞，部分地名以岩命名，如“川岩”。

宜 ȵi^{232} 当地地名用字，如：“刘家宜、杨家宜、新杨家宜”，“宜”实为“儿 ȵi^{232}”的同音字。“儿 ȵi^{232}”是名词后缀，表示小的物品、动植物或很小的量。当地地名志标写地名时不写“儿”，而用了一个同音的“宜 ȵi^{232}”，是小村子的意思，“杨家宜”是从“杨家”这个村子分出的小村子，“新杨家宜”是从“杨家宜”再新分出去的一个小村子。

港 koŋ^{42} 长条形的天然或经人工改造过的水体，自然地理实体通名。《广韵》讲韵古项切：“水派。”宋陆游《幽居》诗：“每为游鱼疏港渎，更缘啼鸟植楸梧。”清魏源《东南七郡水利略叙》：“江所不能遽泄者，则亚而为浦、为港、为渠、为渎。”作为专名当地有“泥港 nuæ^{232}koŋ^{42}”“鸟塘港 liu^{31}tiæŋ^{232}koŋ^{42}”“港陂 koŋ^{42}pi^{35}”“马蹄港 ma^{33}tuæ^{232}koŋ^{42}”“源头港 ĩ$^{232-11}$tɔ^{232}koŋ^{42}”等。董家垌的水道都不能通航，所以这里的“港 koŋ^{42}”只是长条形的水体而已，是不能通航的。

陂 pi^{35} 小水坝。《广韵》支韵彼为切：“书传云泽障曰陂。”《诗·陈风·泽陂》：“彼泽之陂，有蒲与荷。”毛传：“陂，泽障也。”《徐霞客游记·楚游日记》：“土人环石为陂，壅成巨潭，以灌山塍。”董家垌土话支韵字不少字读[i]韵，同反切的“碑”也读[pi^{35}]，读阴平。当地带“陂 pi^{35}”的地名有通名“陂头 pi^{35}tɔ^{232}”“港陂 koŋ^{42}pi^{35}”，地名“泉陂 θuŋ^{232}pi^{35}”“上泉陂 ʃiæŋ^{31}θuŋ^{232}pi^{35}”“下泉陂 ia^{33}θuŋ^{232}pi^{35}”“茶陂 ʃa^{232}pi^{35}”。“陂 pi^{35}”是口语读音，当地的书面用语已经不用“陂 pi^{35}”，而雅化为“溪 hi^{35}”。写成了“泉溪”“上泉溪”“下泉溪”“茶溪”。当地地名写“溪”的，日常口语中都说“陂 pi^{35}”，而外地地名“岑溪”的“溪”读“hi^{35}”。

塘 tiæŋ^{232} 蓄水养鱼的水池。当地雨水充沛，各村都利用天然或人工开挖的水塘养鱼，水塘更是村子地理风水布局的重要组成部分，人们认为村子有水塘才能储财气。当地有不少带塘的村名，如“黎塘、龙窝塘、莲塘、新塘仔、扶塘、新竹塘、鲤鱼塘、月亮塘”等。“塘”也与清代的军事单位有关，《六部成语·兵部·塘兵》注：“比汛狭小曰塘，比塘狭小曰铺。”“鸟塘”是进入董家垌的要冲，据《钟山县志》载，清代曾在此置塘兵把守，称为“鸟塘”。

畬 ʃie^{35} 专指围有篱笆的菜园，菜地。《广韵》麻韵式车切：“烧榛种田。”又指刀耕火种的田地，唐刘禹锡《竹枝词九首》之九："银钏金钗来负水，长刀短笠去烧畬。"董家垌土话假摄开口三等字读"ie"，如"写θie^{42}、蛇ʃie^{232}"，语音合于"式车切"，"畬"的词义已经转移并缩小。当地把菜地叫作"畬地ʃie^{35}ti^{31}"，大菜园叫作"大畬tæ^{31}ʃie^{35}"，小菜园叫作"畬儿ʃie^{35}ȵi^{232}"或"畬吾ʃie^{35}ŋ^{232}"，"畬门ʃie^{35}muŋ^{232}"就是菜园门。

寨ʃæ^{31} 原指四周有防御围墙的居民点，当地通称村子。作为专名有"东寨、老寨、新寨、寨肚、中央寨、杨家寨、岭尾寨、帮学寨、松桂寨、尖寨、兴龙寨"等。口语中极少用"村tʰuŋ^{35}"。

长山ʃiæŋ^{232}ʃæ̃^{35} 村子背靠的山。一般认为是村子风水龙脉的所在，山上的树木为风水林，得到很好的保护。

牛石ŋɔ^{232}ʃe^{31} 鹅卵石，当地叫马卵石，钟山盛产锡矿，但当地民矿有"十窿九空，挖得一窿成富翁"的说法，只有少数人幸运挖到锡矿砂，人们怕矿砂像马一样跑掉，挖矿人忌说"马卵石"，把鹅卵石叫"牛石"。

十窿九空ʃuə^{31}loŋ^{35}tʃɔ^{42}hoŋ^{35} 参见上条"牛石"。

打作la^{42}tiʌ^{44} 打算。

做争tu^{31}tʃaŋ^{35} 吵架。夫妻做争，床头争过就床尾和。说的是"夫妻吵架一下子就和好了"。

打la^{51} "打"有三个读音，"la^{42}"是白读音，是一般意义的"打"，"ta^{42}"是文读音，如"～开"。强调特别用力地"打"读"la^{51}"，如"～死、～石头、～石头仗"。

是ʃi^{33} 在董家垌土话中可以做判断词，如："我是回龙人，渠亦是回龙人。""是冇是是不是。"又可以用作表示"存在"的动词和介词，表示动作正在进行的体标记。如"你是你屋里吃，我是我屋里吃啰。""就是住是箇里讴是平桂管理区。"当地农村小学生常会把"我在家"错写成"我是屋"。

粟⁼θo^{44} 表示不限定量的少数，不常发生的。"粟⁼下θo^{44}ia^{31}"指"少数地方"；"粟⁼时θo^{44}ʃi^{232}"指"有时"。

松爽θoŋ^{35}θiæŋ^{42} 轻松畅快。鲁迅《彷徨・长明灯》："可是，将亲生的孩子白白给人，做母亲的怕不能就这么松爽罢？"叶圣陶《城中・晨》："[赵大爷]喉咙越来越松爽，简直像才通过的烟囱。"董家垌土话"松爽θoŋ^{35}θiæŋ^{42}"这个词很常用，有小病为"冇松爽mɔ^{33}θoŋ^{35}θiæŋ^{42}"，病轻了是"松爽啰θoŋ^{35}θiæŋ^{42}lo^{33}"。

第二节

方言古语词

董家垌话长期以来处在一个比较封闭的环境，保留了部分古语词，保留的古语词与周边汉语方言各有异同，探索董家垌古语词对了解钟山土话与周边方言的关系及其共时面貌有积极的作用。本节列举一些古语词、本字和特殊读音。

1．**荡** tiæŋ^{31} 游玩，闲逛。《广韵》徒朗切，《左传·僖公三年》：“齐侯与蔡姬乘舟于囿，荡公。公惧，变色。”杜预注：“荡，摇也。”唐杜甫《石柜阁》：“石柜曾波上，临虚荡高壁。”引申为游荡，闲逛。《西游记》第五回：“今日东游，明日西荡，云去云来，行踪不定。”《醒世恒言·汪大尹火焚宝莲寺》：“慢腾腾的荡至寺中。”今董家垌土话叫“游玩”为“荡 tiæŋ^{31}”，“外出游玩”为“去荡 hy^{51}tiæŋ^{31}”。牛边逛边吃草叫“荡草 tiæŋ^{31}t^{h}o^{42}”，寻牛启事叫“荡草帖 tiæŋ^{31}t^{h}o^{42}t^{h}ie^{44}”。“荡”也是周边勾漏粤语的常用词。

2．**杂剧** θaŋ^{51}kẽ^{31} 玩耍，游玩，闲逛。文献上又作“侧剧、则剧”。宋刘克庄《贺新郎》词：“生不逢场闲则剧，年似龚生犹夭，吃紧处、无人曾道。”《朱子语类》卷一〇四：“此等议论，恰如小儿则剧一般。”清《古今图书集成》引《广东志书·广州府》：“游乐曰则剧。按：《朱子语类》亦言则剧。闽广有此语。”屈大均《广东新语》：“游戏曰则剧，杂剧也，讹杂为则也。”“在广西，把游玩、玩耍称则剧的地区还不少……语音变化较大”（余瑾等2016）。“杂”为入声从母字，董家垌土话从心邪母都读[θ]，韵母阳入对转念[θaŋ^{51}]。“剧”阳入对转，进一步演变为鼻化韵读[kẽ^{31}]，这样玩耍义的“杂剧”在董家垌土话语音就讹变成了“杂剧 θaŋ^{51}kẽ^{31}”，并简言之为“杂 θaŋ^{51}”。今董家垌土话“杂”通常读[θa^{31}]，“剧”通常读[ky^{31}]，前者已经舒化，后者更是文读音了。

3．**凑** t^{h}ɔ^{51} 聚合。《广韵》候韵仓奏切；“凑，水会也”《说文·水部》：“凑，水上人所会也。”《玉篇·水部》：“凑，聚也。”唐王建诗《照镜》：“万愁生旅夜，百病凑衰年。”董家垌话又说“凑倒tʰɔ^{51}lo^{33}”“凑队tʰɔ^{31}tui^{31}”“佮凑队kuə^{44}tʰɔ^{31} tui^{31}”就是凑合在一起，“做狗化子要有凑队tu^{51}kɔ^{42}fa^{51}ti^{42}iu^{51}iɔ^{33}tʰɔ^{51}tui^{31}”。由聚合引申为同（和）某人一起。“凑妹tʰɔ^{51}mui^{31}”意为带小孩，就是和小孩在一起，保姆叫“凑妹嘅tʰɔ^{51}mui^{31}kə^{42}”。藤县粤语带小孩也叫“凑妹”，广州粤语把替人带小孩的女人叫“凑仔乸”“凑仔婆”。“凑”虚化为连词表偕同，和。可以说“凑你去tʰɔ^{51}ni^{33}hy^{51}”。

4. **解**kæ^{42}（～kæ^{51}）锯，割，切，裁；讲，说，散。《说文·角部》：“判也，从刀判牛角”。《集韵》蟹韵举蟹切：“说文，判也。”《广韵》蟹韵佳买切：“解，讲也，说也，脱也，散也。”董家垌土话“讲解kɪæŋ^{12}kæ^{42}”“解开kæ^{42}hø^{35}”的“解”今读阴上，音义与举蟹切、佳买切同。《广韵》卦韵又古隘切：“除也。”《集韵》又卦韵居隘切：“除也，一曰闻上也。”引申为“押送财物或犯人”，《京本通俗小说·碾玉观音》：“当下喝赐钱酒赏犒捉事人，解这崔宁到临安府，一一从头供说。”这个意义的“解kæ^{51}”在董家垌土话中也常用，念阴去，如“解犯人kæ^{51}fæ̃^{33}ȵyã^{232}”，音义与居隘切、古隘切相合。“解”从“判也”引申为“剖开，锯开”。唐刘恂《岭表录异》卷中：“木性如竹，紫黑色，有文理而坚，工人解之以制博弈局。”郭沫若《看了〈抗美援朝〉第二部分》：“解木的大锯是敌人的废钢甲。”董家垌土话有作“锯；割；切；裁”义的“解kæ^{51}”，如：“解板kæ^{51}pæ̃^{42}”“解纸kæ^{51}tʃi^{42}”，用的是较早的引申义，但读音与举蟹切、佳买切不合，而与居隘切、古隘切语音相合，此音义又俗写为“锴kæ^{51}”，与相邻的粤语区俗写字“锴”音义相同。

5. **㱞**læ^{35}最末的，最小的。《字彙補》泥台切。明陆容《菽园杂记》卷十二：“广东有㱞字，音奈，平声。老年所生幼子。”清鈕琇《觚賸续编·亚㱞成神》“‘㱞’字不见于书，唯闽粤之俗有之，谓末子为㱞。”董家垌土话“晚仔㱞”是最小的儿子，“妹儿㱞”是最小的女儿。又引申为“最落后的”，如“㱞尾læ$^{35\text{-}44}$mĩ^{42}落后，最末的”。最次的，最差的，如“人㱞”“仔㱞”指人品或本事最差的、最末位的，带贬义，是看不起，蔑视别人的称呼，“猪㱞一窝小猪中生长得最差的那一头tʃy^{35}læ^{35}”“歌㱞人人都不爱唱的过时的不动听的歌kø$^{35\text{-}33}$læ^{35}”。遗落下来的，如“番薯㱞fæ̃^{35}ʃy^{232}læ^{35}收获后遗漏在地里的红薯”。此词也见于周边粤语。

6. **宗支**toŋ^{35}tʃi^{35}同宗族的支派。《后汉书·桓帝纪赞》：“桓自宗支，越跻天禄。”《新唐书·吴兢传》：“自昔翦伐宗支，委任异姓，未有不亡者。”明沈鲸《双珠记·卖儿系珠》：“图功业志气从新，思骨肉宗支寻旧。”董家垌土话把家族或宗支记载本族世系和重要人事迹的书叫“宗支薄toŋ^{35}tʃi^{35}pu^{31}”就是“族谱θo^{31}pʰu^{42}”。“族谱”是后起的说法。

7. **茅厂**miʌ^{232}tʃʰiæŋ^{42}茅草盖的简易房子。《广韵》漾韵昌两切，又尺亮切：“厂，露舍。”《集韵》养韵：“厂，屋无壁也。”唐韩偓《南安寓止》：“此地三年偶寄家，枳篱茅厂共桑麻。”“茅厂miʌ^{232}tʃʰiæŋ^{42}”也叫“茅屋miʌ^{232}o^{44}”“茅叶屋儿miʌ^{232}ie^{31}o^{44}ȵi^{35}”。“厂tʃʰiæŋ^{42}”是简易的无壁的棚屋，供田间休息及堆放肥料的草房叫“田头厂tĩ^{232}tɔ^{232}tʃʰiæŋ^{42}”。建简易

房叫“打厂 la^{42}tʃʰiæŋ^{42}”，人们由搭建简易的房屋临时居住再到建房成为村庄，就把村庄叫成了“某某厂”。钟山较多带厂的村名，一般都是水田少、旱地多的村庄，通称“地厂 ti^{31}tʃʰiæŋ^{42}”，具体的地名有“大岛厂、竹根厂、蟠龙厂”等。“厂”这一用法也见于周边粤语。

8. **睇** tʰuæ^{42} 看，寻找。《广韵》齐韵土鸡切：“视也”，最基本的意义为“视；望”。晋赵至《与嵇茂齐书》：“龙睇大野，虎啸六合。”引申为“明察”，晋潘岳《杨荆州诔》：“多才丰艺，强记洽闻，目睇毫末，心筭无垠。”在董家垌土话中，“视，望，明察”的意义也有用“睇”的，如“冇信就睇大山雪，冇见热头雪亦融”。但更多情况是由“看 hõ^{51}”承担，这与北京话同。董家垌土话“睇 tʰuæ^{42}”的意义由表示“视，望，明察”进一步发展为用目光去“寻找”。以目视人是“看人 hõ^{51}ȵyã^{232}”，找人是“睇人 tʰuæ^{42}ȵyã^{232}”。“寻找”义成了“睇”的常用义。如：“睇寻找了成两三日 tʰuæ^{42}liu^{33}ʃẽ^{232}liæŋ^{33}θæ̃^{35}ȵyə^{44}。”“睇粪 tʰuæ^{42}puã^{51}”就是“找粪，积肥”。“睇着 tʰuæ^{42}ʃiʌ^{31}”是找着了。

9. **贝** pui^{31} 棉花。“贝”是“吉贝”或“古贝”的简称。《旧唐书·南蛮西南蛮传》：“古贝，草也。缉其花为布，粗曰贝，细曰氎。”南宋周去非《岭外代答》卷六“吉贝木，如低小桑枝，萼类芙蓉花之心，中皆细茸，絮长半寸许……以之为布，最为坚善。”清屈大均《广东新语》凡言棉花皆称“吉贝”，并说明吉贝与木棉的不同：“岭外以为吉贝即木棉，非也。吉贝草绵，如斑枝乃木棉耳。”董家垌土话称棉花为“贝 pui^{31}”，棉桃与棉籽叫“贝子 pui$^{31-11}$ti^{42}”，弹棉花的工具，包括弹弓及木槌叫“贝□ pui^{31}tʃoŋ^{35}”。弹棉花的弓叫“贝弓 pui^{31}koŋ^{232}”，弹棉花叫“弹贝 tæ̃^{232}pui^{31}”，纺棉花叫“车贝 tʃʰie^{35}pui^{31}”。周边粤语及平话也有同样的说法。“棉花”是较晚近的说法。

10. **𣘗** toŋ^{31} 桩子。《广韵》送韵徒弄切：“船缆所系。”今董家垌“木桩子”叫“木𣘗 mo^{31}toŋ^{31}”；“击𣘗 kie^{44}toŋ^{31}”叫“打桩”。又作动词，“𣘗起 toŋ^{31}hi^{42}”是“竖起”。用作量词，“一𣘗两𣘗”，表示木段的量。

11. **樴** tə^{31} 木桩。《广韵》德韵徒得切：“杙也。”杙，与职切：“橜也。”《说文·木部》：“樴，弋也。”段玉裁注：“弋、杙，古今字…… 樴谓之杙，可以系牛。”章炳麟《新方言·释宫》：“樴者，识也。今扬州谓立木为表曰木樴子，立石为表曰石樴子。”唐段成式《酉阳杂俎·礼异》：“妇入门，先拜猪樴及灶。”徐珂《清稗类钞·盗贼类》：“南汇有濒湖而居者，畜牛犬各一，同樴而卧。”董家垌土话“𣘗樴 toŋ^{31}tə^{31}”就是篱笆桩或拴牛的木桩。

12. **屈** kuə^{31} 残缺；短残。董家垌土话尾巴残断的牛叫“屈尾牛 kuə^{31}mĩ^{42}ŋə^{232}”；未盖完整只有一间房子的屋子叫“屈头屋 kuə^{31}tə^{232}o^{44}”。只有半截没有出路的死胡同叫“屈头巷 kuə^{31}tə^{232}iæŋ^{31}”。《集韵》迄韵渠勿切：“博雅短也。一曰无尾。”《说文·尾部》：“屈，无尾也。从尾，出声。”《说文解字注·尾部》：“屈，凡尾短曰屈……”《韩非子·说林下》：

“鸟有翢翢者，重首而屈尾。”《淮南子·诠言》：“圣人无屈奇之服，无瑰异之行。”高诱注：“屈，短；奇，长也。”

13. **瘗** ĩ^{42}伤口愈合后的痂皮。董家垌土话把疮口、伤口愈合后结痂叫“结～kie^{44}ĩ^{42}”。《集韵·琰韵》于琰切：“瘍痂也。”明冯梦龙《山歌·捉奸》：“六月里天光，弗怕掀箇冻疮瘗。”

14. **稿荐** ko^{42}tĩ^{51}用稻草编成的席子或垫子。文献上又写作“稾薦”，《广雅·释草》“秆、稈、稭，稾也”。清王念孙疏证：“今江淮间以稻秆为席蓐，谓之稾薦，是稻秆亦为稾也。”章炳麟《新方言·释器》：“稾秸之席曰草薦，扬州谓之稾薦。”董家垌把稻草编成的席子或垫子叫“稿荐 ko^{42}tĩ^{51}”，又叫“稿垫 ko^{42}tĩ^{31}”。

15. **敨** t^{h}ɔ^{42}舒展、歇息、完结。《集韵》厚韵他口切：“展也。”董家垌土话把休息叫“敨 t^{h}ɔ^{42}”，“敨阵儿 t^{h}ɔ^{42}ʃuã^{31}ȵi^{232}”就是休息一会儿。再引申为舒展气息，如长长舒一口气“敨大气 t^{h}ɔ^{42}tæ^{31}hi^{51}”，再引申为完结，做完成体标记，如“吃敨 he^{44}t^{h}ɔ^{42}”是“吃完”、“老敨啰 lo^{33}t^{h}ɔ^{42}lo^{33}”是“死了”。

16. **滗** pi^{51}把多余的汁水或汤上的东西滤掉。《广韵》质韵鄙密切：“去滓。”《广雅·释诂二》：“滗，盝也。”王念孙疏证：“滗之言逼，谓逼取其汁也。《玉篇》：‘滗，笮去汁也。’《众经音义》卷五引《通俗文》云：‘去汁曰滗。’……今俗语犹云滗米汤矣。”今董家垌话有“滗粥水”引申为“倒（液状物）”，如“滗酒 pi^{51}tɔ^{42}”就是斟酒。

17. **箾** ʃø^{51}用细枝条抽打。《广韵》觉韵所角切：“说文曰以竿击人”，《说文·竹部》：“箾，以竿击人也”。

18. **拂** fuə^{44}用力碰。《说文·手部》：“拂，过击也”。《广韵·物韵》敷勿切：“拂，拭也。”

19. **攋** læ^{33}遗失，遗落。《集韵》骇韵洛骇切：“把攋，弃去也。”又落盖切。《类篇·手部》：“攋，攋把，弃去也。”董家垌土话遗尿叫“攋尿 læ^{33}niu^{31}”，在别人放干水捞过鱼的鱼塘或河湾中再捞一次遗留下来的鱼虾叫“攋窝 læ^{33}uə^{35}”。

20. **圞** lĩ^{35}圆，卷曲，又读“luŋ^{35}”。《广韵》桓韵落官切：“团圞，圆也。”《集韵》桓韵：“圞，圜也。”五代牛希济《生查子》：“新月曲如眉，未有团圞意。”

21. **趱** tæ̃^{42}移动位置，分借钱物。《广韵》翰韵则旰切：“散走。”《朱子语类·礼七》：“自升曾子于殿上，下面趱一位，次序都乱了。”

22. **喊** hæ̃^{51}责骂。《集韵》阚韵苦滥切：“喊，呵也。”又虚咸切。“着喊 ʃiʌ^{31}hæ̃^{51}”挨骂。

23. **揚** t^{h}iæŋ^{51}顺着一定的方向推；用熨斗熨平衣物。《广韵》宕韵他浪切：“揚，排揚。”《玉篇·手部》：“他浪切，推也。”董家垌土话把泥水工抹墙的板状工具叫“揚板 t^{h}iæŋ^{51}pæ̃^{42}”，抹墙就是“揚墙 t^{h}iæŋ^{51}θiæŋ^{232}”。

24. **跙**tʃʰie^{42}走。《集韵》马韵浅野切："浚跙，足利。"浚，叉鉴切："行貌"。"跙人tʃie^{42}ȵyã^{232}" 走人，离开。

25. **沕**mi^{33}沕水，潜水。《集韵》队韵莫佩切："潜藏也"。《广韵》质韵美毕切。《史记·屈原贾生列传》："袭九渊之神龙兮，沕深潜以自珍。"清邵珉《赵忠愍公得谥诗》："百年幽沕一朝显，六诏山川增皦洁。""沕水mi^{51}ʃui^{42}" 就是潜水，猛潜入水里叫"扎沕tʃa^{51}mi^{51}或钻沕tuŋ^{51}mi^{51}"。

26. **爩**uə^{44}（烟）熏。《集韵》迄韵纡勿切："烟出也。"《玉篇·火部》："爩，烟出也。"董家垌土话用烟驱赶蚊子叫"爩蚊子uə^{44}muã$^{232-11}$ti^{42}"。

27. **髶**ȵioŋ^{35}毛发蓬松。《说文·髟部》："乱发也。"《广韵》鍾韵而容切："发多乱貌。"董家垌土话有"髶毛狗""髶毛兔"。

28. **篣**pʰẽ^{35}竹篾等编成的块状物。《集韵·青韵》滂丁切："舟车蓬。"董家垌土话把竹篾等编成的块状物叫"篣pʰẽ^{35}"，根据用途的不同，用作门的叫"门篣muŋ^{232}pʰẽ^{35}"，用于晒烟叶的叫"烟篣ĩ^{35}pʰẽ^{35}"。

29. **煠**ʃa^{31}用水久煮。《广韵·洽韵》土洽切："汤煠。"《集韵·洽韵》实洽切："沦也"。唐刘恂《岭表录异下》："（水母）先煮椒桂或豆蔻，生姜缕切而煠之。"宋苏轼《十二时偈》"百滚油汤里，恣把心肝煠。"元《农桑辑要》卷五："（蔓菁）十月初采苗煠作和菜余者，晒过留根在地。"明徐光启《农政全书·荒政·救荒本草一》："山苋菜……采苗叶煠熟，换水浸去酸味，淘净，油盐调食。"清翟灏《通俗编·杂字》："今以食物纳油及汤中一沸而出曰煠。"董家垌土话用水久煮曰煠，如"煠鸡ʃa^{31}kuæ^{35}""煠猪肉ʃa^{31}tʃy^{35}ȵio^{31}"。

30. **斗**lɔ^{51}拼凑；凑集。《说文解字》："两士相对，兵杖在后，象鬥（斗）之形。凡鬥（斗）之属皆从鬥（斗）。"《集韵》"鬥，鬬也"。《集韵》"鬬，丁候切，《说文》遇也。"明张岱《陶庵梦忆·报恩塔》："一金身，琉璃砖十数块凑成之，其衣褶不爽分，其面目不爽毫，其须眉不爽忽，斗榫合缝信属鬼工。"《敦煌变文集·维摩诘经讲经文》："白玉斗成龙凤巧，黄金缕出象牙边。"董家垌土话木匠叫"斗木师傅lɔ^{51}mo^{31}ʃi^{35}pu^{33}"，用木斗做的是"拧粒木头斗嘓nẽ^{42}naŋ^{35}mo^{31}tɔ^{232}lɔ^{51}kə^{42}"，刚巧是"斗巧lɔ^{51}kʰiu^{42}"，碰巧是"斗啱lɔ^{51}ŋæ̃^{35}"。

31. **珓**kiʌ^{51}一种占卜用具，用一反一正两片竹片或其他材料制成。占卜时两块珓片面都朝下为阴珓，两块珓片面都朝上为阳珓，两块珓片一块面朝上，一块面朝下为圣珓。珓，《广韵》古孝切"杯珓，古者以玉为之"。《集韵》居效切"杯珓，巫以占吉凶器者"。《正字通》古吊切"珓以卜吉凶也"。宋洪迈《夷坚丙志·黄乌乔》："黄再拜祷曰：积帛庙中，颇为无用，移此以惠人，神所乐也，而庸祝不解神意，尚复云云。大王果见赐，愿示以圣珓。或得阴珓，则夫人垂怜，尤为上愿。若得阳珓，则阖庙明神皆相许矣。"今董家垌土话有"阴珓yã^{35}kiʌ^{51}""阳珓iæŋ^{232}kiʌ^{51}""圣珓ʃẽ^{51}kiʌ^{51}"的说法。

32. **瘕** ha^{35}喉病。《集韵·麻韵》虚加切："喉病。"董家垌土话咳嗽叫"瘕嗽ha^{35}θɔ^{51}"，气管炎叫"扯瘕tʃ^{h}ie^{42}ha^{35}"。

33. **是物** ʃi^{33}muə^{44}什么。文献上又作"是勿"。唐赵璘《因话录·角之次》："玄宗问黄幡绰：'是勿儿得人怜？'对曰：'自家儿得人怜。'"原注："是勿儿，犹言何儿也。"《神会语录》"'唤作是物？''不唤作是物。'"今董家垌土话什么地方叫"是物地方ʃi^{33}muə^{44}ti^{31}foŋ^{35}"，什么时候叫"是物时辰ʃi^{33}muə^{44}ʃi^{232}ʃuã^{232}"，说什么是"讲是物kiæŋ^{42}ʃi^{33}muə^{44}"。

34. **镑** p^{h}iæŋ^{35}锄头。《广韵》普郎切："镑削。"《农政全书·农器·图谱一》："剗，俗又名镑……其刃如锄而阔。"董家垌土话锄头叫"镑p^{h}iæŋ^{35}"，一种宽口的锄头叫"大镑tæ^{31}p^{h}iæŋ^{35}"。

35. **悭** hæ̃^{35}省俭。《广韵·山韵》苦闲切："悋也"。《玉篇·心部》："悭，悭悋也。"《金史·食货志一》："钱悭之郡，所纳钱货则许折粟帛。"董家垌土话省俭叫"悭俭hæ̃^{35}kĩ^{33}"，非常吝啬叫"悭殁利绝hæ̃^{35}muə^{44}li^{31}θuə^{31}"。

36. **脶** lø^{232}圆形的指纹。《广韵》落戈切"手指文也"、古蛙切"手理也"。《集韵》公蛙切"手文谓之脶"，庐戈切"手指文"。《类篇》："公蛙切，手文谓之脶。"清胡文英《吴下方言考》第六卷："吴谚云：'脶多辛苦粪箕闲。'"今董家垌土话圆形的指纹叫"脶lø^{232}"，簸箕形的指纹叫"粪箕puã^{51}ki^{35}"或"粪箕脶puã^{51}ki^{35}lø^{232}"，有数脶歌"一脶穷，二脶富……"。

37. **戽** fu^{51}往高处汲水。《广韵》侯古切"抒也"。《广雅·释诂二》："戽，抒也。"王念孙疏证："今俗语犹云戽水。"董家垌土话把往高处汲水的工具叫"戽斗fu^{51}lɔ^{42}"，把水汲干抓鱼叫"戽鱼fu^{51}ȵy^{232}"，把水窝里的水汲干抓鱼叫"戽窝fu^{51}uə^{35}"，引申把用力踢也叫"戽fu^{51}"。

38. **桁** aŋ^{232}檩条。《广韵》户庚切"屋桁"，《玉篇》"屋桁，屋横木也。"《集韵》何庚切"屋横木"。《字汇》何庚切"屋横木也"。梁萧统《文选·何晏〈景福殿赋〉》"桁梧复叠"李善注："桁，梁上所施也，桁与衡同。"董家垌土话叫"瓦桁木ŋa^{33}aŋ^{232}mo^{31}"，周边粤语有的叫"桁条"。

39. **𡱂** lo^{44}底部，尽头。《集韵》都木切，"豚、𡱂，博雅臀也，或作𡱂。"《广雅·释亲》"豚，臀也。"董家垌土话把屁股叫作"屎窟𡱂ʃi^{33}fuə^{44}lo^{44}"，"𡱂底lo^{44}luæ^{42}"是器物的底部，如"碗𡱂uŋ^{42}lo^{44}""铛𡱂tʃ^{h}aŋ^{35}lo^{44}""缸𡱂kiæŋ^{35}lo^{44}"。

40. **直** ʃe^{31}肏，詈语。《水浒传》第四回："鲁智深在外面大叫道上：'直娘的秃驴们，不放洒家入寺，山门外讨把火来，烧了这个鸟寺。'"第十七回："这直娘贼恨杀洒家，吩咐寺里长老不许俺挂搭。"明徐复祚《一文钱》第二出："这直娘的！一文钱，又是拾的。"今董家垌话詈语貪用“直ʃe³¹”，“万人直出”“直出渠”是最粗俗的骂人话。

41．**薸** piu²³² 浮萍。《广韵·宵韵》符宵切：“薸，《方言》云：‘江东谓浮萍为薸。’”元仇远《新安郡圃》：“古树巢空群鸟散，荒池沙满碎薸干。”董家垌土话把浮萍叫“薸 piu²³²”或“浮薸 fɔ²³²⁻¹¹piu²³²”。

42．**穮** piu³⁵ 植物长得快。《集韵·宵韵》卑遥切：“穮，稻苗秀出者。”明李实《蜀语》：“稻苗秀出曰放穮。”董家垌土话把植物发芽叫“穮芽 piu³⁵ŋa²³²”。

43．**趪** piu³⁵ 飞快地跑。《说文》：“轻行也。从走，票声。”《广韵·宵韵》甫遥切：“轻行。”今董家垌土话把织布用的梭叫“趪梭 piu³⁵θø³⁵”，飞快跑过去叫“趪过去 piu³⁵kuə⁵¹hy⁵¹”，“穮 piu³⁵”“趪 piu³⁵”为同源词。

44．**挠** ŋiʌ³⁵ 抓。《集韵·爻韵》尼交切：“抓也。”元秦简夫《东堂老》第二折：“你这般撅耳挠腮，可又便怎生？”元《西厢记》：“着小生迷留没乱，心痒难挠。”《水浒全传》：“正是挠着我的痒处。”今董家垌土话把抓痒叫“挠□ ŋiʌ³⁵uã²³²”。

45．**拗** ŋiʌ⁵¹ 折。《广韵·巧韵》於绞切：“手拉。”《玉篇·手部》：“拗，拗折也。”《通俗编·草木》：“《辍耕录》：‘南方谓折花曰拗花。’”《祖堂集》：“师闻举云‘德山老汉一条脊梁骨拗不折’。”今董家垌土话把折断叫“拗断 ŋiʌ⁵¹tuŋ³³”。

46．**皽** tʃĩ³⁵ 剥开（皮）。《广雅·释诂三》：“皽，离也。”王念孙疏证：“《广韵》：‘皽，皮宽也。’是离之义也。”《广韵·狝韵》知演切：“皮宽。”《康熙字典》引《博雅》“离也”。今董家垌土话把剥皮叫“皽皮 tʃĩ³⁵pi²³²”。

47．**姣** ɔ²³² 刻意打扮。《广韵》肴韵胡茅切：“姣淫”。《玉篇·女部》：“姣，淫也。”《左传·襄公九年》：“弃位而姣，不可谓贞。”杜预注：“姣，淫之别名。”孔颖达疏：“今时俗语谓淫为姣。”今董家垌土话“姣 ɔ²³²”已经变成一个中性的词汇，没有“淫荡”义，刻意打扮自己叫“姣 ɔ²³²”。说某某“嘅姣”并不是说她放荡。

48．**搋** tʃʰæ³⁵ 以手用力压和揉。《一切经音义》卷十五：“搋，又作扠，同。《通俗文》：‘拳手挃曰搋也。’”《集韵·佳韵》：“扠，以拳加物。或作搋。”今董家垌土话把做糍粑揉粉团叫“搋 tʃʰæ³⁵”。

49．**撠** kiʌ³¹ 卡住。《集韵·陌韵》讫逆切：“拘持也。”《前汉记·高后纪》：“高后梦见物如苍狗，撠后腋。”今董家垌土话用手卡脖子叫“撠颈 kiʌ³¹kẽ⁴²”。

50．**蔫** ĩ³⁵ 食物发馊不新鲜。《广韵·仙韵》於乾切：“物不鲜也。”《增韵·仙韵》：“蔫，食物餲也。”今董家垌土话把食物发馊叫“蔫 ĩ³⁵”。

第三节

民俗文化词

一　岁时习俗

惯节 kæ̃^{33}tie^{44} 过节日，又叫"惯时节 kæ̃^{51}ʃi^{11}tie^{44}"。董家垌及钟山各地节日特别多，除了春节、清明节、端午节、中秋节、冬至等公共节日外，各村寨还有自己的节日，这个节日一般是祖先生日或立村定居的纪念日。惯节这一天，是亲朋好友聚会的日子，亲戚朋友一起到家中过节，客人越多，主人越觉得体面。这一天，村子非常热闹，有时村道挤得水泄

图 3　惯节之五月十三关公出游　石龙 /2016.6.13/ 廖家庄 摄

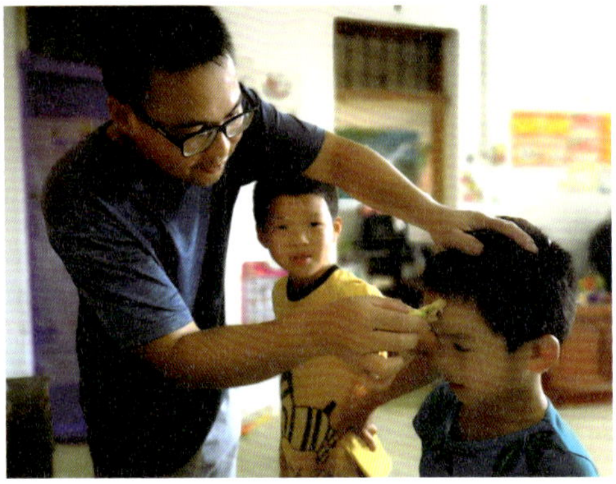

图 4　五月对五给小孩搽雄黄酒
回龙 /2018.6.18/ 董治安 摄

不通。各村惯节的日子不同，这样聚会的日子就不会冲突。以正月惯节为例，潘姓惯初三、初四，董姓惯初五，蒋姓惯初六，虞姓惯初七，陶姓惯十三。正月之外的惯节，下泉岭村是农历十月初六，上泉岭（竹儿枪）是十月初十。石龙街惯五月十三，这一天，人们抬着武庙中的关公塑像出游，家家户户期待关公经过自家门前，早早焚香恭候，关公神像经过时，人们放鞭炮迎送。

二月初二 ȵi^{31}ȵĩ^{31}tʃ^{h}ø^{35}ȵi^{31} 表示春耕开始的节日，这是一个公共的节日，人们习惯在这一天唱戏、舞狮舞龙、到圩场上购买春耕的农具，用艾叶为主要原料做糍粑。过了这个节日就开始春耕了，所以二月初二又叫作“开春节 hø^{35}tʃ^{h}uã^{35}tie^{44}”。

插糍粑吾 tʃ^{h}a^{51}θi^{11}pa^{35}ŋ^{232} 插糍粑祈福。二月初一人们就准备细竹枝，二月初二用细竹枝把糍粑串起来，用以祭神，插到神龛、谷仓、篱笆、门口、菜地、社坛等处。人们让小鸟吃糍粑，祈望糍粑把鸟儿的嘴粘住，就不吃庄稼了，以祈丰收。每串插的糍粑数应为单数，以三、五、七、九个为宜，不能插双数。

五月对五 ŋ^{33}ȵĩ^{11}lui^{33}ŋ^{33} 五月初五端午节，又叫“五月节 ŋ^{33}ȵĩ^{11}tie^{44}”。这一天集市上到处是卖草药与买草药的人，人们在门前插菖蒲，给小孩搽雄黄酒，祈驱病平安。

八月初二 pa^{51}ȵĩ^{11}tʃ^{h}uə^{35}ȵi^{31} 出嫁女回娘家的节日，同村的姑娘在这一天回娘家，也是昔日的姑娘聚会的日子。

十月双 ʃuə^{31}ȵĩ^{11}ʃiæŋ^{35} 十月初十，是上泉岭村的节日，这一天出嫁女回娘家。

会期 ui^{31}ki^{232} 各神庙的节日，也叫“庙会 miu^{31}ui^{31}”，一般在正月，各庙都有会期，会期日子不同，泉岭村旁的洞心寺会期是正月初五。

炮期 p^{h}iʌ^{51}ki^{232} 放花炮的日子，一般与会期、立村的日子或建村创业的始祖生日相结合。各村习俗稍有不同，炮期要比会期与庙会隆重。松桂寨的炮期就是与祖宗生日相结合的，三年一次。炮期这天，村子里潘姓人家同宗的三个房族分支，每个房族都抬出祖宗神像面对戏台摆好，请戏班演戏，让祖宗与后代一起看戏。图中供桌中间写的“二爆”就是“二炮”，“爆”“炮”音近。“二爆”代表的是潘姓宗支二房，这一尊是二房祖先的神像。活动结束，再把神像抬回文昌阁内保存。

插田了 tʃ^{h}a^{51}tĩ^{232}liu^{33} 庆祝插完田的节日。

烧鸡庐屋儿 ʃiu^{35}kuæ^{35}lu^{232}o^{44} 九月九日是送火神的日子，这一天在村边的空地上，先用草木搭一座临时的房子，这座房子叫“鸡庐屋儿”，也叫“豆腐鬼屋吾”。用茅草捆扎打扮一个叫“火殃神fuə42iæŋ35ʃuã232”的稻草人，把它放在房子中，举行一定仪式后把“鸡庐屋儿”烧掉，这个活动也叫“送火殃θoŋ51fuə42iæŋ35”。意为送走代表火灾的鬼魅，以祈村子不受火灾。

牛王节ŋɔ232oŋ232tie44牛王的生日，有的村庄是四月初八，有的村庄是九月初九。

鱼枹ȵy232pɔ31冬季在河湾中用竹子、稻草等做的鱼窝，有时投以食物，让鱼聚集后再围捕。当地渔猎习俗，参与者人人出力，均分猎物渔获。有谚曰：“西山脚嘓鱼枹，头头浸到颈。”冬天天气冷，但参与者都要下水。喻做公共的事务，个个要出力。

打石头仗la42ʃe31tɔ232tʃiæŋ51旧时在董家垌一带流行的以石头为武器相互攻击的民间体育活动，秋冬时节晚稻收割后开始，春节期间进入高潮，正月初五日最盛。参与打石头仗的人叫“仗手tʃiæŋ51ʃɔ42”。有谚曰：“洞心寺，寺同心，三年有打发人瘟”，此俗后来被禁止。

图5　用于“炮期”的祖宗神像与祭台
石龙松桂村 /2018.5.12/ 邓玉荣 摄

图6　洞心寺　回龙镇泉岭村 /2018.5.13/ 邓玉荣 摄

二　民间信仰

三牲 θæ³⁵ʃaŋ³⁵ 祭祀用的鸡、鱼、猪肉。鸡要整只的，鱼要整条的，猪肉要一块，少用整条的猪。

佛 puə³¹ 各种神灵，包括祖宗神灵都叫作“佛”，也叫“神”。

图 7　佛子大哥
回龙泉岭村 /2018.6.26/ 邓玉荣 摄

佛子大哥 puə³¹ti⁴²tæ³¹kø³⁵ 路边供奉的石头神像，被当地人视作行旅路人的保护神，也是当地的土地神。一般安放在一个小型的建筑物中，每逢节日周边村庄的人会烧香祭拜。

寨主 ʃæ³¹tʃy⁴² 当地人心目中的村庄的保护神，又叫“业主 ȵie³¹tʃy⁴²”，人们尊之为保佑全村人口平安的神，又称福德神。供奉寨主的建筑一般建在村子旁边，每一个村庄都建有。有多种样式，简单的为数块石头垒成，稍讲究的有精美的石雕，有的

图 8　寨主　回龙镇松林村 /2016.8.3/ 邓玉荣 摄

建有精美别致的小祠庙，门上的横额为“福德祠”，共同处是都供有业主的牌位。人们在初一十五烧香供奉，过年过节时更是礼敬有加。

寺 θi^{31}、**庙** miu^{31} 都是供神佛的场所，有“佛庙 puə^{31}miu^{31}”“神庙 ʃuã^{232}miu^{31}”等多种叫法，供奉各种神灵。另有供土地神的“土地庙 tʰu^{42}ti^{31}miu^{31}”。

社公佛 ʃie^{33}koŋ^{35}puə^{31} 土地神，又叫“社 ʃie^{33}”“社公 ʃie^{33}koŋ^{35}”。社公佛与寨主在有的村子不是分得很清楚。寨主应该是从土地神发展而来，男性的土地神叫“社公 ʃie^{33}koŋ^{35}”，女性的土地神叫“社婆 ʃie^{33}puə^{232}”，供奉在田边的土地神叫“田头社 tĩ^{232}tɔ^{232}ʃie^{33}”。

图 9　供奉寨主的福德祠　石龙松桂村 /2017.7.18/ 邓玉荣 摄

社公节 ʃie^{33}koŋ^{35}tie^{44} 祭拜土地神的节日。每年有两个社公节，也就是“春社 tʃʰuã^{35}ʃie^{33}”和“秋社 tʰɔ^{35}ʃie^{33}”。春社是春天祭土地神的日子，一般定在立春过后第五个戊日。秋社是秋天祭土地神的日子。每逢社公节，各家各户供奉社公，并把肉汤吹喷到房屋周边及菜园等处，以祈人寿年丰，此俗称为“吹社 tʃʰui^{35}ʃie^{33}”。

分社肉 puã^{35}ʃie^{33}ȵio^{31} 春社敬神后分祭祀用的肉，旧俗认为吃这种肉吉利。

打寨龙醮 la^{42}ʃæ^{31}loŋ^{232}tiu^{51} 花七天七夜以祈村庄平安顺利的佛事活动。

打斋 la^{42}tʃæ^{35} 祈求平安的佛事活动。

佛台 puə^{31}tø^{232} 神龛。包括祖先牌位、香案、祭拜祖宗时摆放祭品的案板等。也叫“神台 ʃuã^{232}tø^{232}”。

接佛 tie^{44}puə^{31} 农历七月初七接祖宗灵魂回家的仪式。

送佛 θoŋ^{51}puə^{31} 农历七月十五送祖宗灵魂的仪式。

掌寨木 tʃiæŋ^{42}ʃæ^{31}mo^{31} 村子里或村边高大的古树。董家垌的村庄一般都有不少的古树，有的古树有几百年的树龄，往往是建村时栽种或保护下来的。这些古树除了可以美化村庄外，人们把它们当作神灵来看待，认为它们有保护村庄的作用。

分家担 puã^{35}ka^{35}læ̃^{51} 娘家给刚分家的女儿家送的礼担。

杀狮 ʃa^{51}θi^{35} 每年会期舞狮子后举行的杀狮子的仪式。人们舞狮子来到河边，象征性地杀掉狮子，然后锣鼓停敲，狮子停舞，悄悄把狮子带回村中收藏起来，来年再舞。旧时认为不举行杀狮仪式，狮子会变成鬼神，在村中作怪，使村中的人突然晕倒。

图 10　打斋　回龙泉岭 /2015.10.30/ 董治安 摄

图 11　掌寨木　回龙镇泉岭村 /2018.5.13/ 邓玉荣 摄

图 12　撑龙　石龙镇 /2014.3.2/ 董治安 摄

撑龙 tʃʰaŋ³⁵loŋ²³² 舞龙，春节期间或重大节日，人们都会舞龙，祈求幸福吉祥。有用布扎的龙，也有用稻草做的龙。

禾稿龙 uə²³²ko⁴²loŋ²³² 用稻草做的龙，春节期间舞稻草龙，祈求一年丰收。稻草龙要插馨香舞，因而又叫“馨龙 ʃĩ³⁵loŋ²³²”，稻草龙的一段叫“一眼 yə⁴⁴ŋæ̃³³”，一人舞一段，有多少人进去舞就做多少段，舞时将各段连接在一起。

凑馨香 tʰɔ⁵¹ʃĩ³⁵ʃiæŋ³⁵ 春节期间舞稻草龙，在龙身上插上点燃的香，香由村中各家各户赠送凑合，叫“凑馨香”。人们舞动插满香火的稻草龙到村子里各家去拜年。

化龙骨 fa⁵¹loŋ²³²kuə⁴⁴ 每年会期舞龙后举行烧掉龙的仪式，舞龙后人们来到河边烧掉舞过的稻草龙，来年舞龙时再重新扎。旧时认为不举行化龙骨的仪式，龙会在村中作怪。

斗牛 lɔ⁵¹ŋɔ²³² 一种牛头状的娱乐道具，春节期间有舞斗牛到各家各户拜年的习俗，舞斗牛一般打大锣鼓。

打蛤 la⁴²kuə⁴⁴ 一种青蛙状的娱乐道具，春节期间有舞打蛤到各家各户拜年的习俗。狮子、斗牛、打蛤等往往连成一套进行娱乐活动。

踏堂 ta³¹tiæŋ²³² 稻草龙、狮子、斗牛、打蛤等在开阔地的成套表演活动，一般结合民间武术表演进行。

三　婚丧

察家 tʃʰa^{51}ka^{35} 女方在恋爱阶段到男方家里去，察看男方家庭情况。

金枝客 tʃuã^{35}tʃi^{35}hiʌ^{51}（～ha^{51}）年轻的男傧相。

祝发公 tʃo^{44}fa^{51}koŋ^{35} 年长的男傧相，由能说会道的长者担任。

祝发 tʃo^{44}fa^{51} 由司仪主持的祝新人发达美满的仪式。

访门口 foŋ^{42}muŋ^{232}hɔ^{42} 相亲的男女暗中打探对方的情况。

引蛇婆 yã^{33}ʃie^{232}po^{232} 带新娘进入男家的女傧相，由已婚妇女担任。又叫“引蛇母 yã^{33}ʃie^{232}muŋ^{33}”。

绣妇娘 θɔ^{51}pu^{33}niæŋ^{232} 外人对新婚至未生育前的青年女子或将成为新娘的女子的称呼，如“娶绣妇娘 tʰu^{42}θɔ^{51}pu^{33}niæŋ^{232}”“看一堂绣妇娘 hɔ̃^{51}yə^{44}tiæŋ^{232}θɔ^{51}pu^{33}niæŋ^{232} 相一次亲”。父母对儿子的妻子才称“新妇 θuã^{35}fu^{33}”。“绣 θɔ^{51}”是“新 θuã^{35}”的音变。

猪头夜 tʃy^{35}tɔ^{232}ie^{31} 男方家婚期的前一夜，这一天杀猪准备婚礼宴席。

啼哭嫁 tuæ^{232}ho^{44}ka^{51} 旧婚俗，青年女子出嫁时边歌边哭。

啼哭嫁歌 tuæ^{232}ho^{44}ka^{51}kø^{33} 旧婚俗，青年女子出嫁时哭唱的歌。

踩筛箕 tʃʰæ^{42}ʃæ^{35}ki^{35} 新娘在进入夫家时踩踏预先放在地上的筛箕，表示可筛除路上的一切祸殃。

睡够月村 ʃui^{31}kɔ^{44}ȵĩ^{31}tʰuŋ^{35} 当地习俗，新娘嫁到夫家后第三天回娘家住一个月。

够月 kɔ^{44}ȵĩ^{31} 满月，当地习惯，小孩满月后要带到外婆家走亲戚，外婆要送一些礼物给小孩。

红胆衫 oŋ^{232}læ̃^{42}ʃæ̃^{35} 小孩穿的背后缝有一块大红布的衣服。

狗尾帽 kɔ^{42}mĩ^{42}mo^{31} 小孩戴的后面有装饰带子的保暖帽子。

寨头 ʃæ^{31}tɔ^{232} 村中地位高，能主事的人。

二哥 ȵi^{31}kø^{35} 对与自己年纪相仿的男子的称呼，忌讳叫“大哥 tæ^{31}kø^{35}”，只能叫“吾哥 ŋ^{232}kø^{35}”，叫别人“大哥 tæ^{31}kø^{35}”是不敬的。

二哥嫂 ȵi^{31}kø^{35}θo^{42} 对已婚女子的称呼，或叫“吾嫂 ŋ^{232}θo^{42}”，不叫“大哥嫂 tæ^{31}kø^{35}θo^{42}”，叫别人“大哥嫂 tæ^{31}kø^{35}θo^{42}”是不敬的。

客姑姊 hiʌ^{51}（～ha^{51}）ku^{35}ti^{42} 送嫁的年轻姑娘，伴娘。

大客 tæ^{31}hiʌ^{51}（～ha^{51}）迎嫁的男宾，一般由能说会道、懂得各种礼仪的人担任。

半路妻 puŋ^{51}lu^{31}tʰuæ^{35} 丈夫死后再嫁的女人，又称“半□嫂 puŋ^{51}kuã^{31}θo^{42}”。

生离婆 ʃaŋ^{35}li^{232}puə^{232} 离婚后再嫁的女人，前夫还在，旧时也指被丈夫休了的或被卖掉的妇女，叫别人“生离婆”是很不礼貌的，“半路妻”是一个较中性的词。

开天门 hø^{35}tʰĩ^{35}muŋ^{232} 老人刚去世时把门前的瓦片掀开一两块，当地人认为可使逝者灵魂上天。

生葬 ʃaŋ^{35}tiæŋ^{51} 将遗体放棺材里埋葬。也叫"血葬 ʃie^{44}tiæŋ^{51}"。

迁葬 tʰĩ^{35}tiæŋ^{51} 遗体放棺材里埋若干年后捡起骸骨再择地埋葬。董家垌一带葬俗多为一次葬，只有极少数认为不利或不正常死亡的人才捡骸骨行二次葬。

出棺 tʃʰuə^{44}kuŋ^{35} 出殡，也叫"出山 tʃʰuə^{44}ʃæ̃^{35}""起棺 hi^{42}kuŋ^{35}"。当地出殡一般由 8 人或 16 人抬棺，有抬棺打闹的习俗。

撒水饭 θa^{51}ʃui^{12}pæ̃^{31} 送葬路上撒饭粒与稻谷，当地人认为可使逝者在阴间有吃的米饭，有耕作用的种子。

做打 tu^{51}la^{42} 打架，打闹，又专指出殡时抬棺的人故意把棺材推来推去并推出花样。出殡时发生抬棺人故意打闹的情况时，逝者的子孙即骑到棺材上，以阻止抬棺的人打闹，有个别逝者生前会留下遗言，要在其死后出殡时由抬棺人"做打"，以显示风光热闹。

骑棺 ki^{232}kuŋ^{35} 当地习俗，出殡时有时由死者的儿子或孙子骑坐在棺材上。

路头祭 lu^{31}tɔ^{232} tuæ^{51} 在村边路上摆的祭仪。

暖坑 nuŋ^{33}haŋ^{35} 在棺材入土前把抬棺材的草绳等扔到棺材坑中烧掉。

打地鸡 la^{42}ti^{31}kuæ^{35} 在棺材入土前要用雄鸡血淋洒到棺材坑中，这个雄鸡叫"打地鸡"。

生龙口 ʃaŋ^{35}loŋ^{232}hɔ^{42} 旧时认为好其后代会出贵人的坟地。

明堂 mẽ^{232}tiæŋ^{232} 坟前群山环抱的地方。

堂局 tiæŋ^{232}ko^{31} 阴宅所在地及面向山水景物布局。

十排地 ʃuə^{31}pæ^{232}ti^{31} 乱坟岗，多葬非正常死亡的人。

花郎地 fa^{35}liæŋ^{232}ti^{31} 专葬夭折的婴幼儿的坟地。

四 饮食

大肚糍 tæ^{31}tu^{33}θi^{232} 用糯米粉加树叶汁做成的糍粑，当地特色食品。旧时私塾新生入学的仪式，家长制作大肚糍，内贯穿一根葱，"葱"与"聪"谐音，以祈学童聪明上进，用大糍粑敬祖宗。再到学校拜老师和孔夫子牌位。

图 13 大肚糍 回龙 /2016.11.5/ 董治安 摄

木叶蒸 mo^{31}ie^{31}tʃaŋ^{35} 当地用柚子叶等几种树叶垫着蒸熟的糍粑。糍粑带有树叶的特殊香味，是常见的糍粑。

占米糍 tʃie^{35}muæ^{33}θi^{232} 以占米为原料的糍粑。比糯

图 14　占米糍　石龙镇 /2014.6.11/ 廖家庄 摄

图 15　铜瓢糍　回龙街 /2018.5.13/ 邓玉荣 摄

米为原料的糍粑爽口易消化，为当地居民喜爱，是当地特色饮食之一。

铜瓢糍 toŋ^{232}piu^{232}θi^{232} 用米浆包裹萝卜等馅料，用浅漏勺在油锅里炸熟的糍粑，香脆可口，是人们喜爱的零食。

猪尾肉 tʃy^{35}mĩ^{42}ȵio^{31} 当地风俗，杀猪时送给邻居、亲友的猪肉、猪尾巴及自制的香肠，把这些食品送给别人以增进友谊叫“送猪尾肉 θoŋ^{51}tʃy^{35}mĩ^{42}ȵio^{31}”。

五　建筑

五连排 ŋ^{33}lĩ^{232}pæ^{232} 正屋两边各有两间厢房共五间房的屋子。

橑 lo^{31} 放杂物或关禽畜的简易房子。

巷 iæŋ^{31} 胡同。

托手 tʰiʌ^{51}ʃɔ^{42} 旧式建筑从墙中伸出与挑梁一起承托檩子的构件，多雕刻莲花状图案。

挑梁 tʰiu^{35}liæŋ^{232} 旧式建筑从墙中伸出承托檩子的构件，多雕刻有吉祥动物、花草或戏曲人物。又叫“飘手 pʰiu^{35}ʃɔ^{42}”。

码头□ ma^{33}tɔ^{232}tʰaŋ^{42} 台阶儿，又叫“码头步 ma^{33}tɔ^{232}pu^{31}”。由石板或青砖砌成。

门楼 muŋ^{232}lɔ^{232} 旧式建筑大门上边牌楼式的顶。

门儿罩 muŋ^{232}ȵi^{35}tʃiʌ^{51} 窗户上方挡雨的建筑物，一般有精美的装饰。

赠工 θaŋ^{31}koŋ^{35} 亲友建房时以做工方式给予的无偿帮忙。

钉盖酒 lẽ^{35}kø^{51}tɔ^{42} 新居盖好瓦后举行的酒宴，酬谢帮过忙的亲友。

入火 ȵyə^{31}fuə^{42} 进新居的仪式。要选择时辰，捧着象征吉祥与兴旺的火盆等进入。

入火酒 ȵyə^{31}fuə^{42}tɔ^{232} 庆贺进新居的酒宴。

图 16　挑梁和托手　回龙镇松林村 /2016.8.3/ 邓玉荣　摄

图 18　门儿罩　回龙镇泉岭村 /2016.8.3/ 邓玉荣　摄

图 17　码头□ $t^{h}aŋ^{42}$　石龙镇松桂村 /2017.7.18/ 邓玉荣　摄

第五章　分类词表

说明：

1．本章收录董家垌土话常用词汇约6500条，含一个词的多种说法，包括一般理解的词汇，也包括一些短语。

2．第一节收录《中国语言资源调查手册·汉语方言》中的词汇条目，删减了少量董家垌土话没有的条目。共14类，约1500条，均附音频。音频目录与《中国语言资源调查手册·汉语方言》词汇条目一致。（本方言不说的除外；同义词共用一个音频条目）

3．第二节收词以《汉语方言词语调查条目表》(《方言》2003年第1期）为基础，有增删。按大致意义分为29类，约5000条左右，均不附音频。

4．每个词条先写汉字，后标读音。一般实物性的名词只记录字形、字音，抽象名词、形容词、动词以及一些语法性的词语，做必要的注释或说明，必要时加上例句。在例句中，该词条用“～”号代替。不同义项加“①②”等表示，并用“；”隔开。第一节词汇条目只标实际调值，不标本调。第二节词汇条目只标本词，不标变调。如：

赚土 tʃæ̃^{31}tʰu^{42} 垫土。避“垫”字讳

岭 lẽ^{33} ①岸上；②山岗

5．字的右上角加“＝”号的表示写的是同音字。方框“□”表示有音无字的音节。如：

亚努$^{=}$a^{11}nu^{42} 那里

6．一个词条的内容超过一行时，回行缩二格排列。同义词或近义词排在一起，按使用频率呈降序排列，第一条顶格排列，其他各条缩一格另行排列。例如：

火狗 fuə^{33}kɔ^{42} 流星

　火箭 fuə^{33}tĩ^{51}

　天火 tʰĩ^{33}fuə^{42}

7．注音中的圆括号加～，表示里面是又说或又读，例如：

第二粒（～头）tuæ^{31}n̥i^{31}naŋ^{35}（～ tɔ^{232}）第二个

旧历 tʃɔ^{31}luæ^{31}（～ le^{31}）

明日 mẽ^{11}（～ mui^{11}）n̥yə^{44} ①明天；②将来

8．圆括号内的字或音表示可有可无。例如：

二分（之）一 n̥i^{31}puã^{31}（tʃi^{35}）yə^{44}

三（咒）消 θæ̃^{35}（tʃɔ^{51}）θiu^{35}

9．凡第四章已收的词语，前加“*”，只写词条和音标，不作说明或解释。

第一节

《中国语言资源调查手册·汉语方言》

一　天文地理	六　服饰饮食	十一　动作行为
二　时间方位	七　身体医疗	十二　性质状态
三　植物	八　婚丧信仰	十三　数量
四　动物	九　人品称谓	十四　代副介连词
五　房舍器具	十　农工商文	

一　天文地理

日头 ȵyə^{11}tɔ^{232} ①太阳；②白天

　热头 ȵie^{11}tɔ^{232} 太阳

月亮 ȵĩ^{11}liæŋ^{31}

星子 θẽ^{33}ti^{42} 星星

云 uã^{232}

风 foŋ^{35}

台风 tø^{11}foŋ^{35}

腊⁼令 la^{11}le^{31} 闪电，名词，“令 lẽ^{31}”鼻化韵往往脱落读成“le^{31}”

雷公 lui^{11}koŋ^{35} 雷

　雷母 lui^{11}mu^{33}

水 ʃui^{42} 雨

落水 liʌ^{11}ʃui^{42} 下雨

淋 luã^{232}

晒 ʃæ^{51}

雪 θuə^{44} 天上下的雪、霰

雪 θuə^{44} 地面上水凝结成的冰

大雹 tæ^{11}piʌ^{31} 冰雹，一般不单说“雹”

霜 ʃiæŋ^{35}

雾水 mu^{11}ʃui^{42}

露水 lu^{11}ʃui^{42}

龙 loŋ^{232} 虹

天狗吃热头 t^{h}ĩ^{33}kɔ^{42}he^{44}ȵie^{11}tɔ^{232} 日食

天狗吃月亮 t^{h}ĩ^{33}kɔ^{42}he^{44}ȵĩ^{11}liæŋ^{31} 月食

天气 tʰĩ^{33}hi^{51}

天开 tʰĩ^{35}hø^{35} 晴天（不变调）

　天好 tʰĩ^{35}ho^{42}（不变调）

天阴 tʰĩ^{35}yã^{35}（不变调）

　天有开 tʰĩ^{35}mɔ^{33}hø^{35}（不变调）

旱 õ^{33}

涝 lo^{31} 包括内涝与洪水

天光 tʰĩ^{35}koŋ^{35} 天亮

田 tĩ^{232} 水田

　水田 ʃui^{44}tĩ^{232}

地 ti^{31} 旱地

　旱地 õ^{11}ti^{31}

田基 ti^{11}koŋ^{35} 田埂

路 lu^{31}

山 ʃæ̃^{35}

冲 tʃʰoŋ^{35} 山谷

　山冲 ʃæ̃^{33}tʃʰoŋ^{35}

江 kiæŋ^{35} 河

江吾 kiæŋ^{44}ŋ^{232} 小的河、溪，山涧

水圳 ʃui^{33}tʃuã^{51} 较小的水道，水渠

　水沟 ʃui^{33}kɔ^{35}

湖 u^{232}

塘 tiæŋ^{232} 池塘

水坑 ʃui^{33}haŋ^{35}

涝 lo^{31} 洪水

浸 tuã^{51} 淹

江连 kiæŋ^{44}lĩ^{232} 河岸

　江边 kiæŋ^{33}pĩ^{35}

*陂 pi^{35}

　陂头 pi^{44}tɔ^{232}

地震 ti^{11}tʃuã^{31}

贡$^{=}$koŋ^{51} 小的窟窿

裂 lie^{31} 缝隙，缝儿

　罅 la^{42}

石头 ʃe^{11}tɔ^{232}

泥 nuæ^{232} 土的统称

湿泥 ʃuə^{44}nuæ^{232}

　湴泥 pæ̃^{11}nuæ^{232} 烂泥

红毛泥 oŋ^{11}mo^{232}nuæ^{232} 水泥

沙 ʃa^{35} 沙子

砖 tʃĩ^{35}

瓦 ŋa^{33}

煤 mui^{232}

洋油 iæŋ^{11}iɔ^{232} 煤油

　水油 ʃui^{44}iɔ^{232}

木炭 mo^{11}tʰæ̃^{51}

地灰 ti^{11}fui^{35} 烧成的灰

埲尘 pʰoŋ^{44}ʃuã^{232} 灰尘

火 fuə^{42}

烟 ĩ^{35}

着火 ʃiʌ^{11}fuə^{42} 失火

水 ʃui^{42} 包括雨水

冷水 laŋ^{33}ʃui^{42}

热水 ȵie^{11}ʃui^{42}

滚水 kuã^{33}ʃui^{42} 开水

　白滚水 piʌ^{11}kuã^{42}ʃui^{42}

扯石 tʃʰie^{42}ʃe^{31} 磁铁

　吸石 kiʌ^{51}ʃe^{31}

二　时间方位

阵 ʃuã^{31} 时候

吾阵 ŋ^{11}ʃuã^{31} 什么时候

箇里 kə^{44}ly^{42} 现在

　眼前 ŋæ̃^{33}θĩ^{232}

以前 i44θĩ232

以后 i33ɔ33

一世 yə33ʃuæ51 一辈子

箇年 kə44nĩ232 今年

明年 mui11nĩ232 “明”韵母特别

后年 ɔ11nĩ232

旧年 tʃɔ11nĩ232 去年

晴 = 年 θẽ11nĩ232 前年

往年 uoŋ33nĩ232 以往的年头

年头 nĩ11tɔ232

　年初 nĩ11tʃhø35

年底 nĩ11luæ42

　年尾 nĩ11mi42

　年晚 nĩ11mæ̃33

箇日 kə33ȵyə44 今天

明日 mẽ11ȵyə44 ①明天；②将来

后日 ɔ11ȵyə44 后天

　后吾日 ɔ11ŋ232ȵyə44

大后日 tæ11ɔ11ȵyə44 大后天

　大后吾日 tæ11ɔ11ŋ11ȵyə44

晴 = 日 θẽ11ȵyə44 昨天

前吾日 θĩ232ŋ11ȵyə44 前天

大前吾日 tæ11θĩ232ŋ11ȵyə44 大前天

整日 tʃẽ33ȵyə44 整天

　成日 ʃẽ232ȵyə44

日日 ȵyə44ȵyə44 每天

清早 thẽ35to42 早晨

朝头 tʃiu44tɔ232 上午

晏 æ̃51 中午

　到晏 lo33æ̃51

晏头 æ̃51tɔ232 下午

到晚 lo33mæ̃33 傍晚

日头 ȵyə44tɔ232 ①太阳；②白天

到夜 lo51ie31 从天黑到天亮的一段时间

　晚头 mæ̃33tɔ232

　夜头 ie31tɔ232

半夜 puŋ51ie31

正月 tʃẽ35ȵĩ31

大年初一 tæ11nĩ232tʃhø44yə44

正月十五 tʃẽ35ȵĩ31ʃuə31ŋ33 元宵节

清明 thẽ44mẽ232

* 五月对五 ŋ33ȵĩ31lui44ŋ33

　* 五月节 ŋ33ȵĩ31tie44

七月半 thuə44ȵĩ31puŋ51 农历七月十五

八月十五 pa51ȵĩ31ʃuə31ŋ33 中秋节

冬至 loŋ33tʃi51

十二月 ʃuə11ȵi33ȵĩ31

三日夜 θæ̃33ȵyə31ie51 除夕。董家垌土话里不说“卅”

　三日晚 θæ̃33ȵyə31mæ̃33

通书 thoŋ33ʃy35 历书

旧历 tʃɔ11luæ31 阴历

　老历 lo33luæ31

公历 koŋ44luæ31 阳历

　新历 θuã44luæ31

星期日 θẽ44ki232ȵyə44 星期天

　礼拜日 luæ33pæ51ȵyə44

努 = nu42 地方

　地方 ti11foŋ35

吾努 = ŋ11nu42 什么地方

　是物地方 ʃi33muə44ti31foŋ35

屋里 o44ly42

　屋肚 o44tu33

城里 ʃẽ232ly33

街市 kæ^{33}ʃi^{51}

乡里 ʃiæŋ^{44}ly^{33} 乡下

乡下 ʃiæŋ^{44}ia^{33}

在上 θø^{11}ʃiæŋ^{31} 上面

头上 tɔ^{11}ʃiæŋ^{31}

上面 ʃiæŋ^{31}mĩ^{31}

在低 θø^{11}luæ^{42} 下面

头低 tɔ^{11}luæ^{42}

左边 tø^{51}pĩ^{35}

反手面 mæ̃^{42}ʃɔ^{42}pĩ^{35}

右边 iɔ^{31}pĩ^{35}

正手面 tʃẽ^{51}ʃɔ^{42}pĩ^{35}

中央心 tʃoŋ^{33}iæŋ^{35}θuã^{35}

中间 tʃoŋ^{33}kæ̃^{35}

面先 mĩ^{31}θĩ^{35} 前面

面先头 mĩ^{31}θĩ^{35}tɔ^{232}

面底 mĩ^{11}luæ^{42} 后面

尾底尾底 mĩ^{33}luæ^{42}mĩ^{33}luæ^{42} 末尾

尾底 mĩ^{33}luæ^{42}

对面 lui^{44}mĩ^{31}

面先 mĩ^{31}θĩ^{35} 面前

后尾 ɔ^{11}mĩ^{33} 背后

尾底 mĩ^{33}luæ^{42}

里头 ly^{33}tɔ^{232} 里面

外面 mui^{31}mĩ^{31}

外头 mui^{31}tɔ^{232}

外边 mui^{31}pĩ^{35}

连边 lĩ^{11}pĩ^{35} 旁边

边头 pĩ^{35}tɔ^{232}

旁边 piæŋ^{11}pĩ^{35}

上 ʃiæŋ^{33}

底 luæ^{42} 下

边连 pĩ^{35}lĩ^{232} 边儿

角 kiʌ^{51} 角儿

上去 ʃiæŋ^{33}hy^{51}

下来 ia^{33}lø^{232}

入去 ȵyə^{31}hy^{51} 进去

出来 tʃʰuə^{44}lø^{232}

出去 tʃʰuə^{44}hy^{51}

归来 kuæ^{35}lø^{232} 回来

转来 tʃĩ^{51}lø^{232}

转归 tʃĩ^{51}kua^{35}

归 kuæ^{35}

起来 hi^{42}lø^{232}

起身 hi^{42}ʃuã^{35}

三　植物

木 mo^{31} 树

木头 mo^{11}tɔ^{232}

松木 θoŋ^{11}mo^{31} 松树

松柏 θoŋ^{33}piʌ^{51} 柏树

杉木 ʃa^{33}mo^{31} 杉树

杨柳木 iæŋ^{11}lɔ^{33}mo^{31} 杨树、柳树的总称

杨柳 iæŋ^{11}lɔ^{33}

竹 tʃo^{44} 竹子

笋 θuã^{42}

叶 ie^{31} 叶子

花 fa^{35}

花管$^{=}$ fa^{33}kuŋ^{42} 花蕾

梅花 mui^{11}fa^{35}

牡丹花 miʌ^{11}læ̃^{35}fa^{35}

莲藕花 lĩ^{11}ŋɔ^{33}fa^{35} 荷花

莲花 lĩ^{11}fa^{35}

荷花 ø^{11}fa^{35}

草 t^{h}o^{42}

藤 taŋ^{232}

簕 lɔ^{31} 刺

果子 kuə^{33}ti^{42} 水果

苹果 pẽ^{11}kuə^{42}

桃子 tɔ^{11}ti^{42}

大李子 tæ^{11}li^{33}ti^{42} 梨

　沙梨子 ʃa^{33}li^{35}ti^{42}

　大岭子 tæ^{11}lẽ^{33}ti^{42}

水李 ʃui^{33}li^{33} 李子

　水李子 ʃui^{42}li^{33}ti^{42}

柑子 kø̃^{33}ti^{42} 柑橘的总称

沙田柚 ʃa^{33}tĩ^{11}iɔ^{31} 柚子的一个品种

大柿子 tæ^{31}ʃuæ^{33}ti^{42} 柿子

石榴 ʃe^{11}lɔ^{232}

红枣 oŋ^{11}to^{42}

马栗子 ma^{11}luə^{31}ti^{42} 栗子

核桃 uə^{11}to^{232}

白果 piʌ^{11}kuə^{42} 银杏

蔗 tʃie^{51} 甘蔗

木耳 mo^{11}n̥ĩ^{33}

菌 kuã^{33} 蘑菇

香菌 ʃiæŋ^{44}kuã^{33} 香菇

禾 uə^{232} 稻子，水稻的植株

谷 ko^{44} 稻谷，水稻的籽实

禾稿 uə^{11}ko^{42} 稻草

面麦 mĩ^{11}miʌ^{31} 小麦

　麦 miʌ^{31}

麦秆 miʌ^{11}kø̃^{42} 麦秸

粟 θo^{44} ①小米儿；②玉米

　粟米 θo^{44}muæ^{33}

大麦 tæ^{11}miʌ^{31} 高粱

苞粟 piʌ^{33}θo^{44} 玉米

　六谷子 lo^{11}ko^{33}ti^{42}

贝 pui^{31} 棉花

油菜 iɔ^{11}t^{h}ø^{51}

油麻 iɔ^{11}ma^{232} 芝麻

　芝麻 tʃi^{44}ma^{232}

葵花 kuæ^{11}fa^{35} 向日葵

木豆 mo^{11}tɔ^{31} 蚕豆

冬豆 loŋ^{44}tɔ^{31} 豌豆

　雪豆 θuə^{44}tɔ^{31}

两子豆 liæŋ^{11}ti^{42}tɔ^{31} 花生的通名，可能因多为两个仁得名

　落子豆 liʌ^{11}ti^{42}tɔ^{31}

炒豆 tʃ^{h}iʌ^{42}tɔ^{31} 黄豆总名

绿豆 lo^{11}tɔ^{31}

菜豆 t^{h}ø^{44}tɔ^{31} 指细长条的豇豆

大青菜 tæ^{11}t^{h}ẽ^{33}t^{h}ø^{51} 大白菜

黄芽白 oŋ^{11}ŋa^{232}piʌ^{31} 球形的包菜

菠菜 pø^{33}t^{h}ø^{51}

芹菜 tʃuã^{11}t^{h}ø^{51}

批头菜 p^{h}uæ^{44}tɔ^{11}t^{h}ø^{51} 莴笋

韭菜 tʃɔ^{33}t^{h}ø^{51}

芫荽 ĩ^{11}θuæ^{35} 香菜

葱 t^{h}oŋ^{35}

　葱花 t^{h}oŋ^{33}fa^{35}

蒜 θuŋ^{51}

姜 kiæŋ^{35}

洋葱 iæŋ^{11}t^{h}oŋ^{35}

辣子 la^{11}ti^{42} 辣椒

茄子 kie^{11}ti^{42}

番茄 fæ̃^{44}kie^{232} 西红柿

萝卜 lø^{11}pɔ^{31}

红萝卜 oŋ^{232}lø^{11}pɔ^{31} 胡萝卜

黄瓜 oŋ^{11}ka^{35}

水瓜 ʃui^{33}ka^{35} 丝瓜，无棱的那种

大瓜 tæ^{11}ka^{35} 南瓜

马蹄 ma^{11}tuæ^{232} 荸荠

　马蹄子 ma^{11}tuæ^{232}ti^{42}

番薯 fæ̃^{44}ʃy^{232} 红薯

马铃薯 ma^{33}lẽ^{11}ʃy^{232}

芋头 u^{11}tɔ^{232} 芋块茎的总称

　芋 u^{31}

大薯 tæ^{11}ʃy^{232} 山药

莲藕 lĩ^{11}ŋɔ^{33} ①藕的植株；②藕的地下茎

四　动物

大虫 tæ^{11}ʃoŋ^{232} 老虎

　老虎 lo^{11}fu^{42}

马骝 ma^{11}lɔ^{232} 猴子

蛇 ʃie^{232}

老鼠 lo^{11}ʃy^{42}

飞鼠 pʰi^{33}ʃy^{42} 蝙蝠

飞儿 pi^{44}ȵi^{232} ①小鸟的总称；②赤子阴

吃谷飞 he^{33}ko^{33}pi^{35} 麻雀

　吃谷飞儿 he^{33}ko^{33}pi^{44}ȵi^{232}

鸦鹊 ha^{33}tʰiʌ^{44} 喜鹊

老鸦 lo^{11}ha^{35} 乌鸦

　乌鸦 u^{33}ha^{35}

白鸽 piʌ^{11}kuə^{44} 鸽子

翅 tʃʰi^{51} 翅膀

爪 ŋiʌ^{42}

尾 mĩ^{33} 尾巴

窦 lɔ^{51} 窝

虫 ʃoŋ^{232}

蝴蝶 fu^{33}tie^{31}

麻咩 ma^{11}mie^{42} 蜻蜓

　木咩 mo^{11}mie^{42}

蜜糖 muã^{31}tiæŋ^{232} 蜜蜂，蜜蜂与蜂蜜同名，“蜜”读音不同

蜜糖 muə^{31}tiæŋ^{232} 蜂蜜

知炸= tʃi^{33}tʃa^{51} 知了

蚁子 nuæ^{11}ti^{42} 蚂蚁

蚓 nuã^{42} ①蚯蚓；②诱饵，喻做生意的本钱

蚕 θæ̃^{232}

相丝 θiæŋ^{33}θi^{35} 蜘蛛

蚊子 muã^{11}ti^{42}

马蝇 ma^{11}iaŋ^{232} 苍蝇

狗蚤 kɔ^{33}to^{42} 跳蚤

虱 ʃuə^{44}

　虱母 ʃuə^{44}muŋ^{33}

鱼 ȵy^{232}

鲤鱼 li^{33}ȵy^{232}

鳙鱼 θoŋ^{31}ȵy^{232}

鲫鱼 taŋ^{44}ȵy^{232}

鳖 pie^{44} 甲鱼

鳞 luã^{232}

虾公 ha^{33}koŋ^{35} 虾

杰=镊 kie^{11}na^{51} 螃蟹

蚂拐 ma^{33}kæ^{42} 青蛙的统称

蠄蟝 kuã^{11}ky^{232} 癞蛤蟆

马 ma^{33}

驴 ly^{232}

骡 lø^{232}

牛 ŋɔ^{232}

牛牯 ŋɔ^{11}ku^{42} 公牛

牛毑 ŋɔ^{11}na^{42} 母牛

牛母 ŋɔ^{11}muŋ^{33}

养牛 iæŋ^{11}ŋɔ^{232} 放牛

羊 iæŋ^{232}

猪 tʃy^{35}

猪公 tʃy^{33}koŋ^{35} 配种用的种公猪

猪牯 tʃy^{33}ku^{42} 阉过的公猪

猪母 tʃy^{44}muŋ^{33} 母猪

猪婆 tʃy^{44}po^{232}

猪𧱏 tʃy^{33}na^{42}

猪儿 tʃy^{44}ȵi^{232} 猪崽

猪吾 tʃy^{44}ŋ^{232}

猪椃 tʃy^{44}lo^{31} 猪圈

养猪 iæŋ^{11}tʃy^{35}

猫儿 miʌ^{11}ȵi^{232} ①猫；②幼猫

猫儿公 miʌ^{11}ȵi^{11}koŋ^{35} 公猫

猫儿牯 miʌ^{11}ȵi^{11}ku^{42}

猫𧱏 miʌ^{33}na^{42} 母猫

猫儿母 miʌ^{11}ȵi^{232}muŋ^{33}

狗 kɔ^{42}

狗公 kɔ^{33}koŋ^{35} 公狗

狗牯 kɔ^{33}ku^{42}

狗母 kɔ^{44}mu^{33} 母狗

狗婆 kɔ^{44}po^{232}

狗𧱏 kɔ^{33}na^{42}

吠 pui^{31}（狗）叫

大鱼 ⁼ 兔 tæ^{11}ȵy^{11}tʰu^{51} 兔子

鸡 kuæ^{35}

鸡公 kuæ^{33}koŋ^{35} 成年的打鸣的公鸡

鸡𧱏 kuæ^{33}na^{42} 母鸡

鸡母 kuæ^{33}ŋ^{33}

鸡婆 kuæ^{44}po^{232}

啼 tuæ^{232}（公鸡）叫

生 ʃaŋ^{35}（鸡）下（蛋）

菢 po^{31} 孵

鸭 a^{51}

鹅 ŋø^{232}

阉 ĩ^{35} 阉（公猪）

阉 ĩ^{35} 阉（母猪）

阉 ĩ^{35} 阉（鸡）

喂 uæ^{51}

杀猪 ʃa^{33}tʃy^{35}

杀 ʃa^{51}

五 房舍器具

* 寨 tʃæ^{31}

* 巷 iæŋ^{31}

街 kæ^{35} 街道

砌屋 tʰi^{33}o^{44} 盖房子

屋 o^{44}（整座）房子

房 poŋ^{232}（单间）屋子

房 poŋ^{232} 卧室

* 茅厂 miʌ^{11}tʃʰiæŋ^{42}

* 茅屋 miʌ^{11}o^{44}

* 茅叶屋儿 miʌ^{11}ie^{11}o^{44}ȵi^{35}

厨房 ʃy^{11}poŋ^{232}

灶 to^{51}

火灶 fuə^{33}to^{51}

铛 tʃʰaŋ^{35} 从口部到底部呈弧线状的锅头

云鼎 uã^{11}lẽ^{42} 口部和底部同样大的锅头，一般用来煮饭

菜铛 tʰø^{33}tʃʰaŋ^{35} 炒菜的锅头

粪楼 puã^{44}lɔ^{232} 厕所

屎楼 ʃi^{44}lɔ^{232}

天面木 tʰĩ^{44}mĩ^{31}mo^{31} 檩

瓦桁木 ŋa^{33}aŋ^{232}mo^{31}

柱 ʃy^{33}

大门 tæ^{11}muŋ^{232} 房屋最外面的正门

门槛 muŋ^{11}kĩ^{33}

门窗 muŋ^{11}tʃ^{h}iæŋ^{35} 窗户

门儿 muŋ^{11}ȵi^{35}

楼梯 lɔ^{11}t^{h}uæ^{35} 可移动的梯子

扫杆 θo^{33}kõ^{42}

扫地 θo^{44}ti^{31}

垃圾 la^{11}θa^{44}

家具 ka^{44}ky^{31}

东西 loŋ^{33}θuæ^{35}

床 ʃiæŋ^{232}

枕头 tʃuã^{44}tɔ^{232}

被 pi^{33} 被子

被窦 pi^{11}lɔ^{51}

棉被 mĩ^{11}pi^{33} 棉被的胎

床单 ʃiæŋ^{11}læ̃^{35}

垫被 tĩ^{11}pi^{33} 褥子

席 θe^{31}

蚊帐 muã^{11}tʃiæŋ^{51}

台 tø^{232} 桌子

柜 kuæ^{31}

台桶 tø^{11}t^{h}oŋ^{42} 抽屉

柜桶 kuæ^{11}t^{h}oŋ^{42}

长台 ʃiæŋ^{11}tø^{232} 案子

椅 i^{42}

凳 laŋ^{51}

粪桶 puã^{33}t^{h}oŋ^{42}

屎桶 ʃi^{33}t^{h}oŋ^{42}

菜刀 t^{h}ø^{33}lo^{35}

水瓢 ʃui^{44}piu^{232} 舀水的用具

缸 kiæŋ^{35}

瓮 oŋ^{51} 坛子

瓶 pẽ^{232} 瓶子

樽 tuã^{35}

盖 kø^{51}

碗 uŋ^{42}

箸 ʃy^{31} 筷子

匙羹 ʃi^{11}kaŋ^{35} 汤匙

柴 ʃæ^{232} 柴火

柴茅 ʃæ^{11}miʌ^{232}

火柴 fuə^{44}ʃæ^{232}

锁 θø^{42}

锁匙 θø^{44}ʃi^{232} 钥匙

暖壶 nuŋ^{33}u^{232} ①汤壶，盛热水后放在被中取暖用的；②暖水瓶；③保暖用的旧式茶壶

热水瓶 ȵie^{11}ʃui^{42}pẽ^{232}

面盆 mĩ^{11}puŋ^{232}

洗面盆 θuæ^{42}mĩ^{31}puŋ^{232}

洗面水 θuæ^{42}mĩ^{31}ʃui^{42}

手巾 ʃɔ^{33}tʃuã^{35} 毛巾

手巾儿 ʃɔ^{44}tʃuã^{11}ȵi^{232} 手绢儿

泥碱 nuæ^{11}kæ̃^{232} 肥皂

梳 ʃø^{35} 梳子

针 tʃuã^{35}

手剪 ʃɔ^{33}tĩ^{42} ①剪刀；②理发剪

铰剪 kiʌ^{33}tĩ^{42}

蜡 la^{31} 照明用的蜡烛

蜡烛 la^{11}tʃo^{44} 敬神的蜡制品

电筒 tĩ^{11}toŋ^{232} 手电筒

夷遮 i^{11}tʃie^{35} 伞

遮 tʃie^{35}

　伞 θæ̃^{51}

单车 læ̃^{33}tʃʰie^{35} 自行车

六　服饰饮食

衫裤 ʃæ̃^{33}fu^{51} 衣服，总称内外衣内外裤

　衫裙 ʃæ̃^{44}kuã^{232}

着 tʃiʌ^{44} 穿（衣服）

解 kæ^{42} 脱（衣服）

　脱 tʰuə^{44}

绹 to^{232} 系，捆

　□ tʃø^{51}

隔汗衫 kiʌ^{44}õ^{11}ʃæ̃^{35} ①衬衫；②穿在最里层的衣服

　热天衫 ȵie^{31}tʰĩ^{35}ʃæ̃^{35}

褂儿 ka^{44}ȵi^{232}

纱操衫 ʃa^{44}tʰo^{11}ʃæ̃^{35} 毛衣

棉衫 mĩ^{11}ʃæ̃^{35} 棉衣

衫袖 ʃæ̃^{44}θo^{31}

衫袋 ʃæ̃^{44}tø^{31} 衣服上的口袋

裤 fu^{51}

裤□ fu^{44}koŋ^{33} 贴身穿的裤衩儿或穿在外面的短裤

　短裤 luŋ^{42}fu^{51}

裤腿 fu^{33}tʰui^{42}

帽 mo^{31}

鞋 æ^{232}

袜 miʌ^{31}

领巾 lẽ^{33}tʃuã^{35} 围巾

　围巾 uæ^{11}tʃuã^{35}

围裙 uæ^{11}kuã^{232}

尿布 niu^{31}pu^{51}

　尿垫 niu^{31}tĩ^{31}

衫扣 ʃæ̃^{33}kʰɔ^{51} 纽扣

扣 kʰɔ^{51}

戒指 kæ^{33}tʃi^{42}

权$^{=}$ kĩ^{232} 镯子

　手权$^{=}$ ʃɔ^{44}kĩ^{232}

　玉石扣 ȵio^{31}ʃe^{31}kʰɔ^{35}

剃头 tʰuæ^{44}tɔ^{232} 理发

　飞头 fi^{44}tɔ^{232}

梳头 ʃø^{44}tɔ^{232}

饭 pæ̃^{31} ①米饭；②每天定时吃的食物

粥 tʃo^{44} 稀饭

面粉 mĩ^{11}fuã^{42}

面条 mĩ^{11}tiu^{232}

　面 mĩ^{31}

粉 puã^{42} 面儿

面包 mĩ^{11}piʌ^{35} 馒头

　馒头 mæ̃^{11}tɔ^{232}

包子 piʌ^{35}ti^{42}

饺子 kiu^{33}ti^{42}

馄饨 uã^{11}tuã^{35}

肚 tu^{33} 馅儿

油条 iɔ^{11}tiu^{232}

豆浆 tɔ^{31}tiæŋ^{35}

豆腐花 tɔ^{11}pu^{11}fa^{35} 豆腐脑

汤吾糍 tʰiæŋ^{44}ŋ^{232}θi^{232} 用湿粉团搓成的汤圆，有馅或无馅

　汤儿糍 tʰiæŋ^{44}ȵi^{232}θi^{232}

大粽糍 tæ^{11}toŋ^{51}θi^{232} 粽子

大笼糍 tæ^{11}loŋ^{232}θi^{232} 年糕

点心 lĩ^{33}θuã^{35}

菜 tʰø^{51} ①蔬菜的总称；②下饭下酒的副食品，与主食相对

菜餸 tʰø^{33}θoŋ^{51} 下饭下酒的副食品，与主食相对

菜干 tʰø^{33}kõ^{35} 干菜

豆腐 tɔ^{11}pu^{31}

猪红 tʃy^{44}oŋ^{232} 猪血

猪脚 tʃy^{33}kiʌ^{44}

口脷 hɔ^{44}li^{31} 猪牛的舌头

猪口脷 tʃy^{33}hɔ^{11}li^{31} 猪舌头

猪润 tʃy^{44}yã^{31} 猪肝

肚腹 tu^{11}fo^{31} 猪、牛、羊的内脏

零碎 lẽ^{11}θui^{51}

鸡蛋 kuæ^{44}tæ̃^{31}

芙蓉蛋 fu^{11}ioŋ^{232}tæ̃^{31} 松花蛋

焗蛋 ko^{11}tæ̃^{31}

蛋羹 tæ̃^{11}kaŋ^{35}

猪油 tʃy^{44}iɔ^{232}

猪膏 tʃy^{33}ko^{35}

油麻油 iɔ^{11}ma^{11}iɔ^{232} 香油

豉油 ʃi^{11}iɔ^{232} 酱油

海沙 hø^{33}ʃa^{35} 盐

盐 ĩ^{232}

醋 tʰu^{51}

烟吾 ĩ^{44}ŋ^{232} 香烟

巴西烟 pa^{33}θuæ^{35}ĩ^{35}

生烟 ʃaŋ^{33}ĩ^{35} 旱烟

烧酒 ʃiu^{33}tɔ^{42} 白酒

白酒 piʌ^{11}tɔ^{42} ①没有颜色的酒；②办丧事的酒：吃～

黄酒 oŋ^{11}tɔ^{42}

糯米酒 mø^{11}muæ^{33}tɔ^{42} 江米酒

茶叶 ʃa^{11}ie^{31}

浸 tuã^{51} 沏（茶）

雪条 θuə^{44}tiu^{232} 冰棍儿

煮吃 tʃy^{33}he^{44}（总称）做饭菜

煮饭 tʃy^{44}pæ̃^{31} 做饭

煮菜 tʃy^{33}tʰø^{51} 做菜

煮 tʃy^{42}

煠 ʃa^{31}

煎 tĩ^{35}

穮 $^{=}$mɔ^{51} 炸（油条）

蒸 tʃẽ^{35}

揩 hæ^{35} 揉（面）

□ ŋø^{42} 擀、碾、轧

吃朝 he^{33}tʃiu^{35} 吃早饭

吃晏 he^{33}æ̃^{51} 吃午饭

吃夜 he^{44}ie^{31} 吃晚饭

吃 he^{44} 吃（饭）

吃 he^{44} 吃（酒）

饮 ȵyã^{42}

筛 ʃæ^{35}

吃 he^{44} 吃（茶）

吃 he^{44} 吃（烟）

舀 iu^{33} 盛（饭）

镊 na^{51} 夹（菜）

斟 tʃuã^{35} 斟（酒）

滗 pi^{51}

筛 ʃæ^{35}

渴 hõ^{51}（口）渴

饥 ki^{35} 饿

饿 ŋø^{31}

拨 $^{=}$puə^{31}（吃饭）噎（着了）

七 身体医疗

头 tɔ^{232}

头毛 tɔ^{11}mo^{232} 头发

头辫 pĩ^{11}tɔ^{232} 辫子

旋 θuŋ^{31} 头发旋儿

　头旋 tɔ^{11}θuŋ^{31}

　头毛旋 to^{11}mo^{232}θuŋ^{31}

额头母 ŋa^{33}tɔ^{11}muŋ^{33} 额头

样 iæŋ^{31} 相貌

　样相 iæŋ^{11}θiæŋ^{51}

面 mĩ^{31} 脸，脸蛋儿

　面板 mĩ^{11}pæ̃^{42}

眼 ŋæ̃^{33} 眼睛

　眼睛 ŋæ̃^{11}tẽ^{35}

眼睛仁 ŋæ̃^{11}tẽ^{35}ȵyã^{232} 眼珠儿

　眼珠 ŋæ̃^{11}tʃy^{35}

眼泪水 ŋæ̃^{11}lui^{31}ʃui^{42} 眼泪

　眼泪 ŋæ̃^{11}lui^{31}

眼毛 ŋæ̃^{11}mo^{232} 眉毛和眼睫毛

耳 ȵĩ^{33} 耳朵

　耳朵 ȵĩ^{11}lø^{42}

鼻士$^{=}$ pi^{31}ʃi^{31} 鼻子

　鼻 pi^{31}

鼻水 pi^{11}ʃui^{42} 鼻涕，液体状的

擤 θaŋ^{51} 擤鼻涕

口 hɔ^{42} 嘴

　嘴 tui^{42}

嘴唇 tui^{44}ʃuã^{232}

口水 hɔ^{33}ʃui^{42}

　颈水 kẽ^{33}ʃui^{42}

口舌 hɔ^{44}ʃie^{31} 舌头

牙 ŋa^{232}

　牙齿 ŋa^{11}tʃ^{h}i^{42}

下巴 a^{11}pa^{232}

胡须 u^{11}θy^{35} 胡子

颈 kẽ^{42}

颈喉 kẽ^{44}ɔ^{232} 喉咙

　喉 ɔ^{232}

　喉窿 ɔ^{11}loŋ^{35}

膊头 piʌ^{44}tɔ^{232} 肩膀

手颈 ʃɔ^{33}kẽ^{42} 胳膊

手 ʃɔ^{42} 包括手和臂

反手 fæ̃^{33}ʃɔ^{42} 左手

　左手 tø^{51}ʃɔ^{42}

正手 tʃẽ^{51}ʃɔ^{42} 右手

　右手 iɔ^{31}ʃɔ^{42}

拳头 kĩ^{11}tɔ^{232}

手指 ʃɔ^{33}tʃi^{42}

手拇头 ʃɔ^{33}mu^{11}tɔ^{232} 大拇指

手指母 ʃɔ^{33}tʃi^{42}muŋ^{33} 食指

　手拇 ʃɔ^{44}muŋ^{33}

中指 tʃoŋ^{35}tʃi^{42}

　手指公 ʃɔ^{42}tʃi^{11}koŋ^{35}

有名指 mɔ^{33}mẽ^{232}tʃi^{42} 无名指

歪手指 mæ^{42}ʃɔ^{33}tʃi^{42} 小拇指

　手指儿 ʃɔ^{44}tʃi^{11}ȵi^{232}

手指壳 ʃɔ^{44}tʃi^{11}hiʌ^{51} 指甲

大腿 tæ^{31}t^{h}ui^{42}

脚 kiʌ^{44} 整条腿脚，不单指腿以下

石头盖 ʃe^{11}tɔ^{11}kø^{51} 膝盖

背脊 pui^{33}te^{44}

　背脊母 pui^{51}te^{44}muŋ^{33}

肚 tu^{33} 腹部

肚脐 tu^{11}θuæ^{232}

⿺乚羊 nẽ^{31} 乳房，乳汁

　⿺乚羊房 nẽ^{11}poŋ^{232} 乳房

屎窟 ʃi^{33}fuə^{44} 屁股

屎窟贡 $^{=}$ʃi^{42}fuə^{11}koŋ^{51} 肛门

□ muæ^{51} 阴茎

屌 huæ^{35} 女阴

整 tʃẽ^{42} 肏

抖 θɔ^{42}

直 ʃe^{31}

□脓 muæ^{44}noŋ^{232} 精液

洗啰 θuæ^{42}lo^{33} 来月经

屙屎 uə^{33}ʃi^{42} 拉屎

屙尿 uə^{44}niu^{31} 撒尿

注尿 tʃy^{44}niu^{31}

放屁 poŋ^{33}p^{h}i^{51}

病了 pẽ^{11}liu^{33}

晾着 liæŋ^{31}ʃiʌ^{31} 着凉

瘕嗽 ha^{33}θɔ^{51} 咳嗽

发烧 fa^{33}ʃiu^{35}

发热 fa^{44}ȵie^{31}

发冷震 fa^{51}laŋ^{11}tʃuã^{51} 发抖

肚疼 tu^{33}t^{h}oŋ^{51} 肚子疼

大肚泻 tæ^{11}tu^{33}θie^{51} 拉肚子

屙肚 uə^{44}tu^{33}

发冷 fa^{44}laŋ^{33} 患疟疾

大口神含 tæ^{11}hɔ^{42}ʃuã^{232}uŋ^{232} 中暑，突然晕倒

肿 tʃoŋ^{42}

胀汁 tʃiæŋ^{33}tʃuə^{44} 化脓

长脓 tʃiæŋ^{44}noŋ^{232}

疤 pa^{35}

癣 θĩ^{42}

痣 tʃi^{51}

□ nuŋ^{42} 疙瘩，蚊子咬后形成的

□气 ŋuə^{33}hi^{51} 狐臭

看病 hø̃^{44}pẽ^{31}

探脉 t^{h}æ̃^{44}miʌ^{31} 诊脉

针灸 tʃuã^{33}tʃɔ^{51}

击针 ke^{33}tʃuã^{35} 打针

击吊针 ke^{33}liu^{51}tʃuã^{35} 打吊针

吃药 he^{44}iʌ^{31}

吃茶 he^{44}ʃa^{232} 服中药汤

茶 ʃa^{232} 汤药

病松啰 pẽ^{31}θoŋ^{35}lo^{33} 病轻了

八　婚丧信仰

做媒 tu^{44}mui^{232}

媒人 mui^{11}ȵyã^{232}

看亲 hø̃^{33}t^{h}uã^{35} 相亲

订婚 lẽ^{33}fuã^{35}

嫁妆 ka^{33}tʃiæŋ^{35}

成亲 ʃẽ^{11}t^{h}uã^{35} 结婚

结婚 kie^{33}fuã^{35}

娶绣妇娘 t^{h}u^{42}θɔ^{44}pu^{33}niæŋ^{232} 娶妻子

娶头婆 t^{h}u^{44}tɔ^{11}po^{232}

出嫁 tʃ^{h}uə^{33}ka^{51}

拜堂 pæ^{44}tiæŋ^{232}

新娘翁 θuã^{44}niæŋ^{11}oŋ^{35} 新郎

绣妇娘 θɔ^{44}pu^{33}niæŋ^{232}

大肚婆 tæ^{11}tu^{33}po^{232} 孕妇

四眼佬 θi^{44}ŋæ̃^{33}lo^{42} ① 孕妇；② 孕妇的丈夫

驮肚 tø^{11}tu^{33} 怀孕了

有了 iɔ^{33}liu^{33}

又翻又吐 iɔ^{11}fæ̃^{35}iɔ^{11}t^{h}u^{51} 害喜

生细子 ʃaŋ^{35}θuæ^{33}ti^{42} 分娩

养妹 iæŋ^{11}mui^{31}

落胎 liʌ^{31}tʰø^{35} 流产

双龙 ʃiæŋ^{44}loŋ^{232} 双胞胎

坐月 θø^{11}ȵĩ^{31} 坐月子

吃羓 he^{44}nẽ^{31} 吃奶

戒羓 kæ^{44}nẽ^{31} 断奶

*够月 kɔ^{44}ȵĩ^{31}

生日 ʃaŋ^{44}ȵyə^{31} 结婚以后的生日

　热头出 ȵie^{11}tɔ^{11}tʃʰuã^{44} 结婚以前的生日

做生日 tu^{51}ʃaŋ^{44}ȵyə^{31} 做寿。当地习俗，父母健在，儿子、媳妇一般不做生日

死 θi^{42}

过脱 kuə^{51}tʰuə^{44}

　老敨 lo^{33}tʰɔ^{42}

　老啰 lo^{33}lo^{33}

自杀 θi^{11}ʃa^{51}

断气 tuŋ^{11}hi^{51} 咽气

入殓 ȵyə^{31}lĩ^{31}

棺材 kuŋ^{44}θø^{232}

　材木 θø^{11}mo^{31}

出山 tʃʰuə^{33}ʃæ̃^{35} 出殡

灵位 lẽ^{11}uæ^{31}

坟 puã^{232} 坟墓

　祖 tu^{42}

挂纸 ka^{33}tʃi^{42} 上坟

　挂青 ka^{33}tʰẽ^{35}

钱纸 θĩ^{11}tʃi^{42} 纸钱

皇天 oŋ^{11}tʰĩ^{35} 老天爷

菩萨 puə^{11}θa^{42}

观音 kuŋ^{33}yã^{35}

灶君 to^{33}kuã^{35} 灶神

　灶皇老人 to^{44}oŋ^{232}lo^{33}ȵyã^{232}

　灶头老人 to^{44}tɔ^{232}lo^{33}ȵyã^{232}

庙堂 miu^{11}tiæŋ^{232}

　寺 θi^{31}

祠堂 θi^{11}tiæŋ^{232}

和尚 uə^{11}ʃiæŋ^{31}

尼姑 nuæ^{11}ku^{35}

筛公 ʃuæ^{33}koŋ^{35} 道士

　舍佛佬 ʃie^{44}pø^{31}lo^{42}

算命 θuŋ^{44}mẽ^{31}

运气 uã^{11}hi^{51}

　时彩 ʃi^{11}tʰø^{42}

保佑 po^{44}iɔ^{31}

九　人品称谓

人 ȵyã^{232}

男人 næ̃^{11}ȵyã^{232}

女人 ny^{11}ȵyã^{232}

　妇娘毑 fu^{44}niæŋ^{232}na^{42}

　妇娘婆 fu^{44}niæŋ^{232}po^{232}

单身佬 læ̃^{44}ʃuã^{11}lo^{42} 单身汉

　光棍 koŋ^{33}kuã^{51}

　单身公 læ̃^{44}ʃuã^{11}koŋ^{35}

观音女 kuŋ^{44}yã^{11}ny^{33} 老姑娘

　莲花女 lĩ^{11}fa^{11}ny^{33}

妹嫩 mui^{31}muŋ^{31} 婴儿

□丁儿 muæ^{44}lẽ^{11}ȵi^{232} 三四岁的小孩儿

　细子口 θuæ^{51}ti^{42}hɔ^{42}

　细子儿 θuæ^{51}ti^{42}ȵi^{35}

老弟儿 lo^{11}tuæ^{11}ȵi^{35} 男孩

妹儿 mui^{11}ȵi^{232} 女孩

　老妹儿 lo^{11}mui^{11} ȵi^{232}

老人 lo^{33}ȵyã^{232}

　老人家 lo^{33}ȵyã^{232}ka^{35}

亲戚 tʰuã33tʰe44
朋友 poŋ11iɔ33
挨壁屋 ŋæ33pe44o44 邻居
客吾 hiʌ44ŋ232 客人
　人客 ȵyã11hiʌ51
做田人 tu44tĩ232ȵyã232 农民
　做田佬 tu44tĩ232lo42
生意人 ʃaŋ33i51ȵyã232 商人
　生意佬 ʃaŋ33i51lo42
手艺工 ʃɔ42ȵi31koŋ35 手艺人
砌匠 tʰi44θiæŋ31 瓦匠，砌墙、抹墙的
　砌屋师傅 tʰi33o44ʃi33pu33
斗木匠 lɔ44mo31θiæŋ31 木匠
　木工 mo11koŋ35
车衫匠 tʃʰie44ʃæ̃11θiæŋ31 裁缝，做衣服的
　针衫匠 tʃuã44ʃæ̃11θiæŋ31
剃头匠 tʰuæ44tɔ11θiæŋ31 理发师
　剃头佬 tʰuæ44tɔ11lo42
厨房佬 ʃy11poŋ11lo42 厨师
　厨师 ʃy11ʃi35
师傅 ʃi44pu33
徒弟 tu11tuæ33
狗化子 kɔ33fa51ti42 乞丐
　狗化佬 kɔ33fa51lo42
嫖舍婆 piu11ʃie11po232 妓女
　客姑 ha33ku35
流氓 lɔ11miæŋ232
　烂仔 læ̃11tuæ42
贼 θɔ31
眼瞎 ŋæ̃11ha51 瞎子
耳聋 ȵĩ11loŋ35 ①聋子，名词；②耳朵听不见
口哑 hɔ33ua42 哑巴

背勾 pui33kɔ35 驼子
脚跛 kiʌ33pø42 瘸子
　脚歪 kiʌ33mæ42
发癫佬 fa44lĩ11lo42 疯子
从⁼仔 θoŋ11tuæ42 傻子
　弄⁼仔 noŋ33tuæ42
大弄⁼ tæ11noŋ42 笨蛋，大傻瓜
吾梗⁼ ŋ11kaŋ42 爷爷，祖父
吾妈 ŋ11ma35 祖母
　吾奶 ŋ11næ33
木⁼梗⁼ mo11kaŋ42 外祖父
吾婆 ŋ11po232 外祖母，面称
爷妣 ie44puæ33 父母
老爷 lo33ie35 父亲，面称
　吾晚 ŋ11mæ̃33
　吾叔 ŋ11ʃiu51
　吾大 ŋ11ta33
吾妣 ŋ11puæ33 母亲
　吾娘 ŋ11niæŋ232
　吾妈 ŋ11ma42
　叔娘 ʃiu44niæŋ232
爷 ie35 爸爸
　吾爷 ŋ11ie35
　吾晚 ŋ11mæ̃33
娘 niæŋ232 妈妈
　吾娘 ŋ11niæŋ232
　吾妣 ŋ11puæ33
继爷 ki51ie232 继父
　养爷 iæŋ11ie232
　假爷 ka33ie35
　第二爷 tuæ11ȵi31ie35
继娘 ki51niæŋ232 继母

　第二妣 tuæ^{11}ȵi^{31}puæ^{33} 继母

外翁 mui^{11}oŋ^{35} 岳父

外婆 mui^{11}po^{232} 岳母

家翁 ka^{33}oŋ^{35} 公公

家婆 ka^{44}po^{232} 婆婆

伯爷 pa^{33}ie^{35} 伯父

伯妣 pa^{33}puæ^{33} 伯母

叔爷 ʃo^{44}ie^{35} 叔父

　吾叔 ŋ^{11}ʃiu^{51}

　叔 ʃo^{44}

晚叔 mæ̃^{11}ʃiu^{51} 排行最小的叔父

叔娘 ʃo^{44}niæŋ^{232} 叔母

吾姑 ŋ^{11}ku^{35} 父亲的妹妹

　大娘 tæ^{11}niæŋ^{35} 父亲的大姐姐

姑丈 ku^{44}ʃiæŋ^{33}

　大娘丈 tæ^{11}niæŋ^{44}ʃiæŋ^{33}

　娘爷 niæŋ^{35}ie^{232} 父亲姐姐的丈夫

舅爷 tʃɔ^{11}ie^{232} 舅舅，呼称

舅娘 tʃɔ^{11}niæŋ^{232} 舅妈，呼称

姨 i^{232} 母亲的姐妹

　大姨妣 tæ^{11}i^{11}puæ^{33} 母亲的姐姐

　晚姨 mæ̃^{11}i^{232} 母亲的妹妹

姨丈 i^{11}ʃiæŋ^{33} 姨父，母亲的姐妹夫

兄弟 fẽ^{44}tuæ^{33}

姊妹 ti^{44}mui^{31} ①兄弟姐妹；②姐妹

吾哥 ŋ^{11}kø^{35} 哥哥，面称

　哥 kø^{35}

吾嫂 ŋ^{11}θo^{42} 嫂嫂，面称

　嫂 θo^{42} 哥哥的妻子

弟 tuæ^{33}

　吾弟 ŋ^{11}tuæ^{33} ①弟弟，面称；②父亲面称儿子

　老弟 lo^{11}tuæ^{33} 弟弟，面称

老弟嫂 lo^{11}tuæ^{33}θo^{42} 弟媳

吾大 ŋ^{11}tæ^{31} 姐姐，面称

　大姊 tæ^{11}ti^{42}

　吾姊 ŋ^{11}ti^{42}

　姊 ti^{42}

姊哥 ti^{33}kø^{35} ①姐夫；②妹夫；③女婿；④孙女婿。都是面称

老妹 lo^{11}mui^{31} ①妹妹，面称；②父亲面称女儿

　妹 mui^{31}

妹夫 mui^{11}fu^{35} 妹妹的丈夫，叙称

叔伯兄弟 ʃo^{33}pa^{51}fẽ^{44}tuæ^{33} 堂兄弟

表兄弟 piu^{42}fẽ^{44}tuæ^{33}

两婶母 liæŋ^{33}ʃuã^{42}mu^{33} 妯娌俩

姊妹家 ti^{44}mui^{31}ka^{35} 连襟

　大小两姨 tæ^{11}θiu^{42}liæŋ^{11}i^{232}

仔 tuæ^{42} 儿子

　后生 ɔ^{11}ʃaŋ^{35}

新妇 θuã^{44}fu^{33} 儿媳妇

女 ny^{33} 女儿

　妹儿 mui^{11}ȵi^{232}

女婿 ny^{11}θui^{51}

孙 θuŋ^{35}

　孙子 θuŋ^{44}ȵi^{232}

塞$^{=}$ θɔ^{44} 重孙

侄儿 tʃuə^{11}ȵi^{232}

　侄子 tʃuə^{11}ti^{42}

外甥 mui^{11}ʃaŋ^{35} 姐妹之子

外甥 mui^{11}ʃaŋ^{35} 外孙，女儿之子

两公婆 liæŋ^{33}koŋ^{44}po^{232} 夫妻俩

头翁 tɔ^{11}oŋ^{35} 丈夫

头婆tɔ^{11}po^{232}妻子，背称

名字mẽ^{11}θi^{31}

花名fa^{44}mẽ^{232}绰号

十　农工商文

做工tu^{33}koŋ^{35}干活儿

事情ʃi^{11}θẽ^{232}

插秧tʃʰa^{33}iæŋ^{35}

　插田tʃʰa^{44}tĩ^{232}

　插禾tʃʰa^{44}uə^{232}

割禾kø^{44}uə^{232}割稻

种菜tʃoŋ^{33}tʰø^{51}

犁luæ^{232}

镑pʰiæŋ^{35}锄头

　锄头ʃø^{11}tɔ^{232}

镰刀lĩ^{11}lo^{35}割草割禾用刀

柄pẽ^{51}把儿

扁挑pĩ^{33}tʰiu^{35}扁担

　担杆læ̃^{33}kõ^{42}

箩lø^{35}箩筐

筛ʃæ^{35}筛子，统称

　筛箕ʃæ^{33}ki^{35}

粪箕puã^{33}ki^{35}作为农具用的有梁的箕子，北方叫簸箕

　笼箕loŋ^{11}ki^{35}

米箕muæ^{11}ki^{35}簸米用的箕子，簸箕

独脚车to^{11}kiʌ^{44}tʃʰie^{35}用绳架在肩膀上双手推的小木车

　鸡公车kuæ^{33}koŋ^{35}tʃʰie^{35}

轮luã^{232}

碓lui^{51}

碓款 =lui^{33}fuŋ^{42}臼

磨mø^{31}

年成nĩ^{11}ʃẽ^{232}

　收成ʃɔ^{44}ʃẽ^{232}

走江湖tɔ^{42}kiæŋ^{44}u^{232}

打工la^{33}koŋ^{35}

斧头pu^{44}tɔ^{232}

铁镊tʰie^{33}na^{51}钳子

　胶钳kiʌ^{44}kĩ^{232}

　铁钳tʰie^{44}kĩ^{232}

　钳kĩ^{232}

螺丝批lø^{11}θi^{11}pʰuæ^{35}螺丝刀

锤ʃui^{232}锤子

钉lẽ^{35}

绳索ʃaŋ^{232}θiʌ^{51}绳子

棍kuã^{51}棍子

做生意tu^{51}ʃaŋ^{33}i^{51}

　做买卖tu^{51}mæ^{33}mæ^{31}

铺pʰu^{51}商店

饭店pæ̃^{11}tĩ^{42}

　酒家tɔ^{33}ka^{35}

客栈hiʌ^{44}tʃæ̃^{31}旅店旧称

贵kuæ^{51}

便宜pie^{11}ȵi^{232}

　贱θĩ^{31}

合算uə^{11}θuŋ^{51}

折扣tʃie^{33}kʰɔ^{51}

蚀本ʃe^{11}puŋ^{42}亏本

钱θĩ^{232}

　银纸ŋuã^{11}tʃi^{42}

碎钱θui^{51}θĩ^{232}零钱

毫子o^{11}ti^{42}硬币

本puŋ^{42}本钱

工价 koŋ^{33}ka^{51} 工钱

人工钱 ȵyã^{11}koŋ^{35}θĩ^{232}

人工 ȵyã^{11}koŋ^{35}

路费 lu^{31}fui^{51}

使 ʃuæ^{42} 花（钱）

赚 tʃæ̃^{31} 赚（钱）

睇 tʰuæ^{42} 挣。打工了～一千文

争 $^{=}$tʃaŋ^{35} 欠。～渠十文纸

算盘 θuŋ^{44}puŋ^{232}

秤 tʃʰẽ^{51}

称 tʃʰẽ^{35} 用秤～

趁圩 tʃʰuã^{33}hy^{35} 赶集

圩 hy^{35} 集市

* 会期 ui^{11}ki^{232}

* 庙会 miu^{11}ui^{31}

学堂 iʌ^{11}tiæŋ^{232} 学校

学校 iʌ^{11}hiʌ^{42}

学堂 iʌ^{11}tiæŋ^{232} 教室

转学堂 tʃĩ^{51}iʌ^{11}tiæŋ^{232} 上学

去学堂 hy^{51}iʌ^{11}tiæŋ^{232}

放学 poŋ^{44}iʌ^{31}

考试 kʰiʌ^{42}ʃi^{51}

书包 ʃy^{33}piʌ^{35}

作业本 tiʌ^{44}ȵie^{31}puŋ^{42} 本子

铅笔 ĩ^{11}puə^{44}

钢笔 kiæŋ^{51}puə^{44}

原子笔 ĩ^{11}ti^{42}puə^{44} 圆珠笔

毛笔 mo^{232}puə^{44}

墨 mɔ^{31}

墨盘 mɔ^{11}puŋ^{232} 砚台

墨砚 mɔ^{11}ĩ^{51}

信 θuã^{51} 一封～

佛儿书 puə^{11}ȵi^{232}ʃy^{35} 连环画

做鸡吾麻麻□ tu^{51}kuæ^{44}ŋ^{232}ma^{11}ma^{11}luã^{42} 捉迷藏

跳绳 tʰiu^{44}ʃaŋ^{232}

燕 $^{=}$ĩ^{51} 毽子

纸鹞 tʃi^{44}iu^{31} 风筝

撑灯 $^{=}$牛 tʃʰaŋ^{33}laŋ^{44}ŋɔ^{232} 舞狮

舞狮 muŋ^{33}θi^{35}

纸炮 tʃi^{33}pʰiʌ^{51} 鞭炮

唱歌 tʃʰiæŋ^{33}kø^{35}

唱戏 tʃʰiæŋ^{33}hi^{51} 演戏

锣鼓 lø^{11}ku^{42}

吾□ ŋ^{11}ŋe^{232} 二胡

二胡 ȵi^{11}u^{232}

笛 tẽ^{31} 笛子

猜码 tʃʰæ^{44}ma^{33} 划拳

猜拳 tʃʰæ^{44}kĩ^{232}

杀码 ʃa^{51}ma^{33}

下棋 ia^{11}ki^{232}

击□ ke^{33}pʰie^{33} 打扑克

击牌 ke^{44}pæ^{232}

击麻将 ke^{44}ma^{11}tiæŋ^{51} 打麻将

耍把戏 ʃa^{42}pa^{33}hi^{51} 变魔术

讲古 kiæŋ^{33}ku^{42} 讲故事

猜谜 tʃʰæ^{33}mi^{51} 猜谜语

估 ku^{42}

* 荡 tiæŋ^{31}

* 杂 θaŋ^{51}

* 杂剧 θaŋ^{44}kẽ^{31}

过屋 kuə^{33}o^{44} 串门儿

行村 aŋ^{11}tʰuŋ^{35} ①走亲戚；②串门

过寨 kuə^{44}ʃæ^{31}

十一　动作行为

看hõ^{51} ～电视

听tʰẽ^{51} 使耳～

嗅ȵioŋ^{51} 闻。使鼻～

嘣ʃiʌ^{51} 吸。～一口气

撑tʃʰaŋ^{51} 睁。～开眼

眯mi^{51} 闭。～眼

眨ia^{31} ～眼

开hø^{35} 张。～嘴

□muŋ^{42} 闭。～嘴

咬ŋiʌ^{33} 着狗～

嚼θiu^{31} ～碎

吞tʰuã^{35} ～口水

□ʃæ^{33} 舔。冇～碗～碟

含uŋ^{232} ～在嘴

嘬tʃui^{51} 亲嘴。～细子儿

嘣ʃiʌ^{51} 吮吸。攀膊睇卵～

唾tʰø^{51} 吐。～口水

翻fæ̃^{35} 呕吐。想～：要呕吐

打办⁼超⁼la^{42}pæ̃^{11}tʃʰiu^{35} 打喷嚏。

拧nẽ^{51} 拿。～只果子来

分puã^{35} 给。～只果子你

摸mø^{35} ～头

伸ʃuã^{35} ～手

挠ŋiʌ^{35} ～云⁼：挠痒

□ȵyæ^{35} 掐，用拇指和食指的指甲～皮肉。

扭nɔ^{42} 拧。～螺丝

扭nɔ^{42} 拧。～手巾

捻nuã^{42}（用拇指和食指来回）捻。～碎

汶⁼muã^{51} 掰。～开柑子

劘muæ^{35} 剥。～两子豆

　剥miʌ^{44}

　汶⁼muã^{51}

撕tʃʰi^{35} ～烂张纸

拗ŋiʌ^{42} 折。～断

搣paŋ^{35} 拔。～草

　扯tʃʰie^{42}

执tʃuə^{44} 摘。～茄子

徛ki^{33} 站。～起来

挨ŋæ^{35} ～是沙发

　凭paŋ^{31}

髩⁼ȵioŋ^{35} 蹲。～下

坐θø^{33} ～凳

跳tʰiu^{51} ～上车

□ka^{232} 迈，跨过高物。～过门槛

豆⁼tɔ^{31} 踩。～着牛屎

　踩tʃʰæ^{42}

翘kʰiu^{51} ～犁弓脚睡

弯uæ̃^{35} ～腰

　拱koŋ^{42}

昂ŋiæŋ^{33} 挺。～起头

匐pʰo^{44} 趴。～地

　爬啦匐pa^{11}la^{33}pʰo^{44}

□pæ̃^{232} 爬行。

行aŋ^{232} 走。慢慢～

逃tiu^{232} 跑。慢慢行，冇～

逃tiu^{232} 逃跑。小偷～了

帮⁼piæŋ^{35} 追赶。～冇上

捉tʃiʌ^{51} 抓，捉。～条鲤鱼三尺长

抱po^{33} 渠～倒□丁儿小孩

孭ma^{51} 背。～倒老妹去趁圩

扶fu^{232} 搀。～起

揖oŋ^{42} 推。～车

□tuə^{31}摔。～下地底

揰tʃʰoŋ^{51}撞，碰。你冇～倒渠

　□luã^{51}撞。狗在台底～来～去

遮tʃie^{35}挡。你冇～倒我

　挡liæŋ^{42}

□luã^{42}躲藏。我笑倒～开渠了

收ʃɔ^{35}藏。～起

放poŋ^{51}～水

堆lui^{35}摞。～倒砖

埋mæ^{232}～落地

抆kʰuã^{51}盖。～倒盖

　□tʃʰuã^{51}

　盖kø^{51}

□kæ^{31}压。～着

闹 =no^{31}摁。～手模印

捅tʰoŋ^{35}～刀

插tʃʰa^{51}～田

戳tʃʰø^{51}～烂

砍kʰæ̃^{42}～柴

剁lø^{51}～肉

剸pʰuæ^{35}削。～果子，～棍吾

裂lie^{31}木板～了

皱n̥io^{51}～额头母：皱眉头

□mɔ^{42}腐烂。木～：烂木头

　□yæ^{35}腐烂。肉～：肉烂

擦tʰa^{51}抹，擦。～身

　卒 =tuə^{44}～脚布：抹脚布

倒lo^{51}～开剩饭

　更 =kaŋ^{51}倒。担了水归～水缸

□kaŋ^{31}丢，扔。～纸钱：扔纸钱

　墨 =mɔ^{31}丢、扔。直接～下嚰铛

登 =laŋ^{35}投，掷，扔。～石头

　打la^{51}～石头

□tuə^{31}掉。果子～落木

滴le^{44}水～落来

□la^{232}丢，丢失，把东西遗放在某处。锁匙～了

睇tʰuæ^{42}寻找。～着：找着了

拾tʃuə^{44}捡。～到十文纸

掅kʰẽ^{42}（tʃʰẽ^{42}）㨗。～起：提起（东西）。《广韵》径韵千定切《广雅·释诂三》："掅，捽也。"《集韵·径韵》："掅《博雅》：'持也。'一曰捽也。"

担læ̃^{35}～担，～水

背pui^{51}～锄头

扛kʰiæŋ^{35}抬。～轿

撑tʃʰaŋ^{35}举。～旗

撑tʃʰaŋ^{35}举。～伞

撬kʰiu^{51}～门

拣kæ̃^{42}挑。你～一只

收ʃɔ^{35}收拾。～东西

　收整ʃɔ^{33}tʃẽ^{42}

扎tʃa^{51}挽。～衫袖

　卷kĩ^{42}

哴liæŋ^{51}涮。～下粒杯

洗θuæ^{42}～衫裤

捞lɔ^{35}～鱼

绹to^{232}拴。～牛

绑piæŋ^{42}捆。～起，反～

解kæ^{42}～索

挪nø^{232}～台凳

捧pʰoŋ^{42}端。～碗

□tuə^{31}摔。碗～烂了

冲tʃʰoŋ^{35}掺。烧酒～水

烧ʃiu^{35} 冇茅就～柴劈

拆tʃʰiʌ^{51} ～屋

转tʃĩ^{51} ～圈

捶ʃui^{232}

　□tʃaŋ^{51} 捶。～背脊：捶背

击kie^{44} 打。～一下

击仗ke^{33}tʃiæŋ^{51} 打架。旧时～打石头仗

　*做打tu^{33}la^{42}

敨tʰɔ^{42} 休息。～阵儿：休息一会儿

开口綳鼻hø^{33}hɔ^{42}maŋ^{51}pi^{31} 打哈欠

□眼睏tuə^{31}ŋæ̃^{11}huã^{51} 打瞌睡

睏huã^{51} 睡。渠～着啰

扯鼻鼓tʃʰie^{42}pi^{11}ku^{42} 打呼噜

梦moŋ^{31} 做梦

　睡梦ʃui^{11}moŋ^{31}

　发梦fa^{44}moŋ^{31}

起身hi^{33}ʃuã^{35} 起床

洗牙齿θuæ^{42}ŋa^{11}tʃʰi^{42} 刷牙

洗凉θuæ^{44}liæŋ^{232} 洗澡

谂nuã^{42} 想。我～

谂nuã^{42} 想念。我可～渠

打算la^{33}θuŋ^{51} 我冇～去

　*打作la^{33}tiʌ^{44}

记倒ki^{33}lo^{42} 记得

忘记miæŋ^{11}ki^{51}

怕pʰa^{51} 害怕。你莫～

相信θiæŋ^{33}θuã^{51} 我～你

　信θuã^{51}

忧iɔ^{35} 发愁。马鹿得了剩～只角

小心θiu^{33}θuã^{35} 过马路要～

中意tʃoŋ^{33}i^{51} 喜欢。渠～看电视

　心水θuã^{33}ʃui^{42}

　欢喜fuŋ^{33}hi^{42}

恼no^{33} 讨厌

舒服ʃy^{44}fo^{31} 好～

　*松爽θoŋ^{33}θiæŋ^{42}

难顶næ̃^{11}lẽ^{42} 难受

　难受næ̃^{11}ʃɔ^{33}

吃力he^{44}le^{31} 难过

高兴ko^{33}hẽ^{51}

　欢喜灵剧fuŋ^{33}hi^{42}lẽ^{11}kẽ^{31}

发性fa^{33}θẽ^{51} 生气

　闹脾气no^{31}pi^{11}hi^{51}

　发脾气fa^{51}pi^{11}hi^{51}

怨ĩ^{51} 责怪

后悔ɔ^{11}fui^{42}

眼热ŋæ̃^{33}ȵie^{31} 忌妒

　眼红ŋæ̃^{33}oŋ^{232}

怕羞pʰa^{33}tʃʰɔ^{42} 害羞

丢面tiu^{42}mĩ^{31} 丢脸

　丢架tiu^{42}ka^{31}

虾⁼ha^{35} 欺负

诈tʃa^{51} 装。～病

疼tʰoŋ^{51} ～细子

要iu^{51} 我～箇头

有iɔ^{33} 渠～两头仔

冇得mɔ^{33}luə^{44} 没有。渠～仔

*是ʃi^{33}

冇是mɔ^{33}ʃi^{33} 不是。渠～老师

*是ʃi^{33}

冇是mɔ^{33}ʃi^{33} 不在。渠～屋：他不在家

晓知ʃiu^{33}tʃi^{35} 知道。我～箇件事

　晓得ʃiu^{33}tɔ^{44}

冇晓知mɔ^{33}ʃiu^{33}tʃi^{35} 不知道

有晓得 mɔ^{33}ʃiu^{33}tɔ^{44}

懂 loŋ^{42} 我～英语

有懂 mɔ^{33}loŋ^{42} 不懂。我～英语

熟 ʃo^{31} 会。我～开车

有熟 mɔ^{33}ʃo^{31} 不会。我～开车

晓得 ʃiu^{33}tɔ^{44} 认识。我～渠

有晓得 mɔ^{33}ʃiu^{33}tɔ^{44} 不认识。我～渠

灵 lẽ^{232} 行。应答语

有灵 mɔ^{33}lẽ^{232} 不行。应答语

愿 ɳĩ^{31} 肯。渠～来

应该 ẽ^{33}kø^{35} 你～去

可以 kʰø^{42}i^{35} 你～去

讲 kiæŋ^{42} 说。～话

话 ua^{31} 讲～

扯闲谈 tʃʰie^{42}æ̃^{11}tæ̃^{232} 聊天

倾牙咬 kʰẽ^{35}ŋa^{11}ŋiʌ^{33}

讲闲谈 kiæŋ^{42}æ̃^{11}tæ̃^{232}

倾牙角 kʰẽ^{35}ŋa^{11}kiʌ^{51}

倾牙嘬 kʰẽ^{35}ŋa^{11}ŋuə^{42}

倾闲谈 kʰẽ^{35}æ̃^{11}tæ̃^{232}

倾计 kʰẽ^{44}kuæ^{31}

讴 ɔ^{35} 叫。～渠一声

□ ŋaŋ^{51} 吆喝。大声～

啼哭 tuæ^{11}ho^{44} 哭。细子～

喊 hæ̃^{51} 骂。当面～人

*做争 tu^{11}tʃaŋ^{35}

谎 foŋ^{42} 骗。～人

骗 pʰĩ^{51}

哄 kʰoŋ^{35}

□ mo^{51}

哄 kʰoŋ^{35} ～细子

谎假 foŋ^{33}ka^{42} 撒谎

扯大炮 tʃʰie^{42}tæ^{11}pʰiʌ^{51} 吹牛

捧大脚 pʰoŋ^{42}tæ^{31}kiʌ^{44} 拍马屁

弄要 loŋ^{11}ʃa^{42} 开玩笑

讲 kiæŋ^{51} 告诉。～渠晓知

话 ua^{31}

多得 lø^{35}luə^{44} 谢谢

对有起 lui^{51}mɔ^{33}hi^{42} 对不起

再见 tø^{51}kĩ^{51}

十二　性质状态

大 tæ^{31} 苹果～

□ θaŋ^{42} 大

细 nuæ^{51} 小。苹果～

粗 tʰu^{35} 索～

细 θuæ 索～。～子：小孩

长 ʃiæŋ^{232} 线～

短 luŋ^{42} 线～

久 tʃɔ^{42} 长。时间～

短 luŋ^{42} 时间～

阔 fuə^{44} 宽。路嗽～

阔 fuə^{44} 宽敞。屋嗽～

窄 tʃiʌ^{51} 路嗽～

高 ko^{35} 飞机飞得～

低 luæ^{35} 飞儿飞得～

高 ko^{35} 渠比我～

矮 æ^{42} 渠比我～

远 ĩ^{33} 路～

近 tʃuã^{33} 路～

深 ʃuã^{35} 水～

浅 tʰĩ^{42} 水～

清 tʰẽ^{35} 水～

浊 tʃuə^{31} 浑。水～

圞luŋ^{35}圆。～台：圆台

扁pĩ^{42}

方foŋ^{35}

尖tĩ^{35}

平pẽ^{232}

肥pi^{232}～肉

瘦ʃɔ^{51}～肉

肥pi^{232}（形容猪等动物）油脂多。箇头猪嘞～

肥pi^{232}胖。箇头人嘞～

瘦ʃɔ^{51}不胖。箇头人嘞～

黑hɔ^{44}黑板的颜色

白piʌ^{31}雪的颜色

红oŋ^{232}国旗的主颜色

黄oŋ^{232}国旗上五星的颜色

蓝læ̃^{232}蓝天的颜色

绿lo^{31}绿叶的颜色

□ɔ^{42}紫，紫药水的颜色

紫ti^{42}

灰fui^{35}草木灰的颜色

多lø^{35}东西～

少ʃiu^{42}东西～

重ʃoŋ^{33}担～

轻hẽ^{35}担～

斗$^{=}$lɔ^{42}直。箇条线好～

订$^{=}$lẽ^{51}陡。楼梯好～

弯uæ̃^{35}箇条路是～嘣

歪mæ^{42}帽戴～了

厚ɔ^{33}木板～

薄piʌ^{31}木板～

浊$^{=}$tʃuə^{31}稠。粥～

稀hi^{35}粥～

密muə^{31}菜种得～

疏ʃø^{35}稀疏。菜种得～

光koŋ^{35}亮。天～

暗uŋ^{51}黑。天～

热ȵie^{31}天气～

暖nuŋ^{33}暖和。天气～

凉liæŋ^{232}天气～

冷laŋ^{33}天气～

热ȵie^{31}～水

凉liæŋ^{232}～水

赏$^{=}$ʃiæŋ^{42}干燥。衫晒～了

湿ʃuə^{44}潮湿。衫淋～了

净θẽ^{31}干净。衫裤～

涴uə^{51}肮脏，不干净。衫裤～

涴□uə^{33}tui^{35}

利li^{31}快，锋利。刀～

钝tuã^{31}刀～

快fæ^{51}坐车比行路～

猛maŋ^{42}

慢mæ̃^{31}行路比坐车～

早to^{42}来得～

迟ʃi^{232}晚。来～了

夜ie^{31}晚。天色～了

松θoŋ^{35}松散，与“紧”相对

紧tʃuã^{42}与“松”相对

容易ioŋ^{11}i^{31}箇条题～

难næ̃^{232}箇条题～

新θuã^{35}衣服～

旧tʃɔ^{31}衣服～

老lo^{33}人～

年青nĩ^{11}tʰẽ^{35}年轻。人～

后生ɔ^{11}ʃaŋ^{35}嘞～$^{=}$这么年青

软ȵĩ^{33}糖～

硬 ŋaŋ^{31} 骨头～

脓 nuã^{232} 烂。肉煮得～

　□ yæ^{42}

焦 tiu^{42} 糊。饭煮～了

庚 =kaŋ^{35} 结实。家具～

破 p^{h}ø^{51} 烂。衫裤～

　烂 læ̃^{31}

富 fu^{51} 有钱。渠屋里好～

　有钱 iɔ^{11}θĩ^{232}

穷 tʃoŋ^{232} 渠屋里好～

忙 miæŋ^{232} 最近好～

空闲 æ̃^{11}hoŋ^{51} 闲

累 nui^{51} 行路行到好～

　极净 ke^{11}θẽ^{31}

疼 t^{h}oŋ^{51} 头～

云 =uã^{232} 痒。皮～

闹热 noŋ^{11}ȵie^{31} 热闹。看戏嘅地方好～

　滚动 kuã^{44}toŋ^{33}

熟 ʃo^{31} 熟悉。箇得 = 地方好～

生荒 ʃaŋ^{33}foŋ^{35} 陌生。箇得 = 地方好～

味道 mi^{11}to^{33} 尝尝～

气 hi^{51} 气味。嗅嗅～

咸 æ̃^{232} 菜～

淡 tæ̃^{33} 菜～

酸 θuŋ^{35}

　酸贡 =θuŋ^{35}koŋ^{51}

甜 tĩ^{232}

苦 fu^{42}

辣 la^{31}

新鲜 θuã^{33}θĩ^{35}

香 ʃiæŋ^{35}

臭 tʃ^{h}ɔ^{51}

蔫 ĩ^{35} 馊。饭～了

腥 θẽ^{35} 鱼～

好 ho^{42} 人～

坏 uæ^{35} 人～

差 tʃ^{h}a^{35} 东西质量～

对 lui^{51} 账算～了

错 t^{h}ø^{51} 账算～了

靓 liæŋ^{51} 漂亮

丑 tʃ^{h}ɔ^{42} 人长得难看

勤 tʃuã^{232} 勤快

懒 læ^{33}

听话 t^{h}ẽ^{44}ua^{31} 乖

　精 tẽ^{35}

顽皮 fæ̃^{11}pi^{232}

老实 lo^{11}ʃuə^{31}

从 =θoŋ^{232} 傻痴，呆。～ = 仔：傻子

弄 =noŋ^{42} 笨，蠢。大～：笨蛋，大傻瓜

大量 tæ^{11}liæŋ^{31} 不吝啬

　大方 tæ^{11}foŋ^{35}

利儿 li^{11}ȵi^{35} 小气，吝啬

　小气 θiu^{33}hi^{51}

　□儿 ȵyə^{33}ȵi^{35}

爽 θiæŋ^{42} 直爽。渠性格～

抗 =k^{h}aŋ^{51} 犟

十三　数量

一 yə^{44}

二 ȵi^{31}

三 θæ̃^{35}

四 θi^{51}

五 ŋ^{33}

六 lo^{31}

七 tʰuə^{44}

八 pa^{51}

九 tʃɔ^{42}

十 ʃuə^{31}

二十 ȵi^{11}ʃuə^{31}

　廿 ȵie^{31}

三十 θæ̃^{35}ʃuə^{31}

一百 yə^{33}piʌ^{51}

一千 yə^{33}tʰĩ^{35}

一万 yə^{44}mæ̃^{31}

百零五 piʌ^{51}lẽ^{11}ŋ^{33} 一百零五

百五 piʌ^{44}ŋ^{33} 一百五十

第一 tuæ^{11}yə^{44}

二两 ȵi^{31}liæŋ^{42}

几多头 ki^{42}lø^{35}tɔ^{232} 几个。你有～仔

两个 liæŋ^{33}kuə^{51} 俩

　两人 liæŋ^{44}ȵyã^{232}

三个 θæ̃^{35}kuə^{51} 仨

　三人 θæ̃^{35}ȵyã^{232}

头把 tɔ^{232}pa^{35} 个把

头 tɔ^{232} 个。一～人

　个 kuə^{51}

头 tɔ^{232} 匹。一～马

头 tɔ^{232} 一～牛

头 tɔ^{232} 一～猪

头 tɔ^{232} 只。一～狗

头 tɔ^{232} 只。一～鸡

头 tɔ^{232} 只。一～蚊子

头 tɔ^{232} 条。一～鱼

头 tɔ^{232} 条。一～蛇

粒 naŋ^{35} 张。一～嘴

只 tʃe^{44} 张。一～台（桌子）

张 tʃiæŋ^{35} 床。一～被

翻 fæ̃^{35} 领。一～席

对 lui^{51} 双。一～鞋

张 tʃiæŋ^{35} 把。一～刀

　把 pa^{42}

嚿 kɔ^{31} 把。一～锁

条 tiu^{232} 根。一～索

支 tʃi^{35} 一～笔

副 fu^{51} 一～眼镜

粒 naŋ^{35} 面。一～镜

嚿 kɔ^{31} 块。一～香碱

　粒 naŋ^{35}

盏 ŋæ̃^{42} 辆。一～车

座 θø^{31} 一～屋

条 tiu^{232} 座。一～桥

条 tiu^{232} 一～河

条 tiu^{232} 一～路

蔸 lɔ^{35} 棵。一～木（树）

丁 lẽ^{35} 朵。一～花

粒 naŋ^{35} 颗。一～珠

粒 naŋ^{35} 一～米

餐 tʰæ̃^{35} 顿。一～饭

服 fo^{31} 剂。一～中药

条 tiu^{232} 股。一～香味

排 pæ̃^{232} 行。一～字

文 muã^{35} 块。一～纸（钱）

角 kiʌ^{51} 毛。一～纸（钱）

件 kĩ^{33} 一～事

□吾 mẽ^{42}ŋ^{232} 点儿。一～东西

□ mẽ^{42} 些。一～东西

下 a^{33} 打一～

阵吾 ʃuã^{11}ŋ^{232} 会儿。坐了～

铺p^{h}u^{35}顿。打一～

阵tʃuã^{31}落了一～水：

次t^{h}i^{51}趟。去了一～

十四　代副介连词

我ŋuə^{33} ～姓王

依noŋ^{31}

你ni^{33} ～亦姓王

渠ky^{33}他。～姓张

我哋ŋuə^{11}ti^{31}我们，排除式，不包括听话人

依哋noŋ^{11}ti^{31}

我哋ŋuə^{44}ti^{31}咱们，包括式，包括听话人

依哋noŋ^{44}ti^{31}

你哋nĩ^{11}ti^{31}你们

渠哋ky^{11}ti^{31}他们

齐齐θuæ^{11}θuæ^{232}大家

齐众θuæ^{11}tʃoŋ^{51}

自己θi^{11}ki^{42}

自家θi^{11}ka^{35}

别人pie^{11}ȵyã^{232}

我晚ŋuə^{33}mæ̃^{33}我爸

我爷ŋuə^{33}ie^{232}

你晚nĩ^{33}mæ̃^{33}你爸

你爷ni^{33}ie^{232}

渠晚ky^{232}mæ̃^{33}他爸

渠爷ky^{232}ie^{232}

箇粒kə^{33}naŋ^{35}这个，指物

箇嚿kə^{33}kɔ^{31}这个，指大的物

箇个kə^{33}kuə^{51}这个，指人

箇得=kə^{33}luə^{44}这、这些、这个、这里

亚粒a^{11}naŋ^{35}那个，指物

亚嚿a^{31}kɔ^{31}那个，指大的物

亚个a^{31}kuə^{51}那个，指人

亚头a^{31}tɔ^{232}那个，指人或动物

吾粒ŋ^{232}naŋ^{35}哪个，指物

吾嚿ŋ^{232}kɔ^{31}哪个，指大的物

吾头ŋ^{232}tɔ^{232}哪个，谁、指人也可指动物

吾个ŋ^{232}kuə^{51}

箇努=kə^{33}nu^{42}这里。在～，冇在亚努

亚努=a^{31}nu^{42}那里。在箇努=，冇在～

亚里a^{31}ly^{35}那里

吾努=ŋ^{11}nu^{42}哪里。你去～？

吾处ŋ^{11}tʃ^{h}y^{51}

箇子kə^{33}ti^{42}这样。事情是～嘓，冇是亚子嘓

箇样kə^{33}iæŋ^{31}

箇停=kə^{44}tẽ^{232}

亚子a^{31}ti^{42}那样。事情是箇子嘓，冇是～嘓

亚样a^{31}iæŋ^{31}

亚停=a^{31}tẽ^{232}

像粒样θiæŋ^{51}naŋ^{35}iæŋ^{31}怎样。你要～嘓？

噉kə^{42}这么。～贵啊

噉子kə^{33}ti^{42}

像粒样θiæŋ^{51}naŋ^{35}iæŋ^{31}怎么。箇只字～写？

同子toŋ^{11}ti^{42}

*是物ʃi^{33}muə^{44}

吾度ŋ^{232}tu^{31}

向=ʃiæŋ^{51}

是物ʃi^{33}muə^{44}什么。你睇～：你找～

为是物ui^{232}ʃi^{33}muə^{44}为什么。你～冇去？

做是物tu^{51}ʃi^{33}muə^{44}干什么。你在～？

几多ki^{42}lø^{35}多少。箇嚿寨有～人？

好ho^{42}很。箇日～热

不止puə^{44}tʃi^{42}非常。箇日～热

更kaŋ^{51}箇日比晴$^{=}$日～热

太tʰæ^{51}箇嚿东西～贵，买冇起

最tui^{51}三兄弟渠～高

都tu^{35}齐齐～来

总倒toŋ^{42}lo^{33}一共。～几多钱?

　肯$^{=}$棚$^{=}$廊$^{=}$hæ̃^{31}pæ̃^{232}læ̃^{31}

同齐toŋ^{11}θuæ^{232}一起。我云$^{=}$你～去

只tʃe^{44}我～去过一回

啱ŋæ̃^{35}刚。箇双鞋我穿～合

啱ŋæ̃^{35}刚。我～到

□tʃø^{35}才。你做是物～来?

就tɔ^{31}我吃了饭～去

经常kẽ^{44}ʃiæŋ^{232}我～去

又iɔ^{31}渠～来了

石$^{=}$ʃe^{31}还。渠～冇转屋

再tø^{51}你明日～来

亦e^{31}也。你姓王，我～姓王

反正fæ̃^{42}tʃẽ^{51}冇使急，～石$^{=}$来得及:

　横直uaŋ^{232}ʃe^{31}

冇得mɔ^{33}luə^{44}没有。晴$^{=}$日我～去

冇mɔ^{33}不。明日我～去

莫mɔ^{31}别。你～去

冇使mɔ^{33}ʃuæ^{42}甭。你～客气

就要tɔ^{31}iu^{51}快。天～光了

争□tʃẽ^{35}mẽ^{42}差点儿

　争□吾tʃẽ^{35}mẽ^{42}ŋ^{232}

难愿næ̃^{11}ȵĩ^{31}宁可。～取贵嗰

抽工tʃʰɔ^{35}koŋ^{35}故意。渠～打烂嚿碗

随便θui^{31}pĩ^{31}

空空hoŋ^{35}hoŋ^{35}白。～行一回

　白piʌ^{31}

坐定θø^{44}tẽ^{31}肯定。～是渠做嗰

　实捞ʃuə^{31}lɔ^{35}

　□定ŋa^{11}tẽ^{31}肯定

可能kʰø^{42}naŋ^{232}～是渠做嗰

平……平……pẽ^{232}…pẽ^{232}…一边……一边……

　～行～讲

同toŋ^{232}和。我～渠都姓王

云$^{=}$uã^{232}和。我晴$^{=}$日～渠去街了

对lui^{51}渠我～好

跟kuã^{35}往。～东走

　往uoŋ^{33}

向ʃiæŋ^{51}～渠借一本书

按õ^{51}～渠嗰要求做

代tø^{31}替

　顶lẽ^{42}

　同toŋ^{232}

河$^{=}$是ø^{11}ʃi^{33}如果。～你忙你就冇来

　如果y^{11}kuə^{42}

随意θui^{232}i^{51}不管

　准tʃuã^{42}

　冇管mɔ^{33}kuŋ^{42}

第二节

《汉语方言词语调查条目表》

分类词表目录：

一　天文

热头底ȵie^{31}tɔ^{232}luæ^{42} 太阳地儿

着热ʃiʌ^{31}ȵie^{31} 向阳

着阴ʃiʌ^{31}yã^{35} 背阴

热蒙ȵie^{31}moŋ^{35} 日晕

　热头生蒙ȵie^{31}tɔ^{232}ʃaŋ^{35}moŋ^{35}

热头光ȵie^{31}tɔ^{232}koŋ^{35} 阳光

　太阳光t^{h}æ^{51}iæŋ^{31}koŋ^{35}

月亮照地ȵĩ^{31}liæŋ^{31}tʃiu^{51}ti^{31} 月亮地儿

　月亮晒地ȵĩ^{31}liæŋ^{31}ʃæ^{51}ti^{31}

月亮光ȵĩ^{31}liæŋ^{31}koŋ^{35} 月光

月光天ȵĩ^{31}koŋ^{35}t^{h}ĩ^{35} 有月亮的夜晚

月暗天ȵĩ^{31}uŋ^{51}t^{h}ĩ^{35} 无月亮的夜晚

月亮生云ȵĩ^{31}liæŋ^{31}ʃaŋ^{35}uã^{232} 月晕

北斗星pɔ^{44}lɔ^{42}θẽ^{35}

烟筒斗星 ĩ^{35}toŋ^{232}lɔ^{42}θẽ^{35}

天光星 tʰĩ^{35}koŋ^{35}θẽ^{35} 启明星

热光星 ȵie^{31}koŋ^{35}θẽ^{35}

米行 muæ^{33}aŋ^{232} 银河

火狗 fuə^{42}kɔ^{42} 流星

火箭 fuə^{42}tĩ^{51}

天火 tʰĩ^{35}fuə^{42}

星子调位 θẽ^{35}ti^{42}tʰiu^{42}uæ^{31} 流星，动词

扫把星 θo^{51}pa^{42}θẽ^{35} ①彗星；②喻常惹祸的人：你箇头～。

大风 tæ^{31}foŋ^{35}

风儿 foŋ^{35}ȵi^{232} 小风

细风 nuæ^{51}foŋ^{35}

风旋 foŋ^{35}θuŋ^{31} 旋风

有头鬼 mɔ^{33}tɔ^{232}kuæ^{42}

斗风 lɔ^{51}foŋ^{35} 顶风

顺风 ʃuɐ^{31}foŋ^{35}

转风 tʃĩ^{51}foŋ^{35}

风停 foŋ^{35}tẽ^{232}

扯腊⁼令 tʃʰie^{42}la^{31}le^{31} 闪电，动词

雷风雷水 lui^{232}foŋ^{35}lui^{232}ʃui^{42} 狂风暴雨

黑云 hɔ^{44}uã^{232}

色云 ʃe^{44}uã^{232} 霞

红云 oŋ^{232}uã^{232}

朝头红云 tʃiu^{35}tɔ^{232}oŋ^{232}uã^{232} 早霞

夜头红云 ie^{31}tɔ^{232}oŋ^{232}uã^{232} 晚霞

鱼鳞斑 ȵy^{232}luã^{232}pæ^{35} 鳞状云

鱼鳞云 ȵy^{232}luã^{232}uã^{232}

马尾云 ma^{33}mĩ^{42}uã^{232}

翻滚云 pæ^{35}kuã^{42}uã^{232} 滚动的云

声雷公 ʃẽ^{35}lui^{232}koŋ^{35} 打雷

击天鼓 ke^{44}tʰĩ^{35}ku^{42}

天刚雷 tʰĩ^{35}kiæŋ^{35}lui^{232} 旱天雷

雷劈 lui^{232}pʰe^{44} 雷打

徛令 ki^{31}le^{31} 与地面垂直的闪电

横令 uaŋ^{232}le^{31} 与地面平行的闪电

落儿滴 liʌ^{31}ki^{42}le^{44} 掉点

水儿 ʃui^{42}ȵi^{232} 小雨

水吾 ʃui^{42}ŋ^{232}

水儿毛 ʃui^{42}ȵi^{232}mo^{232} 毛毛雨

水儿蒙 ʃui^{42}ȵi^{232}moŋ^{232}

水吾蒙 ʃui^{42}ŋ^{232}moŋ^{232}

大水 tæ^{31}ʃui^{42} 大雨、暴雨

水沤天 ʃui^{42}ɔ^{51}tʰĩ^{35} 接连多日阴雨

过云水 kuə^{11}uã^{232}ʃui^{42} 雷阵雨

水晴 ʃui^{42}θẽ^{232} 雨停了

水淋 ʃui^{42}luã^{232} 淋雨，动宾

粑齿雪 pa^{232}tʃʰi^{42}θuə^{44} 冰锥，挂在屋檐下的

瓦檐雪 ŋa^{33}ĩ^{232}θuə^{44}

结雪 kie^{44}θuə^{44} 结冰

结冻 kie^{44}loŋ^{51}

落大雹 liʌ^{31}tæ^{31}piʌ^{31} 下冰雹

落雪 liʌ^{31}θuə^{44} 下雪，包括霰

棉被雪 mĩ^{232}pi^{33}θuə^{44} 鹅毛雪

雪儿 θuə^{44}ȵi^{232} 米粒状的雪

平落水平落雪 pẽ^{232}liʌ^{31}ʃui^{42}pẽ^{31}liʌ^{31}θuə^{44} 雨夹雪

雪融 θuə^{44}ioŋ^{232} 化雪

潮雾 ʃiu^{232}mu^{31} 下露

白头霜 piʌ^{11}tɔ^{232} ʃiæŋ^{35} 浓霜

下霜 ia^{33} ʃiæŋ^{35}

下雾 ia^{33}mu^{31}

大雾 tæ^{31}mu^{31}

潮水 ʃiu^{232}ʃui^{42} 受潮，动宾

天开 tʰĩ^{35}hø^{35} 天气由连阴雨转晴

天冇开 tʰĩ^{35}mɔ^{33}hø^{35}

伏天 fo^{31}tʰĩ^{35}

入伏 ȵyə^{31}fo^{31}

初伏 tʃʰø^{35}fo^{31}

中伏 tʃoŋ^{35}fo^{31}

尾伏 mĩ^{42}fo^{31}

三伏 θæ̃^{35}fo^{31}

天旱 tʰĩ^{35}ø̃^{33}

旱天 ø̃^{33}tʰĩ^{35}

大旱年成 tæ^{31}ø̃^{33}nĩ^{232}ʃẽ^{232} 大旱年头

发大涝 fa^{51}tæ^{31}lo^{31}

地糜 ti^{31}mi^{232} 土地含水分多

地响⁼ ti^{31}ʃiæŋ^{42} 土地含水分少

回南天 uæ^{232}næ̃^{232}tʰĩ^{35} 吹南风空气潮湿的天气

二　地理

平地 pẽ^{232}ti^{31} 平原

大凹田 tæ^{31}uə^{35}tĩ^{232} 沼泽田

大坑田 tæ^{31}haŋ^{35}tĩ^{232} 地势比周边低的水田

河滩田 ø^{232}tʰæ̃^{35}tĩ^{232}

湴田 pæ̃^{31}tĩ^{232} 常年水不干，烂泥很深的田

湴井田 pæ̃^{31}tẽ^{42}tĩ^{232} 烂泥很深有泉眼的田

沙泥田 ʃa^{35}nuæ^{232}tĩ^{232}

黄泥田 oŋ^{232}nuæ^{232}tĩ^{232}

沙子田 ʃa^{35}ti^{42}tĩ^{232}

旱田 ø̃^{33}tĩ^{232}

　望天田 miæŋ^{31}tĩ^{35}tĩ^{232}

雨水田 y^{33}ʃui^{42}tĩ^{232} 常年湿的田

水浸田 ʃui^{42}tuã^{51}tĩ^{232} 常年有水泡浸的田

田□ tĩ^{232}koŋ^{33} 较短小的，只有半截状的水田

田垱 tĩ^{11}liæŋ^{35} 田埂上的出入水口，"垱"当地俗写字

　水垱 ʃui^{33}liæŋ^{35}

田垱泡 tĩ^{11}liæŋ^{35}po^{33} 田埂上入水口水窝的水泡

工仿⁼□ koŋ^{35}foŋ^{42}fuŋ^{51} 高的田埂

*畲 ʃie^{35}

畲地 ʃie^{35}ti^{31} 菜地

　菜地 tʰø^{51}ti^{31}

大畲 tæ^{31}ʃie^{35} 大菜园

畲吾 ʃie^{35}ŋ^{232} 小菜园

荒地 foŋ^{35}ti^{31}

草地坪 tʰo^{42}ti^{31}pẽ^{232}

沙子地 ʃa^{33}ti^{42}ti^{31} 沙土地

坡地 pø^{35}ti^{31}

沙洲地 ʃa^{35}tʃɔ^{35}ti^{31} 滩地

黄泥地 oŋ^{232}nuæ^{232}ti^{31}

黄泥骨地 oŋ^{232}nuæ^{232}kuə^{44}ti^{31}

泡根地 pʰɔ^{51}kuã^{35}ti^{31} 很松的黏土地

挂榜地 ka^{51}piæŋ^{42}ti^{31} 瘦地

淤水地 y^{232}ʃui^{42}ti^{31} 积水地

余空地 y^{232}hoŋ^{51}ti^{31} 空地

秧地 iæŋ^{35}ti^{31} 用于育稻秧的地

山窝地 ʃæ̃^{35}uə^{35}ti^{31} 山间的低洼地

山脚地 ʃæ̃^{35}kiʌ^{44}ti^{31}

山儿 ʃæ̃^{35}ȵi^{232} 小山

　山吾 ʃæ̃^{35}ŋ^{232}

岭 lẽ^{33} ①岸上；②山岗

岭儿 lẽ^{33}ȵi^{232} 小岭

岗 kiæŋ^{35} 山岭，当地自然地理实体通名

半山腰 puŋ^{51}ʃæ̃^{33}iu^{35}

山底ʃæ̃^{355}luæ^{42}山脚

山坳ʃæ̃^{35}iɔ^{51}山间的平地

冲罅tʃ^{h}oŋ^{35}la^{42}窄山谷

冲槽tʃ^{h}oŋ^{35}θo^{232}谷底

山冲水ʃæ̃^{35}tʃ^{h}oŋ^{35}ʃui^{42}

山坡ʃæ̃^{35}pø^{35}

山头ʃæ̃^{35}tɔ^{232}山的顶部

山顶ʃæ̃^{35}nẽ^{42}

山壁ʃæ̃^{35}pe^{44}山崖

山托ʃæ̃^{35}t^{h}iʌ^{51}半山平缓地

*枹pɔ^{31}

*木枹mo^{11}pɔ^{31}

*墇tʃaŋ^{35}

*□mo^{42}

抛头p^{h}ɔ^{35}tɔ^{232}突起的山包

江肚kiæŋ^{35}tu^{33}河里

水沟吾ʃui^{42}kɔ^{35}ŋ^{232}

沟圳kɔ^{35}tʃuã^{51}

阶沟圳kæ^{35}kɔ^{35}tʃuã^{51}阴沟或阳沟

阶沟巷水kæ^{35}kɔ^{35}iŋæ^{31}ʃui^{42}阴沟或阳沟流出的水

潭tæ̃^{232}天然的深水池

塘肚tiæŋ^{232}tu^{33}塘里

干塘kõ^{35}tiæŋ^{232}旱季无水的塘

鱼毛塘ȵy^{232}mo^{232}tiæŋ^{232}养鱼苗的水塘

莲藕塘lĩ^{11}ŋɔ^{33}tiæŋ^{232}种莲藕的水塘

坑儿haŋ^{35}ȵi^{232}小坑

大坑tæ^{31}haŋ^{35}

牛楝$^{=}$坑ŋɔ^{11}lĩ^{51}haŋ^{35}水牛打滚的水坑

粪坑puã^{51}haŋ^{35}

湴井pæ̃^{31}tẽ^{42}深沼泽

□koŋ^{42}长条形的天然死水塘

海hø^{42}

坝基pa^{35}ki^{35}堤

大基tæ^{31}ki^{35}堤坝

陂儿pi^{35}ȵi^{232}小水坝

*港koŋ^{42}

水库ʃui^{42}ku^{51}

沙洲ʃa^{35}tʃɔ^{35}水中陆地

沙滩ʃa^{35}t^{h}æ̃^{35}河滩

滩头t^{h}æ̃^{35}tɔ^{232}

河滩ø^{232}t^{h}æ̃^{35}

净水θẽ^{31}ʃui^{42}清水

浊水tʃuə^{31}ʃui^{42}又指洗过米、菜的水

涴□水uə^{51}tui^{35}ʃui^{42}

发涝fa^{51}lo^{31}发洪水

发大涝fa^{51}tæ^{31}lo^{31}

发大水fa^{51}tæ^{31}ʃui^{42}

涝头lo^{31}tɔ^{232}涨达最高水位的洪水，洪峰

水势ʃui^{42}ʃuæ^{51}

大涝泡tæ^{31}lo^{31}po^{33}洪水上漂浮的泡沫

汶muã^{51}泉水

汶口muã^{51}hɔ^{42}泉眼

汶井muã^{51}tẽ^{42}泉水井

暖暖水nuŋ^{33}nuŋ^{33}ʃui^{42}温水

大热水tæ^{31}ȵie^{11}ʃui^{42}将沸的水

石条ʃe^{31}tiu^{232}条石

石头吾ʃe^{31}tɔ^{232}ŋ^{232}小石块

石头碎ʃe^{31}tɔ^{232}θui^{51}碎石

石板ʃe^{31}pæ̃^{42}板状的石块

*牛石ŋɔ^{232}ʃe^{31}

马卵石ma^{33}luŋ^{33}ʃe^{31}

沙滩ʃa^{35}t^{h}æ̃^{35}

泥团nuæ^{232}tuŋ^{232}土坯

砖□tʃĩ^{35}koŋ^{33}半截的砖

线砖θĩ^{51}tʃĩ^{35}砖坯

砖碎tʃĩ^{35}θui^{51}碎砖

火砖fuə^{42}tʃĩ^{35}经高温烧制的砖

青砖tʰẽ^{53}tʃĩ^{35}在窑中经高温烧制并灌水淬火制成的青色的砖

红砖oŋ^{232}tʃĩ^{35}在窑中经高温烧制成的红色的砖

硬头红ŋaŋ^{31}tɔ^{232}oŋ^{232}露天堆放烧成红色变硬的砖坯，硬度稍差

大砖tæ^{31}tʃĩ^{35}用湿泥做成的晒干的泥砖坯，尺寸比青砖小

瓦片ŋa^{33}pʰĩ^{51}

板瓦pæ̃^{42}ŋa^{33}用板状模做成的瓦

桶瓦tʰoŋ^{42}ŋa^{33}用桶状模做成的瓦

瓦碎ŋa^{33}θui^{51}碎瓦

瓦渣（子）ŋa^{11}tʃa^{35}（ti^{42}）

湴泥□pæ̃^{31}nuæ^{232}ho^{33}烂泥巴

泥堆nuæ^{232}lui^{35}土堆

泥□nuæ^{232}po^{31}泥团

软泥ȵĩ^{33}nuæ^{232}

硬泥ŋaŋ^{31}nuæ^{232}

黄泥oŋ^{232}nuæ^{232}

沙泥ʃa^{35}nuæ^{232}含沙很多的土

白粳泥piʌ^{31}kaŋ^{35}nuæ^{232}高岭土

泡羹泥pʰɔ^{51}kaŋ^{35}nuæ^{232}又黏又软的泥

赚土tʃæ̃^{31}tʰu^{42}垫土。避“垫”字讳

吊水liu^{51}ʃui^{42}用吊桶打水

扯水tʃʰie^{42}ʃui^{42}

吊桶liu^{51}tʰoŋ^{42}

吊水桶liu^{51}ʃui^{42}tʰoŋ^{42}

井连tẽ^{42}lĩ^{232}井沿

金tʃuã^{35}

银ŋuã^{232}

铜toŋ^{232}

铁tʰie^{44}

锡θe^{44}

锡沙θe^{44}ʃa^{35}锡矿沙

煤球mui^{232}tʃɔ^{232}蜂窝煤

煤饼mui^{232}pẽ^{42}

汽油hi^{51}iɔ^{232}

石灰ʃe^{31}fui^{35}

玉ȵio^{31}

玉石ȵio^{31}ʃe^{31}

硫黄lɔ^{232}oŋ^{232}

矿窿kʰaŋ^{51}loŋ^{35}采矿的坑道

*十窿九空ʃuə^{31}loŋ^{35}tʃɔ^{42}hoŋ^{35}

*垌toŋ^{31}

地皮ti^{31}pi^{232}①地块；②地方

城市ʃẽ^{232}ʃi^{33}

城墙ʃẽ^{11}θiæŋ^{232}

围墙uæ^{11}θiæŋ^{232}

围墙基uæ^{11}θiæŋ^{232}ki^{35}围墙脚

壕沟o^{232}kɔ^{35}

城肚ʃẽ^{232}tu^{33}城内

外城mui^{31}ʃẽ^{232}城外

城门ʃẽ^{232}muŋ^{232}

大巷tæ^{31}iæŋ^{31}

巷吾iæŋ^{31}ŋ^{232}小巷

巷脑iæŋ^{31}no^{33}巷子的尽头

屈头巷kuə^{31}tɔ^{232}iæŋ^{31}只有半截没有出路的死胡同

村落tʰuŋ^{35}liʌ^{31}

山寨ʃæ̃^{35}tʃæ^{31}偏僻的山村

地厂ti^{31}tʃ^{h}iæŋ^{42}干旱的村庄

老家lo^{33}ka^{35}家乡

大圩tæ^{31}hy^{35}大集市

徛眼营ki^{33}ŋæ̃^{33}ẽ^{232}传说中当地最早居民的居住地，具体地点不详

大路tæ^{31}lu^{31}

细路nuæ^{51}lu^{31}小路

小路θiu^{42}lu^{31}

行路aŋ^{232}lu^{31}走路

埠头pu^{31}tɔ^{232}码头

三 时令 时间

春头tʃ^{h}uã^{35}tɔ^{232}春天

春头天tʃ^{h}uã^{35}tɔ^{232}t^{h}ĩ^{35}

夏天ia^{33}t^{h}ĩ^{35}

热天ȵie^{31}t^{h}ĩ^{35}天气热的日子

秋天t^{h}ɔ^{35}t^{h}ĩ^{35}

冷天laŋ^{33}t^{h}ĩ^{35}冬天

冬间天loŋ^{35}kæ̃^{33}t^{h}ĩ^{35}

打春la^{42}tʃ^{h}uã^{35}立春

立春luə^{31}tʃ^{h}uã^{35}

雨水y^{33}ʃui^{42}

惊蛰kẽ^{35}ʃe^{31}

春分tʃ^{h}uã^{35}fuã^{35}

谷雨ko^{44}y^{33}

立夏luə^{31}ia^{33}

小满θiu^{42}muŋ^{33}

芒种miæŋ^{232}tʃoŋ^{51}

夏至ia^{31}tʃi^{51}

小暑θiu^{42}ʃy^{51}

细暑nuæ^{51}ʃy^{51}

大暑tæ^{31}ʃy^{51}

立秋luə^{31}t^{h}ɔ^{35}当地习俗，这一天到河里游泳，不会游泳的就在家洗冷水澡，认为这样可以去除身上的痱子与污气。

白露piʌ^{31}lu^{31}

秋分t^{h}ɔ^{35}fuã^{35}

寒露ø̃^{232}lu^{31}

霜降ʃiæŋ^{35}kiæŋ^{51}

立冬luə^{31}loŋ^{35}

细雪nuə^{51}θuə^{44}小雪

小雪θiu^{42}θuə^{44}

大雪tæ^{31}θuə^{44}

小寒θiu^{42}ø̃^{232}

大寒tæ^{31}ø̃^{232}

时节ʃi^{232}tie^{44}节日

*惯节kæ̃^{33}tie^{44}

*惯时节kæ̃^{51}ʃi^{11}tie^{44}

新年大头θuã^{35}nĩ^{232}tæ^{31}tɔ^{232}新年开始

行年aŋ^{232}nĩ^{232}拜年

*炮期p^{h}iʌ^{51}ki^{232}

*二月初二ȵi^{31}ȵĩ^{31}tʃ^{h}ø^{35}ȵi^{31}

*插田了tʃ^{h}a^{51}tĩ^{232}liu^{33}

六月初二lo^{31}ȵĩ^{31}tʃ^{h}uə^{35}ȵi^{31}尝新节

尝新节ʃiæŋ^{232}θuã^{35}tie^{44}品尝新稻的节日，六月初二

七月七t^{h}uə^{44}ȵĩ^{31}t^{h}uə^{44}农历七月初七

*八月初二pa^{51}ȵĩ^{31}tʃ^{h}uə^{35}ȵi^{31}

九月九tʃɔ^{42}ȵĩ^{31}tʃɔ^{42}农历九月初九

*插糍粑吾tʃ^{h}a^{51}θi^{11}pa^{35}ŋ^{232}

*烧鸡庐屋儿ʃiu^{35}kuæ^{35}lu^{232}o^{44}ȵi^{232}

*牛王节ŋɔ^{232}oŋ^{232}tie^{44}

*十月双ʃuə^{31}ȵĩ^{311}ʃiæŋ^{35}

福门fo^{44}muŋ^{232}门口贴福字

有福 iɔ^{33}fo^{44} 贴福字

有余有剩 iɔ^{33}y^{232}iɔ^{33}ʃẽ^{31} 多做的饭菜，年夜饭无法吃完

守三日夜 ʃɔ^{33}θæ̃^{35}ȵyə^{31}ie^{31} 年三十晚守岁

下年 ia^{33}nĩ^{232}

大前年 tæ^{31}θĩ^{232}nĩ^{232}

前几年 θĩ^{232}ki^{42}nĩ^{232}

大后年 tæ^{31}ɔ^{33}nĩ^{232}

年年 nĩ^{232}nĩ^{232} 每年

年中 nĩ^{232}tʃoŋ^{35}

上半年 ʃiæŋ^{31}puŋ^{51}nĩ^{232}

下半年 ia^{33}puŋ^{51}nĩ^{232}

成年 ʃẽ^{232}nĩ^{232} 整年

成年春 ʃẽ^{232}nĩ^{232}tʃ^{h}uã^{35}

一年 yə^{44}nĩ^{232}

年把两年 nĩ^{232}pa^{42}liæŋ^{33}nĩ^{232}

十来年 ʃuə^{31}lø^{232}nĩ^{232}

好多年 ho^{42}lø^{35}nĩ^{232}

正月朝 tʃẽ^{51}ȵĩ^{31}tʃiu^{35}

正月天 tʃẽ^{35}ȵĩ^{31}t^{h}ĩ^{35}

闰月 uã^{31}ȵĩ^{31}

月初 ȵĩ^{31}tʃ^{h}ø^{35}

月半 ȵĩ^{31}puŋ^{51}

月底 ȵĩ^{31}luæ^{42}

月尾 ȵĩ^{31}mi^{42}

一粒月 yə^{44}naŋ^{35}ȵĩ^{31} 一个月

一嗗月 yə^{44}kɔ^{31}ȵĩ^{31}

前粒月 θĩ^{232}naŋ^{35}ȵĩ^{31} 前个月

上粒月 ʃiæŋ^{31}naŋ^{35}ȵĩ^{31}

箇粒月 kə^{33}naŋ^{35}ȵĩ^{31} 这个月

下粒月 ia^{33}naŋ^{35}ȵĩ^{31} 下个月

粒粒月 naŋ^{35}naŋ^{35}ȵĩ^{31} 每月

初几 tʃ^{h}ø^{35}ki^{42} 上旬

十几 ʃuə^{31}ki^{42} 中旬

二十几 ȵi^{31}ʃuə^{31}ki^{42} 下旬

月大 ȵĩ^{31}tæ^{31} 农历有三十天的月份

月细 ȵĩ^{31}nuæ^{51} 农历有二十九天的月份

初几 tʃ^{h}ø^{35}ki^{42}

前半粒月 θĩ^{232}puŋ^{51}naŋ^{35}ȵĩ^{31} 上半月

上半粒月 ʃiæŋ^{31}puŋ^{51}naŋ^{35}ȵĩ^{31}

后半粒月 ɔ^{33}puŋ^{51}naŋ^{35}ȵĩ^{31} 下半月

下半粒月 ia^{33}puŋ^{51}naŋ^{35}ȵĩ^{31}

二月朝 ȵi^{31}ȵĩ^{31}tʃiu^{35} 二月份

第二日 tuæ^{31}ȵi^{31}ȵyə^{44} 某日的下一天

前几日 θĩ^{232}ki^{42}ȵyə^{44} 前几天

一粒礼拜 yə^{44}naŋ^{35}luæ^{33}pæ^{51} 一星期

一粒星期 yə^{44}naŋ^{35}θẽ^{35}ki^{232}

十几日 ʃuə^{31}ki^{33}ȵyə^{44} 比十天多

十多日 ʃuə^{31}lø^{35}ȵyə^{44}

十零日 ʃuə^{31}lẽ^{23}ȵyə^{44}

半晏 puŋ^{51}æ̃^{51} 半天

大半日 tæ^{31}puŋ^{51}ȵyə^{44} 大半天

半日吾 puŋ^{51}ȵyə^{44}ŋ^{232} 小半日

绝早 θuə^{44}to^{42} 天快亮的时候

差冇多晏 tʃ^{h}a^{35}mɔ^{33}lø^{35}æ̃^{51} 午前

晏过 æ̃^{51}kuə^{51} 午后

夜晚 ie^{31}mæ̃^{33} 日落以后星出以前

热头落岭 ȵie^{31}tɔ^{232}liʌ^{31}lẽ^{33} 太阳下山的时候

刹□ ʃa^{33}hiæŋ^{51} 天将黑的时候

三更半夜 θæ̃^{35}kaŋ^{35}puŋ^{51}ie^{31}

上半夜 ʃiæŋ^{31}puŋ^{51}ie^{31}

鸡开口 kuæ^{35}hø^{35}hɔ^{42} 半夜子时

下半夜 ia^{33}puŋ^{51}ie^{31}

成夜 ʃẽ^{232}ie^{31} 整夜

夜夜 ie^{35}ie^{51} 每天晚上

阵今 ʃuã^{31}tʃuã^{35} 时候

时步 ʃi^{232}pu^{31}

　时候 ʃi^{232}ɔ^{31}

过日 kuə^{51}ȵyə^{44} 以后

箇朝 kə^{33}tʃiu^{35} 今朝

箇晏 kə^{33}æ^{51} 今天中午

大好年成 tæ^{31}ho^{42}nĩ^{232}ʃẽ^{232}

几粒月 ki^{33}naŋ^{35}ȵĩ^{31} 几个月

十粒零月 ʃuə^{31}naŋ^{35}lẽ^{232}ȵĩ^{31} 十个多月

一日 yə^{44}ȵyə^{44} 一天

日把两日 ȵyə^{44}pa^{42}liæŋ^{33}ȵyə^{44} 一两天

阵儿 ʃuã^{31}ȵi^{35} 一下子

阵儿儿 ʃuã^{31}ȵi^{35}ȵi^{35} 比一阵子时间还短

□把 ʃa^{31}pa^{42} 等一下。我有空，～我上街啰

年 nĩ^{232} 指某一年

月份 ȵĩ^{31}puã^{31} 指某一月

日子 ȵyə^{31}ti^{42} ①生计：～好过；②日期：看～

圩日 hy^{35}ȵyə^{44} 有集市的日子

　大日 tæ^{31}ȵyə^{44}

　遇圩 y^{31}hy^{35}

老先 lo^{33}θĩ^{35} 先前、从前

　老时 lo^{33}ʃi^{232}

　老日 lo^{33}ȵyə^{44}

　头一 tɔ^{232}yə^{44}

　老一 lo^{33}yə^{44}

箇下 kə^{33}ha^{42} 这次

上回 ʃiæŋ^{31}uæ^{232} 平时

是细 ʃi^{33}nuæ^{51} 小时候

跟箇里以后 kuã^{35}kə^{33}ly^{42}i^{35}ɔ^{33} 从今以后

跟箇里起 kuã^{35}kə^{33}ly^{42}hi^{42} 从此以后，不拘过去将来

　跟箇下起 kuã^{35}kə^{33}ha^{42}hi^{42}

老钟 lo^{33}ʧoŋ^{35} 旧式计时，比北京时间迟40分钟左右

甲 ka^{51}

乙 yə^{44}

丙 pẽ^{42}（～ pẽ^{35}）

丁 lẽ^{35}

戊 mu^{31}

己 ki^{42}

庚 kaŋ^{35}

辛 θuã^{35}

壬 ȵyã（～ yã^{51}）

癸 kuæ^{51}

子 ti^{42}

好 ho^{42} 讳讲"丑 tʃʰɔ^{42}"

丑 tʃʰɔ^{42}

寅 yã^{232}

卯 miʌ^{33}

辰 ʃuã^{232}

巳 θi^{33}

午 ŋ^{33}

未 mi^{31}

申 ʃuã^{35}

酉 iɔ^{33}

戌 θuə^{44}

亥 ø^{33}

属相 ʃo^{31}θiæŋ^{51}

子鼠 ti^{42}ʃy^{42}

丑牛 tʃʰɔ^{42}ŋɔ^{232}

寅虎 yã^{232}fu^{42}

卯兔 miʌ^{33}tʰu^{51}

辰龙 ʃuã^{232}loŋ^{232}

巳蛇 $\theta i^{33}\int ie^{232}$

午马 $\eta^{33}ma^{33}$

未羊 $mi^{31}i\ae\eta^{232}$

申猴 $\int u\tilde{a}^{35}\text{ɔ}^{232}$

酉鸡 $i\text{ɔ}^{33}ku\ae^{35}$

戌狗 $\theta u\text{ə}^{44}k\text{ɔ}^{42}$

亥猪 $\text{ø}^{33}t\int y^{35}$

四　农业

贫⁼春 $pu\tilde{a}^{232}t\int^{h}u\tilde{a}^{35}$ 做春天农事

　做春 $tu^{51}t\int^{h}u\tilde{a}^{35}$

早造 $to^{42}\theta o^{31}$ 春种夏收

　头造 $t\text{ɔ}^{232}\theta o^{31}$

中造 $t\int o\eta^{35}\theta o^{31}$ 夏初种秋初收

晚造 $m\tilde{\ae}^{33}\theta o^{31}$ 夏种秋收

　二造 $\text{ȵ}i^{31}\theta o^{31}$

整地 $t\int\tilde{e}^{42}ti^{31}$

点种 $l\tilde{i}^{42}t\int o\eta^{42}$ 下种

浸谷 $tu\tilde{a}^{51}ko^{44}$

撒谷 $\theta a^{51}ko^{44}$

　撒秧 $\theta a^{51}i\ae\eta^{35}$

扯秧 $t\int^{h}ie^{42}i\ae\eta^{35}$ 拔秧

刮草 $ka^{31}t^{h}o^{42}$ 薅草

薅田 $ho^{35}t\tilde{i}^{232}$ 耘田

谷枝 $ko^{44}t\int i^{35}$ 稻穗

　禾枝 $u\text{ə}^{232}t\int i^{35}$

　禾柳 $u\text{ə}^{232}l\text{ɔ}^{33}$

击谷 $ke^{44}ko^{44}$ 打谷

割（面）麦 $k\text{ø}^{51}$（$m\tilde{i}^{31}$）$mi\text{ʌ}^{31}$

地堂 $ti^{31}ti\ae\eta^{232}$ 晒场

　晒谷地 $\int\ae^{51}ko^{44}ti^{31}$

　晒坪 $\int\ae^{51}p\tilde{e}^{232}$

　岭坪 $l\tilde{e}^{33}p\tilde{e}^{232}$

灰沙地 $fui^{35}\int a^{35}ti^{31}$ 用石灰、沙、黄泥做成的场地

锄地 $\int\text{ø}^{232}ti^{31}$

松泥 $\theta o\eta^{35}nu\ae^{232}$ 松土

下屎 $ia^{33}\int i^{42}$ 施肥

撒粪 $\theta a^{51}pu\tilde{a}^{51}$

　下肥 $ia^{33}pi^{232}$

淋粪 $lu\tilde{a}^{232}pu\tilde{a}^{51}$ 浇粪

出粪 $t\int^{h}u\text{ə}^{44}pu\tilde{a}^{51}$ 把粪便从粪坑中挑出去

屎坑 $\int i^{42}ha\eta^{35}$ 粪坑

睇粪 $t^{h}u\ae^{42}pu\tilde{a}^{51}$ 积肥

　打粪 $la^{42}pu\tilde{a}^{51}$ 拾粪

　执粪 $t\int u\text{ə}^{44}pu\tilde{a}^{51}$

　捡粪 $k\tilde{i}^{42}pu\tilde{a}^{51}$

打猪屎 $la^{42}t\int y^{35}\int i^{42}$ 捡猪粪

打牛屎 $la^{42}\eta\text{ɔ}^{232}\int i^{42}$ 捡牛粪

打狗屎 $la^{42}k\text{ɔ}^{42}\int i^{42}$ 捡狗粪

打大屎 $la^{42}t\ae^{31}\int i^{42}$ 掏大粪

□大屎 $k\text{ɔ}^{232}t\ae^{31}\int i^{42}$

沤粪 $\text{ɔ}^{51}pu\tilde{a}^{51}$ ①粪便在粪坑中发酵；②喻只会吃不会做。

　沤大粪 $\text{ɔ}^{51}t\ae^{31}pu\tilde{a}^{51}$

粪 $pu\tilde{a}^{51}$ 粪肥

灰粪 $fui^{35}pu\tilde{a}^{51}$ 农家肥：冇得～冇做田

大粪 $t\ae^{31}pu\tilde{a}^{51}$ 做肥料用的人粪便

猪屎粪 $t\int y^{35}\int i^{42}pu\tilde{a}^{51}$ 做肥料用的猪屎

牛屎粪 $\eta\text{ɔ}^{232}\int i^{42}pu\tilde{a}^{51}$ 做肥料用的牛屎

鸡屎粪 $ku\ae^{35}\int i^{42}pu\tilde{a}^{51}$ 做肥料用的鸡屎

马糖鸡屎 $ma^{33}ti\ae\eta^{232}ku\ae^{35}\int i^{42}$ 糊状的鸡屎

沤草肥 $\text{ɔ}^{51}t^{h}o^{42}pi^{232}$ 铲山上草皮用腐草泥封严烧成的灰

化肥 fa^{51}pi^{232}

大麦子肥 tæ^{31}miʌ^{31}ti^{42}pi^{232} 复合肥

尿素 niu^{31}θu^{51}

氮肥 tæ̃^{33}pi^{232}

钾肥 ka^{51}pi^{232}

磷肥 luã^{232}pi^{232}

淋水 luã^{232}sui^{33} 浇水

　泼水 pʰuə^{44}ʃui^{42}

□水 tʰiæŋ^{51}ʃui^{42} 使水入地，灌水

回水 uæ^{232}ʃui^{42} 再灌水

放水 poŋ^{51}ʃui^{42} 使水出地

担水 læ̃^{35}ʃui^{42} 从井里或河里取水

吊水 liu^{51}lui^{42}

□水 tʰuã^{42}ʃui^{42} 舀水

井 tẽ^{42}

□剩 la^{44}ʃẽ^{31} 捡拾收获后剩下的东西

桶 tʰoŋ^{42}

井绳 tẽ^{42}ʃaŋ^{232}

水车 ʃui^{42}tʃʰie^{35}

戽斗 fu^{51}lɔ^{42} 半边桶状的汲水工具

牛轭 ŋɔ^{232}ŋiʌ^{51}

笼头 loŋ^{232}tɔ^{232} 套在牛马嘴上防止牛马吃庄稼的笼状套子

牛蔂 ŋɔ^{232}lui^{35} 套在牛嘴上防止牛吃庄稼的笼状套子。《集韵》戈韵伦追切：“虆，盛土笼。或作蔂。”《盐铁论·诏圣》：“劓鼻盈蔂，断足盈车。”

　牛口蔂 ŋɔ^{232}hɔ^{42}lui^{35}

马笼头 ma^{33}loŋ^{11}tɔ^{232} 套在马嘴上防止马吃庄稼的笼状套子

牛鼻桊 ŋɔ^{232}pi^{31}kĩ^{51} 穿在牛鼻子上的小铁环、木棍或绳子

襻档 pæ̃^{33}liæŋ^{42} 牛襻

牛绳 ŋɔ^{232}ʃaŋ^{232} 牵牛的绳子

犁母 luæ^{232}mu^{33} 犁身

犁尾 luæ^{232}mĩ^{33} 犁把

犁柄 luæ^{232}pẽ^{51} ①犁把；②洗衣服用的杵

犁头 luæ^{232}tɔ^{232} 犁铧

犁弓 luæ^{232}koŋ^{35} 套犁铧的弯木

犁箍 luæ^{232}ku^{35} 固定犁牵引部位的圆铁圈

犁钉 luæ^{232}lẽ^{35} 把铁圈固定在犁上的钉子

犁杠 luæ^{232}kaŋ^{51} 犁前部连接牵引绳的小横木

犁索 luæ^{232}θiʌ^{51} 犁前部的牵引绳

犁勾 luæ^{232}kɔ^{35} 犁前部的小铁勾

耙 pa^{232} 一种带齿的畜力农具

木夯 $^{=}$mo^{31}tuə^{31} 一种平整水田的农具

谷围 ko^{44}uæ^{232} 比大篓大的篾编装谷容器

双围 ʃiæŋ^{35}uæ^{232} 相当于两个谷围容量的装谷容器

谷仓 ko^{44}tʰiæŋ^{35}

风柜 foŋ^{35}kuæ^{31} 使秕谷与饱满的稻谷分开的农具

石□ ʃe^{31}ŋø^{42} 圆柱形，用来轧谷物、平场地的农具

谷磨 ko^{44}mø^{31} 砻，脱去稻谷外皮的农具

谷喉 ko^{44}ɔ^{232} 砻上方进稻谷的洞

磨谷 mø^{31}ko^{44}

石磨 ʃe^{31}mø^{31}

磨盘 mø^{31}puŋ^{232}

磨手 mø^{31}ʃɔ^{42} 推磨的把手

磨钩 mø^{31}kɔ^{42} 推磨的钩状木

钩架 kɔ^{35}ka^{51} 吊推磨钩状木的架子

钩架索 kɔ^{35}ka^{51}θiʌ^{51} 吊推磨钩状木的绳子

磨心 mø^{31}θuã^{35} 磨扇中心的铁轴

磨喉 mø^{31}ɔ^{232} 磨上方进物的洞

磨齿 mø^{31}tʃʰi^{42} 磨中齿状的突出部分

水碾 ʃui^{42}n̠ĩ^{33} 以水为动力的碾子

水磨 ʃui^{42}mø^{31} 以水为动力的磨

碾谷 n̠ĩ^{33}ko^{44}

□米 ŋø^{42}muæ^{33} 碾米

　碾米 n̠ĩ^{33}muæ^{33}

米筛 muæ^{33}ʃæ^{35} 筛米用的箕子，网眼小

筛儿 ʃæ^{35}n̠i^{232} 洗菜装菜的小篮

疏筛 ʃø^{35}ʃæ^{35} 网眼大的箕子

密筛 muə^{31}ʃæ^{35} 网眼小的箕子

筛箕布 ʃæ^{35}ki^{35}pu^{51} 筛粉末状细物用的器具

连槌 lĩ^{232}ʃui^{232} 连枷，由长短两根木棒组成

碓口木 lui^{51}hɔ^{42}mo^{31} 冲击碓臼的杵状木

碓□ lui^{51}fuŋ^{42} 碓臼

碓口 lui^{51}hɔ^{42} 碓杵上的帽状铁

碓柱 lui^{51}ʃy^{33} 架碓木柱

碓梳木 lui^{51}ʃø^{35}mo^{31} 将碓架在碓柱上的横木

碓母 lui^{51}mu^{33} 碓的主体部分

碓尾 lui^{51}mĩ^{42} 碓主体后面扇状部分

碓尾坑 lui^{51}mĩ^{42}haŋ^{35} 碓后部的坑

踏碓 ta^{31}lui^{51}

水碓 ʃui^{42}lui^{51} 以水为动力的碓

大□ tæ^{31}n̠ia^{51} 齿长的钉耙

木勺钯 mo^{31}ʃeu^{31}pa^{232} 齿短而多的钉耙

谷□ ko^{44}kɔ^{232} 晒谷场上用的一种耙谷用具

钉锤 lẽ^{35}ʃui^{232} 镐，一头尖，一头扁小那种

大镑 tæ^{31}pʰiæŋ^{35} 一种宽口的锄头

刮子 ka^{51}ti^{42} 小锄头

大锄 tæ^{31}ʃø^{232} 大锄头

铡刀 tʃa^{31}lo^{35}

禾镰 uə^{232}lĩ^{232} 收割稻谷用的刀

勾刀 kɔ^{35}lo^{35} 呈弯钩状打柴草用的刀

柴刀 ʃæ^{232}lo^{35} 刀身直的剁柴劈柴用的刀

木锹 mo^{31}tʰiu^{35}

锹 tʰiu^{35} 一种铲秧用的农具，口是平的

大铲 tæ^{31}tʃʰæ^{42} 大铁锹

大米箕 tæ^{31}muæ^{33}ki^{35}

米箕儿 muæ^{33}ki^{35}n̠i^{232} 小簸箕

潲箕 ʃiʌ^{51}ki^{35} 装猪食的箕子

□□ n̠yə^{33}θyə^{42} 地上细小的线条状杂物

篓 lɔ^{33} 筐

大篓 tæ^{31}lɔ^{33} 可装四五百斤稻谷的篾编容器

大箩 tæ^{31}lø^{35} 用粗篾编成的容量大的筐

　牛箩 ŋɔ^{232}lø^{35}

细箩 nuæ^{51}lø^{35} 用细篾编成的容量小的盛米箩

米箩 muæ^{33}lø^{35}

茶箩 ʃa^{232}lø^{232} 一种较精致的装礼品用的篾编容器

实箩 ʃuə^{11}lø^{232} 婚礼用的大礼盒，一般要两人抬

古□ ku^{42}luã^{35} 篾编的有盖子有提把的盛物用器

捧盒 pʰoŋ^{42}uə^{31} 有盖的扁圆形无把竹编容器

藤夹 taŋ^{232}ka^{31} 一种手提方形无盖的藤编容器

篮 læ̃^{35}

菜篮 tʰø^{51}læ̃^{35}

菜篮儿 tʰø^{51}læ̃^{35}n̠i^{232} 小菜篮

篮儿 læ̃^{35}n̠i^{232} 小篮子

大篮 tæ^{31}læ̃^{35} 大篮子

抽 tʃʰɔ^{35} 篾编的圆柱形容器

藤篮 taŋ^{232}læ̃^{35} 藤编篮子

禾担挑 uə^{232}læ̃^{51}t^{h}iu^{35} 用于挑稻草的长扁担

禾担杆 uə^{232}læ̃^{51}kø̃^{42}

担担 læ̃^{35}læ̃^{51} 挑担子

扫刷 θo^{51}ʃø^{44} 用竹枝扎成的扫地用的器具

木桶 mo^{31}t^{h}oŋ^{42} 有时专指打谷的木桶

谷桶 ko^{44}t^{h}oŋ^{42} 打谷桶

枹衣 pɔ^{31}i^{35} 谷桶上用篾编的防止谷子外溅的竹围

稿荐 ko^{42}tĩ^{51} 用稻草编成的席子或垫子

稿垫 ko^{42}tĩ^{31}

牛草荐 ŋɔ^{11}t^{h}o^{42}tĩ^{51} 稻草席子

茅结 miʌ^{232}kie^{44} 用篾、茅草编成的块状物，用于盖物或盖茅草房

五　植物

生理 ʃaŋ^{35}li^{33} 农作物

粮食 liæŋ^{232}ʃe^{31}

五谷 ŋ^{33}ko^{33}

炒麦 tʃ^{h}iʌ^{42}miʌ^{31} 䅟子。一年生草本植物，果穗呈鸡爪状，籽实紫色，细小

䅟麦 tʃ^{h}æ̃^{42}miʌ^{31}

䅟粟 tʃ^{h}æ̃^{42}θo^{44}

炒麦蔗 tʃ^{h}iʌ^{42}miʌ^{31}tʃie^{51} 䅟子的秆，有甜味

三角麦 θæ̃^{35}kiʌ^{51}miʌ^{31} 荞麦

麦根 miʌ^{31}kuã^{35} 麦茬儿

苞粟蔗 piʌ^{35}θo^{44}tʃie^{51} 玉米秆

薏米 i^{51}muæ^{33}

大麦蔗 tæ^{31}miʌ^{31}tʃie^{51} 高粱秆

岭禾 lẽ^{33}uə^{232} 旱稻，产量低且早熟，因成熟早，旧时常用于度春荒

大禾 tæ^{31}uə^{232} 在山沟冷水田栽种的一种单季稻品种

禾稿 uə^{232}ko^{42} 稻草

禾□ uə^{11}ȵyã^{51}

□ ȵyã^{51} 干草，稻草

牛草 ŋɔ^{11}t^{h}o^{42} 喂牛用的稻草

禾稿蔸 uə^{232}ko^{42}lɔ^{35} 收割稻谷后的稻草根

禾稿头 uə^{232}ko^{42}tɔ^{232}

踏禾稿蔸 ta^{31}uə^{232}ko^{42}lɔ^{35} 夏收后用人或牛力将稻茬踏到泥中沤做肥料

禾稿还田 uə^{232}ko^{42}uæ̃^{232}tĩ^{232} 将稻草撒回田中做肥料

禾稿堆 uə^{232}ko^{42}lui^{35} 堆放在村边的稻草堆

狗头堆 kɔ^{33}tɔ^{232}lui^{35} 叠成锥形的稻草堆

秆 kø̃^{42} 当地一种叫“大禾”的单季稻的稻草芯，较柔韧，旧时常用来编草鞋

□禾稿 lie^{35}uə^{232}ko^{42} 扎稻草

刹青 ʃa^{33}t^{h}ẽ^{35} 稻谷将熟由青色进入黄色

头春谷 tɔ^{232}tʃ^{h}uã^{35}ko^{44} 早造收获的稻谷

二春谷 n̩i^{31}tʃ^{h}uã^{35}ko^{35} 晚造收获的稻谷

假禾 ka^{42}uə^{232} 稗子

假秧 ka^{42}iæŋ^{35}

稗 pæ^{31}

谷瘪 ko^{44}mie^{44} 空的或不饱满的稻粒

谷穮 ko^{44}mɔ^{51}

二桶谷 n̩i^{31}t^{h}oŋ^{42}ko^{44} 风谷时从风柜后部第二个出口出来的半饱满的稻粒

半仁米 puŋ^{51}ȵyã^{232}muæ^{33} 秕谷米

糠头 hiæŋ^{35}tɔ^{232} 稻壳

糠头灰 hiæŋ^{35}tɔ^{232}fui^{35} 稻壳灰，旧时妇女搓麻线时常用于沾在指上增加摩擦力

糠 hiæŋ^{35}

米 muə^{33}

大米 tæ^{31}muæ^{33}

糯米 nø^{31}muæ^{33}

大糯 tæ^{31}nø^{31} 糯谷的一个品种，颗粒较大

头春糯 tɔ^{232}tʃʰuã^{35}nø^{31} 早造收获的糯谷

二春糯 ȵi^{31}tʃʰuã^{35}nø^{31} 晚造收获的糯谷

粳米 kaŋ^{35}muæ^{33} 大米，相对糯米而言

头春米 tɔ^{232}tʃʰuã^{35}muæ^{33} 早造收获的稻米

二春米 ȵi^{31}tʃʰuã^{35}muæ^{33} 晚造收获的稻米

谷头米 ko^{33}tɔ^{232}muæ^{33} 仅去掉稻壳，米粒完整的稻米

头箭米 tɔ^{232}ʃø^{51}muæ^{33}

糙米 tʰo^{51}muæ^{33} 未经春碾不精的米

熟米 ʃo^{31}muæ^{33} 经过春碾的米

贝子 pui^{11}ti^{42} ①棉桃；②棉籽

麻骨 ma^{232}kuə^{44} 麻秆

苎麻 ʃy^{31}ma^{232}

□麻 æ^{31}ma^{232} 剥麻

当麻 liæŋ^{35}ma^{232} 黄麻

大风木 tæ^{31}foŋ^{35}mo^{31} 蓖麻

油麻骨 iɔ^{232}ma^{232}kuə^{44} 芝麻秆

葵花籽 kuæ^{11}fa^{35}ti^{42}

苦瓜叶薯 fu^{42}ka^{35}ie^{31}ʃy^{232} 甘薯的一个品种

红心番薯 oŋ^{232}θuã^{232}fæ̃^{35}ʃy^{232} 甘薯的一个品种

白心番薯 piʌ^{31}θuã^{232}fæ̃^{35}ʃy^{232} 甘薯的一个品种

大芋头 tæ^{31}u^{33}（～y^{31}）tɔ^{232} 一种体大的槟榔芋

滑芋 ua^{232}u^{33}（～y^{31}）

水芋 ʃui^{42}u^{33}（～y^{31}）

狗爪芋 kɔ^{42}ŋiʌ^{42}u^{33}（～y^{31}）狗爪状的芋

慈姑子 θi^{232}ku^{232}ti^{42}

果子 kuə^{42}ti^{42}

木薯 mo^{31}ʃy^{232} 灌木状薯类，块茎去毒后可食用，味道差

莲子 lĩ^{11}ti^{33} 莲蓬的子

莲叶 lĩ^{11}ie^{31}

莲斗 lĩ^{11}lɔ^{42} 莲蓬

莲蒂 lĩ^{11}luæ^{51} 莲蓬

白豆 piʌ^{31}tɔ^{31} 皮黄的黄豆

黑豆 hɔ^{44}tɔ^{31}

大豆 tæ^{31}tɔ^{31} 一种红色的豆子，常作馅心用

荷兰豆 hø^{232}læ̃^{232}tɔ^{31} 一种吃皮为主的豌豆

运儿豆 uã^{31}ȵi^{232}tɔ^{31} 一种秋冬季成熟的豇豆

秋儿豆 tʰɔ^{35}ȵi^{232}tɔ^{31} 一种秋季成熟的豇豆

秋风豆 tʰɔ^{35}foŋ^{35}tɔ^{31}

吃皮豆 he^{44}pi^{232}tɔ^{31} 豇豆的一个品种

吃仁豆 he^{44}ȵyã^{232}tɔ^{31} 豇豆的一个品种

大豆牯 tæ^{31}tɔ^{31}ku^{42} 一种专用于腌醋菜做辣椒酱的刀状豆子

狗儿豆 kɔ^{42}ȵi^{232}tɔ^{31} 一种表皮多毛要煮后漂洗去毒才能食用的豆子

扁豆 pĩ^{42}tɔ^{31}

山菜豆 ʃæ̃^{35}tʰø^{51}tɔ^{31} 一种野生豆类

野绿豆 ie^{33}lo^{31}tɔ^{31}

豆藤 tɔ^{31}taŋ^{232} 豆秸

白茄 piʌ^{31}kie^{232} 白色茄子

黑茄 hɔ^{44}kie^{232} 紫色茄子

节瓜 tie^{44}ka^{35} 菜瓜

丝瓜 θi^{35}ka^{35} 有棱的那种

槟榔瓜 puã^{35}liæŋ^{232}ka^{35} 表面条形花纹似槟榔状的瓜

苦瓜 fu^{42}ka^{35}

冬瓜 loŋ^{35}ka^{35}

葫芦瓜 pu^{232}lu^{232}ka^{35} 葫芦

牛腿瓜 ŋɔ^{232}tʰui^{42}ka^{35} 瓠子

葱叶 tʰoŋ^{35}ie^{31}

葱白 tʰoŋ^{35}piʌ^{31}

葱子 tʰoŋ^{35}ti^{42} 葱头

红葱 oŋ^{232}tʰoŋ^{35} 一种葱头为红色的葱

四季葱 θi^{51}kuæ^{51}tʰoŋ^{35} 葱的一个品种

蒜头 θuŋ^{51}tɔ^{232} 蒜的鳞茎，由蒜瓣构成

蒜公 θuŋ^{51}koŋ^{35} 蒜的花茎

蒜苗 θuŋ^{51}miu^{232} 嫩的蒜梗和蒜叶

蒜蓉 θuŋ^{51}ioŋ^{232} 蒜泥

蒜子 θuŋ^{51}ti^{42} 蒜瓣

鸡儿蒜 kuæ^{35}ȵi^{232}θuŋ^{51} 一种植株小香味浓的蒜

棉蒜 mĩ^{232}θuŋ^{51} 一种植株大味甜的蒜

苋菜 æ̃^{232}tʰø^{51} 叶椭圆有长柄的蔬菜

白苋菜 piʌ^{31}æ̃^{232}tʰø^{51}

红苋菜 oŋ^{232}æ̃^{232}tʰø^{51}

番鬼辣 fæ̃^{35}kuæ^{42}tiu^{35} 秋葵

子姜 ti^{42}kiæŋ^{35} 嫩姜

新姜 θuã^{35}kiæŋ^{35} 刚上市的姜

老姜 lo^{33}kiæŋ^{35}

大炮辣 tæ^{31}pʰɔ^{51}la^{31} 灯笼状的辣椒

辣子面 la^{31}ti^{42}mĩ^{31} 辣椒面儿

辣子儿 la^{31}ti^{42}ȵi^{232}

芥菜 kæ^{51}tʰø^{51}

盐菜 ĩ^{232}tʰø^{51} 一种卷心的芥菜，多作腌渍用菜

胡椒 u^{232}tiu^{35}

白菜 piʌ^{31}tʰø^{51}

高脚白 ko^{35}kiʌ^{44}piʌ^{31} 高脚白菜

匙羹白 ʃi^{232}kaŋ^{35}piʌ^{31} 小白菜

大头菜 tæ^{31}tɔ^{232}tʰø^{51}

批头菜叶 pʰuæ^{35}tɔ^{232}tʰø^{51}ie^{31} 莴笋叶

春菜 tʃuã^{35}tʰø^{51} 生菜

猪婆菜 tʃy^{35}puə^{232}tʰø^{51} 莙荙菜，一种多用于作猪饲料的青菜

猪母菜 tʃy^{35}mu^{33}tʰø^{51}

茼依⁼菜 toŋ^{232}noŋ^{35}tʰø^{51} 茼蒿

穮心 mɔ^{51}θuã^{35}（萝卜）糠了

萝卜菜 lø^{232}pɔ^{31}tʰø^{51} 萝卜缨儿

萝卜叶 lø^{232}pɔ^{31}ie^{31}

萝卜梗 lø^{232}pɔ^{31}kaŋ^{42}

萝卜干 lø^{232}pɔ^{31}kõ^{35}

萝卜酸 lø^{232}pɔ^{31}θuŋ^{35} 酸萝卜

腌萝卜 ie^{44}lø^{232}pɔ^{31}

芥蓝菜 kæ^{51}læ̃^{232}tʰø^{51} 苤蓝

芥蓝包 kæ^{51}læ̃^{232}piʌ^{35}

冬笋 loŋ^{35}θuã^{42} 茭白

菜心 tʰø^{51}θuã^{35} 油菜薹

菜塞⁼ tʰø^{51}θɔ^{44} 菜薹顶端最嫩的部分

油菜籽 iɔ^{232}tʰø^{51}ti^{42}

藤菜 taŋ^{232}tʰø^{51} 蕹菜

蕹菜 oŋ^{51}tʰø^{51}

有心菜 mɔ^{33}θuã^{35}tʰø^{51}

空心菜 hoŋ^{35}θuã^{35}tʰø^{51}

藠头 kiu^{33}tɔ^{232}

假藠 ka^{42}kiu^{33} 野生藠头

山蒜 ʃæ̃^{35}θuŋ^{51} 野百合

狗肝菜 kɔ^{42}kõ^{35}tʰø^{51} 一种野菜

塘堤菜 tiæŋ^{232}tuæ^{232}tʰø^{51} 一种野菜

田䡇菜 tĩ^{232}ŋiʌ^{51}tʰø^{51} 一种野菜

木林 mo^{31}luã^{232} 树林

木秧 mo^{31}iæŋ^{35} 树苗

木蔸 mo^{31}lɔ^{35} 树干

木尾 mo^{31}mĩ^{42} 树梢

木顶 mo^{31}nẽ^{42}

木根 mo^{31}kuã^{35} 树根

木叶 mo^{31}ie^{31} 树叶

木皮 mo^{31}pi^{232} 树皮

木杈 mo^{31}tʃ^{h}a^{35} 树杈

木卡 mo^{31}k^{h}a^{51} 树丫

木□ mo^{31}tʃuə^{35} 树段子

木节 mo^{31}tie^{44} 树节

木枝 mo^{31}tʃi^{35} 树枝

种木 tʃoŋ^{51}mo^{31} 种树，动宾

放木 poŋ^{51}mo^{31} 砍树，动宾

锯木 ky^{51}mo^{31}

松木毛 θoŋ^{232}mo^{31}mo^{232} 松针

木梢 mo^{31}θiu^{35}

松木子 θoŋ^{232}mo^{31}ti^{42} 松球

松髻子 θoŋ^{232}kuæ^{51}ti^{42}

松浆 θoŋ^{232}tiæŋ^{35} 松香

松油 θoŋ^{232}iɔ^{232}

松 θoŋ^{232} 含松香多的松树柴

马尾松 ma^{33}mĩ^{42}θoŋ^{232}

杉木簕 ʃa^{35}mo^{31}lɔ^{31} 杉针

顶筒 nẽ^{42}toŋ^{232} 建房时用于支撑模板的木条

桑木 θiæŋ^{35}mo^{31} 桑树

蚕木 θæ̃^{232}mo^{31}

桑子 θiæŋ^{35}ti^{42} 桑葚儿

桑叶子 θiæŋ^{35}ie^{31}ti^{42}

桑叶 θiæŋ^{35}ie^{31}

蚕叶 θæ̃^{232}ie^{31}

青 t^{h}ẽ^{35} 柳枝

插青 tʃ^{h}a^{51}t^{h}ẽ^{35} ①插柳枝，撒谷时插柳枝分畦，预示秧苗长得好；②清明时节在门口或小孩帽上插柳枝祈福；③插队青年

生肝木 ʃa^{35}kø^{35}mo^{31} 荆条

生荆木 ʃa^{35}kẽ^{35}mo^{31}

桐油木 toŋ^{232}iɔ^{232}mo^{31} 桐油树

桐（油）子 toŋ^{232}（iɔ^{232}）ti^{42} 桐子

桐油 toŋ^{232}iɔ^{232}

苦楝木 fu^{42}lĩ^{51}mo^{31}

红豆木 oŋ^{232}tɔ^{31}mo^{31}

大枫木 tæ^{31}poŋ^{35}mo^{31} 枫树

布球木 pu^{51}tʃɔ^{232}mo^{232} 乌桕树

枇杷木 pi^{232}pa^{232}mo^{31} 枇杷树

罾篙竹 taŋ^{35}ko^{35}tʃo^{44} 篙竹，作罾杆及编制器具

大头王竹 tæ^{31}tɔ^{232}oŋ^{232}tʃo^{44} 一种竿较大的竹子，多用作竹筒、引水竹筒

水竹 ʃui^{42}tʃo^{44} 一种竹子，壁薄，多作编制器具用

猫儿竹 miʌ^{11}ȵi^{232}tʃo^{44} 多作编制器具、搭棚用

金竹 tʃuã^{35}tʃo^{44} 一种竹子，竿小，多用来做大扫把

簕竹 lɔ^{31}tʃo^{44} 一种高大带刺的竹，多种于田边河边

香笋 ʃiæŋ^{35}θuã^{42} 金竹笋

笋壳 θuã^{42}hiʌ^{51}

笋干 θuã^{42}kø̃^{35} 干笋

竹篙 tʃo^{35}ko^{35} ①竹竿；②专指晒衣服的竹竿

竹竿 tʃo^{44}kø̃^{42}

竹叶 tʃo^{44}ie^{31}

竹壳 tʃo^{44}hiʌ^{51}

篾 mie^{31} 竹子劈成的条状薄片

篾白 mie^{31}piʌ^{31} 篾黄，篾青以里的部分

篾青 mie^{31}t^{h}ẽ^{35} 竹子的外皮，质地较韧

□篾 æ^{31}mie^{31} 剥篾

篣 pʰẽ^{35} 竹篾等编成的块状物，有多种用途

竹篣 tʃo^{44}pʰẽ^{35} 用篾编成的块状物

门篣 muŋ^{232}pʰẽ^{35} 篾编成的门

烟篣 ĩ^{35}pʰẽ^{35} 篾编的晒烟叶用具

竹片 tʃo^{44}pʰĩ^{51}

果子木 kuə^{42}ti^{42}mo^{31} 果树

果子干 kuə^{42}ti^{42}kõ^{35} 干果

三月李 θæ̃^{35}ȵĩ^{31}li^{33} 农历三月成熟的李子品种

四月李 θi^{51}ȵĩ^{31}li^{33} 农历四月成熟的李子品种

六月李 lo^{31}ȵĩ^{31}li^{33} 农历六月成熟的李子品种

三华李 θæ̃^{35}ua^{232}li^{33}

黑枣 hɔ^{44}to^{42}

穮枣 mɔ^{51}to^{42} 还没有熟透的枣子

枇杷 pi^{232}pa^{232}

鳖柿子 pie^{44}ʃuæ^{33}ti^{42} 一种扁状的柿子

广东柿子 koŋ^{42}loŋ^{33}ʃuæ^{33} 一个从广东传入的柿子品种

大钟子 tæ^{31}tʃoŋ^{35}ti^{42} 一种个大的柿子品种

柿饼 ʃi^{33}pẽ^{42}

大泡子 tæ^{31}pʰɔ^{51}ti^{42} 酸柚子

柑子絮 kõ^{35}ti^{42}ʃy^{51} 橘瓣上的丝儿

柑橘子 kõ^{35}tʃuæ^{44}ti^{42} 金橘

厚柑子 ɔ^{33}kõ^{35}ti^{42} 橙子

木瓜 mo^{31}ka^{35} 番木瓜

龙眼 loŋ^{232}ŋæ̃^{33}

龙眼肉 loŋ^{232}ŋæ̃^{33}ȵio^{31} 去壳去核的龙眼干

荔枝 luæ^{232}tʃi^{35}

杧果 miæŋ^{232}kuə^{42}

菠萝 pø^{35}lø^{232}

橄榄 kæ̃^{33}læ̃^{42}

西瓜 θuæ^{35}ka^{35}

瓜子 ka^{35}ti^{42}

吃子瓜 hie^{44}ti^{42}ka^{35} 产红瓜子的瓜

白瓜 piʌ^{31}ka^{35} 甜瓜

香瓜 ʃiæŋ^{35}ka^{35}

佛手 pø^{31}ʃɔ^{42} 佛手瓜

  佛手瓜 pø^{31}ʃɔ^{42}ka^{35}

糖蔗 tiæŋ^{232}tʃie^{51} 用于榨糖的甘蔗

青皮蔗 tʰẽ^{35}pi^{232}tʃie^{51} 一种果蔗

黑皮蔗 hɔ^{44}pi^{232}tʃie^{51} 一种果蔗

扯根豆 tʃʰie^{42}kuã^{35}tɔ^{31} 一个早熟的花生品种，扎根浅收获时不用挖，可直接拔起

  扯藤豆 tʃʰie^{42}taŋ^{232}tɔ^{31}

豆米 tɔ^{31}muæ^{33} 花生米

  两子豆仁 liæŋ^{33}ti^{42}tɔ^{31}ȵyã^{232}

两子豆皮 liæŋ^{33}ti^{42}tɔ^{31}pi^{232} 花生米外面的红皮

豆壳 tɔ^{31}hiʌ^{51} 花生的外壳

桂花 kuæ^{51}fa^{35}

菊花 ko^{44}fa^{35}

野菊花 ie^{33}ko^{44}fa^{35}

路边菊 lu^{31}pĩ^{35}ko^{44}

夹指花 ka^{44}tʃi^{42}fa^{35} 凤仙花

水仙花 ʃui^{42}θĩ^{35}fa^{35}

茉莉花 mo^{31}li^{31}fa^{35}

怕羞草 pʰa^{51}tʃʰɔ^{42}tʰo^{42} 含羞草

牵牛花 ʃĩ^{35}ŋɔ^{232}fa^{35}

石榴花 ʃe^{31}lɔ^{232}fa^{35} ①杜鹃花，叫法特别，与真正的石榴花同名；②石榴树的花

芙蓉花 fu^{232}ioŋ^{232}fa^{35} 木芙蓉

夜来香 ie^{31}lø^{232}ʃiæŋ^{35} 夜香花

兰花 læ̃^{232}fa^{35}

鸡冠花 kuæ^{35}kuŋ^{51}fa^{35}

四季青 θi^{51}kuæ^{51}（～ki^{51}）tʰẽ^{35} 万年青

仙人掌 θĩ^{35}ȵyã^{232}tʃiæŋ^{42}

椤□子 laŋ^{232}kaŋ^{31}ti^{42} 金樱子，果实椭圆形，有刺，乡间常用于泡酒

椤□子花 laŋ^{232}kaŋ^{31}ti^{42}fa^{35} 金樱子花

二栀子 ȵi^{31}tʃi^{35}ti^{42} 栀子

二栀子花 ȵi^{31}tʃi^{35}ti^{42}fa^{35} 栀子花

牛耳木子 ŋɔ^{232}ȵĩ^{33}mo^{31}ti^{42} 苍耳子

酒饼子花 tɔ^{42}pẽ^{42}ti^{42}fa^{35} 野果“棯子”的花

花叶 fa^{35}ie^{31} 花瓣儿

花蕊 fa^{35}nui^{33}

度定过江 tu^{31}tẽ^{31}kuə^{51}kiæŋ^{35} 一种芦苇

芦草 lu^{232}t^{h}o^{42} 一种用于编草席的苇草

蕨居 $^{=}$ky^{33}ky^{35} 蕨草

大鼓笼蒙 tæ^{31}ku^{42}loŋ^{232}moŋ^{42} 一种芒草

饭匙草 pæ̃^{31}ʃi^{232}t^{h}o^{42} 车前草

狗尾草 kɔ^{42}mĩ^{33}t^{h}o^{42}

风茅 foŋ^{35}miʌ^{232} 可用于盖茅草房

苦艾 fu^{42}ŋø^{31} 艾蒿，可入药，嫩叶可做糍粑

奇艾 ki^{232}ŋø^{31} 一种常用来烧水洗澡驱病的草

浮薸 fɔ^{11}piu^{232} 浮萍

薸 piu^{232}

刮草 ka^{51}t^{h}o^{42} 锄草

大伞菌 tæ^{31}θæ̃^{51}kuã^{33} 形体大，可食用

松木菌 θoŋ^{232}mo^{31}kuã^{33} 多长于松树林下，可食用

大雁菌 tæ^{31}ŋæ̃^{31}kuã^{33} 多长于有大雁活动的地方，样子难看，可食用

蕨居 $^{=}$ 菌 ky^{31}ky^{35}kuã^{33} 多长于蕨草丛中，黄色，个小，可食用

黄菌儿 oŋ^{232}kuã^{33}ȵi^{232}

泥皮菌 nuæ^{232}pi^{232}kuã^{33} 一种苔藓状的蘑菇

猪膏菌 tʃy^{232}ko^{35}kuã^{33}

秧菌 iæŋ^{35}kuã^{33} 一种形体细长的蘑菇

油麻点菌 iɔ^{232}ma^{232}lĩ^{42}kuã^{33} 鸡蛋形，有芝麻状点

暑菌 θy^{51}kuã^{33} 多生于大小暑之间的一种蘑菇

牛屎菌 ŋɔ^{232}ʃi^{42}kuã^{33} 因长在牛屎上而得名的一种蘑菇，不能食用

马蝇菌 ma^{33}iaŋ^{232}kuã^{33} 毒蘑菇，可拌食物用来毒杀苍蝇

蚊蝇菌 muã^{11}iaŋ^{232}kuã^{33}

红背菌 oŋ^{232}pui^{51}kuã^{33} 一种红色的毒菌

蛇蛋菌 ʃie^{232}tæ^{31}kuã^{33} 形状似油麻点菌，有毒

发癫菌 fa^{51}lĩ^{35}kuã^{33} 一种毒菌，中毒可使人癫狂

香菌 ʃiæŋ^{35}kuã^{33} 冬菇

青苔 t^{h}ẽ^{35}tø^{232}

茜 θuæ^{35} ①水草；②青苔

上茜 ʃiæŋ^{33}θuæ^{35} 长青苔

篾白茜 mie^{31}piʌ^{31}θuæ^{35} 一种扁状的水草

鱼吃茜 ȵy^{232}he^{44}θuæ^{35} 一种鱼喜欢吃的水草

簕茜 lɔ^{31}θuæ^{35} 带刺的水草

老鼠簕茜 lo^{33}ʃy^{42}lɔ^{31}θuæ^{35} 一种带刺的水草

六　动物

头牲 tɔ^{232}ʃaŋ^{35} 牲口

六畜 lo^{31}tʃ^{h}o^{44}

马牯 ma^{33}ku^{42} 公马

马母 ma^{33}mu^{33} 母马

马吾 ma^{33}ŋ^{232} 小马

马儿 ma^{33}ȵi^{232232}

屈尾牛 kuə^{31}mĩ^{42}ŋɔ^{232} 尾巴残断的牛

水牯ʃui^{42}ku^{42}公水牛

阉牯ĩ^{35}ku^{42}阉过的公牛

黄牛oŋ^{232}ŋɔ^{232}

黄牯oŋ^{232}ku^{42}公黄牛

水牛ʃui^{42}ŋɔ^{232}

牛吾ŋɔ^{232}ŋ^{232}牛犊

　牛儿ŋɔ^{232}ȵi^{232}

　牛细ŋɔ^{232}nuæ^{51}

牛童ŋɔ^{232}toŋ^{232}小公牛

　牛童吾ŋɔ^{232}toŋ^{232}ŋ^{232}

牛牸ŋɔ^{232}θi^{31}小母牛

牛角ŋɔ^{232}kiʌ^{51}

荡草tiæŋ^{31}t^{h}o^{42}牛边走边吃草

牛捱$^{=}$草ŋɔ^{232}ŋæ^{232}t^{h}o^{42}牛反刍

驴公ly^{232}koŋ^{35}公驴

驴乸ly^{232}na^{42}母驴

骆驼liʌ^{31}tø^{232}

绵羊mĩ^{232}iæŋ^{232}

山羊ʃæ̃^{35}iæŋ^{232}

羊吾iæŋ^{232}ŋ^{232}

　羊儿iæŋ^{232}ȵi^{232}

羊公iæŋ^{232}koŋ^{35}公羊

羊乸iæŋ^{232}na^{42}母羊

狗儿kɔ^{42}ni^{232}幼犬

　狗吾kɔ^{42}ŋ^{232}

狗牸kɔ^{42}θi^{31}小母狗

发癫狗fa^{51}lĩ^{35}kɔ^{42}疯狗

髯毛狗ȵioŋ^{35}mo^{232}kɔ^{42}哈巴狗

猫吾公miʌ^{11}ŋ^{232}koŋ^{35}公猫。多用于对小孩讲

猫项miʌ^{11}iæŋ^{31}小母猫

　猫牸miʌ^{11}θi^{31}

猪种tʃy^{35}tʃoŋ^{42}种猪

打胎la^{42}t^{h}ø^{35}给猪配种

猪㹠tʃy^{35}læ^{35}一窝小猪中生长得最差的那一头

阉猪ĩ^{35}tʃy^{35}

猪项tʃy^{35}iæŋ^{31}小母猪

　猪牸tʃy^{35}θi^{31}

猪胎tʃy^{35}t^{h}ø^{35}专门养来备作种母猪的雌小猪

肉猪ȵio^{31}tʃy^{35}阉过专养来卖肉的猪

猪鬃tʃy^{35}toŋ^{35}

　猪鬃毛tʃy^{35}toŋ^{35}mo^{232}

猪尾tʃy^{35}mĩ^{42}

髯毛兔ȵioŋ^{35}mo^{232}t^{h}u^{51}长毛兔

鸡公儿kuæ^{35}koŋ^{35}ȵi^{232}未成年的小公鸡

　生鸡儿ʃaŋ^{35}kuæ^{35}ȵi^{232}

阉鸡ĩ^{35}kuæ^{35}①阉过的公鸡；②取去公鸡的睾丸

菢蛋鸡po^{31}tæ̃^{31}kuæ^{35}正在孵蛋的母鸡

赖菢鸡læ^{31}po^{31}kuæ^{35}不需要它孵蛋仍要孵蛋的母鸡

鸡项kuæ^{35}iæŋ^{31}未成年的小母鸡

鸡儿kuæ^{35}ni^{232}小鸡儿

　鸡吾kuæ^{35}ŋ^{232}

　鸡吾细kuæ^{35}ŋ^{232}nuæ^{51}

鸡㹠kuæ^{35}læ^{35}一窝小鸡中长得最差的那一只

生蛋ʃaŋ^{35}tæ̃^{31}下蛋

菢蛋po^{31}tæ̃^{31}孵蛋

鸡冠kuæ^{35}kæ̃^{35}

鸡爪kuæ^{35}ȵiʌ^{42}

鸡距kuæ^{35}ky^{33}

鸡瘿kuæ^{35}aŋ^{35}鸡嗉

鸡瘿膨kuæ^{35}aŋ^{35}paŋ^{33} 吹胀的鸡嗉

生蛋鸡ʃaŋ^{35}tæ̃^{31}kuæ^{35} 下蛋鸡

夹生鸡ka^{31}ʃaŋ^{35}kuæ^{35} 阉割不干净还有一些雄鸡特征的公鸡

鸡嘴□kuæ^{35}tui^{42}li^{51} 鸡屁股尖

□li^{51} 动物身上特别是尾部的小肉突

鸭公a^{51}koŋ^{35} 公鸭

鸭母a^{51}mu^{33} 母鸭

鸭乸a^{51}na^{42}

鸭儿a^{51}ȵi^{232} 小鸭子

鸭吾a^{51}ŋ^{232}

老鸭lo^{33}a^{51} 上一年养下来的鸭

新鸭θuã^{35}a^{51} 未养够一年的鸭

子鸭ti^{42}a^{51}

鸭蛋a^{51}tæ̃^{31}

鹅儿ŋø^{232}ȵi^{232} 小鹅

鹅吾ŋø^{232}ŋ^{232}

野货ie^{33}fuə^{51} 野兽

狮子θi^{33}ti^{42}

大虫婆tæ^{31}ʃoŋ^{232}po^{232} ①雌虎；②喻悍妇

大虫乸tæ^{31}ʃoŋ^{232}na^{42}

马骝儿ma^{33}lɔ^{232}ȵi^{232} 小猴子

马骝儿马骝□ma^{33}lɔ^{232}ȵi^{232}ma^{33}lɔ^{232}nuæ^{42} 很多猴子

野熊ie^{33}ȵioŋ^{232}

豹piʌ^{51}

狐狸u^{232}li^{232}

黄鼠狼oŋ^{232}ʃy^{42}liæŋ^{232}

狼liæŋ^{232}

黄猄狗oŋ^{232}kĩ^{35}kɔ^{42} 麂子

豺狗tʃʰæ^{232}kɔ^{42} 豺

□鼠ŋuə^{44}ʃy^{42} 一种可放出难闻气味、体小尾短的老鼠

山老鼠ʃæ̃^{35}lo^{11}ʃy^{42}

竹鼠tʃo^{44}ʃy^{42} 一种以山竹笋为主食的野鼠

松鼠θoŋ^{232}ʃy^{42}

田鼠tĩ^{232}ʃy^{42}

老鼠儿lo^{33}ʃy^{42}ȵi^{232}

水泡蛇ʃui^{42}po^{33}ʃie^{232} 水律蛇

湴蛇pæ̃^{31}ʃie^{232} 一种生活在烂泥中的无毒蛇

背鳍夹蛇pui^{51}ki^{31}ka^{31}ʃie^{232} 金环蛇及银环蛇

吹风蛇tʰui^{35}foŋ^{35}ʃie^{232} 眼镜蛇

扁头风pĩ^{42}tɔ^{232}foŋ^{35}

茅花蛇miʌ^{232}fa^{35}ʃie^{232} 黄花蛇

蚺蛇næ̃^{232}ʃie^{232}

双绞蛇ʃiæŋ^{35}kiʌ^{33}ʃie^{232} 交配时缠在一起的蛇，旧时人们认为见到蛇交配不吉利

草龙tʰo^{42}loŋ^{232} 一种蜥蜴

狗母蛇kɔ^{42}mu^{33}ʃie^{232} 一种鳞光滑的蜥蜴，农村常烤给母猪吃，用来给猪治病

飞儿儿pi^{44}ȵi^{232}ȵi^{232} 雏鸟

飞吾吾pi^{44}ŋ^{232}ŋ^{232}

燕子飞儿ĩ^{51}ti^{42}pi^{44}ȵi^{232} 燕子的通称

叫化燕kiu^{51}fa^{51}ĩ^{51} 在屋檐下做穴状窝的燕子，常住不迁飞

燕子ĩ^{51}ti^{42} 在墙上做碗状窝，秋天迁飞的燕子

大雁tæ^{31}ŋæ̃^{31}

斑鸠pæ̃^{35}kɔ^{35}

鹌鹑uã^{35}ʃuã^{232}

竹鸪tʃo^{44}ku^{35} 鹧鸪

家婆心毒ka^{35}po^{232}（puə^{232}）θuã^{35}to^{31} 布谷鸟，它的叫声像本地话“家婆心毒”

叮木鸟lẽ^{35}mo^{31}niu^{33} 啄木鸟

叮木飞儿 lẽ^{35}mo^{31}pi^{44}ȵi^{232}

叮木姑 lẽ^{35}mo^{31}ku^{35}

大虫头飞儿 tæ^{31}tʃoŋ^{232}tɔ^{232}pi^{44}ȵi^{232} 猫头鹰

猫吾头飞儿 miʌ^{11}ŋ^{232}tɔ^{232}pi^{44}ȵi^{232}

猫儿头飞儿 miʌ^{11}ȵi^{232}tɔ^{232}pi^{44}ȵi^{232}

鸦鹩 ha^{35}liu^{42} 八哥儿

骑牛鹩 ki^{232}ŋɔ^{232}liu^{42} 常骑在牛背上觅食的八哥儿

雪鹩 θuə^{44}liu^{42} 一种毛白色的八哥

鹤 iʌ^{31}

白鹤 piʌ^{31}iʌ^{31}

黄鹤 oŋ^{232}iʌ^{31}

大鹞 tæ^{31}iu^{31} 老鹰

雀虎 t^{h}iʌ^{44}fu^{42} 一种捕食小鸟的鹞

野鸡 ie^{33}kuæ^{35}

蟀鸡 tuə^{44}kuæ^{35}

野鸭 ie^{33}a^{51}

老鹚 lo^{232}θi^{232} 鸬鹚

白鹭 piʌ^{31}lu^{31} 鹭鸶

秧鸡 iæŋ^{35}kuæ^{35} 一种在稻田里做巢的水鸟

叫死飞儿 kiu^{51}θi^{42}pi^{44}ȵi^{232} 一种常在粪坑觅食，翅膀有白羽的鸟，旧时农村人认为其叫声不吉利

大路飞儿 tæ^{31}lu^{31}pi^{44}ȵi^{232} 一种常到秧田偷吃谷种的鸟

鸳鸯 ĩ^{35}iæŋ^{35}

画眉 fa^{44}mi^{232}

雉鸡 ʃuə^{33}kuæ^{35}

担鱼官 læ̃^{35}ȵy^{232}kuŋ^{35} 翠鸟

嘴 tui^{42}

飞儿窦 pi^{44}ȵi^{232}lɔ^{51} 鸟窝

媒 mui^{232} 捕鸟时用来引诱鸟的养熟的鸟

蚕儿 θæ̃^{232}ȵi^{35} 蚕蛹

蚕吾 θæ̃^{232}ŋ^{232}

蚕蛾 θæ̃^{232}ŋø^{232}

蚕屎 θæ̃^{232}ʃi^{42} 家蚕的屎

蚕窦 θæ̃^{232}lɔ^{51} 蚕茧

樟木蛆 tʃiæŋ^{35}mo^{31}t^{h}y^{35} 一种专吃樟树叶的野蚕

猪吾窦 tʃy^{35}ŋ^{232}lɔ^{51} 野蚕茧

大肉相丝 tæ^{31}ȵio^{31}θiæŋ^{42}θi^{35} 大蜘蛛

白蚁 piʌ^{31}nuæ^{33}（～muæ^{33}）

大蚁子 tæ^{31}nuæ^{33}（～muæ^{33}）ti^{42} 大蚂蚁

蚁子儿 nuæ^{33}（～muæ^{33}）ti^{42}ȵi^{232} 小蚂蚁

大涝虫 tæ^{31}lo^{51}ʃoŋ^{232} 白蚁的带羽成虫

狗吾虫 kɔ^{42}ŋ^{232}ʃoŋ^{232} 蝼蛄

地狗虫 ti^{31}kɔ^{42}ʃoŋ^{232} 土鳖

大蚓牯 tæ^{31}nuã^{42}ku^{42} 大蚯蚓

做蚓 tu^{51}nuã^{42} 做诱饵

耐$^{=}$纽$^{=}$ nø^{31}nɔ^{42} 蜗牛

□屎虫 puã^{232}ʃi^{42}ʃoŋ^{232} 蜣螂

拱屎虫 koŋ^{42}ʃi^{42}ʃoŋ^{232}

蜈蚣虫 ŋ^{232}koŋ^{35}ʃoŋ^{232}

壁虎 pe^{44}fu^{42}

毛狗蠓虫 kɔ^{42}moŋ^{42}ʃoŋ^{232} 一种毛毛虫

狗蒙蛆 kɔ^{42}moŋ^{42}t^{h}y^{35}

松木蛆 θoŋ^{232}mo^{31}t^{h}y^{35} 松毛虫

蛆 t^{h}y^{35} 体柔软，有节环的昆虫幼虫的总称

米蛆 muæ^{33}t^{h}y^{35} 米里的米色虫

□ lĩ^{33} 蚜虫

鸡蝨 kuæ^{35}ti^{35} 鸡身上的一种寄生小虫

鸭蝨 a^{51}ti^{35} 鸭身上的一种寄生小虫

屎蝇 ʃi^{44}iaŋ^{232} 绿头苍蝇

油麻蚊 iɔ^{232}ma^{232}muã^{232} 小咬，像芝麻大小，

黑色，夏秋时节叮咬人畜，产生奇痒

沙屎虫ʃa^{35}ʃi^{42}ʃoŋ^{232} 蚊子的幼虫

虱蛋ʃuə^{44}tæ̃^{31} 虱卵

被蛆pi^{33}tʰy^{35} 臭虫

大蝇tæ^{31}iaŋ^{232} 牛虻

牛虱ŋɔ^{232}ʃuə^{44} 牛身上的虱子

猪虱tʃy^{35}ʃuə^{44} 猪身上的虱子

竹蟀tʃo^{44}tuə^{44} 蟋蟀

□□tʃie^{31}tʃie^{31}

竹狗tʃo^{44}kɔ^{42}

竹鸡虫tʃo^{44}kuæ^{35}ʃoŋ^{232}

灶鸡虫to^{51}kuæ^{35}ʃoŋ^{232} 状似蟋蟀，常出没于厨房

古踏⁼虫ku^{42}ta^{51}ʃoŋ^{232} 蟑螂

古踏⁼蛆ku^{42}ta^{51}tʰy^{35}

蜢maŋ^{42} 蝗虫

狗屎蜢kɔ^{42}ʃi^{42}maŋ^{42} 生活在草坪中的一种蝗虫

尖髻蜢tĩ^{35}kuæ^{51}maŋ^{42} 一种头尖、生活在稻田中的蝗虫

尖髻蜢儿tĩ^{35}kuæ^{51}maŋ^{42}ȵi^{232} 一种头尖、体小的蝗虫

大麦蜢tæ^{31}miʌ^{31}maŋ^{42} 体形大，为害旱地作物为主的蝗虫

竹节蜢tʃo^{44}tie^{44}maŋ^{42} 身上有竹节状纹的蝗虫

大蔗嫩tæ^{31}tʃie^{51}nuŋ^{31} 一种头圆身肥肚大的蝗虫

胀气母tʃiæŋ^{51}hi^{51}mu^{33} 一种蝗虫

大蜢牯tæ^{31}maŋ^{42}ku^{42} 大蝗虫

蜢公maŋ^{42}koŋ^{35} 公蝗虫

蜢母maŋ^{42}mu^{33} 母蝗虫

□茄⁼θie^{44}kie^{232} 一种叫声很美的昆虫，小孩常抓来玩

蜢牯□maŋ^{42}ku^{42}kẽ^{232} 螳螂

知炸⁼吾tʃi^{35}tʃa^{51}ŋ^{232} 体形小的蝉

知炸⁼穮tʃi^{35}tʃa^{51}mɔ^{51} 蝉蜕

蜜糖蜡muə^{31}tiæŋ^{232}la^{31} 蜂蜡

龙蜂loŋ^{232}pʰoŋ^{35} 蜂类的总称

蜂foŋ^{35}

黄泥蜂oŋ^{232}nuæ^{232}poŋ^{35} 在山岭草丛中做巢的一种马蜂

花牯蜂fa^{35}ku^{42}poŋ^{35} 一种巢为绿蓝色圆球形的大马蜂

鸡笼蜂kuæ^{35}loŋ^{232}poŋ^{35} 一种巢为椭圆形的马蜂

地钻牯ti^{31}tuŋ^{51}ku^{42} 一种在地下筑巢的马蜂

草鞋板蜂tʰo^{42}æ^{32}pæ̃^{42}poŋ^{35} 一种巢像鞋底状的马蜂

□□ȵyæ^{42}ȵyæ^{42} 一种腰特别细的马蜂

竹笼蜂tʃo^{44}loŋ^{232}poŋ^{35} 在干竹竿上打洞筑巢的马蜂

□人ly^{51}ȵyã^{232} 马蜂蚊虫叮咬，蜂蝎用毒刺刺人

龙蜂窦loŋ^{232}poŋ^{232}lɔ^{51} 蜂窝

龙蜂吾loŋ^{232}poŋ^{35}ŋ^{232} 蜂蛹

龙蜂奴loŋ^{232}poŋ^{35}nu^{232}（～nuŋ^{232}）

燃火子ĩ^{11}fuə^{42}ti^{42} 萤火虫

放屁虫poŋ^{51}pʰi^{51}ʃoŋ^{232} 臭大姐

禾飞虫uə^{232}pʰi^{35}ʃoŋ^{232} 灯蛾

鸳鸯蝴蝶ĩ^{35}iæŋ^{35}u^{232}tie^{31} 双飞蝴蝶

大箩包tæ^{31}lø^{35}piʌ^{35} 蜻蜓的一个品种

木□吾mo^{31}mie^{42}ŋ^{232} 一种体形小的蜻蜓

大木□tæ^{31}mo^{31}mie^{42} 一种体形大的蜻蜓

红公鸡 oŋ^{232}koŋ^{35}kuæ^{35} 红蜻蜓

粥瓢虫 tʃo^{44}piu^{232}ʃoŋ^{232} 学名“瓢虫”，旧时人们认为秧田中多此虫，年成会不好，只能吃粥。

斑蝥虫 pæ̃^{35}miʌ^{232}ʃoŋ^{232}

牛轭虫 ŋɔ^{232}ŋiʌ^{51}ʃoŋ^{232} 天牛

罾子马 taŋ^{35}ti^{42}ma^{33} 一种足长在水面上行走的虫

水爬虫 ʃui^{42}pa^{232}ʃoŋ^{232} 一种能在水面走动的小虫

背勾虫 pui^{51}kɔ^{35}ʃoŋ^{35} 栖息在水中，背部拱起的一种小虫

趯鳊 piu^{35}pĩ^{42} 鳊鱼

　白鲢 piʌ^{31}lĩ^{232}

草鱼 t^{h}o^{42}ȵy^{232}

乌草 u^{35}t^{h}o^{42} 一种体带乌色的草鱼

黄鱼 oŋ^{232}ȵy^{232}

桂花鱼 kuæ^{51}fa^{35}ȵy^{232} 鳜鱼

带鱼 læ^{51}ȵy^{232}

鲇鱼 lie^{31}ȵy^{232}

斑鱼 pæ̃^{35}ȵy^{35} 黑鱼

墨鱼 mɔ^{31}ȵy^{232}

鱿鱼 iɔ^{232}ȵy^{232}

松⁼鱼 θoŋ^{232}ȵy^{232} 胖头鱼

金鱼 tʃuã^{35}ȵy^{232}

狗得 kɔ^{42}luə^{44} 泥鳅

　狗得鱼 kɔ^{42}luə^{44}ȵy^{232}

山狗得 ʃæ̃^{35}kɔ^{42}luə^{44} 山涧中的泥鳅，体形较小

黄拉⁼ oŋ^{232}læ^{35} 鳝鱼

塘角鱼 tiæŋ^{232}kiʌ^{51}ȵy^{232} 一种体似黄鳝状，背上有锯齿状刺的鱼

列刀鱼 lie^{31}lo^{35}ȵy^{232} 一种体形薄的鱼

白丝鱼 piʌ^{31}θi^{35}ȵy^{232} 一种彩色小鱼，只有两个手指大

谷子婆 ko^{44}ti^{42}po^{232} 一种小鱼

青光鱼 t^{h}ẽ^{35}koŋ^{35}ȵy^{232} 一种小鱼

大眼鱼 tæ^{31}ŋæ̃^{33}ȵy^{232} 一种鱼，体形只有筷子头大，眼大，一般不食用

膏沙鱼 ko^{35}ʃa^{35}ȵy^{232} 一种体形小、骨少的鱼

鱼公 ȵy^{232}koŋ^{35} 雄鱼

鱼母 ȵy^{232}mu^{33} 雌鱼

鱼骨 ȵy^{232}kuæ^{44} 鱼刺

鱼泡 ȵy^{232}p^{h}ɔ^{35} 鱼鳔

鱼鳍 ȵy^{232}ki^{31} 鳍

　鱼翅 ȵy^{232}tʃ^{h}i^{51}

鱼鳃 ȵy^{232}θø^{35}

鱼子 ȵy^{232}ti^{42} 鱼的卵

鱼花 ȵy^{232}fa^{35} 鱼苗儿

斗水 lɔ^{51}ʃui^{42} 鱼逆激流而上

诱鱼 io^{31}ȵy^{232} 钓鱼

钓竿 liu^{51}kø̃^{42} 钓鱼竿儿

钓 liu^{51} 钓鱼钩儿

泡筒 p^{h}iʌ^{44}toŋ^{232} 浮子

鱼模⁼ ȵy^{232}muŋ^{35} 鱼篓儿

鱼笱 ȵy^{232}kɔ^{42} 竹编，有倒刺的捕鱼用具

鱼笱须 ȵy^{232}kɔ^{42}θy^{35} 鱼笱中防止鱼进去以后又出来的倒刺

捞笱 lɔ^{35}kɔ^{42} 一种篾编捕鱼工具

大罩 tæ^{31}tʃiʌ^{51} 一种竹编的罩鱼的工具

塘□ taŋ^{232}ʃa^{31} 放在鱼塘中庇护鱼虾的竹木枝叶

渔网 ȵy^{232}miæŋ^{33}

缴 kiu^{42} 用圆框固定、有长把的小网

手缴ʃɔ^{42}kiu^{42} 可用一只手使用的小网

缴儿kiu^{42}ȵi^{232}

拦江网læ̃^{232}kiæŋ^{35}miæŋ^{33} 较长的渔网

鱼罾ȵy^{232}taŋ^{35} 用四根有弹性竹子撑开的方形网

鱼叉ȵy^{232}tʃ^{h}a^{35}

鱼锄ȵy^{232}ʃø^{232} 头上有尖刺的刺鱼工具

鱼搨ȵy^{232}t^{h}iæŋ^{51} 鱼梁

* 鱼枹ȵy^{232}pɔ^{31}

戽鱼fu^{51}ȵy^{232} 把水戽干抓鱼

戽窝fu^{51}uə^{35} 把窝里的水戽干抓鱼

攋窝læ^{33}uə^{35} 在别人放干水捞过鱼的鱼塘或河湾中再捞一次遗留下来的鱼虾

虾ha^{35}

虾公儿ha^{35}koŋ^{35}ȵi^{232} 体形小的虾

大虾公tæ^{31}ha^{35}koŋ^{35} 体形大的虾

虾米ha^{35}muæ^{33} 虾仁儿

乌龟u^{35}kuæ^{35}

岭龟lẽ^{33}kuæ^{35}

大头龟tæ^{31}tɔ^{232}kuæ^{35} 一种生活在山涧中的龟

蛤母kuə^{44}mu^{33} 大青蛙

拐□kæ^{42}ȵiæ^{42} 小青蛙

山□蛤ʃæ̃^{35}ȵiæ^{42}kuə^{44} 山蛙，栖息在山涧中

山拐□ʃæ̃^{35}kæ^{42}ȵiæ^{42}

上戙拐□ʃiæŋ^{33}toŋ^{31}kæ^{42}ȵiæ^{42} 常在竹木上捕食的一种蛙

三角拐□θæ̃^{35}kiʌ^{51}kæ^{42}ȵiæ^{42} 蛙类的一种，头尖腰长

蛤□kuə^{42}nuə^{42} 蝌蚪

大肚蛤□tæ^{31}tu^{33}kuə^{42}nuə^{42} 即将长腿的蝌蚪

猫蟥miʌ^{11}oŋ^{232} 水蛭

田螺tĩ^{232}lø^{232} 螺蛳

石螺吾ʃe^{31}lø^{232}ŋ^{232} 体形比田螺小的螺蛳

石螺儿ʃe^{31}lø^{232}ȵi^{232}

螺厣lø^{232}ĩ^{42} 螺口甲

薄皮螺piʌ^{31}pi^{232}lø^{232} 蚌

起生hi^{42}ʃaŋ^{35} 发情

起峰hi^{42}foŋ^{35} 雄性动物亢奋争斗

晒$^{=}$ʃæ^{51} 传说中的一种动物，大嘴巴，很难看

七 房舍

住家屋tʃy^{31}ka^{35}o^{44} 住宅

围墙uæ^{232}θiæŋ^{232}

外头屋mui^{31}tɔ^{232}o^{44} 外间

外间mui^{31}kæ̃^{35}

里头屋ly^{33}tɔ^{232}o^{44} 里间

里间ly^{33}kæ̃^{35}

正屋tʃẽ^{51}o^{44} 屋子正中一间，靠后墙正中放神主牌。是家庭活动的主要场所

梯屋t^{h}uæ^{35}o^{44}

厅屋t^{h}ẽ^{35}o^{44}

厢房θiæŋ^{35}poŋ^{232} 天井两头的房间

西屋θuæ^{35}o^{44} 西厢房

东屋loŋ^{35}o^{44} 东厢房

朝厅ʃiu^{232}t^{h}ẽ^{35} 房屋正门后面对正厅的厅房

骑阳ki^{232}iæŋ^{232}

敞口厅t^{h}iæŋ^{51}hɔ^{42}t^{h}ẽ^{35}

平房pẽ^{232}poŋ^{232}

楼房lɔ^{232}poŋ^{232}

洋楼iæŋ^{232}lɔ^{232} 旧指新式楼房

一座（屋）yə^{44}θø^{31} 正屋和东西厢房共三间为一座

屈头屋kuə^{31}tɔ^{232}o^{44} 未盖完整，只有一间房

子的屋子

半边座 puŋ^{51}pĩ^{35}θø^{31} 只有一间正屋和一间厢房的屋子

* 五连排 ŋ^{33}lĩ^{232}pæ^{232}

屋肉 o^{44}ȵio^{31} 房子墙内的使用面积

见光 kĩ^{51}koŋ^{35} 房屋外墙间的宽度

入阔 ȵyə^{31}fuə^{44} 前后墙距离

角□ kiʌ^{51}niʌ^{51} 角落

旮旯 k^{h}a^{51}la^{51} 边远的角落

墙角 θiæŋ^{232}kiʌ^{44}

楼上 lɔ^{232}ʃiæŋ^{31}

楼下 lɔ^{232}ia^{33}

楼底 lɔ^{232}luæ^{42}

楼木底 lɔ^{232}mo^{31}luæ^{42} 楼板底下

楼木顶 lɔ^{232}mo^{31}nẽ^{42}

二架楼 ȵi^{31}ka^{51}lɔ^{232} 架在屋山墙上由几条木头搭成的小楼

* 门楼 muŋ^{232}lɔ^{232}

大板梯 tæ^{31}pæ̃^{42}t^{h}uæ^{35} 固定的木板梯子

竹梯 tʃo^{44}t^{h}uæ^{35} 竹竿做的梯子

木梯 mo^{31}t^{h}uæ^{35} 木条做的梯子

阳台 iæŋ^{232}tø^{232}

* 厂 tʃ^{h}iæŋ^{42}

* 田头厂 tĩ^{232}tɔ^{232}tʃ^{h}iæŋ^{42}

* 打厂 la^{42}tʃ^{h}iæŋ^{42}

灰屋 fui^{35}o^{44} 堆放农家肥的房子

屋□ o^{44}taŋ^{31} 屋子废墟的轮廓

正脊 tʃẽ^{51}te^{44} 房脊

屋瓦背 o^{44}ŋa^{33}pui^{51} 房顶

屋檐 o^{44}ĩ^{232} 房檐儿

瓦檐 ŋa^{33}ĩ^{232}

瓦檐底 ŋa^{33}ĩ^{232}luæ^{42}

瓦翘 ŋa^{33}ŋiu^{35} 屋脊上用瓦叠起的装饰性的弯角

屋梁 o^{44}liæŋ^{232}

正脊木 tʃẽ^{51}te^{44}mo^{31} 正梁

楼梁 lɔ^{232}liæŋ^{232} 架楼板的梁

楼木 lɔ^{232}mo^{31}

楼桁 lɔ^{232}aŋ^{232}

檐口木 ŋa^{33}hɔ^{42}mo^{31} 靠近瓦檐最边沿的檩条

椽皮 ʃĩ^{232}pi^{232} 椽子，承瓦的薄木板

扎脚 tʃa^{51}kiʌ^{44} 瓦檐最外侧与椽子垂直将椽子连起来的木板

* 托手 t^{h}iʌ^{51}ʃɔ^{42}

* 飘手 p^{h}iu^{35}ʃɔ^{42}

* 挑梁 t^{h}iu^{35}liæŋ^{232}

* 码头□ ma^{33}tɔ^{232}t^{h}aŋ^{42}

石墩 ʃe^{31}luŋ^{35} 柱下石

天花板 t^{h}ĩ^{35}fa^{35}pæ̃^{42}

朝厅门 tʃiu^{232}t^{h}ẽ^{35}muŋ^{232} 正门后厅厅房的门

骑阳门 ki^{232}iæŋ^{232}muŋ^{232}

正屋门 tʃẽ^{51}o^{44}muŋ^{232} 正厅朝天井的门

过间门 kuə^{51}kæ̃^{35}muŋ^{232} 正屋进入房间的门

后尾门 ɔ^{33}mĩ^{42}muŋ^{232} 后门

横门 uaŋ^{232}muŋ^{232} 边门儿

门尾底 muŋ^{232}mĩ^{42}luæ^{42} 门扇的后面

门关 muŋ^{232}kæ̃^{35} 门闩

门扇 muŋ^{232}ʃĩ^{51}

门礅 muŋ^{232}luŋ^{35}

石鼓礅 ʃe^{31}ku^{42}luŋ^{35}

门角 muŋ^{232}kiʌ^{51}

铜锁 toŋ^{232}θø^{42}

铁锁 t^{h}ie^{44}θø^{42}

销息 θu^{35}θe^{44} 控制门闩的木质门锁

通阶 tʰoŋ^{35}kæ^{35} 走廊

*门儿罩 muŋ^{11}n̠i^{35}tʃiʌ^{51}

楼板 lɔ^{232}pæ̃^{42}

照楼门 tʃiu^{51}lɔ^{232}muŋ^{232} 楼上取光的门

楼门 lɔ^{232}muŋ^{232} 上楼的楼洞门

大楼门 tæ^{31}lɔ^{232}muŋ^{232}

大山墙 tæ^{31}ʃæ̃^{35}θiæŋ^{232} 架檩的墙

山墙 ʃœ̃^{35}θiœŋ^{232}

大山 tæ^{31}ʃæ̃^{35}

屋山 o^{44}ʃæ̃^{35} 山墙顶端呈三角形的部分

马颈墙 ma^{33}kẽ^{42}θiæŋ^{232} 天井两边的墙

面先墙 mĩ^{31}θĩ^{35}θiæŋ^{232} 前墙

后底墙 ɔ^{33}luæ^{42}θiæŋ^{232} 后墙

天井 tʰĩ^{35}tẽ^{2}

遮眼贡 $^{=}$tʃie^{35}ŋæ̃^{33}koŋ^{51} 墙上的砖孔

水贡 $^{=}$ʃui^{42}koŋ^{51} 墙根上开的水道

*樚 lo^{31}

灶肚 to^{51}tu^{33} 灶里

灶头 to^{51}tɔ^{232} 灶面

潲灶 ʃeu^{51}to^{51} 煮猪食的灶

云鼎灶 uã^{232}lẽ^{42}to^{51} 支放鼎锅煮饭的灶

灶桥 to^{51}kiu^{232} 灶内将柴炭架起的铁棍

灶门 to^{51}muŋ^{232}

灶口 to^{51}hɔ^{42} 灶门口

瓦灶 ŋa^{33}to^{51} 用于放置云鼎和铛的陶制品

烟囱 ĩ^{35}tʰoŋ^{35}

灶囱 to^{51}tʰoŋ^{35} 灶的出烟洞

踏碓屋 ta^{31}lui^{51}o^{44} 碓房

水碓屋 ʃui^{42}lui^{51}o^{44}

水碾屋 ʃui^{42}n̠ĩ^{33}o^{44}

牛栏 ŋɔ^{232}læ̃^{232}

潲槽 ʃiʌ^{51}θo^{232} 猪食槽

狗窦 kɔ^{42}lɔ^{51} 狗窝

鸡樚 kuæ^{35}lo^{31} 鸡上宿处

鸡窦 kuæ^{35}lɔ^{51} ①鸡上宿处；②孵小鸡的窝

鸡笼 kuæ^{35}loŋ^{232} 关鸡的笼子，一般不上宿

鸡儿箩 kuæ^{35}n̠i^{232}lø^{35} 母鸡孵小鸡的窝

　鸡吾箩 kuæ^{35}ŋ^{232}lø^{35}

鸭樚 a^{51}lo^{31} 养鸭的房子或大笼子

柴棚 ʃæ^{232}poŋ^{232} 放柴草的棚架

柴撑 ʃæ^{232}tʃʰaŋ^{51} 架起以便风干的湿柴堆

围篱 uæ^{232}li^{35} 篱笆

豆篱 tɔ^{31}li^{35} 让瓜豆攀爬的小竹木枝条

戙 toŋ^{31} 桩子

木戙 mo^{31}toŋ^{31} 木桩子

击戙 kie^{44}toŋ^{31} 打桩

戙樴 toŋ^{31}tɔ^{31} 木桩，一般做分界用

砌屋 tʰi^{51}o^{44} 建房子

立门 luə^{31}muŋ^{232} 建房的启动仪式

*赠工 θaŋ^{31}koŋ^{35}

*钉盖酒 lẽ^{35}kø^{51}tɔ^{42}

*入火 n̠yə^{31}fuə^{42}

*入火酒 n̠yə^{31}fuə^{42}tɔ^{232}

贺屋 ø^{31}o^{44} 祝贺亲友建成新房子

八　器具　用品

大柜 tæ^{31}kuæ^{31} 竖柜

　徛柜 ki^{33}kuæ^{31}

圆台 ĩ^{232}tø^{232} 圆桌

　圞台 luŋ^{35}tø^{232}

方台 foŋ^{35}tø^{232} 方桌

　四方台 θi^{51}foŋ^{35}tø^{232}

大台盘 tæ^{31}tø^{232}puŋ^{232} 四方高桌

办公台 pæ̃^{31}koŋ^{35}tø^{232} 办公桌

吃饭台 he^{44}pæ̃^{31}tø^{232} 饭桌

台儿 tø^{232}ȵi^{232} 茶儿

台布 tø^{232}pu^{51} 铺在桌面上的布

围台布 uæ^{232}tø^{232}pu^{51} 挂在桌子前面的布

大椅 tæ^{31}i^{42}

细椅 nuæ^{51}i^{42}

　椅吾 i^{42}ŋ^{232}

贡⁼共⁼椅 koŋ^{51}koŋ^{31}i^{42} 送嫁时小舅等尊贵的客人坐的椅子

睡椅 ʃui^{31}i^{42} 躺椅

椅背 i^{42}pui^{51}

椅掌 i^{42}tʃ^{h}aŋ^{51}

椅手 i^{42}ʃɔ^{42} 椅扶手

长凳 ʃiæŋ^{232}laŋ^{51} 长条形的板凳

四方凳 θi^{51}foŋ^{35}laŋ^{51}

凳儿 laŋ^{51}ȵi^{232} 小板凳儿

　凳吾 laŋ^{51}ŋ^{232}

圂凳 luŋ^{35}laŋ^{51} 圆凳

独头凳 to^{31}tɔ^{232}laŋ^{51} 只能坐一个人的高脚板凳

大凳 tæ^{31}laŋ^{51}

矮脚凳 æ^{42}kiʌ^{44}laŋ^{51} 凳脚短的板凳

马扎椅 ma^{33}tʃa^{51}i^{42}

禾稿墩 uə^{232}ko^{42}luŋ^{42} 用稻草编成的坐具

墩 luŋ^{35} 短圆柱形实心坐具

木墩 mo^{31}luŋ^{35} 做坐具用的短木段

张床 tʃiæŋ^{35}ʃiæŋ^{232} 整张床，有时含床上的用品

床板 ʃiæŋ^{232}pæ̃^{42}

床头 ʃiæŋ^{232}tɔ^{232}

床底 ʃiæŋ^{232}luæ^{42}

床边 ʃiæŋ^{232}pĩ^{35}

棕毛床 toŋ^{35}mo^{232}ʃiæŋ^{232} 棕绷

竹床 tʃo^{44}ʃiæŋ^{232}

麻蚊帐 ma^{232}muã^{232}tʃiæŋ^{51} 由苎麻纺成的线织成

纱蚊帐 ʃa^{35}muã^{232}tʃiæŋ^{51} 由棉纱织成

蚊帐椽 muã^{232}tʃiæŋ^{51}ʃĩ^{232} 蚊帐顶

蚊帐钩 muã^{232}tʃiæŋ^{55}ŋɔ^{35}（～kɔ^{35}）

蚊帐帘 muã^{232}tʃiæŋ^{51}lĩ^{232}

毯 tæ̃^{42}

被里 pi^{33}li^{33}

被面 pi^{33}mĩ^{31}

被单 pi^{33}læ̃^{35}

被套 pi^{33}to^{51}

草席 t^{h}o^{42}θe^{31} 草编的席子

竹席 tʃo^{44}θe^{31} 竹篾编的席子

枕头套 tʃuã^{42}tɔ^{232}t^{h}o^{51}

枕头心 tʃuã^{42}tɔ^{232}θuã^{35}

梳妆台 ʃø^{33}tʃiæŋ^{35}tø^{232}

镜 kẽ^{51}

手提箱 ʃɔ^{42}tuæ^{232}θiæŋ^{35}

笼 loŋ^{33} 放衣物的箱子，方形无脚

竹笼 tʃo^{44}loŋ^{33} 竹编的箱子

藤夹 taŋ^{232}ka^{31} 藤编的手提箱

皮箱 pi^{232}θiæŋ^{35}

衫勾 ʃæ̃^{35}kɔ^{35} 立在地上的衣架

衫架 ʃæ̃^{35}ka^{51} 晾衣架

尿桶 ʃi^{42}t^{h}oŋ^{42} 马桶

尿壶 niu^{31}u^{232} 夜壶

手炉 ʃɔ^{42}lu^{232}

火笼 fuə^{42}loŋ^{232} 取暖用品，用篾编成，中间套一陶盘放火炭

火炉 fuə^{42}lu^{232} 烤火用的炉子

风炉 foŋ35lu232 用黄泥做成的炭炉子

火铛 fuə42tʃʰaŋ35 火盆

炉 lu232 风箱

扯炉 tʃʰie42lu232 拉风箱

打火棍 la42fuə42kuã51 拨火棍

铁镊 tʰie44na51 夹火炭和柴的铁钳

火镊 fuə42na51

铁箸 tʰie44ʃy31 火筷子

火铲 fuə42tʃʰæ̃42 铲火炭和灰用的铲子

灰铲 fui35tʃʰæ̃42

茅 miʌ232

柴劈 ʃæ232pʰe44 木段劈成的柴片

茅狗 miʌ232kɔ42 捆成团作燃料用的茅草

木糠 mo31hiæŋ35 锯末

木屑碎 mo31θiʌ51mui51 刨花

木屑 mo31θiʌ51

铛黑 tʃʰaŋ35hɔ44 锅底的黑灰

铛耳 tʃʰaŋ35ȵi33 提锅头的把

铛圈 tʃʰaŋ35kʰĩ35 垫在铛和灶之间的空心圆铁片

云鼎圈 uã232lẽ42kʰĩ35 套垫在锅外面，让锅能架在架子上的空心圆铁片

铛架 tʃʰaŋ35ka51 锅架

铛架棍 tʃʰaŋ35ka51kuã51

锑煲 tʰuæ35po35 铝锅

砂煲 ʃa35po35 砂锅

大铛 tæ31tʃʰaŋ35 大锅

细铛 nuæ51tʃʰaŋ35 小锅

铛盖 tʃʰaŋ35kø51 锅盖

捞铲 lo35tʃʰæ̃42 锅铲

甑 taŋ51

饭甑 pæ̃31taŋ51

烫⁼tʰiæŋ51 蒸米粉的圆形器具，又做动词，～粉：蒸粉

铜烫⁼tʰiæŋ51toŋ232tʰiæŋ51 铜质的圆形蒸具

水壶 ʃui42u232 烧开水用的壶具

细料碗 nuæ51liu31uŋ42 瓷碗

粗料碗 tʰu35liu31uŋ42 陶碗

木碗 mo31uŋ42 用木剜挖成的碗

竹碗 tʃo44uŋ42 由竹剜挖成的碗，竹木碗不易碎，一般由小孩用

大海碗 tæ31hø42uŋ42 大碗

簋 kuæ51 盛菜用的大碗

龙簋 loŋ232kuæ51 有花纹的盛菜用的大碗

碗柜 uŋ42kuæ31 碗橱

茶壶 ʃa232u232

茶杯 ʃa232pui35

碟 tie31

大碟 tæ31tie31

碟吾 tie31ŋ232 小碟

钵 puə44 陶制容器

大钵 tæ31puə44

豆豉钵 tɔ31ʃi31puə44 装下饭用的豆豉的钵子

饭匙 pæ̃31ʃi232 盛饭用的勺子

饭□ pæ̃11ʃiʌ35 草编的盛饭袋子

粥瓢 tʃo44piu232 盛粥用的勺子

粥勺 tʃo44ʃiʌ31

箸抽 ʃy31tʃʰɔ35 放筷子用的筷笼

箸筒 ʃy31toŋ232

托盘 tʰiʌ51puŋ232 垫在茶杯或碗下面的盘子

托手 tʰiʌ51ʃɔ42

酒胜 tɔ42ʃẽ51 酒杯，避“杯”“赔”同音讳

酒杯 tɔ42pui35

酒勺 tɔ42ʃiʌ31 量酒的量具

盘 puŋ^{232}

酒壶 tɔ^{42}u^{232}

酒瓮 tɔ^{42}oŋ^{51} 酒坛子

腌瓮 ie^{44}oŋ^{51} 腌渍菜用的陶坛子（总称）

咸瓮 æ̃^{232}oŋ^{51} 腌酸菜的坛子，腌制时要有水泡浸

鲊瓮 tʃa^{42}oŋ^{51} 腌渍菜的坛子，腌制时不用水泡浸

腌鲊 ie^{44}tʃa^{42} ①腌渍菜或肉（动词）；②喻工作多，做不完

盐瓮 ĩ^{232}oŋ^{51} 装盐的坛子

油坛 iɔ^{232}tæ̃^{232} 陶制油罐子

油缸 iɔ^{232}kiæŋ^{35}

油赚 iɔ^{232}tʃæ̃^{31} 油勺。避“勺”与“蚀”音近讳

罐 kuŋ^{51}

油罐 iɔ^{232}kuŋ^{51}

晾篱滴 ⁼liæŋ^{51}li^{232}le^{44} 笊篱

铲箕 tʃʰæ̃^{42}ki^{35} 用细篾编成的盛物器，比撮箕精细

瓶椊 pẽ^{232}tuə^{44} 瓶盖儿

玻璃樽 pø^{35}li^{232}tuã^{35} 玻璃瓶

油樽 iɔ^{232}tuã^{35} 油瓶

酒瓶 tɔ^{42}pẽ^{232}

樽吾 tuã^{35}ŋ^{232} 小瓶子

樽细 tuã^{35}nuæ^{51}

水油樽 ʃui^{42}iɔ^{232}tuã^{35} 煤油瓶

铜瓶 toŋ^{232}pẽ^{232} 可用来煮饭的一种容器

萝卜刨 lø^{232}pɔ^{31}piʌ^{232} 把瓜、萝卜等擦成丝的工具

磨刀石 mø^{232}lo^{35}ʃe^{31}

角⁼刀石 kiʌ^{51}lo^{35}ʃe^{31} 用于临时猛磨刀刃使其锋利的石头

角⁼砂 kiʌ^{51}ʃa^{35} 磨刀用的砂轮

角⁼刀 kiʌ^{51}lo^{232} 用力猛磨刀刃使其锋利

砧板 tʃuã^{35}pæ̃^{42}

水桶 ʃui^{42}tʰoŋ^{42} 汲水用的木桶

吃水桶 he^{44}ʃui^{42}tʰoŋ^{42}

碾池 n̥ĩ^{33}ʃi^{232} 铁制、研磨药材的用具，船形

饭桶 pæ̃^{31}tʰoŋ^{42} 装饭的桶

蒸笼 tʃaŋ^{35}loŋ^{232}

米缸 muæ^{33}kiæŋ^{35}

米升 muæ^{33}ʃẽ^{42} 量米的量具

水缸 ʃui^{33}kiæŋ^{35}

潲水缸 ʃiʌ^{42}ʃui^{42}kiæŋ^{35} 泔水缸

潲水 ʃiʌ^{51}ʃui^{42} 泔水

猪潲 tʃy^{35}ʃiʌ^{51} 猪食

米泔水 muæ^{33}kuŋ^{35}ʃui^{42} 淘米水

抹台布 ma^{31}tø^{232}pu^{51} 抹布

卒⁼台布 tuə^{44}tø^{232}pu^{51}

洗碗秆 θuæ^{42}uŋ^{42}kõ^{42} 洗碗用的小刷把

拖把 tʰø^{35}pa^{42}

刨 piʌ^{232}

锯 ky^{51}

凿 θiʌ^{31}

尺 tʃʰe^{44}

曲尺 ʃo^{44}tʃʰe^{44}

摺尺 tʃe^{44}tʃʰe^{44}

卷尺 kĩ^{42}tʃʰe^{44}

鲁班尺 lu^{33}pætʃʰe^{44} 旧式量度工具，一尺约等于 1.2 市尺

墨斗 mɔ^{31}lɔ^{42}

墨（斗）线 mɔ^{31}（lɔ^{42}）θĩ^{51}

竹钉 tʃo^{44}lẽ^{35}

木钉 mo^{31}lẽ^{35}

铁钉 t^{h}ie^{44}lẽ^{35}

老虎钳 lo^{33}fu^{42}kĩ^{232} 用来起钉子或夹断铁丝的用具

铁锤 t^{h}ie^{44}ʃui^{232}

铁镊吾 t^{h}ie^{44}na^{51}ŋ^{232} 镊子

绳（索）ʃaŋ^{232}（θiʌ^{51}）

笼牌 loŋ^{33}pæ^{232} 合页

砌刀 t^{h}i^{51}lo^{35} 砌墙用的铁质砖刀

木刀 mo^{31}lo^{35} 砌墙时用于放泥浆的木质刀

抿匙 mĩ^{33}ʃi^{232} 抹子

泥板 nuæ^{232}pæ̃^{42} 瓦工用来盛抹墙物的木板

　搨板 t^{h}iæŋ^{51}pæ̃^{42}

纸筋 tʃi^{42}tʃuã^{35} 抹墙用的碎麻粗纸，放在泥灰中增加凝聚力

浆桶 tiæŋ^{35}t^{h}oŋ^{42} 灰斗子

　浆箕 tiæŋ^{35}ki^{35}

吊子 liu^{51}ti^{42} 泥水工用线吊重物形成直线而取直的工具

錾子 θæ̃^{31}ti^{42} 凿石头或金属的小凿子

剃头刀 t^{h}uæ^{51}tɔ^{232}lo^{35}

　剃刀 t^{h}uæ^{51}lo^{35}

飞剪 fi^{35}tĩ^{42} 推子

　推剪 t^{h}ui^{35}tĩ^{42}

角＝（刀）布 kiʌ^{51}（lo^{35}）pu^{51} 鐾刀布

剃椅 t^{h}uæ^{51}i^{42} 理发椅

转椅 tʃĩ^{51}i^{42}

剃头椅 t^{h}uæ^{51}tɔ^{232}i^{42}

衣车 i^{35}tʃ^{h}ie^{35} 缝纫机

搨斗 t^{h}iæŋ^{51}lɔ^{42} 熨斗

烙铁 lo^{31}t^{h}ie^{44}

贝□ pui^{31}tʃoŋ^{35} 弹棉花的一套工具，包括弹弓及木槌

弹贝 tæ̃^{232}pui^{31} 弹棉花

贝车 pui^{31}tʃ^{h}ie^{35} 纺车

车贝 tʃ^{h}ie^{35}pui^{31} 纺棉花

麻篮 ma^{232}læ̃^{35} 装针线的篮子

布机 pu^{51}ki^{35} 旧式的织布机

𧾌梭 piu^{35}θø^{35} 织布用的梭

强皮铁 kiæŋ^{232}pi^{232}t^{h}ie^{44} 马口铁

东西 loŋ^{35}θuæ^{35}

东东 loŋ^{35}toŋ^{35} 东西的小称

面盆架 mĩ^{31}puŋ^{232}ka^{51}

大盆 tæ^{31}puŋ^{232} 澡盆

洗凉盆 θuæ^{42}liæŋ^{232}puŋ^{232}

盆儿 puŋ^{232}ȵi^{35} 洗脸用的盆子

碱 kæ̃^{42} 肥皂和香皂

香碱 ʃiæŋ^{35}kæ̃^{42} 香皂

洗衫粉 θuæ^{42}ʃæ̃^{35}fuã^{42} 洗衣粉

洗面巾 θuæ^{42}mĩ^{31}tʃuã^{35} 洗脸巾

洗凉巾 θuæ^{42}liæŋ^{232}tʃuã^{35} 浴巾

牛肚手巾 ŋɔ^{232}tu^{33}ʃɔ^{42}tʃuã^{35} 洗澡用，有牛肚状毛

大布手巾 tæ^{31}pu^{51}ʃɔ^{42}tʃuã^{35} 家织布做的手巾

脚盆 kiʌ^{44}puŋ^{232} 洗脚用的盆子

抹脚布 ma^{31}kiʌ^{44}pu^{51} 擦脚布

　卒＝脚布 tuə^{44}kiʌ^{44}pu^{51}

茶盅 ʃa^{232}tʃoŋ^{35} 漱口用的大杯子

灯 laŋ^{35}

焗纱灯 ko^{31}ʃa^{35}laŋ^{35} 汽灯

洋灯 iæŋ^{232}laŋ^{35} 煤油灯

　水油灯 ʃui^{42}iɔ^{232}laŋ^{35}

　洋油灯 iæŋ^{232}iɔ^{232}laŋ^{35}

　煤油灯 mui^{232}iɔ^{232}laŋ^{35}

大灯 tæ^{31}laŋ^{35} 灯座高灯芯扁大的煤油灯

灯儿 laŋ^{35}ȵi^{232} 灯座低灯芯圆而小的煤油灯

青油灯 tʰẽ^{35}iɔ^{232}laŋ^{35} 用灯草放在灯盏上烧花生油或茶油的灯

灯芯 laŋ^{35}θuã^{35} 油灯上用来点火的纱线

灯囱 laŋ^{35}tʰoŋ^{35} 灯罩

镜囱 kẽ^{51}tʰoŋ^{35}

灯盏 laŋ^{35}tʃæ^{42} ①没有灯罩的油灯；②灯的总称

灯草 laŋ^{35}tʰo^{42}

灯油 laŋ^{35}iɔ^{232}

灯笼 laŋ^{35}loŋ^{232}

手提包 ʃɔ^{42}tuæ^{232}piʌ^{35}

皮包 pi^{232}piɛ^{35}

罗包 lø^{232}piʌ^{35} 钱包

实袋 ʃuə^{11}tø^{31} 有绳子拉紧袋口的袋子

索口袋 θiʌ^{51}hɔ^{42}tø^{31}

麻袋 ma^{11}tø^{31}

包袱 piʌ^{35}po^{31} 一块四方有包裹的袋子

叉马口袋 tʃʰa^{35}ma^{33}hɔ^{42}tø^{31} 大的布口袋，袋口两边稍长，可打结扎紧

私章 θi^{35}tʃiæŋ^{35} 私人用的图章

望远镜 miæŋ^{31}ĩ^{33}kẽ^{51}

风镜 foŋ^{35}kẽ^{51}

糨糊 tiæŋ^{35}u^{232}

顶指 lẽ^{42}tʃi^{42} 顶针儿

牛车云 =ŋɔ^{232}tʃʰie^{35}uã^{232} 线轴儿

车线 tʃʰie^{35}θĩ^{51}

底线 luæ^{42}θĩ^{51}

线梭 θĩ^{51}ʃø^{35} 底线轴

纱子 ʃa^{35}ti^{42} 卷成圆球状的纱线纱团

车子 tʃʰie^{35}ti^{42}

插花针 tʃʰa^{51}fa^{35}tʃuã^{35} 绣花针

大针 tæ^{31}tʃuã^{35} 纳鞋针

针鼻 tʃuã^{35}pi^{31} 针上引线的孔

针嘴 tʃuã^{35}tui^{42} 针尖

针步 tʃuã^{35}pu^{31} 针脚

穿针 tʃʰĩ^{35}tʃuã^{35}（动宾）

锥吾 tʃui^{35}ŋ^{232} 锥子

锥儿 tʃui^{35}ȵi^{232}

耳挖 ȵĩ^{33}ua^{51}

洗衫板 θuæ^{42}ʃæ^{35}pæ^{42}

洗衫槌 θuæ^{42}ʃæ^{35}ʃui^{232} 洗衣服用的棒槌

鸡毛刷 kuæ^{35}mo^{232}ʃø^{31} 鸡毛掸子

扇 ʃĩ^{51}

白沿扇 piʌ^{31}ĩ^{232}ʃĩ^{51} 蒲扇

腊扇 la^{31}ʃĩ^{51} 折扇

篾扇 mie^{31}ʃĩ^{51} 竹篾编的扇子

芦草扇 lu^{232}tʰo^{42}ʃĩ^{51} 用芦苇编的扇子

打□ la^{42}ly^{42} 拐杖，手杖

打缭 la^{42}liu^{42}

凭手棍 paŋ^{31}ʃɔ^{42}kuã^{51}

卫生纸 uæ^{31}ʃaŋ^{35}tʃi^{42}

屎杠 ʃi^{42}kaŋ^{51} 旧时农村用来擦屁股的稻草、苇草或篾片

枪 tʰiæŋ^{232}

铳 tʃʰoŋ^{51}

□ nuã^{42} 引火索

白尾 piʌ^{31}mi^{33} 长矛

鸭舌枪 a^{51}ʃie^{31}tʰiæŋ^{35}

五寸刀 ŋ^{33}tʰuŋ^{51}lo^{35} 匕首

齐头棍 θuæ^{232}tɔ^{232}kuã^{51} 作为武器用的与人同高的棍子

长尾棍 ʃiæŋ^{232}mi^{232}kuã^{51}

九 称谓

男人公 næ̃^{232}ȵyã^{232}koŋ^{35} 俗称男人

男人牯 næ̃^{232}ȵyã^{232}ku^{42}

妇娘母 fu^{33}niæŋ^{232}mu^{33} 俗称女人

女人婆 ny^{33}ȵyã^{232}po^{232}

妇娘人 fu^{33}niæŋ^{232}ȵyã^{232}

长头毛 ʃiæŋ^{232}tɔ^{232}mo^{232}

狗儿 kɔ^{42}ȵi^{232} 刚生下不久的婴儿的爱称

狗狗 kɔ^{42}kɔ^{42}

□脓儿 muæ^{51}noŋ^{232}ȵi^{232} 小孩儿。贬义

佛儿 puə^{11}ȵi^{232} 小孩儿的模型、连环画像

弟 tuæ^{33} 男孩儿

女 ny^{33} 女孩儿

□丁 muæ^{44}lẽ^{35} 七八岁至十几岁的小男孩儿

老 lo^{33} 老年男人、女人

老头 lo^{33}tɔ^{232} 老头儿

老家伙 lo^{33}ka^{35}fuə^{42} 老头子。带贬义

□佬 muæ^{51}lo^{42} 老头子。骂人称呼

老伯妣 lo^{33}pa^{51}puæ^{33} 老太婆

伯妣老 pa^{51}puæ^{33}lo^{33}

老太婆 lo^{33}tʰæ^{44}puə^{232}（～po^{232}）指已去世的老年女子

老婆旦 lo^{33}puə^{232}（～po^{232}）tæ̃^{51} 年纪大的妇女。贬义

老权⁼婆 lo^{33}kĩ^{232}puə^{232}（～po^{232}）

后生 a^{33}ʃaŋ^{35} 小伙子

后生仔 a^{33}ʃaŋ^{35}tuæ^{42}

后生吾 a^{33}ʃaŋ^{35}ŋ^{232}

后生儿 a^{33}ʃaŋ^{35}ȵi^{232}

客姑吾 hiʌ^{51}（～ha^{51}）ku^{35}ȵi^{232} 年轻姑娘

客妹儿 hiʌ^{51}（～ha^{51}）mui^{31}ȵi^{232}

妹儿 mui^{31}ȵi^{232}

街市人 kæ^{51}ʃi^{51}ȵyã^{232} 城里人

街市仔 kæ^{51}ʃi^{51}tuæ^{42} 城里的年轻人

寨佬 ʃæ^{31}lo^{42} 乡巴佬

寨鬼佬 sæ^{31}kuæ^{42}lo^{42}

冲鸡 tʃʰoŋ^{35}kuæ^{35} 山里人，带贬义

寨上人 ʃæ^{31}ʃiæŋ^{31}ȵyã^{232} 乡下人

老实牯 lo^{33}ʃuɔ^{31}ku^{42} 老实人

四方木 θi^{51}foŋ^{35}mo^{31} 老实过头的人

桶⁼弄⁼ tʰoŋ^{42}noŋ^{31} 很笨、不灵活的人

大弄⁼ tæ^{31}noŋ^{31}

大摸 tæ^{31}mø^{35} 做工很慢的人

自家人 θi^{31}ka^{35}ȵyã^{232} ①同宗同姓的一家子；②自己人

外地人 mui^{31}ti^{31}ȵyã^{232}

外来人 mui^{31}lø^{232}ȵyã^{232} ①外来定居的人；②从外来的人

生面人 ʃaŋ^{35}mĩ^{31}ȵyã^{232}

来人 lø^{232}ȵyã^{232} 入赘而来的人

本地人 puŋ^{42}ti^{31}ȵyã^{232}

洋人 iæŋ^{232}ȵyã^{232} 外国人

人家 ȵyã^{232}ka^{35} 外人，不是自己人

外头人 mui^{31}tɔ^{232}ȵyã^{232} ①不同宗族的人；②外人

同年 toŋ^{232}nĩ^{232}

同年哥 toŋ^{232}nĩ^{232}kø^{35}

同年弟 toŋ^{232}nĩ^{232}tuæ^{33}

好手 ho^{42}ʃɔ^{42} 内行

生手 ʃaŋ^{35}ʃɔ^{42} 外行

粗人 tʰu^{35}ȵyã^{232} 没有礼貌和涵养的人

半桶水 puŋ^{51}tʰoŋ^{42}ʃui^{42} 半瓶醋，比喻性说法

寡公 ka^{42}koŋ^{35}

黄花女 oŋ^{232}fa^{35}ny^{33} 未婚女青年

绣妇儿 θɔ^{51}fu^{33}ȵi^{232} 童养媳

*半路妻 puŋ^{51}lu^{31}t^{h}uæ^{35}

　*半□嫂 puŋ^{51}kuã^{31}θo^{42}

*生离婆 ʃaŋ^{35}li^{232}puə^{232}

寡吾婆 ka^{42}ŋ^{232}po^{232} 寡妇

老契 lo^{33}k^{h}uæ^{51} 姘头

野儿仔 ie^{33}ȵi^{232}tuæ^{42} 私生子

　野仔 ie^{33}tuæ^{42}

　野吾 ie^{33}ŋ^{232}

扯野吾 tʃ^{h}ie^{42}ie^{33}ŋ^{232} 产私生仔

犯人 fæ̃^{33}ȵyã^{232} 囚犯

公差 koŋ^{35}tʃ^{h}æ^{35} 旧时的衙役

差吾 tʃ^{h}æ^{35}ŋ^{232} 差人中地位低者

　差细 tʃ^{h}æ^{35}nuæ^{51}

败家仔 pæ^{31}ka^{35}tuæ^{42} 败家子

江湖人 kiæŋ^{35}u^{232}ȵyã^{232} 走江湖的人

　江湖客 kiæŋ^{35}u^{232}hiʌ^{5151}（～ha^{51}）

　江湖佬 kiæŋ^{35}u^{232}lo^{42}

骗子 p^{h}ĩ^{51}ti^{42}

人贩 ȵyã^{232}fæ̃^{51} 专门贩卖人口的人

大贼 tæ^{31}θɔ^{31} 土匪，强盗

贼头 θɔ^{31}tɔ^{232} 匪首

扒手 pa^{232}ʃɔ^{42}

拐骗 kæ^{42}p^{h}ĩ^{51} 偷骗的人

　拐骗子 kæ^{42}p^{h}ĩ^{51}ti^{42}

　拐骗手 kæ^{42}p^{h}ĩ^{51}ʃɔ^{42}

贼吾 θɔ^{31}ŋ^{232} 小偷

夜摸子 ie^{31}mø^{35}ti^{42} 利用夜晚偷东西的人

看风嗰 hõ^{51}foŋ^{35}kə^{42} 望风的人

点水嗰 lĩ^{42}ʃui^{42}kə^{42} 提供情报的人

徛眼人 ki^{33}ŋæ̃^{33}ȵyã^{232} 传说中居住在钟山的古人，其眉毛竖立

横眼人 uaŋ^{232}ŋæ̃^{33}ȵyã^{232} 传说中指钟山后来迁入的居民

工作 koŋ^{35}tiʌ^{51}

工夫 koŋ^{35}fu^{35}

工人 koŋ^{35}ȵyã^{232}

长工 ʃiæŋ^{232}koŋ^{35}

短工 luŋ^{42}koŋ^{35}

零工 lẽ^{232}koŋ^{35}

做生意嗰 tu^{51}ʃaŋ^{33}i^{51}kə^{42} 做买卖的

经纪 kẽ^{35}ki^{51} 在圩场中帮助别人做买卖的人

老板 lo^{33}pæ̃^{42}

主家 tʃy^{42}ka^{35} 东家

　主 tʃy^{42}

老板娘 lo^{33}pæ̃^{42}niæŋ^{232}

　老板婆 lo^{33}pæ̃^{42}puə^{232}

伙计 fuə^{42}ki^{51} 店员或长工，生意合伙人

细工 nuæ^{51}koŋ^{35} 做非技术活打下手的人

　小工 θiu^{42}koŋ^{35}

大工 tæ^{31}koŋ^{35} 做技术活的人

客 hiʌ^{51}（～ha^{51}）顾客

小贩 θiu^{42}fæ̃^{51}

摊贩 t^{h}æ̃^{51}fæ̃^{51}

□笼佬 koŋ^{33}loŋ^{232}lo^{42} 货郎，以货郎鼓声得名

先生 θĩ^{35}ʃaŋ^{35} ①医生；②私塾的老师

老先生 lo^{33}θĩ^{35}ʃaŋ^{35} 老学究

大先生 tæ^{31}θĩ^{33}ʃaŋ^{35} 戏称自以为有学问的人

老师 lo^{33}ʃi^{35}

学生 iʌ^{31}ʃaŋ^{35} ①在学校内外跟人学习的人；②儿子

同窗 toŋ^{232}t^{h}iæŋ^{35} 同学

兵 pẽ^{35}

兵牯 pẽ^{35}ku^{42} 旧社会称当兵的

大兵 tæ^{31}pẽ^{35}

大兵牯 tæ^{31}pẽ^{35}ku^{42}

大兵牯佬 tæ^{31}pẽ^{35}ku^{42}lo^{42}

警察 kẽ^{42}tʃʰa^{51}

医生 i^{35}ʃaŋ^{35}

车师 tʃʰie^{35}ʃi^{35} 司机

手艺 ʃɔ^{42}ȵi^{31}

糊瓦佬 u^{232}ŋa^{33}lo^{42} 制瓦的人

瓦窑佬 ŋa^{33}iu^{232}lo^{42}

铜匠 toŋ^{232}θiæŋ^{31}

打铜匠 la^{42}toŋ^{232}θiæŋ^{31}

铁匠 tʰie^{44}θiæŋ^{31}

打铁匠 la^{42}tʰie^{44}θiæŋ^{31}

打铁佬 la^{42}tʰie^{44}lo^{42}

补铛佬 pu^{42}tʃʰaŋ^{35}lo^{42} 补锅工匠

漆匠 tʰuə^{44}θiæŋ^{31} 油漆工匠

杀卖 ʃa^{51}mæ^{31} 屠户

屠羊佬 tu^{232}iæŋ^{232}lo^{42} 杀羊的

杀牛佬 ʃa^{51}ŋɔ^{232}lo^{42} 杀牛的

杀猪佬 ʃa^{51}tʃy^{35}lo^{42} 杀猪的

猪公佬 tʃy^{35}koŋ^{35}lo^{42} 以养种公猪给母猪配种为业的人，一般为中老年鳏夫

牵猪公 ʃĩ^{35}tʃy^{35}koŋ^{35}

担脚 læ̃^{35}kiʌ^{44} ①搬运夫的旧称；②搬运费

扛脚 kʰiæŋ^{35}kiʌ^{44} 娶亲时到女方家去搬嫁妆等物的人

轿夫 kiu^{31}fu^{35}

船家佬 ʃĩ^{232}ka^{35}lo^{42} 以撑船为业的男人

总管 toŋ^{42}kuŋ^{42} 管家

养牛妹 iæŋ^{33}ŋɔ^{232}mui^{31} 放牛的女孩子

养牛儿 iæŋ^{33}ŋɔ^{232}ȵi^{232} 放牛的小男孩

养牛佬 iæŋ^{33}ŋɔ^{232}lo^{42} 放牛的

养牛官 iæŋ^{33}ŋɔ^{232}kuŋ^{35}

皮鞋佬 pi^{232}æ^{232}lo^{42} 做皮革的

弹贝佬 tæ̃^{232}pui^{31}lo^{42} 弹棉花的

阉鸡佬 ĩ^{35}kuæ^{35}lo^{42} 阉鸡的

阉猪佬 ĩ^{35}tʃy^{35}lo^{42} 阉猪的

阉牛佬 ĩ^{35}ŋɔ^{232}lo^{42} 阉牛的

唱戏佬 tʃʰiæŋ^{51}hi^{51}lo^{42} 唱戏的

鼓吹佬 ku^{42}tʃʰui^{35}lo^{42} 吹鼓手

鼓吃佬 ku^{42}he^{44}lo^{42}

中人 tʃoŋ^{35}ȵyã^{232} 撮合生意的人

做中 tu^{51}tʃoŋ^{35}

中 tʃoŋ^{35}

牛中 ŋɔ^{232}tʃoŋ^{35} 说合牛买卖生意的人

牛贩 ŋɔ^{232}fæ̃^{51} 贩卖牛的人

烟中 ĩ^{35}tʃoŋ^{35} 说合烟叶买卖的人

乸妣 nẽ^{31}puæ^{33} 奶妈

凑妹 tʰɔ^{51}mui^{31} 带小孩

凑妹嗰 tʰɔ^{51}mui^{31}kə^{42} 保姆

人工 ȵyã^{232}koŋ^{35} 仆人

奴婢 nu^{232}pi^{33}

接生嗰 tie^{44}ʃaŋ^{35}kə^{42} 给产妇接生的人

风水先生 poŋ^{35}ʃui^{42}θĩ^{35}ʃaŋ^{35} 以勘看阳宅阴宅为业的人

踩地先生 θĩ^{35}ʃaŋ^{35} 以勘看阴宅为业的人

鸡公先生 kuæ^{35}koŋ^{35}θĩ^{35}ʃaŋ^{35} 外来高明的以勘看阴宅为业的人

算命先生 θuŋ^{51}mẽ^{31}θĩ^{35}ʃaŋ^{35}

八字先生 pa^{51}θi^{31}θĩ^{35}ʃaŋ^{35}

看相嗰 hõ^{51}θiæŋ^{51}kə^{42} 看相的

仙婆 θĩ^{35}po^{232} 巫婆

仙公 θĩ^{35}koŋ^{35} 男巫师

游方和尚 iɔ^{232}foŋ^{35}uə^{232}ʃiæŋ^{31} 出家的道教徒

筛公头 ʃuæ^{232}koŋ^{35}tɔ^{232} 火居道教徒的首领

正筛 tʃẽ^{51}ʃuæ^{232} 度过戒的道教徒

白筛 piʌ^{31}ʃuæ^{232} 没有度过戒的道教徒

药婆 iʌ^{31}po^{232} 会放蛊的成年妇女

药儿 iʌ^{31}ȵi^{35} 放蛊人的追随者

反面门神 fæ̃^{42}mĩ^{31}muŋ^{232}ʃuã^{232} 暗中作对的人

当事业 liæŋ^{35}ʃi^{31}ȵie^{31} 有身份的人

头真人 tɔ^{232}tʃuã^{35}ȵyã^{232} 家长

　家主 ka^{35}tʃy^{42}

撞头人 tʃiæŋ^{51}tɔ^{232}ȵyã^{232} 专门作对的人

　对头人 lui^{51}tɔ^{232}ȵyã^{232}

　对头 lui^{51}tɔ^{232}

扎脚娘 tʃa^{44}kiʌ^{44}niæŋ^{232} 缠脚女人

扎脚 tʃa^{44}kiʌ^{44} 缠脚

*寨头 ʃæ^{31}tɔ^{232}

十　亲属

老一辈 lo^{33}yə^{44}pui^{51} 长辈

　上一辈 ʃiæŋ^{31}yə^{44}pui^{51}

白=梗= piʌ^{31}kaŋ^{42} 曾祖父

白= piʌ^{31} 曾祖母

　吾白= ŋ^{232}piʌ^{31}

伯翁 pa^{51}oŋ^{35} 祖父的哥哥

大梗= tæ^{31}kaŋ^{42} 祖父辈排行最大的

幼梗= iɔ^{51}kaŋ^{42} 祖父辈排行第二的

　二梗= ȵi^{31}kaŋ^{42}

晚梗= mæ̃^{33}kaŋ^{42} 祖父辈排行最小的

吾伯 ŋ^{232}pa^{51}

老家伙 lo^{33}ka^{31}fuə^{42} 父亲，背称

娘 niæŋ^{232} ①母亲，面称；②父亲的姐姐

老妣 lo^{33}puæ^{33} 母亲，尊称

　老妣吾 lo^{33}puæ^{33}ŋ^{232}

佬 lo^{42} 背称别人的父母

舅母 tʃɔ^{33}mu^{33} 舅舅的妻子，背称

亲家爷 t^{h}uã^{35}ka^{35}ie^{232} 弟兄的岳父

亲家叔 t^{h}uã^{35}ka^{35}ʃo^{44} 弟之岳父

亲家伯 t^{h}uã^{35}ka^{35}pa^{51} 兄之岳父

亲家妣 t^{h}uã^{35}ka^{35}puæ^{33} 兄弟的岳母

姑婆 ku^{35}po^{232} 父之姑母

姨婆 i^{232}po^{232} 父之姨母

大姨婆 tæ^{31}i^{232}po^{232}

同辈 toŋ^{232}pui^{51} 平辈

　平行 pẽ^{232}aŋ^{232}

小 θiu^{42} 小老婆

娶小 t^{h}u^{42}θiu^{42} 娶小老婆

头婆壳 tɔ^{232}po^{232}hiʌ^{51} 戏称年纪大了的妻子

大爷 tæ^{31}ie^{35} 夫之兄

大娘 tæ^{31}niæŋ^{232} 夫之兄妻

娘 niæŋ^{232} 夫之姐

姑 ku^{35} 夫之妹

姑爷 ku^{33}ie^{35} 父亲妹妹的丈夫

舅 tʃɔ^{33} 妻之兄弟

大舅 tæ^{31}tʃɔ^{33} 内兄

细舅 nuæ^{51}tʃɔ^{33} 内弟

　舅吾 tʃɔ^{33}ŋ^{232}

　舅儿 tʃɔ^{33}ȵi^{232}

大姨 tæ^{31}i^{232} 妻之姐

小姨 θiu^{42}i^{232} 妻之妹

晚姨 mæ̃^{33}i^{232} 母之小妹

婶 ʃuã^{42} 丈夫弟弟的妻子

叔伯哥 ʃo^{44}pa^{51}kø^{35} 堂兄

叔伯弟 ʃo^{44}pa^{51}tuæ^{33} 堂弟

叔伯姊妹ʃo^{44}pa^{51}ti^{42}mui^{31} 堂姊妹

叔伯姊ʃo^{44}pa^{51}ti^{42} 堂姐

叔伯妹ʃo^{44}pa^{51}mui^{31} 堂妹

老表lo^{33}piu^{42} 表兄弟姐妹

表哥piu^{42}kø^{35}

表嫂piu^{42}θo^{42}

表弟piu^{42}tuæ^{33}

表姊妹piu^{42}ti^{42}mui^{31}

表姊piu^{42}ti^{42} 表姐

表妹piu^{42}mui^{31}

晚辈mæ̃^{33}pui^{51}

仔女tuæ^{42}ny^{33} 儿子和女儿的总称

　细子θuæ^{51}ti^{42}

老一lo^{33}yə^{44} 大儿子

　老大lo^{33}tæ^{31}

老晚lo^{33}mæ̃^{33} 最小的儿子

养仔iæŋ^{33}tuæ^{42} 养子

养女iæŋ^{33}ny^{33}

孙嫂θuŋ^{35}θo^{42} 孙媳妇

孙女θuŋ^{35}ny^{33}

孙女婿θuŋ^{35}ny^{33}θui^{51}

外甥哥mui^{31}ʃaŋ^{35}kø^{35} 男外孙，面称

外甥姊mui^{31}ʃaŋ^{35}ti^{42} 女外孙，面称

外甥女mui^{31}ʃaŋ^{35}ny^{33} ①女之女；②姐妹之女

侄女tʃuə^{31}ny^{33}

舅孙tʃɔ^{33}θuŋ^{35} 妻的兄弟之子

舅孙女tʃɔ^{33}θuŋ^{35}ny^{33} 妻的兄弟之女

亲家t^{h}uã^{35}ka^{35} 子之岳父，女婿之父

亲家妣t^{h}uã^{35}ka^{35}puæ^{33}

亲家爷t^{h}uã^{35}ka^{35}ie^{35}

来仔lø^{232}tuæ^{42} 妇女改嫁带的子女

　跟妣侄kuã^{35}puæ^{33}tʃuə^{31}

驮肚仔tø^{232}tu^{33}tuæ^{42} 改嫁妇女带来的遗腹子

男人牯næ̃^{232}n̥yã^{232}ku^{42} 男子通称

　男人公næ̃^{232}n̥yã^{232}koŋ^{35}

女人婆ny^{33}n̥yã^{232}po^{232} 妇女通称

外家mui^{31}ka^{35} 娘家

男家næ̃^{232}ka^{35} 婆家

男家næ̃^{232}ka^{35} 从外人角度说，婚姻关系中的男方

女家ny^{33}ka^{35} 从外人角度说，婚姻关系中的女方

外婆屋mui^{31}po^{232}o^{44} 姥姥家

外婆努 =mui^{31}po^{232}nu^{33}

外翁努 =mui^{31}oŋ^{35}nu^{33} 丈人家

排行pæ^{232}aŋ^{232}

排辈pæ^{232}pui^{35}

辈分pui^{35}puã^{31}

*二哥n̥i^{31}kø^{35}

*二哥嫂n̥i^{31}kø^{35}θo^{42}

狗瘦kɔ^{42}ʃɔ^{51} 昵称小孩

妹儿头mui^{31}n̥i^{232}tɔ^{232} 未成年的女孩，女孩子王

十一　身体

身ʃuã^{35} 身体

身材ʃuã^{35}θø^{232}

身骨ʃuã^{35}kuə^{44}

身架ʃuã^{35}ka^{51} 身材，亦指身份地位

额头勾ŋa^{33}tɔ^{232}ŋɔ^{35} 前额生得向前突

　额头级 =ŋa^{33}tɔ^{232}kie^{31}

和尚头uə^{232}ʃiæŋ^{31}tɔ^{232} 光头

头塌tɔ^{232}t^{h}a^{51} 秃头

头辣= tɔ^{232}la^{31} 掉了大量头发的头

头殿顶 tɔ^{232}tĩ^{31}nẽ^{35} 头顶

后脑 ɔ^{33}no^{33} 后脑勺子

大头槌 tæ^{31}tɔ^{232}tʃui^{232} 大脑袋

颈蒙=冲 kẽ^{42}moŋ^{232}tʃʰoŋ^{35} ①颈后凹处；②后面

　颈肚窝 kẽ^{42}tu^{33}uə^{35}

头毛尾 tɔ^{232}mo^{232}mi^{33} 发梢

少年白 ʃiu^{51}nĩ^{232}piʌ^{31} 少白头

白头蒙 piʌ^{31}tɔ^{232}moŋ^{35} 生来头发白

白狗雪 piʌ^{31}kɔ^{42}θuə^{44} 头屑

脱毛 tʰuə^{44}mo^{232} 掉头发，动宾

　落发 liʌ^{31}fa^{51}

头额 tɔ^{232}ŋiʌ^{31} 头部头发以上的部分

头门 tɔ^{232}muŋ^{232} 囟门

头角 tɔ^{232}kiʌ^{51} 鬓角

头辫 tɔ^{232}pĩ^{33}

髻 kuæ^{51} 中老年盘在脑后的鬏

留阴吾 lɔ^{232}yuã^{51}ŋ^{232} 刘海儿，“阴”变调特别

留□阴儿 lɔ^{232}po^{232}yuã^{35}ȵi^{35} 小孩只在前额留一撮头发的发型

面板骨 mĩ^{31}pæ^{42}kuæ^{44} 颧骨

酒杯凹 tɔ^{42}pui^{35}mo^{44} 酒窝

鼻士=路 pi^{31}ʃi^{31}lu^{31} 人中

　鼻士=间 pi^{31}ʃi^{31}kæ̃^{35}

口腮 hɔ^{42}θø^{35} 腮帮子

眼圈 ŋæ̃^{33}kʰĩ^{35} 眼眶

眼白 ŋæ̃^{33}piʌ^{31} 白眼珠儿

眼黑 ŋæ̃^{33}hɔ^{44} 黑眼珠儿

眼仁 ŋæ̃^{33}ȵyã^{232} 瞳仁儿

眼尾 ŋæ̃^{33}mĩ^{42} 上下眼睑的结合处

眼角 ŋæ̃^{33}kiʌ^{51} ①上下眼睑的结合处；②眼角儿靠近鼻子的部位

眼粪 ŋæ̃^{33}puã^{51} 眼眵

　眼屎 ŋæ̃^{33}ʃi^{42}

眼皮 ŋæ̃^{33}pi^{232}

单沿眼 læ̃^{35}ĩ^{232}ŋæ̃^{33} 单眼皮儿

双沿眼 ʃiæŋ^{35}ĩ^{232}ŋæ̃^{33} 双眼皮儿

　凤眼 foŋ^{31}ŋæ̃^{33}

皱额头母 ȵio^{51}ŋa^{33}tɔ^{232}muŋ^{33} 皱眉头，动宾

大鼻 tæ^{31}pi^{31} 很多的鼻涕

　大鼻脓 tæ^{31}pi^{31}noŋ^{232}

　大鼻□ tæ^{31}pi^{31}lø^{31}

鼻屎 pi^{31}ʃi^{42} 鼻垢

鼻士=贡= pi^{31}ʃi^{31}koŋ^{51} 鼻孔

鼻士=毛 pi^{31}ʃi^{31}mo^{232} 鼻毛

鼻士=顶 pi^{31}ʃi^{31}nẽ^{42} 鼻子顶端

鼻士=头 pi^{31}ʃi^{31}tɔ^{232}

鼻士=灵 pi^{31}ʃi^{31}lẽ^{232} 嗅觉灵敏

鼻士=桥 pi^{31}ʃi^{31}kiu^{232} 鼻梁儿

红鼻士= oŋ^{232}pi^{31}ʃi^{31} 酒糟鼻子

鼻士=勾 pi^{31}ʃi^{31}kɔ^{35} 鹰嘴鼻

　鼻士=□ pi^{31}ʃi^{31}ly^{42}

口水花 hɔ^{42}ʃui^{42}fa^{35} 唾沫星儿

漦 ʃæ̃^{232} 口中的黏液

　烦漦 fæ̃^{232}ʃæ̃^{232}

口舌头大 hɔ^{42}ʃie^{31}tɔ^{232}tæ^{31} 口齿不清

口舌嘴 hɔ^{42}ʃie^{31}tui^{42} 舌尖

口利 hɔ^{42}li^{31} 动物的舌头

当门牙 liæŋ^{35}muŋ^{232}ŋa^{232} 门牙

大牙齿 tæ^{31}ŋa^{232}tʃʰi^{42} 大牙

老虎牙 lo^{33}fu^{42}ŋa^{232} 虎牙

牙齿□ ŋa^{232}tʃʰi^{42}kuæ^{232} 牙垢

牙齿根 ŋa^{232}tʃʰi^{42}kuã^{35} 牙床

牙齿虫 ŋa^{232}tʃʰi^{42}ʃoŋ^{232} 虫牙

耳朵□ n̠ĩ^{33}lø^{42}koŋ^{51} 耳朵眼儿

耳朵屎 n̠ĩ^{33}lø^{42}ʃi^{42} 耳屎

耳冇灵 n̠ĩ^{33}mɔ^{33}lẽ^{232} 耳背，听不清

耳背 n̠ĩ^{33}pui^{51} 耳朵后面

耳朵根 n̠ĩ^{33}lø^{42}kuã^{35} 耳根

耳朵槌 n̠ĩ^{33}lø^{42}ʃui^{232} 耳珠

嘴牙骹 tui^{42}ŋa^{232}kiʌ^{51} 下颌骨

　口椏骨 hɔ^{42}ŋa^{35}kuə^{44}

颈骨 kẽ^{42}kuə^{44} 喉结

马襻须 ma^{33}pæ̃^{51}θy^{35} 络腮胡子

　大胡须 tæ^{31}u^{232}θy^{35}

两撇须 liæŋ^{33}pʰie^{44}θy^{35} 八字胡子

颈叉骨 kẽ^{42}tʃʰa^{35}kuə^{44} 肩胛骨

冇得膊头 mɔ^{33}luə^{44}piʌ^{51}tɔ^{232} 溜肩膀儿

手□ ʃɔ^{42}kɔ^{31} 胳膊肘儿

杈椏根 tʃʰa^{35}a^{35}kuã^{35} 腋窝

窝儿 uə^{35}n̠i^{232} 心窝

手腕 ʃɔ^{42}uŋ^{42} 手腕子

手指罅 ʃɔ^{42}ki^{42}la^{51} 手指缝儿

手指杈 ʃɔ^{42}ki^{42}tʃʰa^{35}

手指节 ʃɔ^{42}tʃi^{42}tie^{44}（指头）关节

手指嘴 ʃɔ^{42}ki^{42}tui^{42} 手指末端有指纹的略微隆起的部分

手指头 ʃɔ^{42}ki^{42}tɔ^{232}

手模印 ʃɔ^{42}mo^{31}yã^{51} 指印

手□ ʃɔ^{42}kə^{33} 多于五个的手指

硬泡 ŋaŋ^{31}pʰɔ^{35} 手上的茧子

螺边 ø^{232}pĩ^{35} 指甲盖和指尖肌肉连接处

手掌 ʃɔ^{42}tʃiæŋ^{42}

巴掌 pa^{35}tʃiæŋ^{42}

手肚 ʃɔ^{42}tu^{33} 手心

手背 ʃɔ^{42}pui^{51}

手路 ʃɔ^{42}lu^{31} 手纹

大腿头 tæ^{31}tʰui^{42}tɔ^{232} 大腿根儿

脚胫 kiʌ^{44}kẽ^{42} 小腿

沿旁肉 ĩ^{232}piæŋ^{232}n̠io^{31} 腿肚子

脚胫骨 kiʌ^{44}kẽ^{42}kuə^{44} 小腿内侧的长骨

大腿头骨 tæ^{31}tʰui^{42}tɔ^{232}kuə^{44} 胯骨

大腿罅 tæ^{31}tʰui^{42}la^{42} 两条腿的中间

裤头底 fu^{51}tɔ^{232}luæ^{42} 胯下

屎窟团 ʃi^{42}fuə^{44}tuŋ^{232} 屁股蛋儿

屎窟膀 ʃi^{42}fuə^{44}piæŋ^{33} 臀部周围

屎窟罅 ʃi^{42}fuə^{44}la^{51} 屁股沟儿

屎窟□骨 ʃi^{42}fuə^{44}kẽ^{232}kuə^{44} 尾骨

佛儿 puə^{11}n̠i^{232} 阴茎，委婉说法

飞飞 pi^{35}pi^{35} 赤子阴

　飞儿 pi^{44}n̠i^{232}

□卵子 muæ^{51}luŋ^{33}ti^{42} 睾丸

脚弯 kiʌ^{44}uæ̃^{35} 脚腕子

　脚腰 kiʌ^{44}iu^{35}

脚眼 kiʌ^{44}ŋæ̃^{33} 踝子骨

赤脚 tʃʰa^{33}kiʌ^{44}

脚背 kiʌ^{44}pui^{51}

脚板 kiʌ^{44}pæ̃^{42} 脚掌

脚心 kiʌ^{44}θuã^{35}

脚尖 kiʌ^{44}tĩ^{35}

脚底 kiʌ^{44}luæ^{43}

脚趾 kiʌ^{44}tʃi^{42}

脚颈 kiʌ^{44}kaŋ^{42}（～ kẽ^{42}）

脚趾头 kiʌ^{44}tʃi^{42}tɔ^{232}

脚模壳 kiʌ^{44}mo^{31}kʰiʌ^{51} 脚趾甲

脚踭 kiʌ^{44}tʃaŋ^{35} 脚跟儿

脚印 kiʌ^{44}yã^{51}

鸡眼 kuæ^{35}ŋæ̃^{33}

心口 θuã^{35}hɔ^{42}

胸前头 ʃoŋ^{35}θĩ^{232}tɔ^{232} 胸脯

肋□骨 luə^{31}ʃaŋ^{51}kuə^{44} 肋骨

羍嘴 nẽ^{31}tui^{42} 奶头

羍水 nẽ^{31}ʃui^{42} 乳汁

屎肚 ʃi^{42}tu^{33} 小腹

腰 iu^{35}

腰骨 iu^{35}kuə^{44}

背脊罗骨 pui^{51}te^{44}lo^{232}kuə^{44} 脊梁骨

　罗骨 lo^{232}kuə^{44}

赤□ tʃʰa^{33}liʌ^{44} 赤膊

　赤里赤□ tʃʰa^{33}li^{35}tʃʰa^{33}liʌ^{44}

双顶 ʃiæŋ^{35}nẽ^{42} 双旋儿

双顶牯 ʃiæŋ^{35}nẽ^{42}ku^{42} 双旋的人

脶 lø^{232} ①指纹；②圆形的指纹

四方脶 θi^{51}foŋ^{35}lø^{232} 圆形的指纹中不甚圆的

粪箕 puã^{51}ki^{35} 簸箕形的指纹

粪箕脶 puã^{51}ki^{35}lø^{232}

汗毛 õ^{31}mo^{232} 寒毛

肉眼 ȵio^{31}ŋæ̃^{33} 寒毛眼儿

骨 kuə^{44}

筋 tʃuã^{35}

血 ʃie^{44}

青筋 tʰẽ^{35}tʃuã^{35} 血管

脉 miʌ^{31}

肚□ tu^{33}po^{51} 五脏

心 θuã^{35}

肝 kõ^{35}

润 yã^{31}

肺 fui^{51}

胆 læ̃^{42}

连贴 lĩ^{232}tʰie^{44} 脾

肚 lu^{42} 胃

　胃 ui^{51}

肾 ʃuã^{33}

　腰子 iu^{35}ti^{33}

脏 θiæŋ^{31} 肠

大脏 tæ^{31}θiæŋ^{31} 大肠

脏儿 θiæŋ^{31}ȵi^{35} 小肠

　细脏 nuæ^{51}θiæŋ^{31}

脏卡 θiæŋ^{31}kʰa^{51} 盲肠

皮 pi^{232} 皮肤

十二　疾病　医疗

有松爽 mɔ^{33}θoŋ^{35}θiæŋ^{42} 生小病

　有舒服 mɔ^{33}ʃy^{35}fo^{31}

　闻睏 muã^{232}huã^{51}

发病 fa^{51}pẽ^{31} 生病

贴床大病 tʰie^{44}ʃiæŋ^{232}tæ^{31}pẽ^{31} 重病

急病 tʃuə^{44}pẽ^{31}

松爽啰 θoŋ^{35}θiæŋ^{42}lo^{33} 病轻了，舒服了

病好啰 pẽ^{31}hɔ^{42}lo^{33} 病好了

请先生 tʰẽ^{42}θĩ^{35}ʃaŋ^{35} 请医生

医 i^{35}

开药单 hø^{35}iʌ^{31}læ̃^{35} 开药方子

　开单 hø̃^{35}læ̃^{35}

药单 iʌ^{31}læ̃^{35} 处方

秘方 mi^{51}foŋ^{35} 偏方儿

叠药 tie^{31}iʌ^{31} 抓中药

叠茶 tie^{31}ʃa^{232}

水茶 ʃui^{42}ʃa^{32} 中药汤

取药 tʰu^{42}iʌ^{31} 买药

药材铺 iʌ^{31}θø^{232}pʰu^{42} 卖中药和西药的地方

药房 iʌ^{31}poŋ^{232}
药引 iʌ^{31}yã^{33} 药引子
药瓶 iʌ^{31}pẽ^{232} 药罐子
药煲 iʌ^{31}po^{35}
煲茶 po^{35}iʌ^{31} 煎药，动宾
熬药 ŋo^{31}iʌ^{31}
煲药 po^{35}iʌ^{31}
药膏 iʌ^{31}ko^{35} 膏状的西药
胶药 kiʌ^{35}iʌ^{31} 膏状的中药
黏药膏 nĩ^{35}iʌ^{31}ko^{35} 贴膏药
药粉 iʌ^{31}puã^{42} 药面儿
擦药膏 t^{h}a^{51}iʌ^{31}ko^{35}
□药膏 ʃɔ^{44}iʌ^{31}ko^{35}
漉 piu^{42} 发汗
去风 hy^{51}foŋ^{35}
宿火 θo^{44}fuə^{42} 去火
去湿 hy^{51}ʃuə^{44}
漉毒 piu^{42}to^{31} 去毒
放毒 poŋ^{51}to^{31}
排毒 pæ^{232}to^{31}
消化 θiu^{35}fa^{51} 消食
刮痧 ka^{51}ʃa^{35}
刮痨 ka^{51}lo^{232}
夹背脊 ka^{31}pui^{51}te^{44} 用屈起的食指与中指蘸水或酒夹背部使皮下出血以治病
挑麻 t^{h}iu^{35}ma^{232} 用针挑相关的经络穴位以治病
麻根 ma^{232}kuã^{35} 病症所在的经络穴位
出毛 tʃ^{h}uə^{44}mo^{232} 小孩的发冷发热之类的疾病
推毛 t^{h}ui^{35}mo^{232} 用蒸熟的荞麦粉团在小儿身上推以治病
烧灯草 ʃiu^{35}laŋ^{35}t^{h}o^{42} 用油灯草在身上某些部位烧灸以治病
吸痧 kiʌ^{33}ʃa^{35} 拔火罐
吸痧筒 kiʌ^{33}ʃa^{35}toŋ^{232} 火罐
擦病 t^{h}a^{51}pẽ^{31} 用按摩方法治病
肚有好 tu^{33}mɔ^{33}hɔ^{42} 婉指泻肚
起二毛子 hi^{42}ȵi^{31}mo^{232}ti^{42} 起鸡皮疙瘩
伤寒 ʃiæŋ^{35}õ^{232} 伤风感冒
扯老痕 tʃ^{h}ie^{42}lo^{35}ha^{33} 气喘
扯老瘕吾 tʃ^{h}ie^{42}lo^{33}ha^{35}ŋ^{232}
老瘕儿 lo^{33}ha^{35}ȵi^{232}
羋瘕 nẽ^{31}ha^{35} 吃奶小孩患的气喘病
扯瘕 tʃ^{h}ie^{42}ha^{35} 气管炎
上架热 ʃiæŋ^{31}ka^{51}ȵie^{31} 上火
胀气 tʃiæŋ^{51}hi^{51} 积滞
心口疼 θuã^{35}hɔ^{42}t^{h}oŋ^{51} 胸口疼
头昏 tɔ^{232}fuã^{35} 头晕
转头晕 tʃĩ^{51}tɔ^{232}uã^{232}
闷车 muŋ^{31}tʃ^{h}ie^{35} 晕车
反车 fæ̃^{42}tʃ^{h}ie^{35}
闷船 muŋ^{31}ʃĩ^{232} 晕船
头疼 tɔ^{232}t^{h}oŋ^{51}
想反 θiæŋ^{42}fæ̃^{42} 要呕吐
大脏头出 tæ^{31}θiæŋ^{31}tɔ^{232}tʃ^{h}uə^{44} 脱肛
屎窟肠出 ʃi^{42}fuə^{44}ʃiæŋ^{232}tʃ^{h}uə^{44}
发冷 fa^{51}laŋ^{33} 发疟子
发痧 fa^{51}ʃa^{35} 出麻疹
出痧 tʃ^{h}uə^{44}ʃa^{35}
出文 =tʃ^{h}uə^{44}muã^{35}
出痘 tʃ^{h}uə^{44}tɔ^{31} 出水痘
出牛痘 tʃ^{h}uə^{44}ŋɔ^{232}tɔ^{31} 出天花
种牛痘 tʃoŋ^{51}ŋɔ^{232}tɔ^{31}

伤寒症 ʃiæŋ35õ232tʃẽ51

黄肚病 oŋ232tu33pẽ31 黄疸

肝炎 kõ35ĩ232

肺炎 fui51ĩ232

胃病 uæ51pẽ31

痨病 lo232pẽ31 中医指结核病

痰 θæ̃232

吐痰 tʰu35θæ̃232

生臌 ʃaŋ35ku42 大肚子病

□伤 tuə31ʃiæŋ35

□伤 luã51ʃiæŋ35 碰伤

□ æ̃33 碰擦（嘴内腮帮肉）

□皮 ʃø51pi232 蹭破皮儿

北⁼ pɔ44 刺、扎

出血 tʃʰuə44ʃie44

积血 te44ʃie44 瘀血

出汁 tʃʰuə44 溃脓

屡 ĩ42 伤口愈合后的痂皮

结屡 kie44ĩ42 结痂

□ naŋ51 疤痕

头疤 tɔ232pa35 头上的伤疤

路 lu31 伤痕

痄腮 tʃa51θø35 腮腺炎

　猪头肥 tʃy35tɔ232pi232

生疮 saŋ35tʃʰiæŋ35 长疮，动宾

生疔 ʃaŋ35lẽ35 长疔，动宾

疮疥 tʃʰiæŋ35kæ51

痈 ioŋ35 大疮

血疔 ʃie44lẽ35 小疮

痔疮 tʃi51tʃʰiæŋ35

癞 læ31 疥疮

　癞疥子 læ31kæ51ti42

大泡癞 tæ31pʰiʌ51læ31 化脓的疥疮

鸡皮癞 kuæ35pi232læ31 未化脓的疥疮

白癣 piʌ31θĩ42

红癣 oŋ232θĩ42

麻风 ma232foŋ35

热佛⁼子 ȵi31pø31ti42 痱子。[ȵi31] 是 [ȵie31] 的音变

汗斑 õ31pæ̃35

痣 tʃi51 隆起的痣，半球形，红色或黑褐色

马蝇屎 ma33iaŋ232ʃi42 ①苍蝇屎；②雀斑

　蚊蝇屎 muã11iaŋ232ʃi42

酒□ tɔ42ti51 粉刺

口气臭 hɔ42hi51tʃʰɔ51 口臭

生鼠 ʃaŋ35ʃy42 淋巴肿大

疠 le31 颈部的淋巴结疾病

大颈 tæ31kẽ42 甲状腺肿大

　大泡胫 tæ31pʰiʌ51kẽ42

　颈泡 kẽ42pʰiʌ35

鼻士实 pi31ʃi31ʃuə31 嗅觉不灵，鼻不通气，发音不清

大腰□□ tæ31iu35ʃæ33ʃæ33 水蛇腰

大腰□□ tæ31iu35niu232niu232 腰细而长

鸭公声 a51koŋ35ʃẽ35 沙哑的嗓音

独眼龙 to31ŋæ̃33loŋ232 一只眼儿

眼单 ŋæ̃33læ̃35 一只眼睛是瞎的

近视眼 tʃuã33ʃi31ŋæ̃33

远视眼 ĩ33ʃi31ŋæ̃33

眼雾低 ŋæ̃33mu31（～u31）luæ35 老花眼

眼泡 ŋæ̃33pʰɔ35 鼓眼泡儿

眼斜 ŋæ̃33θie232 内斜视

　眼笪 ŋæ̃33tʃʰie51

眼□ ŋæ̃33ȵi42 眼睛怕见到光亮

狗逼疔 kɔ^{42}pe^{44}lẽ^{35} 睑腺炎

割 kø^{51} 开刀

发羊癫 fa^{51}iæŋ^{232}lĩ^{35} 癫痫

惊风 kẽ^{35}foŋ^{232}

急惊风 tʃuã^{44}kẽ^{35}foŋ^{232}

慢惊风 mæ̃^{31}kẽ^{232}foŋ^{35}

扯筋 tʃʰie^{42}tʃuã^{232} 抽风

风瘫 foŋ^{232}tʰæ̃^{232} 中风瘫痪

半边瘫 puŋ^{51}pĩ^{232}tʰæ̃^{35} 半身不遂

跰 puæ^{35} 手脚伤残歪扭

脚跰 kiʌ^{44}puæ^{35} 脚伤残歪扭

大背勾 tæ^{31}pui^{51}kɔ^{35} 罗锅儿

背勾儿 pui^{51}kɔ^{35}ȵi^{232} 小驼背者

担钱背 læ̃^{35}θĩ^{232}pui^{51} 背微驼

单手 læ̃^{35}ʃɔ^{42} 一只手

手□ ʃɔ^{42}koŋ^{33} 断手

独脚 to^{31}kiʌ^{44} 一只腿

　铁拐李 tʰie^{44}kæ^{42}li^{33}

话讷 ua^{31}nuə^{31} 结巴，结巴的人

话讷牯 ua^{31}nuə^{31}ku^{42} 结巴的人

眼擘 ŋæ̃^{33}ma^{42} 眼皮外翻

戆 ŋoŋ^{42} 笨，不精灵

人戆 ȵyã^{232}ŋoŋ^{42} 笨，不精灵的人

手跰 ʃɔ^{42}puæ^{35} 手残者

头擦 $^{=}$tɔ^{232}tʰa^{51} 头发脱光的人

　芋头擦 u^{31}（～ y^{31}）tɔ^{232}tʰa^{51}

　芋头戙 u^{31}（～ y^{31}）tɔ^{232}toŋ^{31}

麻子 ma^{232}ti^{42} ①人出天花后留下的疤痕；②脸上有麻子的人

白麻 piʌ^{31}ma^{232} 不是很明显的麻子

黑麻 hɔ^{44}ma^{232} 带黑色很明显的麻子

嘴□ tui^{42}mẽ^{51} 兔唇

　大鱼兔嘴 tæ^{31}ȵy^{232}tʰu^{51}tui^{42}

冇牙婆 mɔ^{33}ŋa^{232}po^{232} 没有牙的老妇女

齿刨 tʃʰi^{42}piʌ^{232} 牙齿从上下唇中暴出

牙齿孖 ŋa^{232}tʃʰi^{42}ma^{51} 生得不合位置突出来的牙齿

手木孖 ʃɔ^{42}mo^{31}ma^{51} 六指儿

　手指孖 ʃɔ^{42}mo^{31}ma^{51}

反手剁 tæ^{42}ʃɔ^{42}lø^{51} 左撇子

　反手犁 fæ̃^{42}ʃɔ^{42}luə^{232}

人头瘟 ȵyã^{232}tɔ^{232}uã^{35} 瘟疫

十三　衣服　穿戴

穿着 tʃʰĩ^{35}tʃiʌ^{44} ①衣服的总称；②打扮

装整 tʃiæŋ^{35}tʃẽ^{232} 打扮

　装 tʃiæŋ^{35}

衫裙尾 ʃæ̃^{35}kuã^{232}mi^{33} 上衣后部下摆

制服 tʃuæ^{51}fo^{31}

西装 θuæ^{35}tʃiæŋ^{35} ①西服；②一种西式发式

长衫 ʃiæŋ^{232}ʃæ̃^{35}

　长卷勾 ʃiæŋ^{232}kĩ^{42}kɔ^{35}

大布衫 tæ^{31}pu^{51}ʃæ̃^{35} 土布做的衣服

马褂 ma^{33}ka^{51}

棉褂 mĩ^{232}ka^{51}

棉袄 mĩ^{232}ŋɔ^{51}

中褛 tʃoŋ^{35}lɔ^{35} 短大衣

外衫 mui^{31}ʃæ̃^{35} 外衣

汗衫 õ^{31}ʃæ̃^{35} 内衣

内衫 nui^{31}ʃæ̃^{35}

圂领衫 luŋ^{35}lẽ^{33}ʃæ̃^{35} 针织圆领衫

*红胆衫 oŋ^{232}læ̃^{42}ʃæ̃^{35}

衫脚 ʃæ̃^{35}kiʌ^{44} 衣襟儿

衫翅 ʃæ̃^{35}tʃʰi^{51} 衫的下摆部分

衫边 ʃæ̃^{35}pĩ^{232}

衫领 ʃæ̃^{35}lẽ^{33} 领子

　风领 foŋ^{35}lẽ^{232}

衫袖 ʃæ̃^{35}θo^{31}

长袖 ʃiæŋ^{232}θo^{31}

短袖 luŋ^{42}θo^{31}

裙 kuã^{232}

单裤 læ̃^{35}fu^{51} 一层布的裤子

棉裤 mĩ^{232}fu^{51}

　暖裤 nuŋ^{33}fu^{51}

大裆裤 tæ^{31}niæŋ^{35}fu^{51}（老式的）裤裆及拴腰带处都很宽大的裤子

马裤 ma^{33}fu^{51} 连脚裤

鸡吾裤 kuæ^{35}ŋ^{232}fu^{51} 开裆裤

　鸡儿裤 kuæ^{35}ȵi^{232}fu^{51}

　开裆裤 hø^{35}niæŋ^{35}fu^{51}

密裆裤 mi^{31}niæŋ^{35}fu^{51} 死裆裤

襻架裤 pʰæ̃^{33}ka^{51}fu^{51} 用带子架在肩上的裤子

裤头 fu^{51}tɔ^{232} 老式裤子最上端拴腰带处

裤裆 fu^{51}niæŋ^{35}

裤腰 fu^{51}iu^{35}

裤脚 fu^{51}kiʌ^{44}

裤头带 fu^{51}tɔ^{232}læ^{51} 扎老式裤子的腰带

表袋 piu^{42}tø^{31} 上衣上方口袋

扣子 kʰɔ^{51}ti^{33} 中式的纽扣

骨扣 kuə^{44}kʰɔ^{51} 骨纽扣

布扣 pu^{51}kʰɔ^{51} 布做的纽扣

扣耳 kʰɔ^{51}ȵĩ^{33} 中式的扣襻

衫扣 ʃæ̃^{35}kʰɔ^{51} 西式的扣儿

扣眼 kʰɔ^{51}ŋæ̃^{33} 西式的扣眼儿

家机布 ka^{35}ki^{31}pu^{51} 土织布机织的布

　大布 tæ^{31}pu^{51}

衫破 ʃæ̃^{35}pʰø^{51} 破衣服

漆= 麻 tʰuə^{44}ma^{232} 将两段细麻连接在一起

拖鞋 tʰø^{35}æ^{232}

棉鞋 mĩ^{232}æ^{232}

皮鞋 pi^{232}æ^{232}

猪皮鞋 tʃy^{35}pi^{232}æ^{232}

牛皮鞋 ŋɔ^{232}pi^{232}æ^{232}

胶鞋 kiʌ^{35}æ^{232}

布鞋 pu^{51}æ^{232}

鞋底 æ^{232}luæ^{42}

鞋帮 æ^{232}piæŋ^{35}

鞋面 æ^{232}mĩ^{31}

鞋头 æ^{232}tɔ^{232}

鞋踭 æ^{232}tʃaŋ^{35} 鞋跟

鞋腰 æ^{232}iu^{35}

鞋楦 æ^{232}ʃø^{51}

鞋锥 æ^{232}tʃui^{35} 鞋拔子

水鞋 ʃui^{42}æ^{232} 橡胶做的雨鞋

木鞋 mo^{31}æ^{232} 木屐

板鞋 pæ̃^{42}æ^{232}

鞋带 æ^{232}læ^{51}

纱袜 ʃa^{35}miʌ^{31} 线袜

丝袜 θi^{35}miʌ^{31}

布袜 pu^{51}miʌ^{31}

长袜 ʃiæŋ^{232}miʌ^{31}

短袜 luŋ^{42}miʌ^{31}

　袜□ miʌ^{31}koŋ^{33}

袜带 miʌ^{31}læ^{51}

扎脚 tʃa^{51}kiʌ^{44} 旧时妇女裹脚的布

脚包 kiʌ^{44}piʌ^{35} 军人用的裹腿

　脚包带 kiʌ^{44}piʌ^{35}læ^{51}

皮帽 pi^{232}mo^{31}

礼帽 luæ^{33}mo^{31}

军帽 kuã^{35}mo^{31}

茅帽 miʌ^{232}mo^{31} 草帽

　草帽 tʰo^{42}mo^{31}

鸭铲帽 a^{51}tʃʰæ̃^{42}mo^{31} 鸭舌帽

照帽 tʃiu^{51}mo^{31} 前面有一舌状檐的帽子

笠 luə^{31} 斗笠

　笠头 luə^{31}tɔ^{232}

竹叶笠 tʃo^{44}ie^{31}luə^{31} 竹篾编成、中间用竹叶做隔水层的雨笠

大眼笠 tæ^{31}ŋæ̃^{33}luə^{31} 顶尖的大竹叶笠

铜鼓笠 toŋ^{232}ku^{42}luə^{31} 顶圆的竹叶笠

油纸笠 iɔ^{232}tʃi^{232}luə^{31} 用油纸做隔水层的雨笠

帽照 mo^{31}tʃiu^{51} 帽子前面的舌状檐

*狗尾帽 kɔ^{42}mĩ^{42}mo^{31}

狗毡帽 kɔ^{42}tʃĩ^{35}mo^{31} 毡礼帽

玉亚 =ȵio^{31}a^{42} 玉手镯

颈链 kẽ^{42}lĩ^{31} 项链

颈圈 kẽ^{42}kʰĩ^{35} 项圈

颈锁 kẽ^{42}θø^{42} 小儿佩戴的有装饰锁的项圈

脚杈 =kiʌ^{44}kĩ^{232} 小孩佩戴的脚环

扣针 kʰɔ^{51}tʃuã^{35} 别针儿

簪 tæ̃^{35}

扁簪 pĩ^{42}tæ̃^{35}

银簪 ŋuã^{232}tæ̃^{35}

　耳坠 ȵĩ^{33}ʃui^{31}

耳坠□ ȵĩ^{33}ʃui^{31}koŋ^{42}

胭脂 ĩ^{33}tʃi^{42}

粉 puã^{42}

颈巾 kẽ^{42}tʃuã^{35} 围脖

　颈带 kẽ^{42}læ^{51}

口水圈 hɔ^{42}ʃui^{42}kʰĩ^{35} 小孩挡口水的布垫圈

手套 ʃɔ^{42}tʰo^{51}

眼镜 ŋæ̃^{33}kẽ^{51}

桂林遮 kuæ^{51}luã^{232} 以桂林为产地的油纸伞

　桂林伞 kuæ^{51}luã^{232}θæ̃^{51}

铜头伞 toŋ^{232}tɔ^{232}θæ̃^{51} 伞顶上有铜套的伞，多为妇女用

蓑衣 θø^{35}i^{35}

竹叶蓑衣 tʃo^{44}ie^{31}θø^{35}i^{35}

棕毛蓑衣 toŋ^{35}mo^{232}θø^{35}i^{35}

棕毛裙 toŋ^{35}mo^{232}kuã^{232}

领带 lẽ^{33}læ^{51} ①配西装的带子；②围脖

雨衣 y^{33}i^{35} 新式的防雨衣

手表 ʃɔ^{42}piu^{35}

臭丸 tʃʰɔ^{51}ĩ^{232} 樟脑丸

樟脑丸 tʃiæŋ^{35}no^{33}ĩ^{232}

十四　饮食

伙食 fuə^{42}ʃe^{31}

吃饭 he^{44}pæ̃^{31}

朝 tʃiu^{35} 早饭

晏 æ̃^{51} 午饭

夜 ie^{31} 晚饭

吃嘓东西 he^{44}kə^{42}loŋ^{35}θuæ^{35} 食物

口杂 hɔ^{42}θa^{31} 零食

茶送 ʃa^{232}θoŋ^{51} 茶点

宵夜 θiu^{35}ie^{31} 夜宵

吃宵夜 he^{44}θiu^{35}ie^{31} 吃夜宵

小餐 θiu^{42}tʰæ̃^{35} 正餐以外的加餐

糜 mi^{42} 烂熟的米饭。声调读阴上

占米饭 tʃie^{35}muæ^{33}pæ̃^{31}

糯米饭 nø^{31}muæ^{33}pæ̃^{31}

番薯饭 fæ̃^{35}ʃy^{232}pæ̃^{31} 甘薯和米混合煮成的饭

芋头饭 y^{31}（～u^{31}）tɔ^{232}pæ̃^{31} 芋头和米混合煮成的饭

菜扒饭 tʰø^{51}pʰa^{33}pæ̃^{31} 米和青菜混合煮成的饭

剩饭 ʃẽ^{31}pæ̃^{31}

现嗰 ĩ^{31}kə^{42} 不是本餐新做的饭

现成嗰 ĩ^{31}ʃẽ^{232}kə^{42}

焦罗 tiu^{35}lo^{232}（饭）煳了

饭焦 pæ̃^{31}tiu^{35} 锅巴

及⁼粥 tʃuə^{31}tʃo^{44} 很稠的稀饭

净粥 θẽ^{31}tʃo^{44} 只有白米的粥

萝卜粥 lø^{232}pɔ^{31}tʃo^{44}

绿豆粥 lo^{31}tɔ^{31}tʃo^{44}

甜酒粥 tĩ^{35}tɔ^{42}tʃo^{44}

饭羹 pæ̃^{31}kaŋ^{35} 煮饭滗出来的米汤

米糊 muæ^{33}u^{232} 用米磨成的粉做的糊状食物

灰水粽 fui^{35}ʃui^{42}toŋ^{51} 用咸水泡糯米做成的粽子

米饼 muæ^{33}pẽ^{42}

米粉 muæ^{33}puã^{42}

扎粉 tʃa^{51}puã^{42} 捆扎成把的干米粉

冻粉 loŋ^{51}fuã^{42} 凉拌粉

　冷粉 lẽ^{33}puã^{42}

炒粉 tʰiʌ^{42}fuã^{42} 炒米粉

炒米花 tʰiʌ^{42}muæ^{33}fa^{35}

糍粑 θi^{232}pa^{35}

糍 θi^{232}

糍狗 θi^{232}kɔ^{42} 做糍粑的熟粉团

*大肚糍 tæ^{31}tu^{33}θi^{232}

*木叶蒸糍 mo^{31}ie^{31}tʃaŋ^{35}θi^{232}

*铜瓢糍 toŋ^{232}piu^{23}θi^{232}

*占米糍 tʃie^{35}muæ^{33}θi^{232}

占米糧 tʃie^{35}muæ^{33}ie^{44} 用竹叶包着蒸熟的糍粑。广韵屑韵乌结切："粽属"

煮汤糍 tʃy^{42}tʰiæŋ^{35}θi^{232} 用水煮就汤水吃的糍粑

　煮汤膨 tʃy^{42}tʰiæŋ^{11}paŋ^{42}

　煮水糍 tʃy^{42}ʃui^{42}θi^{232}

艾糍 ŋø^{31}θi^{232} 用艾草为辅料的糍粑

油穮糍 iɔ^{232}mɔ^{51}θi^{232} 用油炸的糍粑

大煎糍 tæ^{31}tĩ^{35}θi^{232} 油炸糍粑的一种，专门用于婚礼上作为送给女家的礼物

刀板糍 lo^{33}pæ̃^{42}θi^{232} 用刀切片的糍粑

熟粉糍 ʃo^{31}puã^{42}θi^{232} 熟米粉加馅心做成的糍粑

搅糍 kiʌ^{42}θi^{232} 用粉团搅拌做成的糍粑

发糕 fa^{51}ko^{35} 用米粉、面粉等发酵做成的糕

　发糕糍 fa^{51}ko^{35}θi^{232}

炒麦糍 tʃʰiʌ^{42}miʌ^{31}θi^{232} 用一种紫色果实的粟做成的糍粑

炒楝⁼糍 tʃʰiʌ^{42}lĩ^{51}θi^{232} 边炒边滚动制成的圆糍粑

客姑糍 hiʌ^{51}ku^{35}θi^{232} 做道场时用的铜钱大小的糍粑

糍粑饼 θi^{232}pa^{35}pẽ^{42} 一种含水分少的糍粑

糍肚 θi^{232}tu^{33} 糍粑馅

酿心 ȵiæŋ^{31}θuã^{35}

煮汤糍木叶 tʃy^{42}tʰiæŋ^{35}θi^{232}mo^{31}ie^{31} 用作糍粑作料的小灌木的叶子

馃 kuə^{42} 油炸的酥脆食品

　馃吾 kuə^{42}ŋ^{232}

　馃儿 kuə^{42}ȵi^{232}

番薯巴 fæ̃^{35}ʃy^{232}pa^{35} 晒干的甘薯片

番薯丝 fæ̃^{35}ʃy^{232}θi^{35} 晒干的甘薯丝

马蹄搨 ma^{33}tuæ^{232}tʰiæŋ^{51} 以野生荸荠磨成粉

蒸成的糕点，旧时饥荒可充饥

煮面 tʃy^{42}mĩ^{31} 带汤的面条

面片 mĩ^{31}pʰĩ^{51}

面糊 mĩ^{31}u^{232} 用面做成的糊状食物

面包糍 mĩ^{31}piʌ^{35}θi^{232} 用面粉做成的糍粑

油炸粑 iɔ^{232}tʃa^{51}pa^{35}

烧饼 ʃiu^{35}pẽ^{42} 一种米粉做成的饼

煎糍粑 tĩ^{35}θi^{11}pa^{35} 以煎为主要制作方法的糍粑

花卷 fa^{35}kĩ^{42}

水饺 ʃui^{42}kiu^{42}

烧卖 ʃiu^{35}mæ^{31}

蛋糕 tæ̃^{31}ko^{35}

汤儿 tʰiæŋ^{44}ȵi^{232}

汤吾 tʰiæŋ^{44}ŋ^{232}

大肉饼 tæ^{31}ȵio^{31}pẽ^{42} 月饼

大面饼 tæ^{31}mĩ^{31}pẽ^{42}

饼干 pẽ^{42}kø̃^{35}

粉种 puã^{42}tʃoŋ^{42} 发酵用的面团

肉 ȵio^{31}

　肉□ ȵio^{31}ȵyæ^{42}

肉丁 ȵio^{31}lẽ^{35}

肉片 ȵio^{31}pʰĩ^{51}

肉丝 ȵio^{31}θi^{35}

肉碎 ȵio^{31}θui^{51}

肉皮 ȵio^{31}pi^{232}

炒猪肉 tʃʰiʌ^{42}tʃy^{44}ȵio^{31}

糖炒肉 tiæŋ^{232}tʰiʌ^{42}ȵio^{31} 用黄糖做作料的炒肉

脍肉 nuã^{232}ȵio^{31} 炖得烂熟的肉

米仆$^{=}$肉 muæ^{33}pʰo^{44}ȵio^{31} 肥猪肉裹上炒米粉做成的肉食，一般用的是吃剩的肥猪肉

扣肉 kʰɔ^{51}ȵio^{31}

红烧肉 oŋ^{232}ʃiu^{35}ȵio^{31}

圆蹄 ĩ^{232}tuæ^{232} 猪腿靠近身体的部位

猪脚蹄 tʃy^{35}kiʌ^{44}tuæ^{232}

　蹄子 tuæ^{232}ti^{42}

背柳肉 pui^{51}lɔ^{33}ȵio^{31} 里脊

　脢肉 mui^{232}ȵio^{31}

　里脊肉 li^{33}te^{44}ȵio^{31}

猪脚筋 tʃy^{35}kiʌ^{44}tuã^{35} 蹄筋

牛口脷 ŋɔ^{232}hɔ^{42}li^{31} 牛舌头

下水 ia^{33}ʃui^{42} 猪牛羊内脏后部胃肠等部分

上水 ʃiæŋ^{31}ʃui^{42} 猪牛羊内脏前部心肺肝等部分

中隔 tʃoŋ^{35}kiʌ 猪牛羊等隔开心肺肝与胃肠的网膜

猪板油 tʃy^{35}pæ̃^{42}iɔ^{232} 猪肚内两侧成块的油脂

猪肺 tʃy^{35}fi^{51}

猪脏 tʃy^{35}θiæŋ^{31}

肋□骨 lɔ^{31}（～luə^{31}）ʃa^{51}kuə^{44} 猪的排骨

毛肚 mo^{232}tu^{33} 带毛状物的牛肚（dǔ）儿

　百叶肚 piʌ^{51}ie^{31}tu^{33}

牛肚 ŋɔ^{232}tu^{33} 光滑的牛肚（dǔ）儿

牛肚髻 ŋɔ^{232}tu^{33}kuæ^{51} 牛肚开头部分

猪肚 tʃy^{35}tu^{33} ①猪的肚（dǔ）子；②猪胃

猪肚髻 tʃy^{35}tu^{33}kuæ^{35} 猪肚开头部分

猪尿裆 tʃy^{35}niu^{31}niæŋ^{35} 猪小肚

粉肠 puã^{42}ʃiæŋ^{232} ①猪的小肠；②用猪小肠做包衣的腊肠

牛润 ŋɔ^{232}uã^{31} 牛肝

腰子 iu^{35}ti^{42} 猪牛羊等的肾

猪腰 tʃy^{35}iu^{35}

鸡肚□ kuæ^{35}tu^{33}po^{5} 鸡杂儿

鸡零碎 kuæ^{35}lẽ^{232}θui^{51}

鸡肫 kuæ^{35}ʃuã^{33}

鸡□ kuæ^{35}fui^{35} 鸡的睾丸

牛红 ŋɔ^{232}oŋ^{232} 牛血

鸡红 kuæ^{35}oŋ^{232} 鸡血

白斩鸡 piʌ^{31}tʃæ̃^{42}kuæ^{35} 白切鸡

鸡腿 kuæ^{35}tʰui^{42} 鸡的腿部，当地有留鸡腿给小孩吃的习惯

鸡锥 kuæ^{35}tʃui^{35} 鸡屁股至鸡腿部，当地习惯留给老人吃

炒鸡 tʃʰiʌ^{42}kuæ^{35}

蒸鸡 tʃẽ^{35}kuæ^{35}

炒鸡蛋 tʃʰiʌ^{42}kuæ^{35}tæ̃^{31}

煎鸡蛋 tĩ^{35}kuæ^{35}tæ̃^{31}

罗包蛋 lø^{232}piʌ^{35}tæ̃^{31} 荷包蛋，油炸的

鸡蛋包 kuæ^{35}tæ̃^{31}piʌ^{35} 水煮的不带壳鸡蛋

煠鸡蛋 ʃa^{31}kuæ^{35}tæ̃^{31} 连壳煮的鸡蛋

咸蛋 æ̃^{232}tæ̃^{31} 咸鸡蛋和咸鸭蛋

粉肠 fuã^{42}ʃiæŋ^{232} 香肠

腊肠 la^{31}ʃiæŋ^{232}

猪掘$^{=}$酿 tʃy^{35}kuə^{31}ȵiæŋ^{31} 当地用猪大肠装上猪红、糯米、肉末、作料做成的食品

鸡蛋羹 kuæ^{35}tæ̃^{31}kaŋ^{35} ①鸡蛋汤；②蛋羹

鱼发 ȵy^{232}fa^{51} 鱼干

素 θu^{51} 素菜

青 tʰẽ^{35}

吃素 he^{44}θu^{51}

　吃青 he^{44}tʰẽ^{35}

　吃斋 he^{44}tʃæ^{35}

荤 kʰuã^{35} 荤菜

吃荤 he^{44}kʰuã^{35} 吃荤菜

咸菜 æ̃^{232}tʰø^{51}

冲$^{=}$菜 tʃʰoŋ^{35}tʰø^{51}

大头菜 tæ^{31}tɔ^{232}tʰø^{51} 一种腌咸菜

小菜 θiu^{42}tʰø^{51} 非正式菜总称

豆腐湿 tɔ^{31}pu^{31}ʃuə^{44} 含水分很多的一种豆腐

　水豆腐 ʃui^{42}tɔ^{31}pu^{31}

豆腐皮 tɔ^{31}pu^{31}pi^{232}

腐竹 pu^{31}tʃo^{44}

豆腐片 tɔ^{31}pu^{31}pʰĩ^{51} 薄的豆腐干皮

豆腐干 tɔ^{31}pu^{31}kø̃^{35}

火水豆腐 fuə^{42}ʃui^{42}tɔ^{31}pu^{31} 要泡在水中保鲜的豆腐

豆腐穮 tɔ^{31}pu^{31}mɔ^{51} 油炸豆腐

豆腐乳 tɔ^{31}pu^{31}y^{33}

豆腐酿 tɔ^{31}pu^{31}ȵiæŋ^{31} 在豆腐中放馅心做成的食品

煎豆腐饼 tĩ^{35}tɔ^{31}pu^{31}pẽ^{42} 将碎肉与豆腐拌匀煎烤而成

凉粉 liæŋ^{232}puã^{42} ①绿豆做的细条的粉丝；②一种用凉粉草做成的凝冻状食物

粉条 puã^{42}tiu^{232} 白薯做的粗条的粉丝

莲藕粉 lĩ^{11}ŋɔ^{33}fuã^{42}

豆豉 tɔ^{31}ʃi^{31}

菱粉 lẽ^{232}puã^{42} 芡粉

白木耳 piʌ^{31}mo^{31}ȵĩ^{33} 银耳

金花菜 tʃuã^{35}fa^{35}tʰø^{51} 金针菜

海参 hø^{42}ʃaŋ^{35}

海带 hø^{42}læ^{51}

　海茜 hø^{42}θuæ^{35}

羹 kaŋ^{35} ①食物煮后所得的汁水；②烹调后汁特别多的食物

羹顺 kaŋ^{35}ʃuã^{31} 烹调后汁特别多的食物。因

为“羹水”的“水”与“衰”音近，避“衰”讳

羹水 kaŋ^{35}ʃui^{42}

滚顺 kuã^{42}ʃuã^{31}

肉羹 ȵio^{31}kaŋ^{35} 肉汤

鱼羹 ȵy^{232}kaŋ^{35} 鱼汤

豆腐羹 tɔ^{31}fu^{42}kaŋ^{35} 豆腐汤

菜剩 tʰø^{51}ʃẽ^{31} 剩菜

菜葵⁼ tʰø^{51}kuæ^{232} 不能再吃的剩菜

菜胆 tʰø^{51}læ̃^{42}

水熝菜 ʃui^{42}lo^{33}tʰø^{51} 青菜用水烫过后再发酵制成的食品

菜色 tʰø^{51}ʃe^{44}

膏渣 ko^{35}tʃa^{35} 煎动物脂肪后的残渣

青油 tʰẽ^{35}iɔ^{232} 素油，又特指花生油

两子豆油 liæŋ^{33}ti^{33}tɔ^{31}iɔ^{232} 花生油

茶油 ʃa^{232}iɔ^{232} 油茶籽榨出的油

茶籽油 ʃa^{232}ti^{42}iɔ^{232}

菜籽油 tʰø^{51}ti^{42}iɔ^{232} 油菜籽榨出的油

生盐 ʃaŋ^{35}ĩ^{232} 粗盐

熟盐 ʃo^{31}ĩ^{232} 精盐

酱 tiæŋ^{51} 艺麻酱、甜面酱、豆瓣儿酱的总称

辣子酱 la^{31}ti^{42}tiæŋ^{51}

辣子酸 la^{31}ti^{42}θuŋ^{35} 酸辣椒

辣子酿 la^{31}ti^{42}ȵiæŋ^{31} 把辣椒掏空放入馅心制成的食品

辣子粉 la^{31}ti^{42}fuã^{42} 辣椒粉

腌菜豆 ie^{44}tʰø^{51}tɔ^{31} 腌豇豆

菜豆酸 tʰø^{51}tɔ^{31}θuŋ^{35}

浸盐瓮 tuã^{51}ĩ^{232}oŋ^{51} 一种用盐水腌制菜的方法

生腌 ʃaŋ^{35}ie^{44} 将菜晒蔫切开，用盐腌渍一两天后晒干

熟腌 ʃo^{31}ie^{44} 将菜晒蔫切开，用开水焯一下再用盐腌渍后晒干

糖 tiæŋ^{232}

红糖 oŋ^{232}tiæŋ^{232}

白糖 piʌ^{31}tiæŋ^{232}

石头糖 ʃe^{31}tɔ^{232}tiæŋ^{232} 冰糖

糖瓜（儿）tiæŋ^{232}ka^{35}（ȵi^{35}）糖块，一块块用纸包装好的那种

两子豆糖 liæŋ^{33}ti^{42}tɔ^{31}tiæŋ^{232} 花生糖

狗牙糖 kɔ^{42}ŋa^{232}tiæŋ^{232} 麦芽糖

配料 pʰui^{51}liu^{31} 作料

八角 pa^{51}kiʌ^{51}

桂皮 kuæ^{51}pi^{232}

茴香 ui^{232}ʃiæŋ^{35}

五香粉 ŋ^{33}ʃæn^{35}puã^{42}

白胡椒 piʌ^{31}u^{232}tiu^{35} 花椒

胡椒粉 u^{232}tiu^{35}puã^{42}

灰水 fui^{35}ʃui^{42} 柴草灰滤水而成，可用于洗衣服。部分植物灰烬滤成的用于做粽粑

姜米 kiæŋ^{35}muæ^{33} 姜捣成的碎末

姜碎 kiæŋ^{35}θui^{51}

烟 ĩ^{35}

烟叶 ĩ^{35}ie^{31}

烟丝 ĩ^{35}θi^{35}

水烟筒 ʃui^{42}ĩ^{35}toŋ^{232} 水烟袋，铜制的烟具

烟筒竹 ĩ^{35}toŋ^{232}tʃo^{44} 细竹竿儿做的烟具

烟筒 ĩ^{35}toŋ^{232} 烟斗

烟筒斗 ĩ^{35}toŋ^{232}lɔ^{42}

烟筒嘴 ĩ^{35}toŋ^{232}tui^{42} 烟斗嘴

烟盒 ĩ^{35}uə^{31} 装香烟的金属盒

烟屎 ĩ^{35}ʃi^{42} 烟油子

烟包 ĩ^{35}piʌ^{35}

烟灰 ĩ^{35}fui^{35}

火镰石 fuə^{42}lĩ^{232}ʃe^{31} 旧时取火用具，又专指用火镰打的那种石头

火石 fuə^{42}ʃ^{31} 新式打火机用的火石

纸媒 tʃi^{42}mui^{232} 引火用的很细的纸卷

　火媒筒 fuə^{42}mui^{232}toŋ^{232}

茶 ʃa^{232}

滚水 kuã^{42}ʃui^{42} 开水

　白滚水 piʌ^{31}kuã^{42}ʃui^{42}

斟茶 tʃuã^{35}ʃa^{232}

*油茶 iɔ^{232}ʃa^{232}

酒 tɔ^{42}

焦酒 tiu^{35}tɔ^{42} 用烧焦了的饭蒸馏出来的酒，有特殊的香味

米酒 muæ^{33}tɔ^{42}

三花酒 θæ̃^{35}fa^{35}tɔ^{42} 一种高度白酒

苞粟酒 piʌ^{35}θo^{44}tɔ^{42} 用玉米酿制的酒

双料酒 ʃiæŋ^{35}liu^{31}tɔ^{42} 经两次蒸馏而成的酒

行酒 an^{232}tɔ^{42} 只蒸馏一次的酒

　单酒 læ̃^{35}tɔ^{42}

酒尾水酒 tɔ^{42}mĩ^{42}ʃui^{42}tɔ^{42} 蒸酒时后面流出浓度极低的部分

酒子 tɔ^{42}ti^{42} 酒曲

　酒饼 tɔ^{42}pẽ^{42}

盐点 ĩ^{232}lĩ^{42} 用小碟子盛放的酱油等调料

十五　红白大事

亲 tʰuã^{35} 亲事

大冰人 tæ^{31}pẽ^{35}ȵyã^{232} 给媒人的请柬上对媒人的称呼

*引蛇婆 yã^{33}ʃie^{232}po^{232}

　*引蛇母 yã^{33}ʃie^{232}muŋ^{33}

*金枝客 tʃuã^{35}tʃi^{35}hiʌ^{51}（～ ha^{51}）

*祝发公 tʃo^{44}fa^{51}koŋ^{35}

*访门口 foŋ^{42}muŋ^{232}hɔ^{42}

*察家 tʃʰa^{51}ka^{35}

扮装 pæ̃^{51}tʃiæŋ^{35} 打扮

形停 $^{=}$ẽ^{232}tẽ^{232} 模样

　威 $^{=}$ 豆 $^{=}$uæ^{35}tɔ^{31}

□塑 $^{=}$kʰuə^{31}θu^{51} 模样，贬义

年纪 nĩ^{232}ki^{42} 年龄

年岁 nĩ^{232}θui^{51}

担八字 læ̃^{35}pa^{51}θi^{31} 男方拿女方八字来算，看是否相配

合八字 huə^{31}pa^{51}θi^{31}

合喜 uə^{31}hi^{42} 男女两方八字相配

行茶 aŋ^{232}ʃa^{232} 男女订立婚约

讲财礼 kiæŋ^{42}θø^{232}luæ^{33} 男女双方商定彩礼

定夺担 tẽ^{31}tuə^{31}læ̃^{51} 通知女方决定婚事的礼担

日子担 ȵyə^{31}ti^{42}læ̃^{51} 通知女方婚期的礼担

茶礼 ʃa^{232}luæ^{33} 男方给女方的订婚礼品

送茶礼 θoŋ^{51}ʃa^{232}luæ^{33} 男方给女方送订婚礼品

酒事 tɔ^{42}ʃi^{31} 喜酒

做酒事 tu^{51}tɔ^{42}ʃi^{31} 办喜酒

　办酒 pæ̃^{31}tɔ^{42}

输家酒 ʃy^{35}ka^{35}tɔ^{42} 作为旁人称女方嫁女的酒宴，认为是婚礼的输家

水家酒 ʃui^{42}ka^{35}tɔ^{42} 女方称嫁女时办的酒宴，相对男方没有那么丰盛，“水”避“输”讳

扛笼 kʰiæŋ^{35}loŋ^{33} 当地习俗一般由男家派人到女方家抬嫁妆

嫁女 ka^{51}ny^{42}
*猪头夜 tʃy^{35}tɔ^{232}ie^{31}
娶新妇 tʰu^{42}θuã^{35}pu^{33}（父母给儿子）娶媳妇
大轿 tæ^{31}kiu^{31} 花轿
　花轿 fa^{35}kiu^{31}
迎大客 ŋẽ^{232}tæ^{31}hiʌ^{51}（～ha^{51}）迎接女方客人的仪式，要由男方有身份的人做司仪
谢路 θie^{31}lu^{31} 新娘下轿之前由道士主持的仪式
*踩筛箕 tʃʰæ^{42}ʃæ^{35}ki^{35}
箱舅 θiæŋ^{51}tʃɔ^{33} 送嫁的小舅子
*客姑姊 hiʌ^{51}（～ha^{51}）ku^{35}ti^{42}
*大客 tæ^{31}hiʌ^{51}（～ha^{51}）
拜神台 pæ^{51}ʃuã^{232}tø^{232} 新娘进入男家拜祖先
　入佛 ȵyə^{31}puə^{31}
*祝发 tʃo^{44}fa^{51}
新娘吾 θuã^{35}niæŋ^{232}ŋ^{232} 小新娘
洞房 toŋ^{31}poŋ^{35}
打洞房 la^{42}toŋ^{31}poŋ^{35} 闹洞房
交杯酒 kiʌ^{35}pui^{35}tɔ^{42}
绣妇娘担水 θɔ^{51}pu^{33}niæŋ^{232}læ̃^{35}ʃui^{42} 新娘嫁到男家后第一次挑水。由身份尊贵的妇女带路，要在取水的地方烧香祈福
穮猪膏 mɔ^{51}tʃy^{35}ko^{35} 新娘到婆家后煎猪油的仪式，祈婚后养猪长得快又大
回门 ui^{232}muŋ^{232} 新娘结婚第二天与丈夫回娘家探亲，当地习俗一般不在娘家过夜
接伞 tie^{44}θæ̃^{51} 新娘的小弟弟或小侄子接过新郎的雨伞
谢媒 θie^{31}mui^{232} 婚后三天男方办酒宴感谢媒人，并送一个猪头给媒人
*睡够月村 ʃui^{31}kɔ^{44}ȵĩ^{31}tʰuŋ^{35}
出门 tʃʰuə^{44}muŋ^{232} 寡妇再嫁
*绣妇娘 θɔ^{51}pu^{11}niæŋ^{232}
坐嫁 θø^{33}ka^{51} 女子临近婚期时在家里做布鞋绣花待嫁
*啼哭嫁 tuæ^{11}ho^{44}ka^{51}
*啼哭嫁歌 tuæ^{11}ho^{44}ka^{51}kø^{33}
新妣 θuã^{35}puæ^{33} 新后娘
娶新妣 tʰu^{44}θuã^{35}puæ^{33} 男子再娶
　娶第二妣 tʰu^{44}tuæ^{31}ȵi^{31}puæ^{33}
填旧房 tĩ^{232}tʃɔ^{31}poŋ^{232} 女子嫁入再婚的男家
吃着糯米饭啰 he^{44}ʃiʌ^{31}nø^{31}muæ^{44}pæ̃^{31}lo^{33} 怀孕了
问孭带 muã^{31}ma^{51}læ^{51} 问背小孩的背带，指怀孕
落下 liʌ^{31}ia^{33} 小产
　落敲 liʌ^{31}tʰɔ^{42}
　落粒身 liʌ^{31}naŋ^{44}ʃuã^{35}
出世 tʃʰuə^{44}ʃuæ^{51} 出生
接生 tie^{44}ʃaŋ^{35}
　剪肚脐带 tĩ^{42}tu^{33}θuæ^{232}læ^{51}
盘人 puŋ^{232}ȵyã^{232} 胎盘
胞衣 piʌ^{42}i^{35}
讳水 uæ^{31}ʃui^{42} 羊水
三朝 θæ̃^{35}tʃiu^{35} 小孩出生第三天
吃三朝 he^{44}θæ̃^{35}tʃiu^{35} 亲戚朋友庆贺小孩出生三天
出月 tʃʰuə^{44}ȵĩ^{31}
　脱羣嘴 tʰuə^{44}nẽ^{31}tui^{42}
够月酒 kɔ^{44}ȵĩ^{31}tɔ^{42} 满月酒，当地农村不甚习惯吃满月酒
　满月酒 muŋ^{33}ȵi^{31}tɔ^{42}
解讳 kæ^{42}uæ^{31} 小孩出生解除各种禁忌

解讳酒 kæ^{42}uæ^{31}tɔ^{42} 小孩出生当日的庆贺酒席，参加者多为年长的女性亲戚亲属

头胎 tɔ^{232}t^{h}ø^{35}

双龙仔 ʃiæŋ^{35}loŋ^{232}tuæ^{42} 一胞生两个男孩

双龙女 ʃiæŋ^{35}loŋ^{232}ny^{33} 一胞生两个女孩

击落 ke^{44}liʌ^{31} 打胎

放下 poŋ^{51}ia^{33}

吃生日 he^{44}ʃaŋ^{35}ȵyə^{31} 祝寿

寿星 ʃɔ^{31}θẽ^{35}

白事 piʌ^{31}ʃi^{31} 丧事

报病 po^{51}pẽ^{31} 把老人病重的消息告诉亲友

报生 po^{51}ʃaŋ^{35} 把老人逝去的消息告诉亲友

吊孝 liu^{51}hiʌ^{51} 奔丧

下桃源洞 ia^{33}to^{232}ĩ^{232}toŋ^{31} 到阴间

下阴 ia^{33}yã^{35}

养妹死 iæŋ^{33}mui^{31}θi^{42} 难产或产后不到一个月死去

大饭胀 tæ^{31}pæ̃^{31}tʃiæŋ^{51}

寿材 ʃɔ^{31}θø^{232} 生前预制的棺材

大料 tæ^{31}liu^{31}

寿衣 ʃɔ^{31}i^{35} ①寿衣；②生前预制的棺材

*开天门 hø^{35}t^{h}ĩ^{35}muŋ^{232}

装洗 tʃiæŋ^{35}θuæ^{42} 给死者擦洗换衣服

蒙嘴蛋 moŋ^{232}tui^{42}tæ̃^{31} 入殓时蒙在死者嘴上煎成片状的鸡蛋

衔口银 æ̃^{232}hɔ^{42}ŋuã^{232} 入殓时塞在死者嘴里的铜钱

垫背钱 tĩ^{31}pui^{51}θĩ^{232} 棺材底垫在死者背后按北斗星形状排列的七枚钱币

灵前 lẽ^{232}θĩ^{232} 灵堂

祭帐 tuæ^{51}tʃiæŋ^{51} 亲朋吊孝时送的寿布

祭 tuæ^{51}

祭奠 tuæ^{51}tĩ^{31}

吼祭 ɔ^{35}tuæ^{51} ①主持丧事；②主持丧事的人

办祭 pæ̃^{31}tuæ^{51} 办丧事

神殿 ʃuã^{232}tĩ^{31} 佛堂

守灵 ʃɔ^{42}lẽ^{232}

吊客 liu^{51}hiʌ^{51} 参加吊唁的人

亡人 miæŋ^{232}ȵyã^{232} 葬礼上指逝者

阳居 iæŋ^{232}ky^{35} 葬礼上指参加葬礼的人

挂三朝纸 ka^{51}θæ̃^{35}tʃiu^{35}tʃi^{42} 下葬后第三天的祭拜活动

三朝祭 θæ̃^{35}tʃiu^{35}tuæ^{51} 下葬后第三天的祭拜活动，钟山回龙一带没有做七的习俗，一般在下葬三天后整个丧事活动结束

守孝 ʃɔ^{42}heu^{51}

戴孝 læ^{51}hiʌ^{51}

孝衫 hiʌ^{51}ʃæ̃^{35} 孝服

脱孝 t^{h}uə^{44}hiʌ^{51} 除孝

孝子 hiʌ^{51}ti^{42} 逝者的儿子

孝孙 hiʌ^{51}θuŋ^{35} 逝者的孙子，孝帽上要系红布，以区别于孝子

出棺 tʃ^{h}uə^{44}kuŋ^{35} 出殡的一个环节

起棺 hi^{42}kuŋ^{35}

送出山 θoŋ^{51}tʃ^{h}uə^{44}ʃæ̃^{35} 送葬

*路头祭 lu^{31}tɔ^{232}tuæ^{51}

*撒水饭 θa^{51}ʃui^{42}pæ̃^{31}

*骑棺 ki^{232}kuŋ^{35}

*暖坑 nuŋ^{33}haŋ^{35}

*打地鸡 la^{42}ti^{31}kuæ^{35}

下葬 ia^{33}tiæŋ^{51}

*生葬 ʃaŋ^{35}tiæŋ^{51}

*血葬 ʃie^{44}tiæŋ^{51}

*迁葬 t^{h}ĩ^{35}tiæŋ^{51}

孝子棍 hiʌ^{51}ti^{43}kuã^{51} 哭丧棒

纸人 tʃi^{42}ȵyã^{232} 用纸扎的人、马、房子等

纸马 tʃi^{42}ma^{33}

□纸钱 kaŋ^{31}tʃi^{42}θĩ^{232} 扔纸钱

坟地 puã^{232}ti^{31} 坟墓所在的地方

坟山 puã^{232}ʃæ̃^{35} 祖坟

　祖坟 tu^{42}puã^{232}

* 十排地 ʃuə^{31}pæ^{232}ti^{31}

* 花郎地 fa^{35}liæŋ^{232}ti^{31}

老冢 lo^{33}tʃʰoŋ^{42} 家族的祖坟

拜台 pæ^{51}tø^{232} 坟前摆祭品的平地

分针石 puã^{35}tʃuã^{35}ʃe^{31} 埋在墓碑下指示坟的朝向的石头

插冢 tʃʰa^{51}tʃoŋ^{42} 将死者的骨骸安葬在先祖的坟墓边

阴宅 yã^{35}tʃa^{31}

阳宅 iæŋ^{232}tʃa^{31}

水口 ʃui^{42}hɔ^{42} 坟前方水流的出口

* 生龙口 ʃaŋ^{35}loŋ^{232}hɔ^{42}

* 明堂 mẽ^{232}tiæŋ^{232}

* 堂局 tiæŋ^{232}ko^{31}

碑 pui^{35}

祖碑 tu^{42}pui^{35} 墓碑

跳水 tʰiu^{51}ʃui^{42} 投水自尽

吊颈 liu^{51}kẽ^{42} 上吊

想冇开 θiæŋ^{42}mɔ^{33}hø^{35} 寻短见

验尸 nĩ^{31}ʃi^{35}

骨头 kuə^{44}tɔ^{232} 尸骨

骨灰 kuə^{44}fui^{35}

骨箱 kuə^{44}θiæŋ^{35} 二次葬装骸骨的小棺材

殁绝 muə^{44}θuə^{31} 死，没有留下后代

* 佛 puə^{31}

* 佛子大哥 puə^{31}ti^{42}tæ^{31}kø^{35}

* 佛庙 puə^{31}miu^{31}

观音娘娘 kuŋ^{35}yã^{35}niæŋ^{232}niæŋ^{232}

* 庙 miu^{31}

* 神庙 ʃuã^{232}miu^{31}

* 土地庙 tʰu^{42}ti^{31}miu^{31}

* 社 ʃie^{33}

* 社公佛 ʃie^{33}koŋ^{35}puə^{31}

* 社公节 ʃie^{33}koŋ^{35}tie^{44}

* 社公 ʃie^{33}koŋ^{35}

* 社婆 ʃie^{33}puə^{232}

* 田头社 tĩ^{31}tɔ^{232}ʃie^{33}

* 春社 tʃʰuã^{35}ʃie^{33}

* 秋社 tʰɔ^{35}ʃie^{33}

* 吹社 tʃʰui^{35}ʃie^{33}

* 分社肉 puã^{35}ʃie^{33}ȵio^{31}

* 寨主 ʃæ^{31}tʃy^{42}

　* 业主 ȵie^{31}tʃy^{42}

关帝庙 kæ̃^{35}luæ^{51}miu^{31}

城隍庙 ʃẽ^{232}oŋ^{232}miu^{31}

阎罗王 ĩ^{232}lo^{232}oŋ^{232}

庵 ø̃^{35}

神 ʃuã^{232}

神翁 ʃuã^{232}oŋ^{35} 神像

佛台 puə^{31}tø^{232} 摆祭品的台案

　神台 ʃuã^{232}tø^{232}

拜神 pæ^{51}ʃuã^{232}

唱□ tʃʰiæŋ^{51}ia^{35} 双手合十拜神的动作

　□□ ia^{35}tʃe^{31}

奉神 foŋ^{31}ʃuã^{232} 祭拜神灵

供 tʃoŋ^{51} 给神灵奉献祭品

供朝 tʃoŋ^{51}tʃiu^{35} 早上给神灵奉献祭品

供晏 tʃoŋ^{51}ã^{51} 中午给神灵奉献祭品

供夜 tʃoŋ^{51}ie^{31} 傍晚给神灵奉献祭品

*三牲 θæ̃^{35}ʃaŋ^{35}

蜡烛台 la^{31}tʃo^{44}tø^{232}

馨香 ʃĩ^{35}ʃiæŋ^{35} 敬神用的线香

香笼碗 ʃiæŋ^{35}loŋ^{232}uŋ^{42} 香炉

装香 tʃiæŋ^{35}siæŋ^{35} 烧香，动宾

烧纸 ʃiu^{35}tʃi^{42}

求签 tʃɔ^{232}tʰĩ^{35}

占卦 tʃĩ^{35}ka^{51} 打卦

珓 kiʌ^{51} 占卜用具，通常用一正一反两片竹片制成

阴珓 yã^{35}kiʌ^{51} 占卜时两块珓片面都朝下

阳珓 iæŋ^{232}kiʌ^{51} 占卜时两块珓片面都朝上

圣珓 ʃẽ^{35}kiʌ^{51} 占卜时两块珓片一块面朝上，一块面朝下

做道场 tu^{51}to^{31}ʃiæŋ^{232}

　打醮 la^{42}tiu^{51}

设佛 ʃie^{44}puə^{31}

看鬼设佛 hø̃^{51}kuæ^{42}ʃie^{44}puə^{31} 对不同的鬼做不同的佛事活动，喻见机行事

*打寨龙醮 la^{42}ʃæ^{31}loŋ^{232}tiu^{51}

*接佛 tie^{44}puə^{31}

*送佛 θoŋ^{51}puə^{31}

道（咒）消 to^{31}（tʃɔ^{51}）θiu^{35}

二（咒）消 ȵi^{31}（tʃɔ^{51}）θiu^{35}

三（咒）消 θæ̃^{35}（tʃɔ^{51}）θiu^{35}

七（咒）消 tʰuə^{44}（tʃɔ^{51}）θiu^{35}

设半夜 ʃie^{44}puŋ^{51}ie^{31} 道场中的一个仪式

开眼 hø^{35}ŋæ̃^{33} 入殓前由道士做的一个仪式

念经 nĩ^{31}kẽ^{35}

拆字 tʃʰiʌ^{51}θi^{31} 测字

看风水 hø̃^{51}poŋ^{35}ʃui^{42}

算八字 θuŋ^{51}pa^{51}θi^{31}

问仙 muã^{31}θĩ^{35}

问鬼 muã^{31}kuæ^{42}

跳神 tʰiu^{51}ʃuã^{232}

独脚山魈 to^{31} kiʌ^{44}ʃæ̃^{35}θiu^{35} 传说中的鬼魅，做法事时要把它送走

收犯 ʃɔ^{35}pæ̃^{33} 巫师给病人做的驱鬼活动

起愿 hi^{42}ȵĩ^{31} 许愿

还愿 uæ̃^{232}ȵĩ^{31}

接运桥 tie^{44}uã^{31}kiu^{232} 运气不好的人在路边有水处用纸和篾片象征性地架一座桥，祈求好运

架桥 ka^{51}kiu^{232}

花林桥 fa^{35}luã^{232}kiu^{232} 在路边象征性地架一座桥，饰以一定的图案，以求小孩好运

壅花根 ioŋ^{35}fa^{35}kuã^{35} 祈求小孩平安的道场

修花 θɔ^{35}fa^{35}

*掌寨木 tʃiæŋ^{42}ʃæ^{31}mo^{31}

*长山 ʃiæŋ^{232}ʃæ̃^{35}

庆头 hẽ^{51}tɔ^{232} 好兆头

十六　日常生活

着衫 tʃiʌ^{44}ʃæ̃^{35} 穿衣服

脱衫 tʰuə^{44}ʃæ̃^{35} 脱衣服

脱鞋 tʰuə^{44}æ^{232}

量衫裤 liæŋ^{232}ʃæ̃^{35}fu^{51}

　量尺寸 liæŋ^{232}tʃʰe^{44}tʰuŋ^{51}

　度尺寸 tiʌ^{31}tʃʰe^{44}tʰuŋ^{51}

针衫裤 tʃuã^{35}ʃæ̃^{35}fu^{51} 做衣服

车衫 tʃʰie^{35}ʃæ̃^{35}

　车衣 tʃʰie^{35}i^{35}

裁衫 θø232ʃæ̃35

针套衫 tʃuã35tʰo51ʃæ̃35 做一套衣服

打套衫 la42tʰo35ʃæ̃35

衫边 ʃæ̃35pĩ35 缝在衣服里子边上的窄条

边 pĩ35

扪边 muŋ232pĩ35 在衣服、布鞋等的边缘特别缝制的一种圆棱的边儿

锁边 θø42pĩ35 缲边儿

粘鞋面 nĩ35æ232mĩ31 把布蒙在鞋帮上

扎鞋底 tʃa51æ232luæ42 纳鞋底子

针鞋底 tʃuã35æ232luæ42

钉扣 lẽ51kʰɔ51

针衫扣 tʃuã35ʃæ̃35kʰɔ51

车花 tʃʰie35fa35 绣花儿

补补丁 pu42pu42lẽ35 打补丁

补丁 pu42lẽ35

针被 tʃuã35pi33 做被卧

谷⁼大针 ko44tæ31tʃuã35 针距缝得较大

纳棉 na31mĩ232 做棉衣时装上棉絮

洗衫裤 θuæ42ʃæ̃35fu51 洗衣服

洗一回 θuæ42yə44ui232 洗一次

过清 kuə51tʰẽ35 用清水漂洗

晒衫 ʃæ51ʃæ̃35 晒衣服

晾衫 liæŋ31ʃæ̃35 晾衣服

晾 liæŋ31

晾下儿 liæŋ31ia33ȵi232 晾一晾

浆衣服 tiæŋ35i35fo31

搨衣服 tʰiæŋ51i35fo31 熨衣服

起火 hi42fuə42 生火

点火 lĩ42fuə42

炒菜 tʃʰiʌ42tʰø51

淘米 tɔ42muæ33

发面 fa51mĩ31

揩面 hæ35mĩ31 和面

揩面条 ŋø51mĩ31tiu232 擀面条

蒸馒头 tʃẽ35mæ31tɔ232

执菜 tʃuə44tʰø51 择菜

炒肉 tʃʰiʌ42ȵio31 烧肉

烧羹 ʃiu35kaŋ35 做汤

煮羹 tʃy42kaŋ35

夜煮好啰 ie31tʃy42ho42lo33 饭好了

晏煮好啰 æ̃51tʃy42ho42lo33

朝煮好啰 tʃiu35tʃy42ho42lo33

硬心 ŋaŋ31θuã35 饭夹生

熟冇过心 ʃo31mɔ33kuə51θuã35

生菌饭 ʃaŋ35kuã33pæ̃31 半熟饭

扭齿饭 nɔ42tʃʰi42pæ̃331

舀饭 iu33pæ̃31 盛饭

夹菜 ka31tʰø51 搛菜

□羹 kɔ232kaŋ35 舀汤

淘羹 tɔ232kaŋ35 用汤泡饭

捞羹 lo35kaŋ35

吃口杂 he44hɔ42θa31 吃零食

吃羹 he44kaŋ35 喝汤

争吃 tʃaŋ35he44 抢吃

使箸 ʃuæ42ʃy31 使筷子

拧箸 nẽ51ʃy31

肉□ ȵio31ȵiæŋ51 肉有韧性咬不动

吃冇动 he44mɔ33toŋ33 嚼不动

帝⁼冇动 luæ51mɔ33toŋ33

嚼冇动 θiu31mɔ33toŋ33

肉脍 ȵio31nuã232 肉松软烂熟

肉□ ȵio31nui232 肉松软

肉□ ȵio31yæ35 肉烂

着拨$^{=}$ tʃiʌ^{31}puə^{31}（吃饭）噎住了

打□ la^{42}kø^{232} 吃饱后打嗝儿

胀肚 tʃiæŋ^{51}tu^{33} 吃得太多了撑着了

口淡口薄 hɔ^{42}tæ̃^{33}hɔ^{33}piʌ^{31} 嘴没味儿

　有香有气 mɔ^{33}ʃiæŋ^{35}mɔ^{33}hi^{51}

吃茶 he^{44}ʃa^{232} 喝茶

吃酒 he^{44}tɔ^{42} 喝酒

吃烟 he^{44}ĩ^{35} 抽烟

肚饥 tu^{33}ki^{35} 饿了

吃斗四 he^{44}lɔ^{51}θi^{51} 打拼伙，参加的人各出一些食品合在一起吃

斗四头 lɔ^{51}θ^{51}tɔ^{232} 发起打拼伙的人

焐窑儿 u^{42}iu^{232}ȵi^{35} 在野外用土块垒成窑状，用柴火将土块烧红，将甘薯置窑中煨熟

洗手 θuæ^{42}ʃɔ^{42}

洗面 θuæ^{42}mĩ^{31} 洗脸

抹面 ma^{51}mĩ^{31}

哴嘴 liæŋ^{51}tui^{42} 漱口

辫头毛辫 pĩ^{33}tɔ^{232}mɔ^{232}pĩ^{33} 梳辫子

扎头辫 tʃa^{51}tɔ^{232}pĩ^{33} 编辫子

　辫头辫 pĩ^{33}tɔ^{232}pĩ^{33}

篦头发 pi^{31}tɔ^{232}fa^{44}

梳髻 ʃø^{35}kuæ^{51}

剪手拇壳 tĩ^{33}ʃɔ^{42}mu^{42}hiʌ^{51} 剪指甲

捞耳朵 lo^{35}ȵĩ^{33}lø^{42} 掏耳朵

挖耳朵屎 ua^{51}ȵĩ^{33}lø^{42}ʃi^{42}

刮胡须 ka^{51}u^{232}θy^{35}

　剃胡须 t^{h}uæ^{51}u^{232}θy^{35}

　刨胡须 piʌ^{232}u^{232}θy^{35}

洗大凉 θuæ^{42}tæ^{31}liæŋ^{232} 游泳

洗脚 θuæ^{42}kiʌ^{44}

洗凉吾 θuæ^{42}liæŋ^{232}ŋ^{232} 用手巾抹身擦洗

　擦身 t^{h}a^{51}ʃuã^{35}

　挼身 no^{35}ʃuã^{35}

□屎 ŋaŋ^{35}ʃi^{42} 用力屙屎

上恭楼 ʃiæŋ^{33}koŋ^{44}lɔ^{232} 解大便

攋尿 læ^{33}niu^{31} 遗尿

攋屎 læ^{33}ʃi^{42} 遗屎

坐凉 θø^{33}liæŋ^{232} 乘凉

晒暖 ʃæ^{51}nuŋ^{33} 晒太阳

　晒热头暖 ʃæ^{51}ȵie^{31}tɔ^{232}nuŋ^{33}

□火 tʃ^{h}oŋ^{51}fuə^{42} 烤火

点灯 lĩ^{42}laŋ^{35}

吹灯 tʃ^{h}ui^{35}laŋ^{35} 熄灯

敨阵儿 t^{h}ɔ^{42}ʃuã^{31}ȵi^{232} 休息一会儿

唷$^{=}$下儿 io^{33}ia^{33}ȵi^{232} 打盹儿

敨大气 t^{h}ɔ^{42}tæ^{31}hi^{51} 长长舒一口气

眼睏 ŋæ̃^{33}huã^{51} 困了

　眼想睏 ŋæ̃^{33}θiæŋ^{42}huã^{51}

播被 pø^{51}pi^{33} 铺床

楝$^{=}$倒 lĩ^{51}lo^{51} 躺下

睏着啰 huã^{51}ʃiʌ^{31}lo^{33} 睡着了

眼睏啰 ŋæ̃^{33}huã^{51}lo^{33}

德$^{=}$眼 lɔ^{44}ŋæ̃^{33} 合眼

睏冇着 huã^{51}mɔ^{33}ʃiʌ^{31} 睡不着

睡晏觉 ʃui^{31}æ̃^{51}kiʌ^{51} 睡午觉

天光觉 t^{h}ĩ^{35}koŋ^{35}kiʌ^{51} 天刚亮时睡觉

睡天光觉 ʃui^{31}t^{h}ĩ^{35}koŋ^{35}kiʌ^{51} 在天刚亮时睡觉

反仰睡 fæ̃^{42}ȵiæŋ^{33}ʃui^{31} 仰面睡

争$^{=}$楞$^{=}$颈睡 tʃaŋ^{35}laŋ^{232}kẽ^{42}ʃui^{31} 侧着睡

　侧睡 tʃɔ^{44}ʃui^{31}

爬啦匍睡 pa^{232}la^{33}p^{h}o^{44}ʃui^{31} 趴着睡

翘犁弓脚睡 k^{h}iu^{51}luæ^{232}koŋ^{35}kiʌ^{44}ʃui^{31} 双脚拱起叠脚睡

架转睡 ka^{51}tʃĩ^{51}ʃui^{31}

勾倒睡 kɔ^{35}lo^{42}ʃui^{31} 身呈弓形睡

　勾转睡 kɔ^{35}tʃĩ^{51}ʃui^{31}

卷倒睡 kĩ^{42}lo^{42}ʃui^{31} 卷曲着侧身睡

　卷腿睡 kĩ^{42}tʰui^{42}ʃui^{31}

颈骨硬腮 kẽ^{42}kuə^{44}ŋaŋ^{31}θø^{35} 落枕

　颈骨硬 kẽ^{42}kuə^{44}ŋaŋ^{31}

扯筋 tʃʰie^{42}tʃuã^{35} 抽筋了

讲梦话 kiæŋ^{42}moŋ^{31}ua^{31}

梦着 moŋ^{31}ʃiʌ^{31}

着鬼弄 ʃiʌ^{31}kuæ^{42}noŋ^{31} 魇住了

劳夜 lo^{232}ie^{31} 熬夜

　劳更 lo^{232}kaŋ^{35}

下夜工 ia^{31}ie^{31}koŋ^{35} 晚上工作

做夜工 tu^{51}ie^{31}koŋ^{35}

行路 aŋ^{232}lu^{31} 走路

行暗路 aŋ^{232}uŋ^{51}lu^{31} 走夜路

□暗路 pæ̃^{232}uŋ^{51}lu^{31}

出地 tʃʰuə^{44}ti^{31} 去地里干活

　出地头 tʃʰuə^{44}ti^{31}t?^{232}

出工 tʃʰuə^{44}koŋ^{35}

收工 ʃɔ^{35}koŋ^{35}

去归 hy^{51}kuæ^{35} ①回家；②“死”的避讳说法

行街 aŋ^{232}kæ^{35} 逛街

散步 θæ̃^{51}pu^{31}

去荡 hy^{51}tiæŋ^{31} 外出游玩

□工 ȵia^{51}koŋ^{35} 勤奋，勤劳为工作着迷

十七　讼事

衙门 ŋa^{232}muŋ^{232}

公堂 koŋ^{35}tiæŋ^{232}

打官司 la^{42}kuŋ^{35}θi^{35}

告状 ko^{51}ʃiæŋ^{31}

　上公堂 ʃiæŋ^{33}koŋ^{35}tiæŋ^{232}

原告 ĩ^{232}ko^{51}

被告 pi^{31}ko^{51}

纸 tʃi^{42} 状子

　状子 ʃiæŋ^{31}ti^{42}

升堂 ʃẽ^{35}tiæŋ^{232}

退堂 tʰui^{51}tiæŋ^{232}

审事 ʃuã^{42}ʃi^{31} 问案

审问 ʃuã^{42}muã^{31}

审理 ʃuã^{42}li^{33}

开庭 hø^{35}tẽ^{232} 过堂

关方 kæ̃^{35}foŋ^{35} 惊堂木

证人 tʃẽ^{51}ȵyã^{232}

物证 muə^{31}tʃẽ^{51}

对审 lui^{51}ʃuã^{42} 对质

　对质 lui^{51}tʃuə^{44}

对话 lui^{51}ua^{31}

刑事 ẽ^{232}ʃi^{31}

民事 muã^{232}ʃi^{31}

家下事 ka^{35}ia^{33}ʃi^{31} 家务事：清官难断～事

　屋里事 o^{44}ly^{33}ʃi^{31}

　屋肚事 o^{44}tu^{33}ʃi^{31}

律师 luə^{31}ʃi^{35}

代笔 tø^{31}puə^{44} 代写状纸

服 fo^{31}

冇服 mɔ^{33}fo^{31} 不服

上纸 ʃiæŋ^{33}tʃi^{42} 上诉

　入纸 ȵyə^{31}tʃi^{42}

　上诉 ʃiæŋ^{33}θu^{51}

判 pʰuŋ^{51} 宣判

认 ȵyã^{31} 招认

口供 hɔ^{42}koŋ^{51}

供出 koŋ^{51}tʃʰuə^{44}：～同谋

抽工犯 tʃʰɔ^{35}koŋ^{35}pæ̃^{33} 故犯

犯法 fæ̃^{33}fa^{51}

犯罪 fæ̃^{33}θui^{33}

诬告 u^{35}ko^{51}

连带 lĩ^{232}læ^{51} 连坐

保出来 po^{42}tʃʰuə^{44}lø^{232} 保释

放 poŋ^{51} 释放

　放开 poŋ^{51}hø^{35}

担保 læ̃^{35}po^{42} 取保

解 kæ^{51} 押送（犯人）

蕴车 uã^{51}tʃʰie^{35} 囚车

青天大老爷 tʰẽ^{35}tʰĩ^{35}tæ^{31}lo^{33}ie^{35}

父母官 fu^{33}mu^{33}kuŋ^{35}

贪官 tʰæ̃^{35}kuŋ^{35}

受贿 ʃɔ^{33}ui^{35}

□钱 nuæ^{31}θĩ^{232} 行贿

罚钱 fa^{31}θĩ^{232}

砍头 kʰæ̃^{42}tɔ^{232} 斩首

枪 tʰiæŋ^{35} 枪毙

打靶 la^{42}pa^{42} ①对设定的目标进行射击；②枪毙犯人

　击打 ke^{44}ta^{42}

击 ke^{44} 拷打

　搉 kʰiʌ^{51}

击屁腹 ke^{44}pʰi^{51}fo^{44} 打屁股，旧时刑罚的一种

　击屁腹板 ke^{44}pʰi^{51}fo^{44}pæ̃^{232}

用法 ioŋ^{31}fa^{51} 用刑

　上法 ʃiæŋ^{33}fa^{51}

　行法 aŋ^{232}fa^{51}

　上刑法 ʃiæŋ^{33}ẽ^{232}fa^{51}

抽背 tʃʰɔ^{35}pui^{51} 鞭背

□臂脊 ʃø^{51}pi^{42}te^{44}

入木夹 ȵyə^{31}mo^{31}ka^{31} 用夹板夹

　上夹 ʃiæŋ^{33}ka^{31}

吊 liu^{51}

　绞起 kiu^{42}hi^{42}

　吊起 liu^{51}hi^{42}

　扯起 tʃʰie^{42}hi^{42}

大板子 tæ^{31}pæ̃^{42}ti^{42} 用刑的木板

手铐 ʃɔ^{42}hiʌ^{51}

　手卷 = ʃɔ^{51}kĩ^{42}

脚镣 kiʌ^{44}liu^{232}

反绑 fæ̃^{42}piæŋ^{42}

蕴 uã^{51} 囚禁起来

监房 kæ̃^{35}poŋ^{232} 监狱

坐监房 θø^{33}kæ̃^{35}poŋ^{232} 坐牢

　坐监 θø^{33}kæ̃^{35}

探望 tʰæ̃^{51}miæŋ^{31} 探监

逃跑 tiu^{232}pʰiʌ^{35} 越狱

立据 luə^{31}ky^{31} 立字据

写纸 θie^{42}tʃi^{42} 立约

手条 ʃɔ^{42}tiu^{232}

白条 piʌ^{31}tiu^{232}

画字 fa^{31}θi^{31} 画押

闹 = 手模印 no^{31}ʃɔ^{42}mo^{31}yã^{51} 按手印

税 ʃui^{51}

租 tu^{35}

契约 kʰuæ^{51}iʌ^{44}

交税 kiʌ^{35}ʃui^{51}

　纳税 na^{31}ʃui^{51}

牌照 pæ̃^{232}tʃiu^{51} 执照

街招 kæ^{35}tʃiu^{35} 告示、广告

布告 pu^{51}ko^{51}

通知 tʰoŋ^{35}tʃi^{35}

路条 lu^{31}tiu^{232}

命令 mẽ^{31}lẽ^{31}

印 yã^{51} 官方图章

　章 tʃiæŋ^{35}

　大家印 tæ^{31}ka^{35}yã^{51}

　大章 tæ^{31}tʃiæŋ^{35}

交代 kiʌ^{35}tø^{31} 把经手的事务移交给接替的人

上任 ʃiæŋ^{33}ȵyã^{31}

脱任 tʰuə^{44}ȵyã^{31} 卸任

罢免 pa^{31}mĩ^{33}

　罢开 pa^{31}hø^{35}

文书卷 muã^{232}ʃy^{35}kĩ^{42} 案卷

传票 ʃĩ^{232}pʰiu^{51}

吃人命 he^{44}ȵyə^{232}mẽ^{31} 出嫁了的女子因受夫家虐待死亡，娘家人到来评理并大吃大喝

十八　交际

行往 aŋ^{232}uoŋ^{33} 来往

　来往 lø^{232}uoŋ^{33}

□ luã^{33} 去看望人

拜 pæ^{51} 拜访

行转 aŋ^{232}tʃĩ^{51} 回拜

主人 tʃy^{42}ȵyã^{232}

请客 tʰẽ^{35}hiʌ^{51}（～ha^{51}）

打理 la^{42}li^{33} 招待

　招待 tʃiu^{35}tø^{31}

　招呼 tʃiu^{35}fu^{35}

男人客 næ̃^{232}ȵyã^{232}hiʌ^{51}（～ha^{51}）男客

女人客 ny^{33}ȵyã^{232}hiʌ^{51}（～ha^{51}）女客

送情理 θoŋ^{51}θẽ^{232}li^{33} 送礼

　送人情 θoŋ^{51}ȵyã^{232}θẽ^{232}

情理 θẽ^{232}li^{33} 礼物

*猪尾肉 tʃy^{35}mĩ^{42}ȵio^{31}

*送猪尾肉 θoŋ^{51}tʃy^{35}mĩ^{42}ȵio^{31}

回福 uœ^{232}fo^{44} 回赠礼物

*分家担 puã^{35}ka^{35}læ̃^{51}

人情 ȵyã^{232}θẽ^{232}

　人情体面 ȵyã^{232}θẽ^{32}tʰuæ^{42}mĩ^{31}

人面 ȵyã^{232}mĩ^{31}

做客 tu^{51}hiʌ^{51}（～ha^{51}）①做客人；②太客气

待客 tø^{31}hiʌ^{51}（～ha^{51}）

陪客 pui^{232}hiʌ^{51}（～ha^{51}）①陪伴客人的人（动宾）；②来客中地位低者（名词）

送客 θoŋ^{51}hiʌ^{51}（～ha^{51}）

有送啰啵 mɔ^{33}θoŋ^{51}lo^{33}po^{33} 不送了，主人说的客气话

有客气 mɔ^{33}hiʌ^{51}（～ha^{51}）hi^{51} 不客气

　有做客 mɔ^{33}tu^{51}hiʌ^{51}（～ha^{51}）

打理有到 la^{42}li^{33}mɔ^{33}lo^{51} 招待不周

应当 ẽ^{35}liæŋ^{35} 礼当

承蒙 ʃẽ^{232}moŋ^{232}

有使出 mɔ^{33}ʃuæ^{42}tʃʰuə^{44} 留步

慢慢去 mæ̃^{31}mæ̃^{31}hy^{51}

睇麻烦 tʰuæ^{42}ma^{232}fæ̃^{232} 找麻烦

答礼 la^{51}luæ^{33} 施礼

答拱 la^{51}（la^{51}）koŋ^{42} 作揖

办酒 pæ̃^{31}tɔ^{42} 置酒席

一席酒 yə^{44}θe^{44}tɔ^{42} 一桌酒席

请帖 tʰẽ^{42}tʰie^{44}

　帖 tʰie^{44}

送帖 θoŋ^{51}tʰie^{44} 下请帖

坐席 θø^{33}θe^{44} 入席

上菜 ʃiæŋ^{33}tʰø^{51}

　托菜 tʰiʌ^{51}tʰø^{51}

斟酒 tʃuã^{35}tɔ^{42}

　滗酒 pi^{51}tɔ^{42}

筛酒 ʃæ^{35}tɔ^{42} 喝酒、斟酒

劝酒 kʰĩ^{51}tɔ^{42}

吃胜 he^{44}ʃẽ^{51} 干杯

猜牛 tʃʰæ^{35}ŋɔ^{232} 划拳，猜码，挖矿人忌说与“马”同音的“码”。

整馃儿 tʃẽ^{42}kuə^{42}ȵi^{232} 摆馃点

白狗帖 piʌ^{31}kɔ^{42}tʰie^{44} 揭别人短处的大字报

荡草帖 tiæŋ^{31}tʰo^{42}tʰie^{44} 寻牛启事

冇啱 mɔ^{33}ŋæ^{35} ①不合适；②合不来

冤家 ĩ^{35}ka^{35}

冇合 mɔ^{33}uə^{31} 不平：路见～

　冇啱 mɔ^{33}ŋæ^{35}

冤枉 ĩ^{35}uoŋ^{42}

插话 tʃʰa^{51}tui^{42} 插嘴

撩事 liu^{35}ʃi^{31} 吹毛求疵

　撩马筋 liu^{35}ma^{33}tʃuã^{35}

扯神社 tʃʰie^{42}ʃuã^{232}ʃie^{33} 扯是非

装样 tʃiæŋ^{35}iæŋ^{31} 做作

练大嚿 lĩ^{31}tæ^{31}kɔ^{31} 摆架子

镂根镂□ lɔ^{35}kuã^{35}lɔ^{35}kiæŋ^{42} 刨根问底

讲排场 kiæŋ^{42}pæ^{232}ʃiæŋ^{232} 要排场

练精 lĩ^{31}tẽ^{35} 自作聪明

耍威风 ʃa^{42}uæ^{35}foŋ^{35}

诈□ tʃa^{51}θoŋ^{232} 装傻

诈□ tʃa^{51}haŋ^{51} 装懵懂

装假 tʃiæŋ^{35}ka^{42} 假装

诈病 tʃa^{51}pẽ^{31} 装病

诈癫 tʃa^{51}lĩ^{35} 装疯

出相 tʃʰuə^{44}θiæŋ^{51} 出洋相

扫面 θo^{51}mĩ^{31} 丢人

　丢面 tiu^{42}mĩ^{31}

铁面冇情 tʰie^{44}mĩ^{31}mɔ^{33}θẽ^{232} 铁面无私

冇分面 mɔ^{33}puã^{35}mĩ^{31} 不给面子

捧□泡 pʰoŋ^{42}muæ^{33}pʰɔ^{35} 捧卵泡，巴结

桥架 kiu^{232}ka^{51} 计谋

认亲 ȵuã^{31}tʰuã^{35} 拉近乎

看重 hõ^{51}ʃoŋ^{33} 看得起

看冇起 hõ^{51}mɔ^{33}hi^{42} 看不起

佮 kuə^{44} 和、同

凑队 tʰɔ^{51}tui^{31} 凑合一起

佮伙 kuə^{44}fuə^{42} 合伙儿

　佮凑队 kuə^{44}tʰɔ^{31}tui^{31}

做狗化子要有凑队 tu^{51}kɔ^{42}fa^{52}ti^{42}iu^{51}iɔ^{33}tʰɔ^{51}tui^{31} 做乞丐也要找些人做伴

合冇来 uə^{31}mɔ^{33}lø^{232} 合不来

　佮冇倒 uə^{31}mɔ^{33}lo^{42}

应 ẽ^{51} 答应

　答应 la^{51}ẽ^{51}

冇应 mɔ^{33}ẽ^{51} 不答应

　冇准 mɔ^{33}tʃuã^{42}

　冇答应 mɔ^{33}la^{51}ẽ^{51}

就 θɔ^{31} ①迁就；②将就

　迁就 tʰĩ^{35}θɔ^{31}

弄 loŋ^{31} ①把玩；②乱做；③敷衍

包藏 piʌ^{35}θiæŋ^{232} 包涵

滚搅 kuã^{42}kiʌ^{42} 打扰

帮⁼逃 piæŋ^{35}tiu^{232} 撵出去

帮⁼开 piæŋ^{35}hø^{35}

蚀底 ʃe^{31}luæ^{42} 吃亏

耻笑 tʃʰi^{42}θiu^{51} 嘲笑

晒牙 ʃæ^{51}ŋa^{232} 讥笑

位吾 uæ^{31}ŋ^{232} 下席

大位 tæ^{31}uæ^{31} 上席

占大位 tʃĩ^{51}tæ^{31}uæ^{31} 占上席

分红 puã^{35}oŋ^{232}

花红 fa^{35}oŋ^{232} 用红纸包的赔偿对方精神损失的钱

挂花红 ka^{51}fa^{35}oŋ^{232} 用红纸包钱赔偿对方精神损失

挂红 ka^{51}oŋ^{232}

封包 foŋ^{35}piʌ^{35}

十九 商业 交通

铺号 pʰu^{51}o^{31} 字号

招牌 tʃiu^{35}pæ^{232}

开铺 hø^{35}pʰu^{51}

铺面 pʰu^{51}mĩ^{31} 商店的门面

摆摊吾 pæ^{42}tʰæ̃^{51}ŋ^{232} 摆摊子

单干 læ̃^{35}kø̃^{51} 跑单帮

上酒家 ʃiæŋ^{33}tɔ^{42}ka^{35} 下馆子

布铺 pu^{51}pʰu^{51} 布店

百货（店）piʌ^{51}fuə^{51}（lĩ^{51}）

杂货铺 θa^{31}fuə^{51}pʰu^{35}

油盐铺 iɔ^{232}ĩ^{232}pʰu^{35}

米铺 muæ^{33}pʰu^{51} 粮店

米行 muæ^{33}aŋ^{232} 卖粮食的街道或市场

酒铺 tɔ^{42}pʰu^{35} ①酒坊；②卖酒的地方

碗铺 uŋ^{42}pʰu^{35} 瓷器店

文具店 muã^{232}ky^{51}lĩ^{51}

茶楼 ʃa^{232}lɔ^{232} 茶馆儿

剃头铺 tʰuæ^{51}tɔ^{232}pʰu^{35} 理发店

剃光头 tʰuæ^{51}koŋ^{35}tɔ^{232}

刨光头 piʌ^{232}koŋ^{35}tɔ^{232}

飞平头 fi^{35}pẽ^{232}tɔ^{232} 理平头

平头装 pẽ^{232}tɔ^{232}tʃiæŋ^{35} 小平头

梳西装 ʃø^{35}θuæ^{35}tʃiæŋ^{35} 理西式头发

剃胡须 tʰuæ^{51}u^{232}θy^{35} 刮胡子

开耳 hø^{35}ŋi^{33} 挖耳朵

□背脊 tʃoŋ^{51}pui^{51}tie^{44} 捶背

肉铺 nio^{31}pʰu^{42}

材木铺 θø^{232}mo^{31}pʰu^{35} 棺材铺

打铁铺 la^{42}tʰie^{44}pʰu^{35}

衫裙摊 ʃæ̃^{35}kuã^{232}tʰæ̃^{35} 成衣摊

衫裙铺 ʃæ̃^{35}kuã^{232}pʰu^{35} 成衣铺

卖油铺 mæ^{31}iɔ^{232}pʰu^{35} 油坊

油榨 iɔ^{232}tʃa^{51} ①榨油卖油的作坊；②榨油的器具

当铺 liæŋ^{51}pʰu^{35}

租屋 tu^{35}o^{44}

当房 liæŋ^{51}poŋ^{232} 典房子

出租 tʃʰuə^{44}tu^{35}

押倒 a^{51}lo^{51} 抵押

取 tʰu^{42} 买

打 la^{42}

买 mæ^{33}

打布 la^{42}pu^{51} 买布

打米 la^{42}muæ^{33} 买米

卖 mæ^{31}

货 fuə^{51}

货物 fuə^{51}muə^{31}

开张 hø^{35}tʃiæŋ^{35} 开业

关门 kæ̃^{35}muŋ^{232} 停业

盘点 puŋ^{232}lĩ^{42}

　清货 tʰẽ^{35}fuə^{51}

柜台 kuæ^{31}tø^{232}

讲价 kiæŋ^{42}ka^{51}

开价 hø^{35}ka^{51}

还价 uæ̃^{232}ka^{51}

带□笑面 læ^{51}mẽ^{42}θiu^{51}mĩ^{31} 多给点价

衰□ ʃui^{35}mẽ^{42} 减点价

□价 tuə^{31}ka^{51} 掉价

公道 koŋ^{35}to^{31}

包齐 piʌ^{35}θuæ^{232} 剩下的全部买了

为冇出 uæ^{232}mɔ^{33}tʃʰuə^{44} 划不来、不合算

好生意 hɔ^{42}ʃaŋ^{35}i^{51} 买卖好

放脱 poŋ^{51}tʰuə^{44}（全部）卖出

淡 tæ̃^{33} 买卖清淡

辛苦钱 θuã^{35}fu^{42}θĩ^{232}

薪水 θuã^{35}ʃui^{42}

转本 tʃĩ^{51}puŋ^{42} 保本

　够本 kɔ^{51}puŋ^{42}

捞 lo^{35}

赔 pui^{35}

赔钱 pui^{35}θĩ^{232}

利 li^{31} 利息

利上起利 li^{31}ʃiæŋ^{31}hi^{42}li^{31} 利上加利

几多息 ki^{42}lø^{35}θe^{44} 几成利

加三利 ka^{35}θæ̃^{35}li^{31} 三成利

对半利 lui^{51}puã^{51}li^{31} 五成利

行运 aŋ^{232}uã^{31} 运气好

　有时彩 iɔ^{33}ʃi^{232}tʰø^{42}

　着时 ʃiʌ^{31}ʃi^{232}

　时气好 ʃi^{232}hi^{51}ho^{42}

押金 a^{51}tʃuã^{35}

完粮 ĩ^{232}liæŋ^{232} 交公粮

家记 ka^{35}ki^{51} 家产：穷得卖～吃

账房 tʃiæŋ^{51}poŋ^{232}

开支 hø^{35}tʃi^{35} 开销

入账 ȵyã^{31}tʃiæŋ^{51} 记收入的账

　入数 ȵyã^{31}ʃy^{51}

收入 ʃɔ^{35}ȵyã^{31}

收钱 ʃɔ^{35}θĩ^{232}

出账 tʃʰuə^{44}tʃiæŋ^{51} 记付出的账

　出数 tʃʰuə^{44}ʃy^{51}

支出 tʃi^{35}tʃʰuə^{44}

账簿 tʃiæŋ^{51}pu^{31} 账本

老款 lo^{33}fuŋ^{42} 旧账

挂倒 ka^{51}lo^{51} 记账

挂数 ka^{51}ʃy^{51}

登倒 laŋ^{35}lo^{51}

放债 poŋ^{51}tʃæ^{51}

欠账 kʰĩ^{51}（～ʃĩ^{51}）tʃiæŋ^{51}

　欠数 kʰĩ^{51}（～ʃĩ^{51}）ʃy^{51}

赖账 læ^{31}tʃiæŋ^{51}

睇钱 tʰuæ^{42}θĩ^{232} 要账

空头账 hoŋ^{35}tɔ^{232}tʃiæŋ^{51} 要不来的账

空头数 hoŋ^{35}tɔ^{232}ʃy^{51}

赊数 ʃie^{44}ʃy^{51}

记账牌 ki^{51}tʃiæŋ^{51}pæ̃^{232} 临时记账用的木牌或铁牌

流水账 lɔ^{232}ʃui^{42}tʃiæŋ^{51}

发票 fa^{51}pʰiu^{51}

收条 ʃɔ^{35}tiu^{232}

收据 ʃɔ^{35}ky^{31}

发货单 fa51fuə51læ̃35

提货单 tuæ232fuə51læ̃35

存款 θuã232fuŋ42 存下的钱

整数 tʃẽ42ʃy51 整十元、百元的钱

零使 lẽ232ʃuæ42 零用

拆使 tʃhiʌ51ʃuæ42

铜□ toŋ232lui35 铜板、铜圆

文钱 muã35θĩ232 中间有方孔的铜钱

大银 tæ31ŋuã232 比毫子大的银圆，一个大银十个毫子

毫子 o11ti42 十毫一个大银

双毫 ʃiæŋ35o232 一个当两个用的银圆

单毫 læ̃35o232 一个当一个用的银圆

文 muã35 元

一分纸 yə44fuã35tʃi42 一分钱

一角纸 yə44kiʌ51tʃi42 一角钱

一文纸 yə44muã35tʃi42 一块钱

十文纸 ʃuə31muã35tʃi42 十块钱

两文□ liæŋ33muã35koŋ33 两元五角

百文纸 piʌ51muã35tʃi42 一百块钱

一张银纸 yə44tʃiæŋ35ŋẽ232tʃi42 一张票子

一粒铜□ yə44naŋ35toŋ232lui35 一个铜板

一粒毫子 yə44naŋ35o232ti42 一个硬币

公平秤 koŋ35pẽ232tʃhẽ51

蠡戥 li232laŋ42 戥子

磅秤 poŋ31tʃhẽ51

洋平 iæŋ232pẽ232

秤盘 tʃhẽ51puŋ232

秤星 tʃhẽ51θẽ35

秤梗 tʃhẽ51kaŋ42 秤杆儿

秤钩 tʃhẽ51kɔ35

秤砣 tʃhẽ51tø232

秤脑 tʃhẽ51no33 秤毫

撩脑 liu35no33 秤毫与秤钩缠在一起，会造成秤不准

称老 tʃhẽ51lo42（称物时）秤尾高，量多一点

旺□ hoŋ31mẽ42 称足一点

称懒 tʃhẽ51læ33（称物时）秤尾低

称足 tʃhẽ51to44 足秤

咬秤 ŋiʌ33tʃhẽ51 在秤上做手脚短斤两

咬秤头 ŋiʌ33tʃhẽ51tɔ232

咬一□ ŋiʌ33yə44koŋ33 有意少给较多的量

桶 thoŋ42（猪）除去内脏以外的重量

皮 pi232 毛重

净重 θẽ31ʃoŋ33

铁路 thie44lu31

铁轨 thie44kuæ42

火车 fuə42tʃhie35

火车站 fuə42tʃhie35tʃæ̃51

马路 ma33lu31

公路 koŋ35lu31

汽车 hi51tʃhie35 "汽"不变调

大车 tæ31tʃhie35 旧称，相对于老式的各种车

班车 pæ̃35tʃhie35 公共汽车，包括短途和长途

货车 fuə51tʃhie35 运货用的汽车

车吾 tʃhie35ŋ232 小轿车

摩托（车）mø35thiʌ51（tʃhie35）

三马车 θæ̃35ma33tʃhie35 载人的三轮车

平板车 pẽ232pæ232tʃhie35 拉货的平板三轮车

大牛车 tæ31ŋɔ232tʃhie35 旧时用牛拉的运货车

人力车 n̩yã232le31tʃhie35

人力车吾 n̩yã232le31tʃhie35ŋ232

马车 ma33tʃhie35

车桶 tʃhie35thoŋ42 车厢

车□ tʃʰie^{35}uã^{232} 车轮

车手 tʃʰie^{35}ʃɔ^{42} 车把

船 ʃĩ^{232}

帆 fæ̃^{35}

篷 poŋ^{232} 竹编的覆舟用具

船杆 ʃĩ^{232}kɒ̃^{42} 桅杆

桨 tiæŋ^{42}

踏板 ta^{31}pæ̃^{42} 上下船用的跳板

船吾 ʃĩ^{232}ŋ^{232} 舢板

渔船 ʃy^{232}ʃĩ^{232}

渡船 tu^{31}ʃĩ^{232}

轮船 luã^{232}ʃĩ^{232}

过渡 kuə^{51}tu^{31} 坐船过河

渡口 tu^{31}hɔ^{42}

二十　文化教育

读书啰 to^{31}ʃy^{35}lo^{33} 开始上小学

上私学 ʃiæŋ^{33}θi^{35}iʌ^{31} 上私塾

开蒙 hø^{35}moŋ^{232} 旧时私塾新生入学的仪式，家长制作大糍粑，内贯穿一根葱，“葱”与“聪”谐音，以祈学童聪明上进，用大糍粑敬祖宗，再到学校拜老师和孔夫子牌位

放朝 poŋ^{51}tʃiu^{35} 放早学

放晏 poŋ^{51}æ̃^{51} 放午学

放夜 poŋ^{51}ie^{31} 放晚学

逃学 tiu^{232}iʌ^{31}

幼儿园 iɔ^{51}ȵi^{232}ĩ^{232}

私学 θi^{35}iʌ^{31} 私塾

　家馆 ka^{35}kuŋ^{42}

　文馆 muã^{232}kuŋ^{42}

武馆 mu^{33}kuŋ^{42}

　拳馆 kĩ^{232}kuŋ^{42}

学费 iʌ^{31}fui^{51}

放假 poŋ^{51}ka^{42}

暑假 ʃy^{42}ka^{42}

寒假 õ^{232}ka^{42}

农忙假 noŋ^{232}miæŋ^{232}ka^{42}

请假 tʰẽ^{42}ka^{42}

招生 tʃiu^{35}ʃaŋ^{35}

报名 po^{51}mẽ^{232}

击手板 ke^{44}ʃɔ^{42}pæ̃^{42} 打手心儿

罚站 fa^{31}tʃæ̃^{31}

罚跪 fa^{31}kuæ^{31}

扯眼皮 tʃʰie^{42}ŋæ̃^{33}pi^{232} 扯打瞌睡者的眼皮

扯眼毛 tʃʰie^{42}ŋæ̃^{33}mo^{232}

扯耳朵 tʃʰie^{42}ȵĩ^{33}lø^{42}

上堂 ʃiæŋ^{33}tiæŋ^{232} 上课

　上课 ʃiæŋ^{33}kʰo^{51}

下堂 ia^{33}tiæŋ^{232} 下课

　下课 ia^{33}kʰo^{51}

讲堂 kiæŋ^{42}tiæŋ^{232} 讲台

　讲台 kiæŋ^{42}tø^{232}

黑板 ha^{44}pæ̃^{42}

　粉板 puã^{42}pæ̃^{42}

粉笔 puã^{42}puə^{44}

黑板□ ha^{44}pæ̃^{42}tʰa^{51} 板擦儿

点名簿 lĩ^{42}mẽ^{232}pu^{33} 点名册

戒尺 kæ^{51}tʃʰe^{44}

跪热头 kuæ^{31}ȵie^{31}tɔ^{232} 罚在太阳底下跪

笔记簿 puə^{44}ki^{51}pu^{33}

讲义 kiæŋ^{42}ȵi^{31}

点名 lĩ^{42}mẽ^{232}

鞠躬 ko^{44}koŋ^{35}

书 ʃy^{35} 课本

课本 kʰo^{51}puŋ^{42}

胶擦 kiʌ^{35}tʰa^{51} 橡皮

铅笔刨 ĩ^{232}puə^{44}piʌ^{232} 铅笔刀，旋着削

圆规 ĩ^{232}kuæ^{35}

三角板 θæ̃^{35}kiʌ^{51}pæ̃^{42}

间尺 kæ̃^{51}tʃʰie^{44} 文具尺

□纸 kæ^{31}tʃi^{42} 镇纸

作文簿 tiʌ^{44}muã^{232}pu^{33} 作文本

大字簿 tæ^{31}θi^{31}pu^{33} 大字本

红字簿 oŋ^{232}θi^{31}pu^{33} 红模子

　红朱字 oŋ^{232}tʃy^{35}θi^{31}

点水笔 lĩ^{42}ʃui^{42}puə^{44} 蘸水钢笔

笔嘴 puə^{44}tui^{42} 钢笔尖

　笔头 puə^{44}tɔ^{232}

笔身 puə^{44}ʃuã^{35} 钢笔杆

大笔 tæ^{31}puə^{44} 大毛笔

笔吾 puə^{44}ŋ^{232} 小毛笔

　笔儿 puə^{44}ȵi^{232}

　细字笔 nuæ^{51}θi^{31}puə^{44}

笔套 puə^{44}tʰo^{51} 保护毛笔头的笔帽

笔筒 puə^{44}toŋ^{232} ①装笔的筒子；②毛笔套

磨墨 mɔ^{232}mɔ^{31} 研墨，动宾

墨浓啰 mɔ^{31}noŋ^{232}lo^{33} 墨研熟了

磨冇浓 mɔ^{31}mɔ^{33}noŋ^{232} 磨不熟

墨盒 mɔ^{31}uə^{31}

墨碗 mɔ^{31}uŋ^{42}

墨汁 mɔ^{31}tʃuə^{44}

墨水 mɔ^{31}ʃui^{42}

蘸笔 tʃæ̃^{31}puə^{44} 掭笔

蘸笔墨 tʃæ̃^{31}puə^{44}mɔ^{31}

上水 ʃiæŋ^{33}ʃui^{42} 给钢笔灌墨水

　上笔水 ʃiæŋ^{33}puə^{44}ʃui^{42}

钢笔水 kiæŋ^{51}puə^{44}ʃui^{42} 钢笔用的墨水儿

头排 tɔ^{232}pæ^{232} 第一排

面先排 mĩ^{31}θĩ^{35}pæ^{232}

尾底排 mĩ^{42}luæ^{42}pæ^{232} 后面的座位

尾尾排 mĩ^{42}mĩ^{42}pæ^{232} 最后面的座位

文人 muã^{232}ȵyã^{232} 读书人

精人 tẽ^{35}ȵyã^{232} 读书识字的人

□人 θoŋ^{232}ȵyã^{232} 不识字的人

子弟 ti^{42}tuæ^{33} 旧时指学生

　徒弟 tu^{232}tuæ^{33}

秀才 θɔ^{51}θø^{232}

学童 iɔ^{31}toŋ^{232}

读书 to^{31}ʃy^{35}

唱读 tʃʰiæŋ^{51}to^{31} 用唱的形式读书

温习 uã^{35}θe^{44} 温书

背书 pui^{51}ʃy^{35}

报名 po^{51}mẽ^{232}

挂名 ka^{51}mẽ^{232}

文场 muã^{232}ʃiæŋ^{232} 考场

　考场 kʰiʌ^{42}ʃiæŋ^{232}

入场 ȵyə^{31}ʃiæŋ^{232} 进考场

月考 ȵĩ^{31}kʰiʌ^{42}

段考 tuŋ^{31}kʰiʌ^{42}

期考 ki^{232}kʰiʌ^{42}

考纸 kʰiʌ^{42}tʃi^{42} 考卷

交卷 kiʌ^{35}kĩ^{42}

交头卷 kiʌ^{35}tɔ^{232}kĩ^{42}

　交头□ kiʌ^{35}tɔ^{232}lo^{51}

改卷 kæ^{42}kĩ^{42}

　批卷 pʰuæ^{35}kĩ^{42}

满分 muŋ^{33}fuã^{35}

零分 lẽ^{232}fuã^{35}

交白纸 kiʌ^{35}p^{h}iʌ^{31}tʃi^{42}

交空纸 kiʌ^{35}hoŋ^{35}tʃi^{42}

出榜 tʃ^{h}uə^{44}piæŋ^{42}

放榜 poŋ^{51}piæŋ^{42}

头名 tɔ^{232}mẽ^{232}

第一名 tuæ^{31}yə^{44}mẽ^{232}

背榜 pui^{51}piæŋ^{42} 末名

□晚 la^{232}mæ̃^{33} 落在最后一名

□晚屎 la^{232}mæ̃^{33}ʃi^{42}

考倒啰 k^{h}iʌ^{42}lo^{33}lo^{35} 考取了

考中啰 k^{h}iʌ^{42}tʃoŋ^{51}lo^{33}

考冇中 k^{h}iʌ^{42}mɔ^{33}tʃoŋ^{51} 没考上

考冇上 k^{h}iʌ^{42}mɔ^{33}ʃiæŋ^{33}

考冇倒 k^{h}iʌ^{42}mɔ^{33}lo^{51}

毕业 puə^{44}ȵie^{31}

结业证 kie^{44}ȵie^{31}tʃẽ^{51}

冇毕业 mɔ^{33}puə^{44}ȵie^{31}

毕业证 puə^{44}ȵie^{31}tʃẽ^{51}

捱子 ŋæ^{232}ti^{42} 客家话

职字 tʃe^{44}θi^{31} 官话

官话 kuŋ^{35}ua^{31}

讲职字 kiæŋ^{42}tʃe^{44}θi^{31} 讲官话

讲官话 kiæŋ^{42}kuŋ^{35}ua^{31}

客家话 hiʌ^{51}（～ha^{51}）ka^{35}ua^{31}

瑶话 iu^{232}ua^{31} 瑶族语言，钟山民间把县内两安瑶族自治乡瑶族居民讲的汉语土话叫作瑶话

本地话 puŋ^{42}ti^{31}ua^{31} 本地方言

土话 t^{h}u^{42}ua^{31}

千字文 t^{h}ĩ^{35}θi^{31}muã^{232}

三字经 θæ̃^{35}θi^{31}kẽ^{35}

宗支簿 toŋ^{35}tʃi^{35}pu^{33}

族谱 θo^{31}p^{h}u^{42}

家谱 ka^{35}p^{h}u^{42}

大字 tæ^{31}θi^{31} 大楷

字吾 θi^{31}ŋ^{232} 小楷

字帖 θi^{31}t^{h}ie^{44}

写字帖 θie^{42}θi^{31}t^{h}ie^{44} 临帖

写大字 θie^{42}tæ^{31}θi^{31}

描红 miu^{232}oŋ^{232}

写红朱字 θie^{42}oŋ^{232}tʃy^{35}θi^{31}

勾大字 kɔ^{35}tæ^{31}θi^{31} 勾出认识的字。旧时私塾老师在初一、十五写一些生字由学生认读，认出一个勾一个，认读不出者要受罚

吃鸡蛋 he^{44}kuæ^{35}tæ̃^{31} 老师给写得好的习字打上红圈以示褒奖

判大字 p^{h}uŋ^{51}tæ^{31}θi^{31} 老师给学生的习字写简短的评语

□开 tuə^{44}hø^{35} 涂了

□开 t^{h}a^{51}hø^{35}

写石灰白 θie^{42}ʃe^{31}fui^{35}piʌ^{31} 写白字

写错字 θie^{42}t^{h}ø^{51}θi^{31}

笔划冇对 puə^{44}ua^{232}mɔ^{33}lui^{51} 笔顺不对

写漏 θie^{42}lɔ^{31} 掉字

写漏字 θie^{42}lɔ^{31}θi^{31}

草稿 t^{h}o^{42}ko^{42}

写草稿 θie^{42}t^{h}o^{42}ko^{42}

起稿 hi^{42}ko^{42}

起草稿 hi^{42}t^{h}o^{42}ko^{42}

作文 tiʌ^{44}muã^{232}

写文章 θie^{42}muã^{232}tʃiæŋ^{35}

批文章 p^{h}uæ^{35}muã^{232}tʃiæŋ^{35} 改文章

作业 tiʌ^{44}ȵie^{31}

打叉 la^{42}tʃʰa^{35} ①将写错的内容做划掉的记号；②表示错的内容的记号

叉开 tʃʰa^{35}hø^{35}

划开 ua^{232}hø^{35}

涂开 tu^{232}hø^{35}

抄草稿 tʃʰiʌ^{35}tʰo^{42}ko^{42} 誊清

一点 yə^{11}lĩ^{12}

一横 yə^{44}uaŋ^{232}

一竖 yə^{44}ʃy^{42}

一直 yə^{44}tʃe^{31}

一撇 yə^{44}pʰie^{44}

一捺 yə^{44}na^{31}

一勾 yə^{44}kɔ^{35}

一剔 yə^{44}tʰe^{44}

一划 yə^{44}ua^{232} 一画

偏旁 pʰĩ^{35}piæŋ^{232}

单人边 læ̃^{35}ȵyã^{232}piæŋ^{35} 立人儿

双人边 ʃiæŋ^{35}ȵyã^{232}pĩ^{232} 双立人儿

睡人边 ʃui^{31}ȵyã^{232}pĩ^{35} 卧人儿

弓字张 koŋ^{35}θi^{31}tʃiæŋ^{35} 弯弓张

立头章 luə^{31}tɔ^{232}tʃiæŋ^{35} 立早章

禾字程 uə^{232}θi^{31}ʃẽ^{232} 禾旁程

圈罗围 kʰĩ^{35}lø^{232}uæ^{232} 四框栏儿

大罗围 tæ^{31}lø^{232}uæ^{232}

滚圞圈 kuã^{42}lĩ^{35}（～luŋ^{35}）kʰĩ^{35}

宝盖头 po^{42}kø^{51}tɔ^{232} 宝盖儿

冇帽盖 mɔ^{33}mo^{31}kø^{51} 秃宝盖儿

竖心边 ʃy^{33}θuã^{35}pĩ^{35} 竖心旁

反爪边 fæ̃^{42}ŋiʌ^{42}pĩ^{35} 反犬旁

单耳边 læ̃^{35}ȵĩ^{33}pĩ^{35} 单耳刀儿

双耳边 ʃiæŋ^{35}ȵĩ^{33}pĩ^{35} 双耳刀儿

反文边 fæ̃^{42}muã^{232}pĩ^{35} 反文旁

反文 fæ̃^{42}muã^{232}

王字边 oŋ^{232}θi^{31}pĩ^{35} 斜玉儿

玉字边 ȵio^{31}θi^{31}pĩ^{35}

剔土边 tʰe^{44}tʰu^{42}pĩ^{35} 提土旁

竹头 tʃo^{44}tɔ^{232} 竹字头儿

火字边 fuə^{42}θi^{31}pĩ^{35} 火字旁

四点脚 θi^{51}lĩ^{12}kiʌ^{11} 四点

三点水 θæ̃^{35}lĩ^{42}ʃui^{42} 三点水儿

两点水 liæŋ^{33}lĩ^{42}ʃui^{42} 两点水儿

病字边 pẽ^{31}θi^{31}pĩ^{35} 病旁儿

走之边 tɔ^{42}tʃi^{35}pĩ^{35} 走之儿

绞丝边 kiʌ^{33}θi^{35}pĩ^{35} 绞丝旁

绞丝 kiʌ^{33}θi^{35}

剔手边 tʰe^{44}ʃɔ^{42}pĩ^{35} 提手旁

草字头 tʰo^{42}θi^{31}tɔ^{232}

二十一　文体活动

风车 foŋ^{35}tʃʰie^{35} 一种迎风转动的玩具

逢一逢二 foŋ^{232}yə^{44}foŋ^{232}ȵi^{31} 决定捉迷藏时谁藏谁寻的办法。参加游戏的人一手握住自己的拇指，一手握住别人的拇指互相叠加在一起。数到七就放开一个手，谁的手数到最后还剩下就去寻人

做眼蒙眯 tu^{51}ŋæ̃^{33}moŋ^{232}mi^{51} 寻找预先藏匿在某个角落的同伴

眯眼蒙眯 mi^{51}ŋæ̃^{33}moŋ^{232}mi^{51}

踢□ tʰe^{44}ĩ^{31} 踢毽儿

踢鸡毛燕 ⁼tʰe^{44}kuæ^{35}mo^{232}ĩ^{51} 踢鸡毛毽子

执子 tʃuə^{44}ti^{42} 用几个小沙包或石子儿，扔起其一，做规定动作后再接住

弹球 tæ̃^{232}tʃɔ^{232}

击水漂ke^{44}ʃui^{42}pʰiu^{35}在水面上掷瓦片等，使其尽量在水面上往远漂

跳飞机tʰiu^{51}fui^{35}ki^{35}跳房子

踢飞机tʰe^{44}fui^{35}ki^{35}

执加tʃuə^{44}ka^{35}两人轮换翻动手指头上的细绳，变出各种花样

吹碱泡tʃʰui^{35}kæ̃^{42}pʰiʌ^{51}吹肥皂泡

捉鸡儿tʃiʌ^{51}kuæ^{35}ȵi^{232}游戏“老鹰抓小鸡”

蛇菢蛋ʃie^{232}po^{31}tæ̃^{31}一种游戏，游戏时一人手脚撑地，护着腹下的几块石头。其他人抢石头又不能让保护的人手脚触碰。如被保护的人手脚触碰，则交换位置。此游戏多为男孩子玩，以抢得石头多者为胜

压暖a^{51}nuŋ^{33}一种游戏，游戏时在墙壁上竖画一条分界线，一至数人为一方，比赛时靠墙向对方挤压，压过线为胜。此游戏一般在冬天玩

榨油tʃa^{51}iɔ^{232}

星子调位θẽ^{35}ti^{42}tʰiu^{42}uæ^{31}一种游戏，游戏时画一圆圈，在圆圈上有若干个位置。一人站中间，站在圆圈上的人互相调换位置，站中间的人去抢圆圈上的位置，被抢掉位置的人换到中间

同=乐=toŋ^{232}liʌ^{31}陀螺

眉=眉=mi^{232}mi^{232}

车同=乐=tʃʰie^{35}toŋ^{232}liʌ^{31}打陀螺

车眉=眉=tʃʰie^{35}mi^{232}mi^{232}

圞子luŋ^{35}ti^{42}瓦片磨成的小圆饼，做游戏用

车圞子tʃʰie^{35}luŋ^{35}ti^{42}一种游戏，游戏时将砖头架成一个斜面，若干人用瓦片磨成的小圆饼在上面滚动，滚得远者用小圆饼掷近者的小圆饼，掷中即可得到小圆饼

车铜垒=tʃʰie^{35}toŋ^{232}lui^{35}滚铜钱做游戏

打子庐la^{42}ti^{42}lu^{232}将瓦片磨成的小圆饼摆在一起，在一定的距离外轮流用石块砸，砸中了归自己

沙=缴=ʃa^{35}kiu^{42}口哨

出古tʃʰuə^{44}ku^{42}出谜语

出谜tʃʰuə^{44}mi^{51}

谜mi^{51}

古ku^{42}①谜语；②故事

不倒翁puə^{31}lo^{51}oŋ^{35}

牌儿pæ^{31}tʃɔ^{42}

麻将ma^{232}tiæŋ^{51}

择色子tʃa^{31}ʃe^{44}ti^{42}一种掷色子决定输赢的赌博游戏

买mæ^{33}押宝

买虾公杰=镊mæ^{33}ha^{35}koŋ^{35}kie^{51}na^{51}一种用道具虾、螃蟹作赌具的赌博游戏

抖虾公杰=镊θɔ^{42}ha^{35}koŋ^{35}kie^{232}na^{51}

数鸡公数ʃy^{42}kuæ^{35}koŋ^{35}ʃy^{51}一种以拇指代表土地、食指代表公鸡、中指代表枪、无名指代表狐狸、小指代表白蚁，各指循环相克，出手指决定胜负的游戏

放纸炮poŋ^{51}tʃi^{42}pʰiʌ^{51}放鞭炮

电光炮tĩ^{31}koŋ^{35}pʰiʌ^{51}一种声音大、闪光亮的鞭炮

烟花ĩ^{35}fa^{35}

放花poŋ^{51}fa^{35}放烟火

放花炮poŋ^{51}fa^{35}pʰiʌ^{51}

抢花炮tʰiæŋ^{42}fa^{35}pʰiʌ^{51}

花炮fa^{35}pʰiʌ^{51}

炮主pʰiʌ51tʃy42 抢到花炮的人

炮头pʰiʌ51tɔ232

□pʰie33 扑克

扯阄tʃʰie42kɔ35 抓阄

横⁼蔗uaŋ232tʃie51 打赌用手、头或膝盖断甘蔗

击猎ke44la31 打猎

棋ki232

象棋θiæŋ33ki232

将tiæŋ51

皇帝婆oŋ232luæ51po232

帅ʃui51

皇帝公oŋ232luæ51koŋ35

士ʃi31

象θiæŋ33

相θiæŋ33

车ky35

马ma33

出马tʃʰuə44ma33 跳马

炮pʰiʌ51

马后炮ma33ɔ33pʰiʌ51

兵pẽ35

兵吾pẽ35ŋ232

卒tuə44

卒吾tuə44ŋ232

拱卒koŋ42tuə44

撑士tʃʰaŋ35ʃi31 士走上去或走下来

飞相pʰi35（～fi35）θiæŋ33

将tiæŋ35

围棋ui232ki232

黑子hɔ44ti42

白子piʌ31ti42

平棋pẽ232ki232 和棋

和棋uə232ki232

三棋θæ̃35ki232 棋子连成三胜一筹，吃掉对方一子。直到对方成不了三为止

成三ʃẽ232θæ̃35 ①下三棋时，一方的棋子三个连在了一起；②事情做成功

有成三mɔ33ʃẽ232θæ̃35 ①下三棋时，一方的棋子没有三个能连在一起；②事情做不成功

扯大绳tʃʰie42tæ31ʃaŋ232 拔河

扯绳tʃʰie42ʃaŋ232

浮水fɔ232ʃui42 游泳

浮大凉fɔ232tæ31liæŋ232

反水仰fæ̃42ʃui42ŋiæŋ33 仰泳

放仰船poŋ51ŋiæŋ33ʃĩ232

爬匐浮pa232pʰo35fɔ232 蛙泳

爬水pa232ʃui42 自由泳

沕水mi51ʃui42 潜水

扎沕tʃa51mi51

钻沕tuŋ51mi51

踏水梯ta31ʃui42tʰuæ35 双脚踏水保持不沉

击球ke44tʃɔ232 打球

球赛tʃɔ232θø51 赛球

蛋球（kuæ35）tæ̃31tʃɔ232 乒乓球

皮球pi232tʃɔ232

篮球læ̃232tʃɔ232

排球pæ232tʃɔ232

足球to44tʃɔ232

羽毛球y33mo232tʃɔ232

跳远tʰiu51ĩ33

跳高tʰiu51ko35

*打石头仗la42ʃe31tɔ232tʃiæŋ51

*仗手 tʃiæŋ^{51}ʃɔ^{42}

石头马 ʃe^{31}tɔ^{31}ma^{33} 掷石头的姿势

打跟斗 la^{42}kuã^{35}lɔ^{42} 翻一个跟头

连倒打跟斗 lĩ^{232}lo^{42}la^{42}kuã^{35}lɔ^{42} 连续翻好几个跟头

□撩 tʃoŋ^{51}liu^{35} 倒立

□贡 = 撩 tʃoŋ^{51}koŋ^{31}liu^{35}

一堂狮子 yə^{44}tiæŋ^{232}θi^{33}ti^{42} 包括面具狮子、锣鼓、大肚罗汉、面具猴子等

匐地狮 pʰo^{44}ti^{31}ʃi^{35} 一种小型狮子面具

猫儿狮 miʌ^{11}ȵi^{232}ʃi^{35} 形状像猫的一种小型狮子面具

*杀狮 ʃa^{51}ʃi^{35}

*撑龙 tʃʰaŋ^{35}loŋ^{232}

*布龙 pu^{51}loŋ^{232} 用布做的龙

*禾稿龙 uə^{232}ko^{42}loŋ^{232}

*馨龙 ʃĩ^{35}loŋ^{232}

*凑馨香 tʰɔ^{51}ʃĩ^{35}ʃiæŋ^{35}

*化龙骨 fa^{51}loŋ^{232}kuə^{44}

*斗牛 lɔ^{51}ŋɔ^{232}

*打蛤 la^{42}kuə^{44}

*踏堂 ta^{31}tiæŋ^{21}

打拳棍 la^{42}kĩ^{232}kuã^{51} 结合舞狮等进行的民间武术表演

打棍 la^{42}kuã^{51} 对棍

过台 kuə^{51}tø^{232} 民间武术表演时跳过桌子的动作

过凳 kuə^{51}laŋ^{51} 民间武术表演时跳过凳子的动作

木脚 mo^{31}kiʌ^{44} 高跷

踏木脚 ta^{31}mo^{31}kiʌ^{44} 踏高跷

击刀 ke^{44}lo^{35} 对刀

□刀 puã^{232}lo^{35} 耍刀

击枪 ke^{44}tʰiæŋ^{35} 对枪

□枪 puã^{232}tʰiæŋ^{232} 耍枪

击吊锤 ke^{44}liu^{51}ʃui^{232} 耍流星锤

跳秧歌 tʰiu^{51}iæŋ^{35}kø^{35}

击腰鼓 ke^{44}iu^{35}ku^{42} 打腰鼓

跳舞 tʰiu^{51}mu^{33}

八音 pa^{51}yã^{35}

一堂八音 yə^{44}tiæŋ^{232}pa^{51}yã^{35}

□□ ŋa^{11}ha^{51} 唢呐

鼓 ku^{42}

锣 lø^{232}

□ tʃʰiʌ^{51}（tʃʰa^{51}）钹

大□ tæ^{31}tʃʰiʌ^{51}（tʃʰa^{51}）大钹

苏锣□ θu^{35}lø^{232}nẽ^{42} 小锣

木偶戏 mo^{31}ŋɔ^{44}hi^{51}

木头戏 mo^{31}tɔ^{232}hi^{51}

大戏 tæ^{31}hi^{51} 本地指桂剧

文明戏 muã^{232}mẽ^{232}hi^{51} 话剧

采茶调 tʰø^{42}ʃa^{232}tiu^{31} 采茶剧，旧时地方剧种，今无存

采茶 tʰø^{42}ʃa^{232}

彩调 tʰø^{42}tiu^{31}

广东戏 koŋ^{42}loŋ^{35}hi^{51} 粤剧

戏子楼 hi^{51}ti^{42}lɔ^{232} 戏院

戏棚 hi^{51}paŋ^{232} 戏台

前台 θĩ^{232}tø^{232}

后台 ɔ^{33}tø^{232}

出戏 tʃʰuə^{44}hi^{51} 演出

闹台 no^{31}tø^{232} 开台前的一阵紧锣密鼓声

戏子 hi^{51}ti^{42} 演员

戏子佬 hi^{51}ti^{42}lo^{42}

唱戏佬 tʃʰiæŋ^{51}hi^{51}lo^{42} 男演员

唱戏妹 tʃʰiæŋ^{51}hi^{51}mui^{35} 女演员

散戏 θæ̃^{51}hi^{51} 散场

戏班 hi^{51}pæ̃^{35} 戏曲剧团的旧称

花面 fa^{35}mĩ^{31} 花脸

　大花面 th^{31}fa^{35}mĩ^{31}

丑角 tʃʰɔ^{42}kiʌ^{51} 小丑

老生 lo^{33}ʃaŋ^{35}

小生 θiu^{42}ʃaŋ^{35}

武生 mu^{33}ʃaŋ^{35}

刀马旦 lo^{35}ma^{33}tæ̃^{51} 扮演熟习武艺的妇女的演员

旦角 tæ̃^{51}kiʌ^{51}

老旦 lo^{33}tæ̃^{51}

　老旦婆 lo^{33}tæ̃^{51}pø^{232}（～ puə^{232}）

青衣 tʰẽ^{35}i^{35}

花旦 fa^{35}tæ̃^{51}

小旦 θiu^{42}tæ̃^{51}

勾屎兵 kɔ^{35}ʃi^{42}pẽ^{35} 跑龙套的小兵

　勾屎兵吾 kɔ^{35}ʃi^{42}pẽ^{232}ŋ^{232}

传讲 ʃĩ^{11}kẽ^{42} 传说

山歌 ʃæ̃^{33}kø^{35}

二十二　动作

徛倒 ki^{33}lo^{42} 站着

踣 mɔ^{35} 蹲

□起身 pæ̃^{232}hi^{42}ʃuã^{35} 爬起来

　起身 hi^{42}ʃuã^{35}

□ fuã^{51} 摇

□头 fuã^{51}tɔ^{232} 摇头

□头 ŋe^{31}tɔ^{232} 点头

　□头 ŋuə^{31}tɔ^{232}

抽头 tʃʰɔ^{35}tɔ^{232} 抬头

　仰起头 ȵiæŋ^{33}hi^{42}tɔ^{232}

低头 luæ^{35}tɔ^{232}

回头 uæ^{232}tɔ^{232}

　返颈 fæ̃^{35}kẽ^{42}

　返面 fæ̃^{35}mĩ^{31}

　回面 ui^{232}mĩ^{31}

　品 ⁼ 面 pʰuã^{42}mĩ^{31}

摇头扮颈 ŋiu^{232}tɔ^{232}pæ̃^{51}kẽ^{42} 摇头晃脑

面扭过去 mĩ^{31}nɔ^{51}kuə^{51}hy^{51} 脸转过去

撑开眼 tʃʰaŋ^{51}hø^{35}ŋæ̃^{33} 睁眼

擘开眼 ma^{51}hø^{35}ŋæ̃^{33} 瞪眼

眯眼 mi^{51}ŋæ̃^{33} 闭眼

□眼睛 nuŋ^{33}ŋæ̃^{33}tẽ^{35} 挤眼儿

眨眼 ia^{31}ŋæ̃^{33}

　眨眼皮 ia^{31}ŋæ̃^{33}pi^{232}

瞧眼 θiu^{232}ŋæ̃^{33} 瞥一眼

□眼 iæŋ^{232}ŋæ̃^{33} 眯起眼留一条缝

打眼鬼 la^{42}ŋæ̃^{33}kuæ^{42} 以眼示意

撞见 tʃiæŋ^{31}（～ tʃʰiæŋ^{51}）kĩ^{35}

□ luã^{33} ①看望；②寻找

□灵 ȵi^{42}lẽ^{232} 瞄准

瞄倒 miu^{232}lo^{51} 看准

瞟 pʰiu^{35} 快速地斜看一下

瞧 θiu^{232} 快速地看一下

瞭 liu^{232} 从相对远的地方看

眼露溜露溜 ŋæ̃^{33}lu^{31}lɔ^{31}lu^{31}lɔ^{31} 眼睛乱转

流泪 lɔ^{232}lui^{31}

耳舅 ⁼ 舅 ⁼ 听 ȵi^{33}tʃɔ^{33}tʃɔ^{33}tʰẽ^{51} 支耳听

开口 hø^{35}hɔ^{42} 张嘴

□开口 ŋa^{232}hø^{35}hɔ^{42} 张大嘴

□嘴 muŋ^{42}tui^{42} 闭嘴

努嘴 nu^{42}tui^{42}

□嘴 no^{42}tui^{42}

□嘴 tʃo^{35}tui^{42} 噘嘴

嚼溶 θiu^{31}ioŋ^{232} 嚼碎

饮$^{=}$碎 ȵyã^{42}θui^{51} 指慢慢嚼

抽手 tʃʰɔ^{35}ʃɔ^{42} 举手

拉手 læ^{35}（～ la^{35}）ʃɔ^{42} 握手

□手 fuã^{51}ʃɔ^{42} 摆手

脱手 tʰuə^{44}ʃɔ^{42} 撒手

　松手 θoŋ^{35}ʃɔ^{42}

　放手 poŋ^{51}ʃɔ^{42}

伸手 ʃuã^{35}ʃɔ^{42}

出手 tʃʰuə^{44}ʃɔ^{42}

伸指头 ʃuã^{35}ki^{42}tɔ^{232}

伸手膊 ʃuã^{35}ʃɔ^{42}piʌ^{51} 伸胳膊

动手 toŋ^{33}ʃɔ^{42}

*打 la^{42}

抖 θɔ^{42} 抖动使黏附物脱落

整$^{=}$tʃẽ^{42} 提、拿

拎 nẽ^{42}

拈 nĩ^{35} 两指夹物

□ tʰu^{51} 搐

箍 kʰu^{35} 双手揽物

□ ly^{42} 指向，指出

□ ma^{35} 攀爬

□ ma^{42} 跨

挖 ua^{51}

□ ta^{44} 敲

□ ȵia^{35} 五指抓拢

□ ȵia^{51} 抓

□ kʰa^{51}（用手指）抠

挠□ ŋiʌ^{35}uã^{232} 挠痒

□ la^{51} 找寻

□ la^{42} 搅动

□ na^{31} 用力按抓

□ to^{232} 混合

□ tʰo^{42}（用力）倒抛

驴 ly^{232} 折磨，超负荷工作

□ θu^{33} 拾起聚集

打□ la^{42}lie^{44} 打死结

打□ la^{42}loŋ^{31} 打活结

把 pa^{42} 把守

整$^{=}$膊头 tʃẽ^{42}piʌ^{51}tɔ^{232} 耸肩膀

□ ŋoŋ^{42} 突起

□胸 ŋoŋ^{42}ʃoŋ^{35} 挺胸

打冷震 la^{42}laŋ^{33}tʃuã^{51} 打冷噤

种$^{=}$下来 tʃoŋ^{51}ia^{33}lø^{232} 头朝下倒下

四脚向天 θi^{51}kiʌ^{44}ʃiæŋ^{51}tĩ^{35}

盘倒只脚坐 puŋ^{232}lo^{51}tʃe^{44}kiʌ^{44}θø^{33}

□ ka^{33} 阻占（地方）

椊 tuə^{44} 堵塞，《广韵·没韵》昨没切："字林柱头枘也。"

拍手 pʰiʌ^{51}ʃɔ^{42}

背倒手 pui^{51}lo^{42}ʃɔ^{42} 背着手儿

叉手 tʃʰa^{35}ʃɔ^{42} 两手交叉在胸前

　抄手 tʃʰiʌ^{35}ʃɔ^{42}

笼倒手 loŋ^{51}（loŋ^{232}）lo^{42}ʃɔ^{42} 双手交叉伸到袖筒里

扒 pa^{232}

吃马栗子 hie^{44}ma^{33}luə^{31}ti^{42} 凿栗暴，被手指节击打头部

辣子□ la^{31}ti^{42}kʰø^{51} 手指节击打头部

□ kʰø^{51}（用手指节）击打

滗 pi^{51} ①把多余的汁水或汤上的东西滤掉；

②倒（液状物）。～酒：斟酒

剕p^{h}uæ^{35}削。《广韵·齐韵》匹迷切："剕斫。"《玉篇·刀部》："削也。"

獙p^{h}ie^{44}用刀斜着削砍。《集韵·屑韵》匹蔑切："削也。"

蒙倒moŋ^{42}lo^{51}捂住

捋luə^{31}摩挲

数⁼屎ʃy^{51}ʃi^{42}把屎

数⁼尿ʃy^{51}niu^{31}把尿

挽倒mæ̃^{35}lo^{51}扶着

弹指头tæ̃^{232}ki^{42}tɔ^{232}

搭手指头k^{h}a^{35}ʃɔ^{42}ki^{42}tɔ^{232}扳手指头（算）

揸起拳头tʃa^{35}hi^{42}kĩ^{232}tɔ^{232}攥起拳头

豆⁼脚tɔ^{31}kiʌ^{44}跺脚

踮脚lẽ^{42}kiʌ^{44}

跷脚kiu^{33}kiʌ^{44}跷二郎腿

勾转脚kɔ^{35}tʃĩ^{42}kiʌ^{44}蜷腿

抖腿θɔ^{42}t^{h}ui^{42}

撒脚θa^{51}kiʌ^{44}撒开腿

踢脚t^{h}e^{44}kiʌ^{44}踢腿

踢t^{h}e^{44}

𡱂fu^{51}用力踢

□paŋ^{33}用力从正面踢

旁piæŋ^{33}①旁边，斜着；②斜着踢

溅⁼跳θæ̃^{31}t^{h}iu^{51}（受惊吓而）跳

身寒肉颤ʃuã^{35}ø̃^{232}ȵio^{31}tʃuã^{51}战栗

拱腰koŋ^{42}iu^{35}弯腰

伸腰ʃuã^{35}iu^{35}

撑腰tʃaŋ^{35}iu^{35}

叉腰tʃ^{h}a^{35}iu^{35}

翘屎窟k^{h}iu^{51}ʃi^{42}fuə^{44}撅屁股

扭屎窟nɔ^{51}ʃi^{42}fuə^{44}

□背脊tʃaŋ^{51}pui^{51}te^{44}捶背

擤鼻θaŋ^{51}pi^{31}擤鼻涕

嗍大鼻ʃiʌ^{51}tæ^{31}pi^{31}吸溜鼻涕

嫌ĩ^{232}

踉□liæŋ^{31}p^{h}iæŋ^{33}走路不稳，踉跄

跙tʃ^{h}ie^{42}离开。《集韵·马韵》浅野切："浚跙，足利。"浚叉鉴切："行貌。"

跙人tʃie^{42}ȵyã^{232}走人

安ø̃^{35}放置、安置

安低ø̃^{35}luæ^{35}放低

座θø^{31}放置（重物）

座低θø^{31}luæ^{232}放置下（重物）

中⁼低tʃoŋ^{35}luæ^{35}放低

中⁼tʃoŋ^{35}①（重物从高处）掉下；②放置重物；③坐着不动

坠tʃui^{51}用事情去麻烦别人

拾起tʃuə^{44}hi^{42}捡起来

拧起nẽ^{42}hi^{42}

擦开t^{h}a^{51}hø^{35}擦掉

做□tu^{51}la^{232}丢失

睇着t^{h}uæ^{42}ʃiʌ^{31}找着了

码倒ma^{33}lo^{42}堆叠起来

堆倒lui^{35}lo^{42}堆起来

*鍥kæ^{51}

黐tʃ^{h}i^{35}①黏；②（小孩）跟缠

黏na^{35}（～ȵia^{35}）①粘，动词；②黏，形容词

孭妹ma^{51}mui^{31}背小孩

碾ȵĩ^{33}

搤颈k^{h}iʌ^{31}kẽ^{42}卡住脖子，喻指有意作梗。搤，《集韵·陌韵》讫逆切："拘持也。"

明白啰mẽ^{232}piʌ^{31}lo^{33}

明倒啰mẽ^{232}lo^{42}lo^{33}

熟啰ʃo³¹lo³³ 会了

识得ʃe⁴⁴luə⁴⁴ 认得

有识得mɔ³³ʃe⁴⁴luə⁴⁴ 不认得

识字ʃe⁴⁴θi³¹

谂谂nuã⁴²nuã⁴² 想想

模⁼量muŋ³⁵liæŋ²³² 估量

模⁼过muŋ³⁵kuə⁵¹ 掂量过

谂路数nuã⁴²lu³¹ʃy⁵¹ 想主意

参详tʰæ̃³⁵θiæŋ²³² 参谋

出章程tʃʰuə⁴⁴tʃiæŋ³⁵ʃẽ²³² 出主意

盲门头maŋ²³²muŋ²³²tɔ²³² 没有主意

估ku⁴² 猜想

约莫iʌ⁴⁴mɔ³¹ 大概估计

料倒liu³¹lo⁵¹ 料定

主张tʃy⁴²tʃiæŋ³⁵

信θuã⁵¹

有信mɔ³³θuã⁵¹ 不相信

疑ȵi²³² 怀疑

注意tʃy⁵¹i⁵¹

吓着啰hiʌ⁵¹ʃiʌ³¹lo³³ 吓着了

着紧ʃiʌ³¹tʃuã⁴² 着急

挂ka⁵¹ 挂念

操tʰo³⁵ 操心、担心

操心tʰo³⁵θuã³⁵

心头鬼跳θuã³⁵tɔ²³²kuæ⁴²tʰiu⁵¹ 提心吊胆

放心poŋ⁵¹θuã³⁵

自心θi¹¹θuã³⁵ 灰心

淡定tæ̃³³tẽ³¹ 镇定，不慌张

望miæŋ³¹ 盼望

恨不得huã³¹puə³¹luə⁴⁴ 巴不得

　恨不苏⁼huã³¹puə³¹θu³⁵

记倒ki⁵¹lo⁵¹ 记着

谂起来啰nuã⁴²hi⁴²lø²³²lo³³ 想起来了

剩记倒ʃe³¹ki⁵¹lo⁵¹ 还记得、没忘记

记倒了ki⁵¹lo⁵¹liu³³ 记住了

谂有起nuã⁴²mɔ³³hi⁴² 想不起

□mo⁵¹ 懵懂

眼红眼热ŋæ̃³³oŋ³²ŋæ̃³³ȵie³¹

嫐nɔ³⁵ ①恨；②嫌弃

好叹ho⁴²tʰæ̃⁵¹ 羡慕

叹tæ̃⁵¹ 称赞

偏心pʰĩ³⁵θuã³⁵

屈气uə⁴⁴hi⁵¹

埋怨mæ²³²ĩ⁵¹

委冤委气uæ⁴²ĩ³⁵uæ⁴²hi⁵¹ 憋气

□ȵia⁵¹ 发怒

□火ȵia⁵¹fuə⁴² 恼火

□杂ȵia⁵¹θa³¹ 烦躁，心里不舒服

翳hi³¹ 伤心

惜θe⁴⁴（对物）爱惜

欢喜灵剧□fuŋ³⁵hi⁴²lẽ²³²kẽ³¹ʃiʌ³⁵ 很高兴

心甘自愿θuã³⁵kø̃³⁵θi³¹ȵĩ³¹ 心甘情愿

多得lø³⁵luə⁴⁴ 多谢

　多谢lø³⁵θie³¹

娇kiu³⁵

纵toŋ⁵¹

迁就tʰĩ³⁵θɔ³¹

起翅hi⁴²tʃʰi⁵¹ 得意

□颈狗ȵyæ⁴²kẽ⁴²kɔ⁴² 小孩以食物在别的小孩前炫耀

讲话kiæŋ⁴²ua³¹

练lĩ³¹ ①练；②学

牙嘬ŋa²³²ŋuə⁴² 自吹的话

插嘴tʃʰa⁵¹tui⁴²

添嘴tʰĩ35tui42

有出声mɔ33tʃʰuə44ʃẽ35 不作声

扛嘴kʰiæŋ35tui42 抬杠

打撑la42tʃʰaŋ51 顶嘴

顶嘴lẽ42tui42

顶颈lẽ42kẽ42

拗颈ɔ51kẽ42

拗ɔ51 顶撞。《集韵·效韵》于教切："言逆也。"

□大仗θuæ31tæ31tʃiæŋ51 打架打得很凶

咄tʰuə31 斥责,《集韵》末韵都括切："叱也。"《广韵》没韵当没切："呵也。"

着喊ʃiʌ31hæ̃51 挨骂

夺⁼tuə31 斥责

着夺⁼ʃiʌ31tuə31 被斥责

咛nẽ232 嘱咐

交带kiʌ35læ51 交代

着讲ʃiʌ31kiæŋ42 挨批评

着话ʃiʌ31ua31

论⁼阵⁼luã31tʃẽ31 叨唠

□θaŋ51 咕哝着责备、责骂

着□ʃiʌ31θaŋ51 被咕哝着责骂

讲细话儿kiæŋ42nuæ51ua31ȵi232 说悄悄话

讲细话kiæŋ42nuæ51ua31

牙⁼腮ŋa232θø35 吵嚷

嘈θo232

嘬ŋa51（乱）讲

乱嘬luŋ31ŋa51 乱讲

悉θuə44 理睬

有悉mɔ33θuə44 不理睬

绳⁼ʃaŋ232 理睬、管

有绳⁼mɔ33ʃaŋ232 不管、不理睬

滕倒讲taŋ31lo42kiæŋ42 呼应着说，帮腔

谎人foŋ42ȵyã232 骗人

扯古意tʃʰie42ku42i51

扯风搭野tʃʰie42foŋ35la51ie33 欺骗

泼pʰuə44 欺骗

打光泼la42koŋ35pʰuə44

做章程tu51tʃiæŋ35ʃẽ232 算计（别人）

做路数tu51lu31ʃy51

□杂⁼ŋa31θa31 啰唆

反水fæ̃42ʃui42 变节

放水poŋ51ʃui42 故意让自己一方失败

帮水piæŋ35ʃui42 ①替他人出力自己得不到好处；②做跑腿白出力的人

点水lĩ42ʃui42 告密，提供情报

诈败tʃa51pæ31

吊腰liu51iu35 给他人设置障碍

二十三　位置

上头ʃiæŋ31tɔ232

地底ti31luæ42 地下

地上ti31ʃiæŋ31

地面ti31mĩ31

天上tĩ35ʃiæŋ31

山上ʃæ̃35ʃiæŋ31

路上lu31ʃiæŋ31

街上kæ35ʃiæŋ31

街里kæ35ly33

墙上θiæŋ232ʃiæŋ31

门上muŋ232ʃiæŋ31

门头muŋ232tɔ232

台上面tø232ʃiæŋ31mĩ31 桌上

台面tø232mĩ31

椅上 i^{42}ʃiæŋ^{31}

箇外 kə^{11}mui^{31} 较远的外面

手肚 ʃɔ^{42}tu^{33} 手里

手上 ʃɔ^{42}ʃiæŋ^{31}

手里 ʃɔ^{42}ly^{42}

心上 θuã^{35}ʃiæŋ^{31}

　心中 θuã^{35}tʃoŋ^{35}

　心里 θuã^{35}ly^{42}

水里头 ʃui^{42}ly^{42}tɔ^{232}

　水里 ʃui^{42}ly^{42}

大门外头 tæ^{31}muŋ^{232}mui^{31}tɔ^{232}

门外头 muŋ^{232}mui^{31}tɔ^{232}

墙外头 θiæŋ^{232}mui^{31}tɔ^{232}

门儿口外头 muŋ^{232}ȵi^{232}hɔ^{42}mui^{31}tɔ^{232} 窗户外头

车上 tʃʰie^{35}ʃiæŋ^{31}

车外 tʃʰie^{35}mui^{31}

　车外头 tʃʰie^{35}mui^{31}tɔ^{232}

车面先 tʃʰie^{35}mĩ^{31}θĩ^{35} 车前

车尾 tʃʰie^{35}mĩ^{42}

胸前头 θoŋ^{35}θĩ^{232}tɔ^{232} 胸前

山面先 ʃæ̃^{35}mĩ^{31}θĩ^{35} 山前

山面底 ʃæ̃^{35}mĩ^{31}luæ^{42} 山后

屋尾底 o^{44}mĩ^{42}luæ^{42} 房后

屋面先 o^{44}mĩ^{31}θĩ^{35} 屋前

屎窟尾 ʃi^{33}fuə^{44}mĩ^{42} 后面

　尾底边 mĩ^{42}luæ^{42}pĩ^{35}

　屎窟屎 ʃi^{33}fuə^{44}lo^{44}

　跟尾 kuã^{35}mĩ^{42}

以上 i^{35}ʃiæŋ^{31}

以下 i^{35}ia^{33}

东 loŋ^{35}

西 θuæ^{35}

南 næ̃^{232}

北 pɔ^{44}

东南 loŋ^{35}næ̃^{232}

东北 loŋ^{35}pɔ^{44}

西南 θuæ^{35}næ̃^{232}

西北 θuæ^{35}pɔ^{44}

路边 lu^{31}pĩ^{35}

床底下 ʃiæŋ^{232}luæ^{42}ia^{33}

楼底下 lɔ^{232}luæ^{42}ia^{33}

脚底下 kiʌ^{44}luæ^{42}ia^{33}

碗底 uŋ^{42}luæ^{42}

　碗屎 uŋ^{42}lo^{44}

铛底 tʃʰaŋ^{35}luæ^{42} 锅底儿

　铛屎 tʃʰaŋ^{35}lo^{44}

缸底 kiæŋ^{35}luæ^{42}

　缸屎 kiæŋ^{35}lo^{44}

横旁 faŋ^{232}piæŋ^{33} 横斜，“旁”读阴上

邻近 luã^{232}tʃuã^{33}

眼前 ŋæ̃^{33}θĩ^{232} 跟前儿

行里 aŋ^{232}ly^{42} 往里走

　行入 aŋ^{232}ȵyə^{31}

　入里 ȵyə^{31}ly^{42}

行外 aŋ^{232}mui^{31} 往外走

　行出 aŋ^{232}tʃʰuə^{44}

　出外 tʃʰuə^{44}mui^{31}

行东 aŋ^{232}loŋ^{35} 往东走

行西 aŋ^{232}θuæ^{35} 往西走

行转 aŋ^{232}tʃĩ^{51} 往回走

向前行 ʃiæŋ^{51}θĩ^{232}aŋ^{232} 往前走

……以东 i^{35}loŋ^{35}

……以西 i^{35}θuæ^{35}

……以南 i^{35}næ̃^{232}

……以北 i^{35}pɔ^{44}

……以内 i^{35}nui^{31}

……以外 i^{35}mui^{31}

……以来 i^{35}lø^{232}

……之后 tʃi^{35}ɔ^{33}

……之前 tʃi^{35}θĩ^{232}

……之外 tʃi^{35}mui^{31}

……之内 tʃi^{35}nui^{31}

……之间 tʃi^{35}kæ̃^{35}

……之上 tʃi^{35}ʃiæŋ^{31}

……之下 tʃi^{35}ia^{33}

脑$^{=}$头 no^{33}tɔ^{232} 尽头

二十四　代词等

本人 puŋ^{42}ȵyã^{232}

我嗰 ŋuə^{33}kə^{42} 我的

人家 ȵyã^{232}ka^{35}

箇 kə^{33} 这；这么

亚 a^{31} 那

亚得$^{=}$ a^{31}luə^{44} 那些

吾得$^{=}$ ŋ^{232}luə^{44} 哪些

吾得$^{=}$人 ŋ^{232}luə^{44}ȵyã^{232} 哪些人

箇啲 kə^{33}ti^{35} 这些

箇阵 kə^{33}ʃuã^{31} 这时

亚阵 a^{31}ʃuã^{31} 那时

箇种 kə^{33}tʃoŋ^{42} 这种

亚种 a^{31}tʃoŋ^{42} 那种

吾努$^{=}$ ŋ^{232}nu^{42} 哪里，什么地方

吾方 ŋ^{232}foŋ^{35}

吾处 ŋ^{232}tʃ^{h}y^{51}

　吾角 ŋ^{232}kiʌ^{51}

箇边 kə^{33}pĩ^{35} 这边

亚边 a^{31}pĩ^{35} 那边

箇子 kə^{33}ti^{42} ①……一样；……似的；②这么；这样

同噉 toŋ^{232}kə^{42} 像这么样

　□噉 tə^{11}kə^{42}

亚粒样 a^{31}naŋ^{35}iæŋ^{31} 那么（高）

亚粒样 a^{31}naŋ^{35}iæŋ^{31} 那么（做）

像粒样办 θiæŋ^{33}naŋ^{35}iæŋ^{31}pæ̃^{31} 怎么办

　像箇子办 θiæŋ^{33}kə^{33}ti^{42}pæ̃^{31}

像粒样 θiæŋ^{33}naŋ^{35}iæŋ^{31}

吾粒样 ŋ^{232}naŋ^{35}iæŋ^{31}

　吾子 ŋ^{232}ti^{42}

像子 θiæŋ^{33}ti^{42} 像什么样

　像是物样 θiæŋ^{33}ʃi^{33}muə^{44}iæŋ^{31}

是物样 ʃi^{33}muə^{44}iæŋ^{31} 什么样

　吾样 ŋ^{232}iæŋ^{31}

应 ẽ^{51} 怎么；怎么样（用于比较句）：～毒毒冇过青竹蛇

是物时辰 ʃi^{33}muə^{44}ʃi^{232}ʃuã^{232}

　是物时间 ʃi^{33}muə^{44}ʃi^{232}kæ̃^{35}

几 ki^{42}（久、高、大、厚、重）

吾噉 ŋ^{11}kə^{42} 多，多少。箇嚿东西有～重?

我哋两人 ŋuə^{44}ti^{31}liæŋ^{33}ȵyã^{232} 我们俩

　我哋两头 ŋuə^{44}ti^{31}liæŋ^{33}tɔ^{232}

　我哋两个 ŋuə^{44}ti^{31}liæŋ^{33}kuə^{51}

我哋两人 ŋuə^{44}ti^{31}liæŋ^{33}ȵyã^{232} 咱们俩

你哋两人 ni^{33}ti^{31}liæŋ^{33}ȵyã^{232} 你们俩

渠哋两人 ky^{232}ti^{31}liæŋ^{33}ȵyã^{232} 他们俩

两子㜷 liæŋ^{33}ti^{43}na^{42} 母亲和子女

两子父 liæŋ^{33}ti^{43}pu^{33} 父亲和子女

两梗$^{=}$孙 liæŋ^{33}kaŋ^{42}θuŋ^{35} 爷孙俩

两婆孙 liæŋ^{33}pø^{232}θuŋ^{35} 祖母和孙女

两姑婶 liæŋ33ku35ʃuã42 姑嫂俩

家婆同新妇两个（头）ka35po232（～puə232）toŋ232θuã35fu33liæŋ33kuə51（tɔ232）婆媳俩

两兄弟 liæŋ33fẽ35tuæ33 兄弟俩，哥儿俩

姊妹两个（头）ti42mui31liæŋ33kuə51（tɔ232）

两姊妹 liæŋ33ti42mui31 姐妹俩

两姊弟 liæŋ33ti42tuæ33 姐弟俩

舅爷外甥两个（头）tʃɔ33ie232mui31ʃaŋ35liæŋ33kuə51（tɔ232）舅甥俩

两舅甥 liæŋ33tʃɔ33ʃaŋ35

两叔侄 liæŋ33ʃo44tʃuə31 叔侄俩

两师徒 liæŋ33ʃi35tu232 师徒俩

人家 ȵyã232ka35 人们

婶母 ʃuã42mu33 妯娌们

姑嫂 ku35θo42 姑嫂们

师徒 ʃi35tu232 师徒们

箇得⁼理 kə33luə44li33 这些个理儿们

亚得⁼事 a31luə44ʃi31 那些个事儿们

二十五　形容词

蛮好 mæ̃232ho42 颇好之意

厉害 li31ø̃31

劥 khaŋ51

强门 kiæŋ232muŋ232 强、质量好

差冇远 tʃha35mɔ33ĩ33 差不多

冇同吾子 mɔ33toŋ232ŋ232ti42 不怎么样

冇算□ mɔ33θuŋ51ʃiæŋ51 不算什么

　冇算是物 mɔ33θuŋ51ʃi33muə44

冇顶事 mɔ33lẽ42ʃi31 不顶事

冇好 mɔ33ho42

次 thi51

凑倒 thɔ51lo33 聚合在一起

差火 tʃha35fuə42 差劲

架势 ka51ʃuæ51 男子帅气

娇 kiu35 多指女性美

□ ŋiu51 女子长得漂亮并善于表现自己

精巧 tẽ35khiu42 标致

难看 næ̃232hø̃51

□ ȵiæ232 难看、不好

贱相 θĩ31θiæŋ51

□样 thuə31iæŋ31 难看的样子

　绝样 θuə31iæŋ31

要紧 iu51tʃuã42

　着紧 ʃiʌ31tʃuã42

嚎动 o232toŋ33 嘈杂

经 kẽ35 坚固

更⁼ kaŋ35 坚固、扎实

硬架 ŋaŋ31ka51 牢固

健成 kĩ31ʃẽ232 干净，整洁

清净 thẽ35θẽ31

邋遢 la31tha51

　廊⁼丧 laŋ31θaŋ51

踏洒 ta31ʃa51 地上有水形成的肮脏

冇咸 mɔ33æ̃232

糊 u232

稀微 hi35mi232 不稠密

怕丑 pha51tʃhɔ42 腼腆

怕生 pha51ʃaŋ35 认生

呆 ŋø33 傻乎乎，《广韵·咍韵》五来切：“呆痴。”

真灵 tʃuã35lẽ232 真行

鬼鼠 kuæ42ʃy42 阴险

鬼 kuæ42 狡诈

奸 kæ̃35 奸诈

奸蛤 kæ̃³⁵kuə⁴⁴
奸巧 kæ̃³⁵kʰiʌ⁴² 奸诈而投机取巧
乌哇 u³³ua⁴² 为人不踏实，办事不讲道理
乌乌□□ u³³u³⁵θø³¹θø³¹ 态度暧昧，装糊涂
出脱 tʃʰuə³³tʰuə⁴⁴ 标新立异与众不同
啰唆 lo³³θo³⁵
灵□ lẽ²³²tʃẽ²³² 爱管闲事
灵变 lẽ²³²pĩ⁵¹ 灵活、能随机应变
灵巧 lẽ²³²kʰiʌ⁴²
糊涂 u²³²tu²³²
昏钝 fuã³⁵tuã³¹ 神志不清
摸□ mø³⁵nuã⁵¹ 做工办事速度慢
脓包 noŋ²³²piʌ³⁵ 无用的人
颓⁼tui²³² 不聪明，笨
硬颈 ŋaŋ³¹kẽ⁴² 脾气犟
坏种 uæ³⁵tʃoŋ⁴² 孬种
利 li³¹ 吝啬
悭 hæ̃³⁵ ①节约，省俭；②吝啬
悭俭 hæ̃³⁵kĩ³³ 省俭
悭微 hæ̃³⁵mi²³²
悭趱 hæ̃³⁵tæ̃⁴² 节约
小像 θiu⁴²θiæŋ⁵¹ 小气，不害羞。人有～肚有胀：吃别人的东西肚子不觉得胀
悭殁利绝 hæ̃³⁵muə⁴⁴li³¹θuə³¹ 非常吝啬
大舍 tæ³¹ʃie⁴² 舍得把自己的东西给别人
舍得 ʃie⁴²luə⁴⁴
大麻筋 tæ³¹ma²³²tʃuã³⁵ 太大方
练大麻筋 lĩ³¹tæ³¹ma²³²tʃuã³⁵ 充大头，学大方
□肉 ȵia⁵¹ȵio³¹（人与人之间）关系好
吃全鸡 he⁴⁴θuŋ²³²kuæ³⁵ 胃口大，喻把所有的好处都要完
吃全猪 he⁴⁴θuŋ²³²tʃy³⁵

成嘈 ʃẽ²³²kɔ³¹ 整个
通 tʰoŋ³⁵ 浑，全，满。～身：浑身
突 tʰu³¹ 凸；鼓
凹 mo⁴⁴ 凹陷
凉快 liæŋ²³²fæ⁵¹
□静 luã⁴²θẽ³³ 背静
阴沉 yã³⁵ʃuã²³²（房子）阴深缺少生气
整齐 tʃẽ⁴²θuæ²³²
如意 y²³²i⁵¹
稳阵 uã⁴²tʃuã³¹ 稳当
䆉尾 læ⁴⁴mĩ³³ 落后，最末的
马晚 ma³³mæ̃³³ 最后的
马晚屎 ma³³mæ̃³³ʃi⁴²
马晚勾 ma³³mæ̃³³kɔ³⁵
拉得 læ³⁵luə⁴⁴ 磨磨蹭蹭
齐 θuæ²³² 完。吃～：吃完
弊 puæ³¹ 事情搞砸了，坏事了
麻烦 ma²³²fæ̃²³²
崩塌 paŋ³⁵tʰa⁵¹ ①倒塌，动词；②倒塌后的状态，形容词
正 tʃẽ⁵¹
歪踩 mæ⁴²tʃʰæ⁴² 很歪
笡 tʃʰie⁵¹ 斜
朱红 tʃy³⁵oŋ²³²
粉红 puã⁴²（～ fuã⁴²）oŋ²³²
深红 ʃuã³⁵oŋ²³²
浅红 tʰĩ⁴²oŋ²³²
浅蓝 tʰĩ⁴²læ̃²²³²
深蓝 ʃuã³⁵læ̃²²³²
天蓝 tʰĩ³⁵læ̃²²³²
草绿 tʰo⁴²lo³¹
水绿 ʃui⁴²lo³¹

浅绿 tʰĩ^{42}lo^{31}

灰白 fui^{35}piʌ^{31}

漂白 pʰiu^{51}piʌ^{31}

深灰 ʃuã^{35}fui^{35}

浅灰 tʰĩ^{42}fui^{35}

银灰 ŋẽ^{232}fui^{35}

深黄 ʃuã^{35}oŋ^{232}

浅黄 tʰĩ^{42}oŋ^{232}

青 tʰẽ^{35}

铜绿（色）toŋ^{232}lo^{31}（～ʃe^{44}）古铜（色）

□ ȵia^{35} 皱折

□ ȵia^{44} 松散

□ ȵia^{51}（物体表面）粗糙

大把 tæ^{31}pa^{42} 菜肴丰盛

加煞 ka^{35}ʃa^{51} 吃力，困难、利害

二十六　副词　介词等

喒喒 ŋæ̃^{35}ŋæ̃^{35} 刚好

斗巧 lɔ^{51}kʰiu^{42} 刚巧

　凑□ tʰɔ^{51}kʰẽ^{33}

斗喒 lɔ^{51}ŋæ̃^{35} 碰巧

喒先 ŋæ̃^{35}θĩ^{35} 刚才：～讲

　正喒 tʃẽ^{51}ŋæ̃^{35} 刚才：～我讲

正 tʃẽ^{51} 才。我等阵～去。

净 θẽ^{31}

有□ iɔ^{33}mẽ^{42} 有点儿

□ pʰuə^{51} 恐怕，也许

恐怕 kʰoŋ^{42}pʰa^{51}

争□把儿 tʃaŋ^{35}mẽ^{42}pa^{35}ȵi^{35} 差一点点

直经 ʃe^{31}（～ʃẽ^{232}）kẽ^{35} 赶快，快点，马上，快快

　马上 ma^{33}ʃiæŋ^{31}

　立即 luə^{31}te^{44}

　即刻 te^{44}kʰɔ^{44}

　快□ fæ^{51}kẽ^{31}

趁早 tʃʰuã^{51}to^{42}

随时 θui^{232}ʃi^{232}

宿$^{=}$时 θo^{44}ʃi^{232} 有时

眼看 ŋæ̃^{33}hø̃^{51}

　眼见 ŋæ̃^{33}kĩ^{51}

多得 lø^{35}luə^{44} 幸亏

　好在 ho^{42}θø^{33}

当面 liæŋ^{35}mĩ^{31}

背地 pui^{51}ti^{31}

个人儿 kuə^{51}ȵyã^{232}ȵi^{35} 一个人

　个人吾 kuə^{51}ȵyã^{232}ŋ^{232}

趁手 tʃʰuã^{51}ʃɔ^{42} 顺便儿

　顺手 ʃuã^{31}ʃɔ^{42}

　顺带 ʃuã^{31}læ^{51}

　杰带 kie^{31}læ^{51}

　兼带 kĩ^{35}læ^{51}

　转带 tʃĩ^{51}læ^{51}

专门 tʃĩ^{35}muŋ^{232}

讲真 kiæŋ^{42}tʃuã^{35}

到底 lo^{51}luæ^{42}

根本 kuã^{35}puŋ^{42} 压根儿

个真 kuə^{51}tʃuã^{35} 实在

　实地 ʃuə^{31}ti^{31}

接近四十 tie^{44}tʃuã^{33}θi^{51}ʃuə^{31} 平四十

都部 tu$^{35-31}$pu^{35} 全部

阵数 ʃuã^{31}ʃy^{51} 常常、总是

白 piʌ^{31} 不要钱

白白地地 piʌ^{31}piʌ^{31}ti^{31}ti^{31}

忒 tʰuə^{44} 太。～牛眉：太张狂

硬 ŋaŋ31 偏

偏 pʰĩ35

偏偏 pʰĩ35pʰĩ35

乱 luŋ31

先 θĩ35 你去～：你先走

同先 toŋ232θĩ35

头先 tɔ232θĩ35

从先 θoŋ232θĩ35

另外 lẽ31mui31

分 puã35 被

着 ʃiʌ31

拧 nẽ42 把；用：你～粒门关上｜我～钢笔写

对倒 lui51lo51 对着

望倒 miæŋ31lo51

打到 la42lo31 从……到：董家垌范围是珊瑚～大桥圩

到 lo31 路～通门口

沿 ĩ232 从

使 ʃuæ42

用 ioŋ31

跟住 kuã35tʃy31（～ʃy31）顺着

跟倒 kuã35lo42

顺住 ʃuã31tʃy31（～ʃy31）沿着：～河边走

顺倒 ʃuã31lo42

同 toŋ232 ①替，给；帮：你～我讴渠来；②和；跟：你～我去

同我 toŋ232ŋuə33 给我（虚用）

拧……讴 nẽ42…ɔ35 管……叫

拧……当 nẽ42…liæŋ35 拿……当

直细 ʃe31nuæ51 从小

跟细 kuã35nuæ51

赶 kõ51（你得天黑以前～到）

□ ø31 也：做得～多

仁⁼ ȵyã232 只，只是，只管

仁⁼管 ȵyã232kuŋ42 只管

直接 ʃe31tie44

直管 ʃe31（～ʃẽ232）kuŋ42 尽管，反正

冇曾 mɔ33taŋ232 ①未曾；②没有

□ maŋ232 “冇曾”的合音

剩 ʃe31 ①剩余；②副词，还；再；从

剩是 ʃe31ʃi33 还是

□是 tʃie33ʃi33

吱 tʃi33

口⁼比 hɔ42pi42 难道

为了 uæ232liu33

现……现……ĩ31...ĩ31...越……越……：～行～快｜～讲～多

愿……愿 ȵĩ31...ȵĩ31...

二十七　量词

只 tʃe44 条、只、把（脚、膊头、腿、眼、手、船、鞋、袜、手套、箸、椅椅子、凳、台桌子。“只”使用范围比北京话广）

把 pa42（剪、扫把、秤）

块 fæ51 枚（奖章）

本 muŋ42（书）

笔 puə44（款、账、钱）

匹 pʰuə44（布）

封 foŋ35（信）

服 fo31（药）

帖 tʰie44（药）

味 mi31（药）

顶 nẽ42（帽子）

□ koŋ33 条状物的量，锭、截、段（墨、竹）

件 kĩ^{33}（事、衫衣裳）

亭⁼tẽ^{232} 件（事）

□tʃø^{42} 朵（花）

顶 lẽ^{33}（花）

领 lẽ^{33} 朵、件（花、裤、衫）

餐 tæ̃^{35}（饭）

条 tiu^{232} 条、道、根、张、股、座（手巾、旗、路、桥、命、头毛头发、绳、线、沟、江、河、毛、棍、香味、臭气、气、担杆、纸炮、题、票。比北京话“条”使用范围广）

架 ka^{51}（～ ŋa^{51}）（车、机器、飞机）

眼 ŋæ̃^{44} 架（车、龙）

股⁼ku^{42} 把（香，十把为一股⁼）

股⁼ku^{42} 把（米，一大把的量）

子 ti^{42} 把（禾、线）

支 tʃi^{35} 杆、管（花、粉笔、笔、毛笔、枪、簪。“支”与北京话使用范围不同）

盏 ŋæ̃^{42}（灯）

张 tʃiæŋ^{35}（纸、画、图、单、席、犁、毯、毡、刀）

块 fæ^{51} 张（皮、瓦、猪肉、镜）

台 tø^{232} 桌（酒席）

席 θe^{44} 桌（客人）

场 ʃiæŋ^{232}（大水雨）

场 ʃiæŋ^{232}（病、戏）

出 tʃʰuə^{44}（戏）

床 ʃiæŋ^{232}（被）

身 ʃuã^{35}（棉衣、制服）

蔸 lɔ^{35} 棵（木树、松木、白菜、菊花）

粒 naŋ^{35}（米、珍珠、粮食、沙子、壶、锁、帽、大祸、砖、瓦、石头、馒头、布、缸、铛、井、棺材、钟、房、故事、句子、山、塔、嘴。“粒”是使用范围很广的量词）

嚿 kɔ^{31} 块、个（砖、人。用于指大物件的量）

间 kæ̃^{35}（铺、房屋子）

栋 toŋ^{31} 所（屋房子）

座 θø^{31} 栋（屋，三间为一座）

行 aŋ^{232}（字）

路 lu^{31} 行（字）

□la^{31} 畦、排、列、行（菜、台桌子、树木、椅、座位、字）

篇 pʰĩ^{35}（文章）

版 pæ̃^{42} 页（书、文章）

节 tie^{44}（竹）

段 tuŋ^{31}（文章、故事、路）

片 pʰĩ^{51}（好心、姜、肉）

咩 mie^{42} 片状物的量，片、面（木叶树叶、旗）

层 θaŋ^{232}（纸）

盘 puŋ^{232}（棋）

门 muŋ^{232}（亲事）

刀 lo^{35}（纸）

沓 ta^{31}（纸）

件 kĩ^{33} 桩（事、衫）

缸 kiæŋ^{35}（水、酒、醋、油、鱼）

碗 uŋ^{42}（饭、水、米、汤、菜、肉）

杯 pui^{35} 杯（茶、水、酒）

样 iŋ^{31} 道（菜）

□ka^{33} 把（米，用手可抓握的碎物的量）

椏 ŋa^{35} 一把儿（青菜、馨香、芹菜、萝卜、苗。用手抓的量）

包piʌ^{35}（花生、药）

筒toŋ^{232}一卷儿（纸、饼。卷起的十个米饼为一筒饼）

捆k^{h}uã^{42}（行李、草）

担læ̃^{35}（米、谷、水）

逗⁼lɔ^{51}一块（地）

进tuã^{51}（院子）

封foŋ^{35}一挂（纸炮鞭炮）

句ky^{51}（话）

对lui^{31}（鞋、袜、花瓶、蝴蝶、鸳鸯、夫妇）

双ʃiæŋ^{35}（箸）

副fu^{51}（眼镜）

套t^{h}o^{51}（书）

文muã^{35}（钱）

种tʃoŋ^{42}（虫）

班pæ̃^{35}伙儿（人）

帮piæŋ^{35}群（人）

　棚paŋ^{232}群（人）

批p^{h}uæ^{35}（货）

水ʃui^{42}桩（生意）

窦lɔ^{51}窝（蜂、狗、猫）

袍⁼po^{232}串、团（葡萄、毛、茅苗茅草）

菢⁼po^{31}团（泥）

□k^{h}æ̃^{31}（～kæ̃^{31}）拃，大拇指与中指或食指张开的长度

派⁼yə^{44}p^{h}æ^{42}庹，两臂平伸两手伸直的长度

指tʃi^{42}手指长度的量

铺p^{h}u^{35}场，动量。击一～

粒把两粒naŋ^{35}pa^{35}liæŋ^{33}naŋ^{35}个把两个

嚿把两嚿kɔ^{31}pa^{35}liæŋ^{33}kɔ^{31}

　个把两个kuə^{51}pa^{35}liæŋ^{33}kuə^{51}

粒把粒naŋ^{35}pa^{42}naŋ^{35}个别、个把

粒把几粒naŋ^{35}pa^{42}ki^{42}naŋ^{35}个把几个，几个

百把粒piʌ^{51}pa^{42}naŋ^{35}百把来个

千把人t^{h}ĩ^{35}pa^{42}ȵyã^{232}

万把文纸mæ̃^{31}（～uæ̃^{31}）pa^{42}muã^{35}tʃi^{42}万把块钱

里把路li^{33}pa^{42}lu^{31}

里把两里li^{33}pa^{42}liæŋ^{33}li^{33}

两三里liæŋ^{33}θæ̃^{35}li^{33}

亩把两亩miʌ^{33}pa^{42}liæŋ^{33}miʌ^{33}

一工田yə^{44}koŋ^{35}tĩ^{232}一个人一天能做完农活的面积

二十八　附加成分等

快死fæ^{51}θi……极了

得很luə^{44}huã^{42}

要命iu^{51}mẽ^{31}

要死iu^{51}θi^{42}

最……有过tui^{51}…mɔ^{33}kuə^{51}最……不过

吃法he^{44}fa^{51}吃头儿（这个菜没～）

吃法he^{44}fa^{51}喝头儿（那个酒没～）

看法hõ^{51}fa^{51}看头儿（这出戏有个～）

做法tu^{51}fa^{51}干头儿

甜头tĩ^{232}tɔ^{232}甜头儿

着ʃiʌ^{31}

得luə^{44}

嘓kə^{42}的，结构助词：我～

的le^{44}

呢ne^{33}（～ni^{33}）助词，用在疑问末尾

了lə^{33}句末助词，表已然

滴⁼le^{44}助词，用在疑问末尾

咧le^{33}助词，用在陈述句末

啵 po^{33} 助词，用于陈述句末，表强调语气

啊 a^{33} 句末语气助词

吱 tʃi^{33} 助词，用在句末，表反问语气

慢⁼mæ̃^{33} 助词，用于陈述句末，表不满语气

啰 lo^{33} 句末语气助词

吧 pa^{31} 句末语气助词

咦 i^{33} 语气词

啫 tʃie^{44} 语气词

嘅 kie^{31} 语气词

啊 ø^{232} 句末语气词

咖 ka^{42} 语气词，用于句首提顿语气

□maŋ^{33} 表疑问句末语气词

□ka^{44} 疑问语气词

□ŋuŋ^{42} 表示拒绝的语气词

一来二去 yə^{44}lø^{232}n̡i^{31}hy^{51}

一清二白 yə^{44}tʰẽ^{35}n̡i^{31}piʌ^{31}

一清二楚 yə^{44}tʰẽ^{35}n̡i^{31}tʰu^{35}

一刀两断 yə^{44}lo^{35}liæŋ^{33}tuŋ^{33}

一举两得 yə^{44}ky^{42}liæŋ^{33}luə^{44}

三番五次 θæ̃^{35}fa^{35}ŋ^{33}tʰi^{51}

三番两次 θæ̃^{35}fæ̃^{35}liæŋ^{33}tʰi^{51}

三年两年 θæ̃^{35}nĩ^{232}liæŋ^{33}nĩ^{232}

三年五载 θæ̃^{35}nĩ^{232}ŋ^{33}tø^{51}

三日两日 θæ̃^{35}n̡yə^{44}liæŋ^{33}n̡yə^{44} 三天两头

三日两夜 θæ̃^{35}n̡yə^{44}liæŋ^{33}ie^{31} 三天两夜

三长两短 θæ̃^{35}ʃiæŋ^{232}liæŋ^{33}luŋ^{42}

三句两句 θæ̃^{35}ky^{51}liæŋ^{33}ky^{51} 三言两语

三心两意 θæ̃^{35}θuã^{35}liæŋ^{33}i^{51} 三心二意

三三两两 θæ̃^{35}θæ̃^{35}liæŋ^{33}liæŋ^{33}

四平八稳 θi^{51}pẽ^{232}pa^{51}uã^{42}

四通八达 θi^{51}tʰoŋ^{35}pa^{51}ta^{31}

四面八方 θi^{51}mĩ^{31}pa^{51}foŋ^{35}

五湖四海 ŋ^{33}u^{232}θi^{51}hø^{42}

五花八门 ŋ^{33}fa^{35}pa^{51}muŋ^{232}

七上八下 tʰuə^{44}ʃiæŋ^{33}pa^{51}ia^{33}

七手八脚 tʰuə^{44}ʃɔ^{42}pa^{51}kiʌ^{44}

七嘴八舌 tʰuə^{44}tui^{42}pa^{51}ʃie^{31}

辛辛苦苦 θuã^{35}θuã^{35}fu^{42}fu^{42}（～kʰu^{42}kʰu^{42}）千辛万苦

千军万马 tʰĩ^{35}kuã^{35}mæ̃^{31}（～uæ̃^{31}）ma^{33}

千变万化 tʰĩ^{35}pĩ^{51}mæ̃^{31}（～uæ̃^{31}）fa^{51}

千家万户 tʰĩ^{35}ka^{35}mæ̃^{31}（～uæ̃^{31}）u^{33}

慌忙手脚 foŋ^{35}miæŋ^{232}ʃɔ^{42}kiʌ^{44} 手忙脚乱

心烦肚闷 θuã^{35}fæ̃^{232}tu^{33}muŋ^{31} 心烦意乱

阴阴凉凉 yã^{35}yã^{35}liæŋ^{232}liæŋ^{232}

自自然然 θi^{31}θi^{31}ĩ^{232}ĩ^{232}

干干脆脆 kø̃^{35}kø̃^{35}tʰui^{51}tʰui^{51}

儿儿□□ n̡i^{33}n̡i^{33}n̡io^{33}n̡io^{35} 弯弯曲曲

□手□脚 n̡i^{51}ʃɔ^{42}n̡i^{51}kiʌ^{44} 蹑手蹑脚

讲古讲晒⁼kiæŋ^{33}ku^{42}kiæŋ^{42}ʃæ^{51} 讲空话、假话

口□面皱 hɔ^{42}n̡ia^{35}mĩ^{31}n̡io^{51} 满脸皱纹

断芽绝笋 tuŋ^{33}ŋa^{232}θuə^{31}θuã^{42} 断子绝孙

有粒白地 mɔ^{33}naŋ^{35}piʌ^{31}ti^{31} 无缘无故

有张有见 mɔ^{33}tʃiæŋ^{35}mɔ^{33}ki^{51} 不知不觉

二十九　数字等

一号 yə^{44}o^{31}（指日期，下同）

二号 n̡i^{31}o^{31}

三号 θæ̃^{35}o^{31}

四号 θi^{51}o^{31}

五号 ŋ^{33}o^{31}

六号 lo^{31}o^{31}

七号 tʰuə^{44}o^{31}

八号 pa^{51}o^{31}

九号 tʃɔ^{42}o^{31}

十号 ʃuə^{31}o^{31}

初一 tʃʰø^{35}yə^{44}

初二 tʃʰø^{35}ȵi^{31}

初三 tʃʰø^{35}θæ̃^{35}

初四 tʃʰø^{35}θi^{51}

初五 tʃʰø^{35}ŋ^{33}

初六 tʃʰø^{35}lo^{31}

初七 tʃʰø^{35}tʰuə^{44}

初八 tʃʰø^{35}pa^{51}

初九 tʃʰø^{35}tʃɔ^{42}

初十 tʃʰø^{35}ʃuə^{31}

老一 lo^{33}yə^{44}

头首 tɔ^{232}ʃɔ^{42} 头一个

花头一 fa^{35}tɔ^{232}yə^{44} 戏称第一

第二 tuæ^{31}ȵi^{31}

第三 tuæ^{31}θæ̃^{35}

第四 tuæ^{31}θi^{51}

第五 tuæ^{31}ŋ^{33}

第六 tuæ^{31}lo^{31}

第七 tuæ^{31}tʰuə^{44}

第八 tuæ^{31}pa^{51}

第九 tuæ^{31}tʃɔ^{42}

第十 tuæ^{31}ʃuə^{31}

第一粒（～头）tuæ^{31}yə^{44}naŋ^{35}（～ tɔ^{232}）第一个

头一粒（～头）tɔ^{232}yə^{44}naŋ^{35}（～ tɔ^{232}）

第二粒（～头）tuæ^{31}ȵi^{31}naŋ^{35}（～ tɔ^{232}）第二个

第三粒（～头）tuæ^{31}θæ̃^{35}naŋ^{35}（～ tɔ^{232}）第三个

第四粒（～头）tuæ^{31}θi^{51}naŋ^{35}（～ tɔ^{232}）第四个

第五粒（～头）tuæ^{31}ŋ^{33}naŋ^{35}（～ tɔ^{232}）第五个

第六粒（～头）tuæ^{31}lo^{31}naŋ^{35}（～ tɔ^{232}）第六个

第七粒（～头）tuæ^{31}tʰuə^{44}naŋ^{35}（～ tɔ^{232}）第七个

第八粒（～头）tuæ^{31}pa^{51}naŋ^{35}（～ tɔ^{232}）第八个

第九粒（～头）tuæ^{31}tʃɔ^{42}naŋ^{35}（～ tɔ^{232}）第九个

第十粒（～头）tuæ^{31}ʃuə^{31}naŋ^{35}（～ tɔ^{232}）第十个

一定 yə^{44}tẽ^{31} 一，行酒令用语

义气 ȵi^{31}hi^{51} “义”谐音二，行酒令用语

三元 θæ̃^{35}ĩ^{232} 三，行酒令用语

四季 θi^{51}ki^{51} 四，行酒令用语

发财 fa^{51}θø^{232} 四，行酒令用语

一拳 yə^{44}kĩ^{232} 五，行酒令用语

五福 ŋ^{33}fo^{44} 五，行酒令用语

六位 lo^{31}uæ^{31} 六，行酒令用语

高升 ko^{35}ʃẽ^{35} 六，行酒令用语

七超 tʰuə^{44}tʃʰiu^{35} 七，行酒令用语

双发 ʃiæŋ^{35}fa^{51} 八，行酒令用语

八匹 pa^{51}pʰuə^{44} 八，行酒令用语

长久 ʃiæŋ^{232}tʃɔ^{42} 九，行酒令用语

两巴 liæŋ^{33}pa^{35} 十，行酒令用语

开齐 hø^{35}θuæ^{232} 十，行酒令用语

十一 ʃuə^{31}yə^{44}

二十一 ȵi^{31}ʃuə^{31}yə^{44}

三十一 θæ̃^{35}ʃuə^{31}yə^{44}

四十 θi^{51}ʃuə^{31}

四十一 θi^{51}ʃuə^{31}yə^{44}

五十 ŋ^{33}ʃuə^{31}

五十一 ŋ^{33}ʃuə^{31}yə^{44}

六十 lo^{31}ʃuə^{31}

六十一 lo^{31}ʃuə^{31}yə^{44}

七十 tʰuə^{44}ʃuə^{31}

七十一 tʰuə^{44}ʃuə^{31}yə^{44}

八十 pa^{51}ʃuə^{31}

八十一 pa^{51}ʃuə^{31}yə^{44}

九十 tʃɔ^{42}ʃuə^{31}

九十一 tʃɔ^{42}ʃuə^{31}yə^{44}

百一 piʌ^{51}yə^{44} 一百一十

百一粒（～头）piʌ^{51}yə^{44}naŋ^{35}（～ tɔ^{232}）一百一十个

一百一一 yə^{44}piʌ^{51}yə^{44}yə^{44} 一百一十一

一百一二 yə^{44}piʌ^{51}yə^{44}ȵi^{31} 一百一十二

百二 piʌ^{51}ȵi^{31} 一百二十

百三 piʌ^{51}θæ̃^{35} 一百三十

百五 piʌ^{51}ŋ^{33} 一百五十

百五粒（～头）piʌ^{51}ŋ^{33}naŋ^{35}（～ tɔ^{232}）一百五十个

二百一 ȵi^{31}piʌ^{51}yə^{44} 二百一十

二百二 ȵi^{31}piʌ^{51}ȵi^{31} 二百二十

二百五 ȵi^{31}piʌ^{51}ŋ^{33} 二百五十

二百五 ȵi^{31}piʌ^{51}ŋ^{33} 傻子，后起的说法

二百五粒（～头）ȵi^{31}piʌ^{51}ŋ^{33}naŋ^{35}（～ tɔ^{232}）二百五十个

三百一 θæ̃^{35}piʌ^{51}yə^{44} 三百一十

三百三 θæ̃^{35}piʌ^{51}θæ̃^{35} 三百三十

三百六 θæ̃^{35}piʌ^{51}lo^{31} 三百六十

三百八 θæ̃^{35}piʌ^{51}pa^{51} 三百八十

千一 tʰĩ^{35}yə^{44} 一千一百

千二 tʰĩ^{35}ȵi^{31} 一千二百

千一粒（头）tʰĩ^{35}yə^{44}naŋ^{35}（tɔ^{232}）一千一百个

千九 tʰĩ^{35}tʃɔ^{42} 一千九百

千九粒（头）tʰĩ^{35}tʃɔ^{42}naŋ^{35}（tɔ^{232}）千九百个

三千 θæ̃^{35}tʰĩ^{35}

五千 ŋ^{33}tʰĩ^{35}

八千 pa^{51}tʰĩ^{35}

万一 mæ̃^{31}yə^{44} 一万一千

万二 mæ̃^{31}ȵi^{31} 一万二千

万二粒（～头）mæ̃^{31}ȵi^{31}（～ tɔ^{232}）一万二千个

两万二 lgæ^{33}mæ̃^{31}ȵi^{31} 二万二千

三万五 θæ̃^{35}mæ̃^{31}ŋ^{33} 三万五千

三万五粒（～头）θæ̃^{35}mæ̃^{31}ŋ^{33}naŋ^{35}（～ tɔ^{232}）三万五千个

零 lẽ^{232}

两斤 liæŋ^{33}tʃuã^{35} 二斤

两钱 liæŋ^{33}θĩ^{232} 二钱

两分 liæŋ^{33}fuã^{35} 二分

两厘 liæŋ^{33}li^{232} 二厘

二丈 ȵi^{31}ʃiæŋ^{33} 两丈

两丈 liæŋ^{33}ʃiæŋ^{33}

两尺 liæŋ^{33}tʃʰe^{44} 二尺

两寸 liæŋ^{33}tʰuŋ^{51} 二寸

两分 liæŋ^{33}fuã^{35} 二分

两里 liæŋ^{33}li^{33} 二里

两担 liæŋ^{33}læ̃^{51} 两担

两斗 liæŋ^{33}lɔ^{42} 二斗

两升 liæŋ^{33}ʃẽ^{42} 二升

两合 liæŋ^{33}uə^{31} 二合

两项 liæŋ^{33}iæŋ^{33} 两项

两亩 liæŋ^{33}miʌ^{33} 二亩

几 ki^{42}

好多粒 ho^{42}lø^{35}naŋ^{35}

好多粒 ho^{42}lø^{35}naŋ^{35} 好几个

好几粒 ho^{42}ki^{42}naŋ^{35}

好几嘈 ho^{42}ki^{42}kɔ^{31}

好多粒 ho^{42}lø^{35}naŋ^{35} 好些个

好几粒 ho^{42}ki^{42}naŋ^{35}

好几嘈 ho^{42}ki^{42}kɔ^{31}

一□□ yə^{44}mẽ^{42}mẽ^{42} 一些些

好□ ho^{42}mẽ^{42} 好一些；好一点

好□儿 ho^{42}mẽ^{42}ȵi^{35}

大□ tæ^{31}mẽ^{42} 大一些；大点儿

大□儿 tæ^{31}mẽ^{42}ȵi^{35}

细□ nuæ^{51}mẽ^{42}ȵi^{35} 小一点

一□ yə^{44}mẽ^{42} 一点儿

□儿 mẽ^{42}ȵi^{232}

□吾 mẽ^{42}ŋ^{232}

□把 mẽ^{42}pa^{35}

□儿儿 mẽ^{42}ȵi^{35}ȵi^{232} 比一点点更少的量

大□ tæ^{31}mẽ^{42} 大一些；大点儿

大□儿 tæ^{31}mẽ^{42}ȵi^{35}

十多粒 ʃuə^{31}lø^{35}naŋ^{35} 十多个

十多嘈 ʃuə^{31}lø^{35}kɔ^{31}

十多头 ʃuə^{31}lø^{35}tɔ^{232}

十几粒 ʃuə^{31}ki^{42}naŋ^{35} 十几个

十几嘈 ʃuə^{31}ki^{42}kɔ^{31}

十几头 ʃuə^{31}ki^{42}tɔ^{232}

一百多粒 yə^{44}piʌ^{51}lø^{35}naŋ^{35} 一百多个

一百多嘈 yə^{44}piʌ^{51}lø^{35}kɔ^{31}

千多粒 tʰĩ^{35}lø^{35}naŋ^{35} 千多个

千多嘈 tʰĩ^{35}lø^{35}kɔ^{31}

几嘈 ki^{42}kɔ^{31} 不到十个，十来个

上十数 ʃiæŋ^{33}ʃuə^{31}ʃy^{51} 十数个

上千数 ʃiæŋ^{33}tʰĩ^{35}ʃy^{51} 千数个

千把粒 tʰĩ^{35}pa^{35}naŋ^{35} 千把个

千把嘈 tʰĩ^{35}pa^{35}kɔ^{31}

上万数 ʃiæŋ^{33}mæ̃^{31}ʃy^{51} 万数个

百把粒 piʌ^{51}pa^{35}naŋ^{35} 百把个

百把嘈 piʌ^{51}pa^{35}kɔ^{31}

半 puŋ^{51}

半粒 puŋ^{51}naŋ^{35} 半个

一半 yə^{44}puŋ^{51}

半斤 puŋ^{51}tʃuã^{35}

斤半 tʃuã^{35}puŋ^{51} 一斤半

两斤半 liæŋ^{33}tʃuã^{35}puŋ^{51}

两半 liæŋ^{33}puŋ^{51}

两边 liæŋ^{33}pĩ^{35}

多半 lø^{35}puŋ^{51}

多边 lø^{35}pĩ^{35}

一大半 yə^{44}tæ^{31}puŋ^{51}

一大边 yə^{44}tæ^{31}pĩ^{35}

一嘈半 yə^{44}kɔ^{31}puŋ^{51} 一个半

一嘈边 yə^{44}kɔ^{31}pĩ^{35}

……上下 ʃiæŋ^{31}ia^{33}

……左右 tø^{51}iɔ^{31}

八九成 pa^{51}tʃɔ^{42}ʃẽ^{232}

十成 ʃuə^{31}ʃẽ^{232}

二分（之）一 ȵi^{31}puã^{31}（tʃi^{35}）yə^{44}

三分（之）二 θæ̃^{35}puã^{31}（tʃi^{35}）ȵi^{31}

第六章 语法

第一节

词 法①

一 构词法

（一）派生构词法

派生构词法是由一个词根加上词缀构成新词的方法，有名词、动词或形容词加上前缀或后缀构成，有的是叠音的前缀或后缀。下面选择几种前缀或后缀的用法加以说明。

1．名词前缀

董家垌土话名词前缀不发达，常见的只有“第tuæ^{31}、初tʃ^{h}ø^{35}、狗kɔ^{42}、老lo^{33}”等。

（1）第tuæ^{31}，用在数词性语素之前构成“第X”，表示次序，用法与北京话同。

（2）初tʃ^{h}ø^{35}，用在数词性语素“一”至“十”之前构成“初X”，表示农历每月前十天的次序，用法与北京话同。

（3）狗kɔ^{42}，用在数词“一”至“十”之前构成“狗X”，表示小孩的排行，如：狗二kɔ^{42}ȵi^{31}｜狗三kɔ^{42}θæ̃^{35}｜狗四kɔ^{42}θi^{51}。排行第一的，一般不叫“狗一kɔ^{42}yə^{44}”而叫“狗大kɔ^{42}tæ^{31}”；排行最后的也可以叫作“狗晚kɔ^{42}mæ̃^{33}”或“狗细kɔ^{42}nuæ^{51}”。“狗”用在排行前，有贱称，祈求小孩容易长大的意思，作为语缀还没有完全虚化。

（4）老lo^{33}

①用在“大、晚”或“二”至“十”之前表示排行，如：老大lo^{33}tæ^{31}｜老四lo^{33}θi^{51}｜老晚最后生的小孩lo^{33}mæ̃^{33}｜老细最小的lo^{33}nuæ^{51}。

②用在少数表示亲属称谓的名词性语素之前构成亲属称谓词，如：老妹lo^{33}mui^{31}｜老姊lo^{33}ti^{42}｜老弟lo^{33}tæ^{33}｜老姨lo^{33}i^{232}｜老姑lo^{33}ku^{35}。“老”在这里有亲昵色彩。董家垌土话叫丈夫为“头翁tɔ^{232}oŋ^{35}”，妻子为“头婆tɔ^{232}po^{232}”，没有“老公”“老婆”的说法。一般不说

① 本章介绍董家垌土话主要的语法特征。“体貌系统”由于主要与动词相关，本书归于“词法”一节。

“老哥 lo^{33}kø^{35}”。

③用在少数表示动物名称的名词性语素之前，构成动物的称谓词，“老”虚化程度高。例如：老鼠 lo^{33}ʃy^{42} ｜老鸦乌鸦 lo^{33}a^{35} ｜老虎 lo^{33}fu^{42} ｜老鵵鸬鵵 lo^{232}θi^{232}。

④用在表示姓氏的单音语素前面，表示对年长者的尊称，这是较后起的说法，“老”的虚化程度不高。例如：老李 lo^{33}li^{33} ｜老陈 lo^{33}ʃuã^{232} ｜老董 lo^{33}oŋ^{42} ｜老潘 lo^{33}pʰuŋ^{35}。

⑤用在普通名词或动词性语素前面，构成社会称谓词，“老”虚化程度高。例如：老板 lo^{33}pæ̃^{42} ｜老契姘头 lo^{33}kʰuæ^{51}。

2．名词后缀

董家垌土话常见的名词后缀有“吾 ŋ^{232}、儿 ȵi^{232}、子 ti^{42}、笋 pʰẽ^{35}、婆 po^{232}、牯 ku^{42}、佬 lo^{42}、仔 tuæ^{42}、鬼 kuæ^{42}”。

（1）子 ti^{42}

“子 ti^{42}”作为名词后缀，其虚化程度不是很高。

①在植物名后表示某种植物的果实。如：果子水果 kuə^{33}ti^{42} ｜梅子 mui^{11}ti^{42} ｜古成子山楂 ku^{11}ʃẽ^{11}ti^{42} ｜沙梨子梨 ʃa^{35}li^{232}ti^{42} ｜柑子柑橘的总称 kø̃^{35}ti^{42} ｜马栗子板栗 ma^{33}luə^{31}ti^{42} ｜大泡子酸柚子 tæ^{31}piʌ^{51}ti^{42} ｜二枝子栀子 ȵi^{31}tʃ^{35}ti^{42} ｜慈姑子慈姑 θi^{11}ku^{232}ti^{42} ｜松髻子松球 θoŋ^{232}kuæ^{51}ti^{42} ｜辣子辣椒 la^{11}ti^{42} ｜六谷子玉米 lo^{11}ko^{44}ti^{42} ｜茄子 kie^{11}ti^{42} ｜葱子葱头 tʰoŋ^{33}ti^{42} ｜蒜子蒜瓣 θuŋ^{33}ti^{42} ｜贝子①棉桃；②棉籽 pui^{11}ti^{42} ｜莲子 lĩ^{232}ti^{33}。

②在动物名后表示某种动物。如：狮子 θi^{35}ti^{42} ｜燕子 ĩ^{33}ti^{42} ｜蚁子蚂蚁 nuæ^{11}（～ muæ^{11}）ti^{42} ｜蚊子 muã^{11}ti^{42} ｜燃火子萤火虫 ĩ^{11}fuə^{42}ti^{42} ｜鱼子鱼的卵 ȵy^{232}ti^{42}。

③用在一般名词后表示某类物体。如：沙子 ʃa^{33}ti^{42} ｜瓦渣子 ŋa^{11}tʃa^{35}ti^{42} ｜吊子用线吊重物形成直线而取直的工具 liu^{51}ti^{42} ｜刮子小锄头 ka^{33}ti^{42} ｜錾子小凿子 θæ̃^{31}ti^{42} ｜纱子圆球状的线团 ʃa^{35}ti^{42} ｜扣子中式的纽扣 kʰɔ^{51}ti^{33} ｜酒子酒曲 tɔ^{42}ti^{42} ｜毫子一个银圆等于十毫 o^{232}ti^{42}。

④表示某类人。如：骗子 pʰĩ^{51}ti^{42} ｜夜摸子利用夜晚偷东西的人 ie^{31}mø^{35}ti^{42} ｜厨子厨师 ʃy^{232}ti^{42} ｜戏子旧时指演员 hi^{51}ti^{42} ｜细子小孩 θuæ^{51}ti^{42} ｜侄子 tʃuə^{31}ti^{42}。

⑤表示身体的某种器官或身上生长的小东西。如：腰子肾 iu^{35}ti^{33} ｜二毛子鸡皮疙瘩 ȵi^{31}mo^{232}ti^{42} ｜癞疥子疥疮 læ^{31}kæ^{51}ti^{42} ｜热佛$^{=}$子痱子 ȵi^{31}pø^{31}ti^{42} ｜麻子脸上的斑痕，脸上有麻子的人 ma^{232}ti^{42}。

⑥其他。如：星子星星 θẽ^{33}ti^{42} ｜日子 ȵyə^{11}ti^{42}。

（2）“吾 ŋ^{232}”与“儿 ȵi^{232}”

“吾 ŋ^{232}”与“儿 ȵi^{232}”做名词后缀，表示小的物品、动植物或很小的量。“儿 ȵi^{232}”是早期的，“吾 ŋ^{232}”是由“儿 ȵi^{232}”弱化后形成的，用“吾 ŋ^{232}”的地方一般都可以换成“儿 ȵi^{232}”，有时候还可以连用。“雏鸟”可以说成“飞儿儿 pi^{44}ȵi^{232}ȵi^{232}、飞吾吾 pi^{44}ŋ^{232}ŋ^{232}、飞

儿吾pi^{44}ȵi^{232}ŋ^{232}、飞吾儿pi^{44}ŋ^{232}ȵi^{232}”。勾漏粤语藤县（邓玉荣2018）、贺州桂岭（陈小燕2007）等地还是用“儿ȵi^{232}”。

“儿”“吾”本调读为阳平，但作为后缀有时又可读阴平，这与周边粤语“儿”本调读阴平，作为后缀读阳平有相似之处。

①表示小的自然物。如：山吾小山ʃæ̃^{35}ŋ^{232}、山儿ʃæ̃^{35}ȵi^{232}｜岭吾小岭lẽ^{33}ŋ^{232}、岭儿lẽ^{33}ȵi^{232}｜岩吾小岩洞ŋæ̃^{232}ŋ^{232}、岩儿ŋæ̃^{232}ȵi^{232}｜江吾小河kiæŋ^{35}ŋ^{232}、江儿kiæŋ^{35}ȵi^{232}｜陂吾小水坝pi^{35}ŋ^{232}、陂儿pi^{35}ȵi^{232}｜巷吾小巷iæŋ^{31}ŋ^{232}、巷儿iæŋ^{31}ȵi^{232}｜畬吾小菜园ʃie^{35}ŋ^{232}、畬儿ʃie^{35}ȵi^{232}｜雪吾米粒状的雪θuə^{44}ŋ^{232}、雪儿θuə^{44}ȵi^{232}｜风吾小风foŋ^{35}ŋ^{232}、风儿foŋ^{35}ȵi^{232}｜水吾小雨ʃui^{42}ŋ^{232}、水儿ʃui^{42}ȵi^{232}。

②表示小的或初生的动物。如：马吾小马ma^{33}ŋ^{232}、马儿ma^{33}ȵi^{232}｜牛吾牛犊ŋɔ^{232}ŋ^{232}、牛儿ŋɔ^{232}ȵi^{232}｜牛童吾小公牛ŋɔ^{232}toŋ^{232}ŋ^{232}、牛童儿ŋɔ^{232}toŋ^{232}ȵi^{232}｜羊吾羊羔iæŋ^{232}ŋ^{232}、羊儿iæŋ^{232}ȵi^{232}｜狗吾幼犬kɔ^{42}ŋ^{232}、狗儿kɔ^{42}ȵi^{232}｜猪吾小猪tʃy^{35}ŋ^{232}、猪儿tʃy^{35}ȵi^{232}｜鸡吾小鸡儿kuæ^{35}ŋ^{232}、鸡儿kuæ^{35}ȵi^{232}｜鸭吾小鸭子a^{51}ŋ^{232}、鸭儿a^{51}ȵi^{232}｜鹅吾小鹅儿ŋø^{232}ŋ^{232}、鹅儿ŋø^{232}ȵi^{232}｜鱼吾ȵy^{232}ŋ^{232}、鱼儿ȵy^{232}ȵi^{232}｜虾公吾小虾ha^{35}koŋ^{35}ŋ^{232}、虾公儿ha^{35}koŋ^{35}ȵi^{232}｜石螺吾小螺蛳ʃe^{31}lø^{232}ŋ^{232}、石螺儿ʃe^{31}lø^{232}ȵi^{232}｜飞儿小鸟的总称、赤子阴pi^{44}ȵi^{232}、飞吾pi^{35}ŋ^{232}｜龙蜂吾蜂蛹loŋ^{232}pʰoŋ^{35}ŋ^{232}、龙蜂儿loŋ^{232}pʰoŋ^{35}ȵi^{232}｜木□吾一种小蜻蜓mo^{31}mie^{42}ŋ^{232}、木□儿mo^{31}mie^{42}ȵi^{232}。

③表示小的或初生的植物。如：草吾tʰo^{42}ŋ^{232}、草儿tʰo^{42}ȵi^{232}｜花吾fa^{35}ŋ^{232}、花儿fa^{35}ȵi^{232}｜木吾树秧mo^{31}ŋ^{232}、木儿mo^{31}ȵi^{232}｜辣子吾一种果实小的辣椒la^{31}ti^{42}ŋ^{232}、辣子儿la^{31}ti^{42}ȵi^{232}。

④表示小的器具物品。如：筛吾小筛子ʃæ^{35}ŋ^{232}、筛儿ʃæ^{35}ȵi^{232}｜灯吾小油灯laŋ^{35}ŋ^{232}、灯儿laŋ^{35}ȵi^{232}｜扁吾扁担pĩ^{42}ŋ^{44}、扁儿pĩ^{42}ȵi^{232}｜樽吾小瓶子tuã^{35}ŋ^{232}、樽儿tuã^{35}ȵi^{232}｜帽吾mo^{31}ŋ^{232}、帽儿mo^{31}ȵi^{232}｜凳吾ŋ^{232}、ŋ^{232}、凳儿ȵi^{232}｜柜吾kuæ^{31}ŋ^{232}、柜儿kuæ^{31}ȵi^{232}｜碗吾uŋ^{42}ŋ^{232}、碗儿uŋ^{42}ȵi^{232}｜杯吾pui^{35}ŋ^{232}、杯儿pui^{35}ȵi^{232}｜烟吾香烟ĩ^{35}ŋ^{232}、烟儿ĩ^{35}ȵi^{232}。

⑤表示人里面年轻的或地位低微的。如：客姑吾年青姑娘ha^{51}ku^{35}ŋ^{232}、客姑儿ha^{51}ku^{35}ȵi^{232}｜绣妇吾童养媳θɔ^{51}fu^{33}ŋ^{232}、绣妇儿θɔ^{51}fu^{33}ȵi^{232}｜□丁吾muæ^{44}lẽ^{11}ŋ^{232}、□丁儿muæ^{44}lẽ^{11}ȵi^{232}｜老弟吾lo^{33}tuæ^{33}ŋ^{232}、老弟儿lo^{33}tuæ^{33}ȵi^{232}｜妹吾mui^{31}ŋ^{232}、妹儿mui^{31}ȵi^{232}｜养牛吾iæŋ^{33}ŋɔ^{232}ŋ^{232}、养牛儿iæŋ^{33}ŋɔ^{232}ȵi^{232}。

⑥表示身体某个小的部位。如：手指吾ʃɔ^{42}ki^{42}ŋ^{232}、手指儿ʃɔ^{42}ki^{42}ȵi^{232}｜脚趾吾kiʌ^{44}ki^{42}ŋ^{232}、脚趾儿kiʌ^{44}ki^{42}ȵi^{232}｜牙齿吾ŋa^{232}tʃi^{42}ŋ^{232}、牙齿儿ŋa^{232}tʃi^{42}ȵi^{232}｜头毛吾tɔ^{232}mo^{232}ŋ^{232}、头毛儿tɔ^{232}mo^{232}ȵi^{232}｜眼毛吾ŋæ̃^{33}mo^{232}ŋ^{232}、眼毛儿ŋæ̃^{33}mo^{232}ȵi^{232}｜耳朵吾ŋ^{232}、耳朵儿ȵĩ^{33}lø^{42}ȵi^{232}｜眼睛吾ŋæ̃^{33}tẽ^{35}ŋ^{232}、眼睛儿ŋæ̃^{33}tẽ^{35}ȵi^{232}｜膊头吾piʌ^{51}tɔ^{232}ŋ^{232}、膊

头儿piʌ^{51}tɔ^{232}ȵi^{232} | 手胫吾ʃɔ^{42}kẽ^{42}ŋ^{232}、手胫儿ʃɔ^{42}kẽ^{42}ȵi^{232} | 脚板吾kiʌ^{44}pæ̃^{42}ŋ^{232}、脚板儿kiʌ^{44}pæ̃^{42}ȵi^{232} | 鼻士$^{=}$儿pi^{31}ʃi^{31}ȵi^{232}、鼻士$^{=}$吾pi^{31}ʃi^{31}ŋ^{232} | 嘴儿tui^{42}ȵi^{232}、嘴吾tui^{42}ŋ^{232} | 脚胫儿kiʌ^{44}kẽ^{42}ȵi^{232}、脚胫吾kiʌ^{44}kẽ^{42}ŋ^{232}。

⑦表示数量少。如：个人吾一个人kuə^{51}ȵyã^{232}ŋ^{232}、个人儿kuə^{51}ȵyã^{232}ȵi^{232} | □吾一点点mẽ^{42}ŋ^{232}、□儿mẽ^{42}ȵi^{232} | □吾吾很少的一点点mẽ^{42}ŋ^{232}ŋ^{232}、□儿儿mẽ^{42}ȵi^{232}ȵi^{232}、□吾儿mẽ^{42}ŋ^{232}ȵi^{232}、□儿吾mẽ^{42}ȵi^{232}ŋ^{232} | □丁吾吾很少的一点点mẽ^{42}tẽ^{35}ŋ^{44}ŋ^{232}。

⑧表示时间短。如：半日吾小半天puŋ^{51}ȵyə^{44}ŋ^{232}、半日儿puŋ^{51}ȵyə^{44}ȵi^{232} | 阵吾一阵子ʃuã^{31}ŋ^{232}、阵儿ʃuã^{31}ȵi^{35} | 阵吾吾瞬间，比 阵了还短的时间ʃuã^{31}ŋ^{35}ŋ^{232}、阵吾儿ʃuã^{31}ŋ^{35}ȵi^{232}、阵儿儿ʃuã^{31}ȵi^{35}ȵi^{232}、阵儿吾ʃuã^{31}ȵi^{35}ŋ^{232}。

⑨表示不完整的事件或动作。如：洗凉吾用毛巾擦洗身体θuæ^{42}liæŋ^{232}ŋ^{232}、洗凉儿θuæ^{42}liæŋ^{232}ȵi^{232}。“洗凉”就是洗澡，即用水冲洗身体，是钟山当地居民几乎每天都要进行的，相对而言，用毛巾擦洗身体是简便的、不完整的“洗凉”。

（3）箩p^{h}ẽ^{35}

“箩p^{h}ẽ^{35}”作为名词指竹篾编成的块状物，虚化为名词后缀指女性或雌性动物，用于贬义。如：妹儿箩小女孩mui^{11}ȵi^{232}p^{h}ẽ^{35} | 夫娘箩fu^{35}niæŋ^{232}p^{h}ẽ^{35} | 猪吾箩小母猪tʃy^{35}ŋ^{232}p^{h}ẽ^{35} | 狗吾箩小母狗kɔ^{42}ŋ^{232}p^{h}ẽ^{35} | 猫吾箩小母猫miʌ^{11}ŋ^{232}p^{h}ẽ^{35} | 牛吾箩小母牛ŋɔ^{11}ŋ^{232}p^{h}ẽ^{35}。旧时小孩不论男女都把乳名贱称为“吾箩ŋ^{232}p^{h}ẽ^{35}”。

（4）婆po^{232}

“婆po^{232}”本来指上了年纪的女性，虚化为名词后缀指人或动物，如：大虫婆雌虎、喻妇人凶恶者如母老虎tæ^{31}ʃoŋ^{232}po^{232} | 谷子婆一种小鱼ko^{44}ti^{42}po^{232}。

（5）牯ku^{42}

“牯”作为名词指个体大的雄性动物，如：马牯公马ma^{33}ku^{42} | 牛牯公牛ŋɔ^{232}ku^{42} | 黄牯公黄牛oŋ^{232}ku^{42}。虚化为名词后缀指人或物，如：兵牯旧时称当兵的人pẽ^{35}ku^{42} | 大兵牯同兵牯tæ^{31}pẽ^{35}ku^{42} | 大豆牯一种刀状、专用于腌醋菜的豆tæ^{31}tɔ^{31}ku^{42} | 大蜢牯大蝗虫tæ^{31}mẽ^{42}ku^{42} | 大蚓牯大蚯蚓tæ^{31}nuã^{42}ku^{42} | 老实牯老实人lo^{33}ʃuã^{31}ku^{42} | 男人牯男人næ̃^{232}ȵyã^{232}ku^{42}。

（6）佬lo^{42}

“佬lo^{42}”作为名词后缀指男性的某种职业的人或某类人，如：化佬乞丐kɔ^{42}fa^{51}lo^{42} | 江湖佬走江湖的人kiæŋ^{35}u^{232}lo^{42} | 糊瓦佬制瓦的人u^{232}ŋa^{33}lo^{42} | 瓦窑佬制瓦的人ŋa^{33}iu^{232}lo^{42} | 打铁佬la^{42}t^{h}ie^{44}lo^{42} | 补铛佬补锅匠pu^{42}tʃ^{h}aŋ^{35}lo^{42} | 剃头佬理发的人t^{h}uæ^{51}tɔ^{232}lo^{42} | 生意佬ʃaŋ^{35}i^{51}lo^{42} | 屠羊佬杀羊的人tu^{232}iæŋ^{232}lo^{42} | 杀牛佬杀牛的人ʃa^{51}ŋɔ^{232}lo^{42} | 杀猪佬杀猪的人ʃa^{51}tʃy^{35}lo^{42} | 猪公佬养种公猪给猪配种的人tʃy^{35}koŋ^{35}lo^{42} | 船家佬艄公ʃĩ^{232}ka^{35}lo^{42} | 皮鞋佬做皮革的人pi^{232}æ^{232}lo^{42} | 养牛佬养牛的人iæŋ^{33}ŋɔ^{232}lo^{42} | 弹贝佬弹棉花的人tæ̃^{232}pui^{31}lo^{42} | 阉鸡佬阉鸡的人ĩ^{35}kuæ^{35}lo^{42} | 阉猪佬

阉猪的人ĩ^{35}tʃy^{35}lo^{42} | 阉牛佬阉牛的人ĩ^{35}ŋɔ^{232}lo^{42} | 鼓吹佬吹鼓手ku^{42}tʃ^{h}ui^{35}lo^{42} | 大兵牯佬旧时指当兵的人tæ^{31}pẽ^{35}ku^{42}lo^{42} | 筛公佬道士ʃuæ^{232}koŋ^{35}lo^{42} | 舍佛佬道士ʃie^{51}pø^{31}lo^{42} | 唱戏佬旧指唱戏的人tʃ^{h}iæŋ^{51}hi^{51}lo^{42} | 戏子佬旧指男演员hi^{51}ti^{42}lo^{42} | 唱戏佬旧指男演员tʃ^{h}iæŋ^{51}hi^{51}lo^{42} | 四眼佬孕妇或孕妇的丈夫θi^{51}ŋæ̃^{33}lo^{42}。

（7）仔 tuæ^{42}

"仔 tuæ^{42}"作为名词后缀表示某类较年轻的人，有厌恶义。如：精仔 tẽ^{35}tuæ^{42} | 懒仔 læ̃^{33}tuæ^{42} | 死仔 θi^{42}tuæ^{42} | 烂仔 læ̃^{51}tuæ^{42} | 肥仔 pi^{11}tuæ^{42} | 瘦仔 ʃɔ^{51}tuæ^{42} | □仔智力低下的人θoŋ^{11}tuæ^{42} | □仔很固执的人ȵiæŋ^{51}tuæ^{42}。

（8）鬼 kuæ^{42}

"鬼 kuæ^{42}"作为名词后缀表示某类成年人，有厌恶义。如：老鬼 lo^{33}kuæ^{42} | 赌鬼 lu^{42}kuæ^{42}。

（9）母 mu^{33}

受声母同化，有时又读为"muŋ^{33}"。本指雌性，如：马母 ma^{33}mu^{33} | 猫儿母 miʌ^{11}ȵi^{232}mu^{33} | 引蛇母带新娘进入男家的女傧相，由已婚妇女担任yã^{33}ʃie^{232}muŋ^{33} | 妇娘母成年妇女 fu^{33}niæŋ^{232}mu^{33}。虚化为名词后缀表示以下意义：

①指某类动物，如：胀气母一种肚子肥大的蝗虫tʃiæŋ^{51}hi^{51}mu^{33} | 虱母虱子ʃuə^{44}muŋ^{33} | 蛤母大青蛙 kuə^{44}mu^{33}。

②用于指某类物件，如：犁母犁身luæ^{232}mu^{33} | 碓母碓身lui^{51}mu^{33}。

③指身体的某个部分，如：额头母额头ŋa^{33}tɔ^{232}mu^{33} | 手指母食指ʃɔ^{42}ki^{42}mu^{33} | 背脊母背脊 pui^{51}te^{44}mu^{33}。

3. 由名词后加叠音音节构成状态形容词，表示某种状态，叠音音节往往无字可写。如：

眼□□眼小难看状ŋæ̃^{33}p^{h}i^{42}p^{h}i^{42} | 头□□低头无精神状tɔ^{232}θy^{31}θy^{31} | 毛□□毛茸茸状 mɔ^{232}ȵiø̃^{35}ȵiø^{35}。

4. 形容词叠音前缀

董家垌土话里单音形容词可加叠音前缀，表示某种状态的加深，对事物起到描述作用而产生新词。如：□□黄 ŋø^{35}ŋø^{35}oŋ^{232} | □□青 ŋæ̃^{44}ŋæ^{44}t^{h}ẽ^{35} | □□臭 maŋ^{35}maŋ^{35}tʃ^{h}ɔ^{51} | 喷喷香 p^{h}uã^{51}p^{h}uã^{51}ʃiæŋ^{35} | □□甜 θuŋ^{33}θuŋ^{33}tĩ^{232} | 墨墨暗 mɔ^{33}mɔ^{33}uŋ^{31} | □□乱 p^{h}aŋ^{35}p^{h}aŋ^{35}luŋ^{31}。

5. 象声词或形容词重叠加后缀

由象声词或不能单用形容词素重叠加表示状态的词"啫"构成，表示某种状态，变成了状态形容词。如：□□啫嘴嚼食物状pu^{232}pu^{232}tʃie^{44} | □□啫伸开手脚睡着状næ^{232}næ^{232}tʃie^{44} | □□啫烟气上升状iʌ^{51}iʌ^{51}tʃie^{44} | □□啫一动不动状tẽ^{33}tẽ^{33}tʃie^{44} | □□啫物欲倒状ŋẽ^{232}ŋẽ^{232}tʃie^{44} □□啫无精打

采状ȵĩ^{35}ȵĩ^{35}tʃie^{44} ｜□□啫成排的样子lai^{51}lai^{51}tʃie^{33}。

6．由动词词根加由象声词或不能单用的语素重叠成的词缀构成。如：□□笑大笑状kʰu^{35}kʰu^{35}θiu^{51} ｜□□动跳动状no^{51}no^{51}toŋ^{33} ｜□□跳不停地跳状θe^{31}θe^{31}tʰiu^{51} ｜□□吃狼吞虎咽状fiʌ^{31}fiʌ^{31}he^{44} ｜□□争不停地争吵状kʰe^{44}kʰe^{44}tʃaŋ^{35} ｜□□啼不停地哭状ŋe^{35}ŋe^{35}tuæ^{232}。

（二）复合构词法

复合构词法由词根加词根构成新词。董家垌土话里大部分词都由这种方法构成，例如：泉陂地名θuŋ^{232}pi^{35} ｜热蒙日晕ȵie^{31}moŋ^{35} ｜畲地菜地ʃie^{35}ti^{31} ｜入火搬进新居的仪式ȵyə^{31}fuə^{42}，等等。

（三）逆序词

董家垌土话一些词与北京话的词序相反。例如：人客客人ȵyã^{232}hiʌ^{51}（～ha^{51}）｜衫破破衣服ʃæ̃^{35}pʰø^{51} ｜菜干干菜tʰø^{33}kõ^{35} ｜鸡公成年的打鸣的公鸡kuæ^{35}koŋ^{35} ｜鸡乸母鸡kuæ^{35}na^{42} ｜鸭公公鸭a^{51}koŋ^{35} ｜鸭母母鸭a^{51}mu^{33} ｜猪公配种用的种公猪tʃy^{35}koŋ^{35} ｜猪乸母猪tʃy^{35}na^{42} ｜狗公公狗kɔ^{42}koŋ^{35} ｜狗乸母狗kɔ^{42}na^{42} ｜猫儿公公猫miʌ^{11}ȵi^{232}koŋ^{35} ｜猫乸母猫miʌ^{33}na^{42} ｜鱼公雄鱼ȵy^{232}koŋ^{35} ｜鱼母雌鱼ȵy^{232}mu^{33}。

二　重叠

（一）名词重叠

董家垌土话名词重叠有“AA式”和“AABB式”两种。

1．AA式

董家垌土话非亲属称谓的单音节名词，有少数可以重叠，形成“AA式”，重叠后词性不变，但有表示周遍的含义。例如：日日每天ȵyə^{44}ȵyə^{44}、夜夜每晚ie^{35}ie^{51}、朝朝每天早上tʃiu^{35}tʃiu^{35}、年年每年nĩ^{232}nĩ^{232}。而表示亲属称谓的名词不能重叠，与北京话不同，例如：

北京话	妈妈	舅舅	叔叔	姐姐	妹妹
董家垌土话	吾娘ŋ^{232}niæŋ^{232} 吾妣ŋ^{232}puæ^{33}	舅爷tʃɔ^{33}ie^{232}	叔爷ʃo^{44}ie^{35} 吾叔ŋ^{232}ʃo^{44}	吾大ŋ^{232}tæ^{31} 吾姊ŋ^{232}ti^{42}	老妹lo^{33}mui^{31}

近几十年偶有出现“哥哥”“妈妈”的说法，是受北京话影响的结果。

2．AABB式

董家垌土话中也有“AABB”名词重叠式，重叠后也是名词性的，但使用频率不高，常见的如：家家户户ka^{35}ka^{35}u^{33}u^{33}、男男女女næ̃^{232}næ̃^{232}ny^{33}ny^{33}。

（二）动词重叠

董家垌的动词重叠式有“AABB式”，如：捱捱□□磨磨蹭蹭ŋæ^{11}ŋæ^{232}tʰa^{33}tʰa^{51} ｜来来去去

lø^{232}lø^{232}hy^{51}hy^{51} | 出出入入 tʃ^{h}uə^{44}tʃ^{h}uə^{44}ȵyə^{31}ȵyə^{31}。

北京话里表示短时少量和尝试性动作的"AA式"重叠动词，董家垌话少用而改用其他方式表达：

北京话	董家垌土话
你算算看	你算过看过 ni^{33}θuŋ^{51}kuə^{51}hõ^{51}kuə^{51}，
看看吧	看过先 hõ^{51}kuə^{51}θĩ^{35}

（三）形容词的重叠

董家垌土话有丰富的形容词重叠式，下面分类说明。

1. AA式与相应的XXA式、AXX式、A快死式、A殁绝式

A是单音形容词；X为叠音，有的有具体的意义，如"精精甜 tẽ^{35}tẽ^{35}tĩ^{232}、墨墨黑 mɔ^{35}mɔ^{35}hɔ^{44}（hɔ^{44}）"，大多作为一个音节没有具体的意义，重叠后表示A的状态，如"□□白 p^{h}oŋ^{35}p^{h}oŋ^{51}piʌ^{31}、□□淡 ma^{44}ma^{44}tæ̃^{33}"。一般来说XXA式可以转化为AXX、A快死、A殁绝各式，如：

A	AA	XXA	AXX	A快死	A殁绝
肥 pi^{232}	肥肥 pi^{232}pi^{232}	□□肥 noŋ^{35}noŋ^{35}pi^{232}	肥□□ pi^{232}noŋ^{35}noŋ^{51}	肥快死 pi^{232}fæ^{51}θi^{42}	肥殁绝 pi^{232}muə^{44}θuə^{31}

AA意思为很A，XXA意思为有点A，AXX意思为很A的状态，A快死意思为A得很，A殁绝为A到了极点。其中XXA最常见，相应的AA、AXX、A快死、A殁绝各式中有的不常见或不说。有的A有两个或两个上以上的XXA式，如：□□瘦 ka^{33}ka^{33}ʃɔ^{51} | □□瘦 kẽ^{232}kẽ^{232}ʃɔ^{51} | □□白 moŋ^{33}moŋ^{33}piʌ^{31} | □□白 p^{h}oŋ^{35}p^{h}oŋ^{35}piʌ^{31} | □□白 moŋ^{42}moŋ^{42}piʌ^{31} | □□白 mo^{42}mo^{42}piʌ^{31}。常见的XXA式还有：

□□黄 ŋø^{35}ŋø^{35}oŋ^{232}

淡淡黄 tæ̃^{33}tæ̃^{33}oŋ^{232}

□□红 ŋø^{35}ŋø^{35}oŋ^{232}

□□青 ŋæ̃^{35}ŋæ^{35}t^{h}ẽ^{35}

□□青 ŋæ̃^{44}ŋæ^{44}t^{h}ẽ^{35}

□□黑 t^{h}a^{35}t^{h}a^{51}hɔ^{44}

□□蓝 liu^{33}liu^{33}læ̃^{232}

□□绿 liʌ^{33}liʌ^{33}lo^{31}

□□白 mo^{42}mo^{42}piʌ^{31}

□□臭 maŋ^{35}maŋ^{35}tʃ^{h}ɔ^{51}

□□臭 p^{h}aŋ^{35}p^{h}aŋ^{35}tʃ^{h}ɔ^{51}

□□臭 p^{h}aŋ^{31}p^{h}aŋ^{31}tʃ^{h}ɔ^{51}

喷喷香 p^{h}uã^{51}p^{h}uã^{51}ʃiæŋ^{35}

红红热 oŋ^{232}oŋ^{232}ȵie^{31}

□□热 hø^{31}hø^{31}ȵie^{31}

□□冷 liʌ^{44}liʌ^{44}laŋ^{33}

□□甜 θuŋ^{33}θuŋ^{33}tĩ^{232}

□□苦 la^{35}la^{35}k^{h}u^{42}（～fu^{42}）

□□辣 p^{h}aŋ^{35}p^{h}aŋ^{35}la^{31}

□□咸 lẽ^{35}lẽ^{51}æ̃^{232}

□□淡 ma^{44}ma^{44}tæ̃^{33}
□□光 tiæŋ^{33}tiæŋ^{33}koŋ^{35}
墨墨暗 mɔ^{33}mɔ^{33}uŋ^{31}
巴巴烂 pa^{35}pa^{35}læ̃^{31}
巴巴□朽烂 pa^{35}pa^{35}yæ^{35}
□□硬 k^{h}aŋ^{35}k^{h}aŋ^{35}ŋaŋ^{31}
□□轻 mie^{35}mie^{35}hẽ^{35}
□□靓 la^{33}la^{33}liæŋ^{51}
糟糟湿 to^{35}to^{35}ʃuə^{44}
□□阔 t^{h}iæŋ^{42}t^{h}iæŋ^{42}fuə^{44}
□□酸 liʌ^{33}liʌ^{33}θuŋ^{35}
□□密 ma^{35}ma^{35}muə^{31}
□□高 kaŋ^{31}kaŋ^{31}ko^{35}
□□高 ŋẽ^{33}ŋẽ^{33}ko^{35}
□□矮 p^{h}ie^{35}p^{h}ie^{35}æ^{42}
□□长 nø^{42}nø^{42}ʃiæŋ^{232}
□□净 læ̃^{42}læ̃^{42}θẽ^{31}
□□圂 luã^{51}luã^{51}luŋ^{35}
滚滚圂 kuã^{42}kuã^{42}luŋ^{232}
子子细 ti^{42}ti^{42}θuæ^{51}
□□乱 p^{h}aŋ^{35}p^{h}aŋ^{35}luŋ^{31}
□□肥 lø^{51}lø^{51}pi^{232}
□□瘦 kẽ^{232}kẽ^{232}ʃɔ^{51}
□□瘦 ka^{33}ka^{33}ʃɔ^{51}
黎黎□黏稠 na^{35}na^{35}niu^{35}

2．AABB与A里AB式

AABB式与A里AB式由AB式重叠构成，与北京话的这种格式在形式与意义上都相同，但董家垌土话中有一些北京话里没有的此类词语。并不是所有的AB式都可以构成AABB式与A里AB式。如：

AB式	AABB式	A里AB式
灵□爱管闲事 lẽ^{232}tʃẽ^{232}	灵灵□□ lẽ^{232}lẽ^{232}tʃẽ^{232}tʃẽ^{232}	灵里灵□ lẽ^{232}li^{33}tʃẽ^{232}tʃẽ^{232}
歪踩 mæ^{42}tʃ^{h}æ^{42}	歪歪踩踩 mæ^{42}mæ^{42}tʃ^{h}æ^{42}tʃ^{h}æ^{42}	歪里歪踩 mæ^{42}li^{33}mæ^{42}tʃ^{h}æ^{42}
邋遢 la^{31}t^{h}a^{51}	邋邋遢遢 la^{31}la^{31}t^{h}a^{51}t^{h}a^{51}	邋里邋遢 la^{31}li^{33}la^{31}t^{h}a^{51}
鬼鼠 kuæ^{42}ʃy^{42}	鬼鬼鼠鼠 kuæ^{42}kuæ^{42}ʃy^{42}ʃy^{42}	鬼里鬼鼠 kuæ^{42}li^{33}kuæ^{42}ʃy^{42}
奸巧 kæ̃^{35}k^{h}iʌ^{42}	奸奸巧巧 kæ̃^{35}kæ̃^{35}k^{h}iʌ^{42}k^{h}iʌ^{42}	奸里奸巧 kæ̃^{35}li^{33}kæ̃^{35}k^{h}iʌ^{42}
昏钝 fuã^{35}tuã^{31}	昏昏钝钝 fuã^{35}fuã^{35}tuã^{31}tuã^{31}	昏里昏钝 fuã^{35}li^{33}fuã^{35}tuã^{31}
淡定 tæ̃^{33}tẽ^{31}	淡淡定定 tæ̃^{33}tæ̃^{33}tẽ^{31}tẽ^{31}	淡里淡定 tæ̃^{33}li^{33}tæ̃^{33}tẽ^{31}
论阵 luã^{31}tʃuã^{31}	论论阵阵 luã^{31}luã^{31}tʃuã^{31}tʃuã^{31}	论里阵阵 luã^{31}li^{33}luã^{31}tʃuã^{31}
神经 ʃuã^{232}kẽ^{35}	神神经经 ʃuã^{232}ʃuã^{232}kẽ^{35}kẽ^{35}	神里神经 ʃuã^{232}li^{33}ʃuã^{232}kẽ^{35}
崩塌 paŋ^{35}t^{h}a^{51}	崩崩塌塌倒塌后的乱状 paŋ^{35}paŋ^{35}t^{h}a^{51}t^{h}a^{51}	
□□啰唆 ŋa^{31}θa^{31}	□□□□啰啰唆唆 ŋa^{31}ŋa^{31}θa^{31}θa^{31}	
□儿吝啬 ȵuə^{44}ȵi^{35}	□□儿儿 ȵuə^{44}ȵuə^{44}ȵi^{35}ȵi^{35}	
稳阵 uã^{42}tʃuã^{31}	稳稳阵阵 uã^{42}uã^{42}tʃuã^{31}tʃuã^{31}	
阴沉 yã^{35}ʃuã^{232}	阴阴沉沉阴深缺少生气 yã^{35}yã^{35}ʃuã^{232}ʃuã^{232}	

3．AAAA啫式

“AAAA啫式”表示有“一点点A的样子”，重叠后变成状态形容词，略带赞赏意味，常见的有“臭臭臭臭啫tʃ^{h}ɔ^{51}tʃ^{h}ɔ^{51}tʃ^{h}ɔ^{51}tʃ^{h}ɔ^{51}tʃie^{44}、扁扁扁扁啫pĩ^{42}pĩ^{42}pĩ^{42}pĩ^{42}tʃie^{44}”。如：

吾得难道渠专门有猪肉，渠沤臭臭臭臭啫，有止几想吃。ŋ^{232}luə^{44}ky^{232}tʃĩ^{35}muŋ^{232}iɔ^{33}tʃy^{35}ȵio^{31} ky^{232}ɔ^{51}tʃ^{h}ɔ^{51}tʃ^{h}ɔ^{51}tʃ^{h}ɔ^{51}tʃ^{h}ɔ^{51}tʃie^{44}，mɔ^{33}tʃi^{35}ki^{42}θiæŋ^{42}he^{44}.

就整箇子扁扁扁扁啫，箇里外头卖嗰熟粉糍啊。tɔ^{31}tʃẽ^{42}kə^{33}ti^{42}pĩ^{42}pĩ^{42}pĩ^{42}pĩ^{42}tʃie^{44}，kø^{11}ly^{42} mui^{31}tɔ^{232}mæ^{31}kə^{42}a^{33}ʃo^{31}puã^{42}θi^{232}a^{33}.

4．由名词后加叠音音节构成，重叠后变成状态形容词，表示这个名词相关的状态。同一个名词可以有多个不同的叠音音节，表示不同的状态，如：

眼□□眼小难看状ŋæ̃^{33}p^{h}i^{42}p^{h}i^{42}

眼□□眼小或半闭状ŋæ̃^{33}ȵi^{42}ȵi^{42}

眼□□瞪大眼状ŋæ̃^{33}ku^{42}ku^{42}

眼□□眼神无光彩状ŋæ̃^{33}ʃy^{33}ʃy^{33}

眼□□眼浮肿状ŋæ̃^{33}mo^{42}mo^{42}

眼□□眼神现讨厌状ŋæ̃^{33}no^{33}no^{33}

眼□□眼凹下去状ŋæ̃^{33}kɔ^{232}kɔ^{232}

眼□□眼睁睁状ŋæ̃^{33}kɔ^{44}kɔ^{44}

眼□□斜眼看人状ŋæ̃^{33}nø^{33}nø^{33}

眼眯眯眼微张状ŋæ̃^{33}muæ^{232}muæ^{232}

眼□□眼皮下坠状ŋæ̃^{33}ʃuã^{33}ʃuã^{33}

眼盲盲眼斜状ŋæ̃^{33}miæŋ^{232}miæŋ^{232}

头□□低头无精神状tɔ^{232}θy^{31}θy^{31}

头□□昂头自负状tɔ^{232}ŋe^{31}ŋe^{31}

头□□昂头自负状tɔ^{232}ŋiu^{51}ŋiu^{51}

头□□头发稀疏状tɔ^{232}ȵẽ^{35}ȵẽ^{35}

头□□头扁斜状tɔ^{232}tʃ^{h}æ^{35}tʃ^{h}æ^{35}

面□□满面怒气状mĩ^{31}miæŋ^{51}miæŋ^{51}

肚□□肚胀起状tu^{33}pɔ^{35}pɔ^{35}

肚□□肚大状tu^{33}pø^{35}pø^{35}

肚□□肚子突出下坠状tu^{33}iæ^{232}iæ^{232}

肚□□肚子大状tu^{33}pie^{35}pie^{35}

肚□□肚胀气状tu^{33}p^{h}iu^{42}p^{h}iu^{42}

肚大大肚子大状tu^{33}tæ^{35}tæ^{31}

耳□□细心倾听状ȵĩ^{33}tʃɔ^{33}tʃɔ^{33}

耳□□听而不闻状ȵĩ^{33}ʃa^{31}ʃa^{31}

耳长长双耳下垂状ȵĩ^{33}ʃiæŋ^{232}ʃiæŋ^{232}

鼻□□鼻涕欲流下状pi^{31}lø^{31}lø^{31}

颈□□脖子短缩状kẽ^{42}ȵie^{35}ȵie^{35}

颈□□脖子短状kẽ^{42}tʃ^{h}uã^{35}tʃ^{h}uã^{35}

口□□张口哭笑不得状hɔ^{42}ȵia^{35}ȵia^{35}

口□□嘴巴很大状hɔ^{42}ʃæ^{51}ʃæ^{51}

口□□嘴巴张开状hɔ^{42}iæ^{31}iæ^{31}

口□□张口似笑非笑状hɔ^{42}fie^{42}fie^{42}

口□□张口不好意思状hɔ^{42}ʃie^{51}ʃie^{51}

嘴□□嘴歪斜状tui^{42}tʃ^{h}æ^{42}tʃ^{h}æ^{42}

嘴□□嘴翘起状tui^{42}ʃiu^{51}ʃiu^{51}

牙齿□□齿露状ŋa^{232}tʃ^{h}i^{42}ʃæ^{35}ʃæ^{35}

手□□手指僵硬状ʃɔ^{42}kø^{35}kø^{35}

心□□心里惦记状θuã^{35}ne^{44}ne^{44}

心□□心里惦记状θuã^{35}k^{h}ie^{35}k^{h}ie^{35}

心□□心事重重状θuã^{35}k^{h}aŋ^{42}k^{h}aŋ^{42}

肋□□□肋骨外露很瘦状luə^{31}ʃaŋ^{51}ʃæ^{42}ʃæ^{42}

背□□背又弯又歪状pui^{51}tie^{51}tie^{51}

脚□□脚伸开状kiʌ^{44}ʃie^{33}ʃie^{33}

毛□□毛茸茸状mɔ^{232}ȵiø̃^{35}ȵiø̃^{35}

气□□呼吸很困难状 hi^{51}nie^{51}nie^{51}

粥□□稀饭稀糊状 tʃo^{44}io^{31}io^{31}

灯□□灯不明状 laŋ^{35}ȵi^{42}ȵi^{42}

冠□□鸡冠长而大状 kæ̃^{35}lø^{51}lø^{51}

灯□□灯很亮状 laŋ^{35}tʃæ^{42}tʃæ^{42}

腰□□腰长长状 iu^{35}ʃæ̃^{33}ʃæ^{33}

路滑滑路很滑状 lu^{31}ua^{232}ua^{232}

5. 由象声词或不能单用的形容词语素重叠加“啫”构成，表示某种状态。

□□啫嘴嚼食物状 pu^{232}pu^{232}tʃie^{44}

□□啫不整齐状 ȵiaŋ^{42}ȵiaŋ^{42}tʃie^{44}

□□啫声音嘈杂状 ŋo^{51}ŋo^{33}tʃie^{44}

□□啫不整齐状 ȵiaŋ^{33}ȵiaŋ^{33}tʃie^{44}

□□啫热闹嘈杂状 hø^{51}hø^{51}tʃie^{44}

□□啫精神不振状 ŋoŋ^{33}ŋoŋ^{33}tʃie^{44}

□□啫很多人或动物走动状 ȵiʌ^{51}ȵiʌ^{51}tʃie^{44}

□□啫精神不振状 ŋoŋ^{31}ŋoŋ^{31}tʃie^{44}

□□啫伸开手脚睡着状 næ^{232}næ^{232}tʃie^{44}

□□啫一动不动状 tẽ^{33}tẽ^{33}tʃie^{44}

□□啫烟气上升状 iʌ^{51}iʌ^{51}tʃie^{44}

□□啫物欲倒状 ŋẽ^{232}ŋẽ^{232}tʃie^{44}

□□啫无精打采状 ȵĩ^{35}ȵĩ^{35}tʃie^{44}

□□啫物欲倒状 ŋẽ^{51}ŋẽ^{51}tʃie^{44}

6. 由象声词或不能单用的语素重叠再加动词构成状态形容词，表示与这个动词相关的某种状态。

□□笑大笑状 k^{h}u^{35}k^{h}u^{35}θiu^{51}

□□争不停地争吵状 k^{h}e^{44}k^{h}e^{44}tʃaŋ^{35}

□□笑张大嘴笑状 uæ^{31}uæ^{31}θiu^{51}

□□啼不停地哭状 ŋe^{35}ŋe^{35}tuæ^{232}

□□笑轻笑状 he^{31}he^{31}θiu^{51}

□□□不断跌落状 θø^{51}θø^{51}tuə^{31}

□□笑笑不露齿状 ȵiuŋ^{51}ȵiuŋ^{51}θiu^{51}

□□来人不断来状 mæ^{51}mæ^{51}lø^{232}

□□动跳动状 no^{51}no^{51}toŋ^{33}

□□呻不断呻吟状 ŋe^{232}ŋe^{232}ʃuã^{51}

□□动一下一下地跳动状 ȵio^{31}ȵio^{31}toŋ^{33}

□□徛呆立状 θĩ^{42}θĩ^{42}ki^{33}

□□跳不停地跳状 θe^{31}θe^{31}t^{h}iu^{51}

□□睏睡着打鼾状 ku^{232}ku^{232}huã^{51}

□□跳小孩轻快地跳状 ʃe^{44}ʃe^{44}t^{h}iu^{51}

□□讲大声讲话状 taŋ^{51}taŋ^{51}kiæŋ^{42}

□□跳受惊吓状 θiʌ^{31}θiʌ^{31}t^{h}iu^{51}

□□去很多人或动物走过去状 miæŋ^{51}miæŋ^{51}hy^{51}

□□吃狼吞虎咽状 fiʌ^{31}fiʌ^{31}1he^{44}

□□饥饥肠辘辘状 lo^{51}lo^{51}ki^{35}

□□吃吃得快猛状 fuə^{31}fuə^{31}he^{44}

□□肿快速肿起状 mo^{42}mo^{42}tʃoŋ^{42}

□□转转得快状 tʃ^{h}iʌ^{42}tʃ^{h}iʌ^{42}tʃĩ^{51}

□□大快速长大状 mɔ^{51}mɔ^{51}tæ^{31}

□□转转速快状 tʃ^{h}iʌ^{51}tʃ^{h}iʌ^{51}tʃĩ^{51}

□□声声音很大状 hø^{42}hø^{42}ʃẽ^{35}

7. 由动词加叠音词构成状态形容词，表示某种状态。

□□□手脚不停地动状 fa^{31}te^{51}te^{51}

徛倒□□站立状 ki^{33}lo^{42}ʃẽ^{33}ʃẽ^{33}

（四）量词重叠

董家垌土话的量词重叠主要为“AA式”。主要为物量词重叠，如：粒粒 naŋ^{35}naŋ^{35}、头头 tɔ^{11}tɔ^{232}、样样 iæŋ^{44}iæŋ^{31}、条条 tiu^{11}tiu^{232}。如：

粒粒寨都有嗜寨主嘅。naŋ^{35}naŋ^{35}ʃæ^{31}tu^{35}iɔ^{33} kɔ^{31}ʃæ^{11}tʃy^{42}ke^{33}.

头头都讴渠做。tɔ^{11}tɔ^{232}tu^{33}ɔ^{35}ky^{232}tu^{51}.

样样都有。iæŋ^{35}iæŋ^{31}tu^{35}iɔ^{33}.

条条路呢都有粒佛子嗰啊。tiu^{11}tiu^{232}lu^{31}ne^{33}tu^{35}iɔ^{33}naŋ^{35}puə^{31}ti^{42}kə^{42}a^{33}.

三　数量与方所

（一）数量

1. 数词

（1）基数

董家垌土话中，基数超过一百的数词，后面的“十、百、千”可省略，例如：“百三、千二、万五”。系位组合中，“百、千、万”前面可用“二”，也可用“两”。例如：二百三十、两百三十｜二千、两千｜二万、两万。在某些量词前可用“二”也可用“两”。例如：二丈、两丈｜二尺、两尺｜二斤、两斤。数词“一”与量词组合成零头数时，在口语中常可省略。例如：斤一（一斤一两）｜斤九（一斤九两）｜百五（一百五十）｜百零五（一百零五）。

（2）序数

董家垌土话以语缀“初、老、第”放在数目前表序数。见本章“名词前缀”。

（3）概数

董家垌土话表概数主要用“几、把、多”。

几 ki^{42}

“几”用在位数词“十、百、千、万”之前或之后表概数，构成“几十、几百、几千、几万；十几、百几、千几、万几”。还可以构成“好几”表示十以下的概数。

把 pa^{35}

“把”用在位数词“十、百、千、万”之后表概数，构成“十把、百把、千把、万把”，表示数目与该数词表示的数目相接近。

“把”还可以放在名词和量词后构成概数，表示的数目接近该名词、量词所表示的一个单位数量，如“日把、月把、年把、粒把、头把”，“□把 mẽ^{42}pa^{35}”就是一点点。“粒把”或者就是一粒。常用“量词 + 把两 + 量词”表示一两个的量，如：“粒把两粒、嗜把两嗜、里把两里、头把两头”。

“多 lø^{35}”

“多”用在位数词“十、百、千、万”之后表示不确定的尾数，后面要带有量词，如：“十多粒、百多粒、千多粒”。

2．量词

数词是“一”可省略，后面的量词可单独使用。例如：

小张晴⁼日育到条大鱼小张昨天钓了一条大鱼。θiu^{42}tʃiæŋ^{35}θẽ^{232}ȵyə^{44}io^{44}lo^{51}tiu^{232}tæ^{31}ȵy^{232}.

生起头仔亦是讴做定汉生了一个儿子就叫作定汉。ʃaŋ^{35}hi^{42}tɔ^{11}tuæ^{42}e^{31}ʃi^{33}ɔ^{35}tu^{51}tẽ^{31}hɵ̃^{51}.

董家垌土话量词与北京话相比主要特点为使用频率高的量词与北京话不同。主要有下面几个：

（1）头tɔ^{232}

“头tɔ^{232}”可用于动物，也可用于指人，比北京话的“头”使用范围大，如：一头（人、人客、同志、猪、鱼、鸡、牛、鸭、蛇）。

（2）粒naŋ^{35}

“粒naŋ^{35}”是董家垌土话使用范围最广、词义范围最广泛的量词。可搭配的名词比北京话多得多，相当于北京话中的“粒、颗、把、块、口、间、个、张、座……等”，如：一粒（米、沙子、壶、锁、帽、砖、瓦、石头、布、缸、铛、井、棺材、钟、房、古故事、句子、山、嘴、眼、手、脚）。

（3）嚿kɔ^{31}

“嚿kɔ^{31}”用于指大个的物的量，这里所说的大个是相对而言的，也可以说是主观的认定，有一定的感情色彩，一般的就用“粒naŋ^{35}”。“一班兵”说“一嚿班yə^{44}kɔ^{31}pæ̃^{35}”与“一粒班yə^{44}naŋ^{35}pæ̃^{35}”感情色彩不一样，给人的感觉是前者的力量大，后者的力量小。“嚿kɔ^{31}”可以搭配的名词很多，可以指人，也可以指物，如：一嚿人、一嚿新妇娘、一嚿砖、一嚿寨、一嚿字、一嚿月、一嚿桃子，等等。

（4）堂tiæŋ^{232}

堂tiæŋ^{232}近似于北京话里的“桩、次、套”，如“一堂好事”就是一桩好事，“看一堂绣妇娘”就是相一次亲，“一堂狮子”就是包括锣鼓等其他行头的一套舞狮子的用具。

（二）方所

1．方所词的类型

方所就是方向、位置，也叫方位。董家垌土话表示方位的词有单语素方位词和合成方位词。

单语素方位词有：上、下、左、右、前、后、东、南、西、北、里、外、中等。

合成方位词有：头上上面tɔ^{232}ʃiæŋ^{31}、上头ʃiæŋ^{31}tɔ^{232}、上面ʃiæŋ^{31}mĩ^{31}、在上θø^{33}ʃiæŋ^{31}、头低tɔ^{232}luæ^{35}下面、在低θø^{33}luæ^{35}、地底ti^{31}luæ^{42}地面之下、地上ti^{31}ʃiæŋ^{31}地面之上、地面ti^{31}mĩ^{31}、边连pĩ^{35}lĩ^{232}边儿上、里头ly^{33}tɔ^{232}、里面ly^{33}mĩ^{31}、外头mui^{31}tɔ^{232}、外面mui^{31}mĩ^{31}、箇外kə^{11}mui^{31}较远的外面、面先mĩ^{31}θĩ^{35}前边、面底mĩ^{31}luæ^{42}后边、后尾ɔ^{33}mĩ^{42}背后、中间tʃoŋ^{35}kæ̃^{35}、连边lĩ^{232}pĩ^{35}

旁边等。

董家垌土话一般不说“左边 tø^{51}pĩ^{35}”“右边 iɔ^{31}pĩ^{35}”，北京话说的“左边”“右边”在董家垌土话中说“反手嗰面 fæ̃^{42}ʃɔ^{42}kə^{42}mĩ^{31}”“正手嗰面 tʃẽ^{51}ʃɔ^{42}kə^{42}mĩ^{31}”。“左边 tø^{51}pĩ^{35}”“右边 iɔ^{31}pĩ^{35}”是后起的说法。

与“上头 ʃiæŋ^{31}tɔ^{232}”相对的是“底头 luæ^{42}tɔ^{232}、屎底 lo^{44}luæ^{42}”，表示器物的底部，如“碗屎 uŋ^{42}lo^{44}、铛底 tʃ^{h}aŋ^{35}luæ^{42}锅底儿、铛屎 tʃ^{h}aŋ^{35}lo^{44}、缸底 kiæŋ^{35}luæ^{42}、缸屎 kiæŋ^{35}lo^{44}”。

2. 特色方所词

董家垌特色方位词有：边连 pĩ^{35}lĩ^{232}边儿上；横旁 faŋ^{232}piæŋ^{33}横斜，“旁”读阴上；脑$^{=}$头 no^{33}tɔ^{232}尽头。

四　程度

董家垌土话里表程度的副词较多，这里只描述常见的几个。

（一）好

“好”表示程度深，可修饰性质形容词、动词或动词短语，一般有夸张语气和感情色彩。

1. 修饰形容词，如：

箇子睇找着箇头心好松啰现在找到了这个心里很舒畅啰。kə^{33}ti^{42}t^{h}uæ^{42}ʃiʌ^{31}θuã^{35}ho^{42}θoŋ^{35}lo^{33}.

以前我整糍粑好靓以前我做的糍粑很好看。ŋuə^{33}tʃẽ^{42}θi^{11}pa^{35}ho^{42}liæŋ^{51}.

2. 修饰动词或动词短语，如：

当时箇头马好值钱当时这匹马很值钱。liæŋ^{35}ʃi^{232}kə^{33}tɔ^{232}ma^{33}ho^{42}tʃe^{11}θĩ^{232}.

觉得好有味道。kiʌ^{33}luə^{44}ho^{42}iɔ^{33}mi^{11}to^{31}.

老前我吔都好有讲嗰啊以前我们都有很多说的啊。lo^{11}θĩ^{35}ŋuə^{33}ti^{31}tu^{35}ho^{42}iɔ^{33}kẽ^{42}kə^{42}a^{33}.

3. 程度副词“好”对形容词的否定形式是后否定式，构成“好＋冇＋A”，如：

姓李亚头亲家听了心里好冇舒服。θẽ^{51}li^{33}a^{33}tɔ^{232}t^{h}uã^{35}ka^{35}t^{h}ẽ^{51}lə^{33}θuã^{35}ly^{33}ho^{42}mɔ^{33}ʃy^{232}fo^{31}.

（二）几

“几 ki^{42}”在董家垌土话里可以做数词，也可以做副词，做副词又可以做疑问副词和程度副词，做程度副词用来修饰形容词、动词或动词短语，表示程度高，含强烈的感情色彩。

整得几靓做得非常好看。tʃẽ^{42}luə^{44}ki^{42}liæŋ^{51}.

你话几瘾几快乐几好你说多有趣多快乐多好。ni^{33}ua^{31}ki^{42}yã^{33}ki^{42}fæ^{44}liʌ^{31}ki^{42}ho^{42}.

到处都传讲话几好看到处都传说非常好看。lo^{51}tʃ^{h}y^{51}tu^{11}ʃĩ^{11}kiæŋ^{42}ki^{42}ho^{42}hə̃^{51}.

两头□丁儿听讲两个小孩非常听话。liæŋ^{33}tɔ^{232}muæ^{44}lẽ^{35}ki^{42}t^{h}ẽ^{51}kiæŋ^{42}.

（三）有止mɔ^{33}tʃi^{42}、不止puə^{44}tʃi^{42}

“有止mɔ^{33}tʃi^{42}”一般与“几”配合，程度比单用“几”感情色彩更强烈。

又要煎过吃，就有止几好要煎过才吃，味道好极啦。iɔ^{31}iu^{51}tĩ^{35}kuə^{51}he^{44}，tɔ^{31}mɔ^{33}tʃi^{42}ki^{42}ho^{42}.

肉渠沤臭臭臭臭啫，有止几想吃把肉沤得稍微有点变臭，不知道多想吃。ȵio^{31}ky^{232}ɔ^{51}tʃ^{h}ɔ^{51}tʃ^{h}ɔ^{51}tʃ^{h}ɔ^{51}tʃ^{h}ɔ^{51}tʃie^{44}，mɔ^{33}tʃi^{35}ki^{42}θiæŋ^{42}he^{44}.

“不止puə^{44}tʃi^{42}”表示程度深。

渠哋老人讲呢不止好看他们那些老人说非常好看。ky^{11}ti^{31}lo^{33}ȵyã^{232}kiæŋ^{42}ne^{33}puə^{44}tʃi^{42}ho^{42}hõ^{51}.

发展不止好亚得⁼鱼塘那些鱼塘搞得非常好。fa^{33}tʃæ̃^{42}puə^{33}tʃi^{42}ho^{42}a^{12}luə^{44}ȵy^{11}tiæŋ^{232}ȵy^{11}tiæŋ^{232}.

五　指代

（一）人称代词

1．董家垌土话人称代词的形式

人称	单数	复数
第一人称	我ŋuə^{33}	我哋我们ŋuə^{11}ti^{31}～我队我们ŋuə^{33}tui^{31}（排除式）
		我哋咱们ŋuə^{44}ti^{31}～我队咱们ŋuə^{44}tui^{31}（包括式）
		侬哋咱们noŋ^{44}ti^{31}～侬队noŋ^{44}tui^{31}（包括式）
第二人称	你ni^{33}	你哋你们ni^{33}ti^{31}～你队ni^{33}tui^{31}
第三人称	渠ky^{232}	渠哋他们ky^{232}ti^{31}～渠队ky^{232}tui^{31}
其他		齐齐θuæ^{11}θuæ^{232}
		大众tæ^{11}tʃoŋ^{51}
		齐众θuæ^{11}tʃoŋ^{51}
		大家tæ^{11}ka^{35}

董家垌土话的“我、你、渠”只能表示单数，表示复数一般要加表示复数的“哋”。“哋”大体上相当于北京话的“们”，但使用范围没有“们”那么广，北京话的“们”既可以加在单数人称代词之后表示复数，又可以附在某些指人的名词后面表示多数，如“同志们、女士们、先生们”等，董家垌土话表示复数不可以这样说，不说“同志哋、女士哋、先生哋”。可以在这些名词前面加上指代词“箇得⁼这些kə^{33}luə^{44}”、“亚得⁼那些a^{11}luə^{44}”来表示复数。

“我哋我们ŋuə^{33}ti^{31}”与北京话的“我们”在用法上也有不同，北京话的“我们”既可以做排除式，也可以是包括式，即可以只包括说话人的一方，有时也可以包括说话人与听话人双方，而董家垌土话“我哋ŋuə^{33}ti^{31}”不变调或读为“我哋ŋuə^{11}ti^{31}”，只包括说话人一方的若干人，是排除式。

“侬吔咱们noŋ^{35}ti^{31}”或“侬队noŋ^{35}tui^{31}”，“我吔我们ŋuə^{33}ti^{31}”或“我队我们ŋuə^{33}tui^{31}”的“侬noŋ^{35}”“我ŋuə^{33}”变为[44]调，读为“侬吔咱们noŋ^{44}ti^{31}”或“侬队noŋ^{44}tui^{31}”，“我吔ŋuə^{44}ti^{31}”或“我队ŋuə^{44}tui^{31}”是包括式。

2. 董家垌土话人称代词的用法

董家垌土话第一、第二、第三人称代词都可以在句中做主语、宾语、定语。例如：

你吔去先，我等下就到。ni^{33}ti^{31}hy^{51}θĩ^{35}，ŋuə^{33}laŋ^{42}ha^{42}tɔ^{31}lo^{51}.

亚得⁼为了骗我吔细子口嘓钱呀那些（人）为了骗我们小朋友的钱啊。a^{31}luə^{44}uæ^{232}liu^{33}p^{h}i^{51}ŋuə^{33}ti^{31}θuæ^{51}ti^{42}ho^{42}kə^{42}θĩ^{232}ia^{33}.

经常呢你请我过来吃，我请你过来吃。kẽ^{35}ʃiæŋ^{232}ne^{33}ni^{33}t^{h}ẽ^{42}ŋuə^{33}kuə^{51}lø^{232}he^{35}，ŋuə^{33}t^{h}ẽ^{42}ni^{33}kuə^{51}lø^{232}he^{35}.

我队边有四五十个。ŋuə^{33}tui^{31}pĩ^{35}iɔ^{33}θi^{42}ŋ^{33}ʃuə^{31}kuə^{51}.

吾阵去看我吔老妣什么时候去看望我们妈妈。ŋ^{232}ʃuã^{31}hy^{51}hõ^{51}ŋuə^{33}ti^{31}lo^{33}puæ^{33}.

粒天顺我吔啊。naŋ^{35}t^{h}ĩ^{35}ʃuã^{31}ŋuə^{33}ti^{31}a^{33}.

董家垌土话人称代词做定语，一般情况下要加结构助词“嘓kə^{42}”，“嘓kə^{42}”也可以放在人称代词后面组成“嘓字结构”，如“我嘓ŋuə^{33}kə^{42}”“你嘓ni^{33}kə^{42}”“渠嘓ky^{232}kə^{42}”“我吔嘓ŋuə^{33}ti^{31}kə^{42}”“你吔嘓ni^{33}ti^{31}kə^{42}”“渠吔嘓ky^{232}ti^{31}kə^{42}”等，与北京话的“的字结构”用法相同。如：

箇本书是渠嘓，亚本是渠哥嘓。kə^{33}puŋ^{42}ʃy^{35}ʃi^{33}ky^{232}kə^{42}，a^{42}puŋ^{42}ʃi^{33}ky^{232}kø^{35}kə^{42}.

冇是爷娘教我嘓。mɔ^{33}ʃi^{33}ie^{35}niæŋ^{232}kiʌ^{51}ŋuə^{33}kə^{42}.

（二）指示代词

1. 董家垌土话指示代词的形式

	近指	远指
指人或事物	箇这kə^{33}	亚那a^{31}
	箇头这个kə^{33}tɔ^{232}	亚头那个a^{11}tɔ^{232}
	箇粒这个kə^{33}naŋ^{35}	亚粒那个a^{11}naŋ^{35}
	箇得⁼这些kə^{33}luə^{44}	亚得⁼那些a^{11}luə^{44}
	箇哟kə^{33}ti^{35}	
指时间	箇阵这时kə^{33}ʃuã^{31}	亚阵那时a^{11}ʃuã^{31}
	箇里现在kə^{33}ly^{35}	
指处所	箇努⁼这里kə^{33}nu^{42}	亚努⁼那里a^{11}nu^{42}

	箇边这边kə³³pĩ³⁵	亚边那边a¹¹pĩ³⁵
指性状	箇亭⁼这样kə³³tẽ²³²	亚亭⁼那样a¹¹tẽ²³²
	箇种这种kə³³tʃoŋ⁴²	亚种那种a¹¹tʃoŋ⁴²
指程度	箇子这么kə³³ti⁴²	亚粒样那么a¹¹naŋ³⁵iæŋ³¹
	噉kə⁴²	噉kə⁴²
	噉子kə³³ti⁴²	噉子kə³³ti⁴²
		亚子a¹¹ti⁴²
指方式	箇粒样这样kə³³naŋ³⁵iæŋ³¹	亚粒样那样a¹¹naŋ³⁵iæŋ³¹
	箇子这么、这样kə³³ti⁴²	亚粒样那么、那样a¹¹naŋ³⁵iæŋ³¹
	噉这么kə⁴²	噉那么kə⁴²
	噉子这么kə³³ti⁴²	噉子那么kə³³ti⁴²
		亚子那么a¹¹ti⁴²

2. 指示代词的用法

"箇这kə³³"与"亚那a³¹"一般不能单独使用，后面名词或带上量词"粒naŋ³⁵""头个tə²³²""得⁼些luə⁴⁴"指代人、事物；带上表时间的词"阵时ʃuã³¹""里ly³⁵"指代时间；带上表示处所的词"努⁼nu⁴²""边pĩ³⁵"指代处所；带上表示性状的词"亭⁼tẽ²³²""种tʃoŋ⁴²"表示性状；带上"子ti⁴²""粒样naŋ³⁵iæŋ³¹"等表示程度、方式等：

就讲等箇年呢年成大丰熟。tə³¹kiæŋ⁴²laŋ⁴²kə³³nĩ²³²tæ³¹foŋ³⁵ʃo³¹.

箇头织女就冇见开咯。kə³³tə²³²tʃe⁴⁴ny³³tə³¹mə³³kĩ⁵¹hø³⁵lo³³.

放是间屋嗰中央亚头禾稿人。poŋ⁵¹ʃi³³kæ̃³³o⁴⁴kə⁴²tʃoŋ³³iæŋ³⁵a¹¹tə²³²uə¹¹ko⁴²ȵyã²³².

箇子箇粒时节呢，我哋箇得⁼这些习惯是讲插糍粑儿。kə³³ti⁴²kə³³naŋ³⁵ʃi²³²tie⁴⁴ne³³，ŋuə¹¹ti³¹kə³³luə⁴⁴θe³¹kæ̃⁵¹ʃi³³kiæŋ⁴²tʃʰa⁵¹θi¹¹pa³⁵ȵi²³².

亚粒寨是蛮□大嘅，来是住亚阵呢。a¹¹naŋ³⁵ʃæ³¹ʃi³³mæ̃¹¹θaŋ⁴²ke³³，lø²³²ʃi³³ʃy³¹a¹¹tʃuã³¹ne³³.

讲倒箇得⁼这些糍粑非常多花样嗰。kiæŋ⁴²lo⁴²kə³³luə⁴⁴θi¹¹pa³⁵fui³⁵ʃiæŋ²³²lø³⁵fa³⁵iæŋ³¹kə⁴².

我哋朝朝都去亚得⁼那里等倒渠出。ŋuə¹¹ti³¹tʃiu³⁵tʃiu³⁵tu³⁵hy⁵¹a¹¹luə⁴⁴laŋ⁴²lo⁴²ky²³²tʃʰuə⁴⁴.

箇阵渠就呼呼就熟飞。kə³³ʃuã³¹ky²³²tə³¹fu³¹fu²³²tə³¹ʃo³¹pʰi³⁵.

你想下箇努⁼住你就叫三声。ni³³θiæŋ⁴²ia³³kə³³nu⁴²ʃy³¹ni³³tə³¹kiu⁵¹θæ̃³⁵ʃẽ³⁵.

箇子就决定就下亚努⁼住啰咩。kə³³ti⁴²tə³¹kʰie⁴⁴tẽ³¹tə³¹ia³³a¹¹nu⁴²ʃy³¹lo³³me⁴².

箇边呢就包括箇粒几嗜寨。kə³³pĩ³¹ne³³ky²³²tə³¹piʌ³⁵kua⁵¹kə³³naŋ³⁵ki⁴²kə³¹ʃæ³¹.

亚边讴做鹤岗。a³¹pĩ³⁵ɔ³⁵tu⁵¹ha³³kiæŋ³⁵.

我就最中意吃箇亭⁼熟粉糍。ŋuə^{33}tɔ^{31}tui^{51}tʃoŋ^{51}i^{51}he^{44}kə^{33}tẽ^{232}ʃo^{31}puã^{42}θi^{232}.

就是限定用亚亭⁼嗰啵，渠正宗。tɔ^{31}ʃi^{33}æ̃^{33}tẽ^{31}ioŋ^{31}a^{42}tẽ^{232}kə^{42}po^{33}，ky^{232}tʃẽ^{51}toŋ^{35}.

望上去三十零岁亚粒样。miæŋ^{31}ʃiæŋ^{33}hy^{51}θæ̃^{35}ʃuə^{31}lẽ^{232}θui^{51}a^{31}naŋ^{35}iæŋ^{31}.

"噉 kə^{42}""噉子 kə^{33}ti^{42}"既可表示"这么"也可表示"那么"；既可表示"这样"也可表示"那样"；既指程度，也指方式，既表近指，也表远指。广州话"咁 kɐm^{33}"读阴去，放在形容词前，指程度，相当于"这么"或"那么"；"噉 kɐm^{35}"读阴上，放在动词前，指方式，相当于"这样"或"那样"。董家垌土话在形容词和动词前都读阴上"噉 kə^{42}"，相当于广州话的"咁 kɐm^{33}"和"噉 kɐm^{35}"。例如：

大概有二十五六里路噉远嗰地方。tæ^{11}kæ^{51}iɔ^{33}ȵi^{31}ʃuə^{31}ŋ^{33}lo^{31}li^{33}lu^{31}kə^{44}ĩ^{33}kə^{42}ti^{11}foŋ^{35}.

亚种味道讲冇出噉好。a^{42}tʃoŋ^{42}mi^{31}to^{33}kiæŋ^{42}mɔ^{33}tʃʰuə^{44}kə^{33}ho^{42}.

就冇得噉亲热啰。tɔ^{31}mɔ^{33}luə^{44}kə^{42}tʰuã^{44}ȵie^{31}lo^{33}.

总是噉磨，磨渠一大条气好香嗰。toŋ^{42}ʃi^{33}kə^{42}mø^{232}，ky^{232}mø^{232}yə^{44}tæ^{31}tiu^{232}hi^{51}ho^{42}ʃiæŋ^{35}kə^{42}.

（三）疑问代词

1. 董家垌土话疑问代词的形式

问人	吾头谁、哪个 ŋ^{11}tɔ^{232}（指人，也可以指物）
问事物	吾粒哪个 ŋ^{11}naŋ^{35}（指物）
	吾嘈哪个 ŋ^{11}kɔ^{31}（指大的物）
	吾头哪个 ŋ^{11}tɔ^{232}（指物，也可以指人）
	吾得⁼哪些 ŋ^{11}luə^{44}
	吾度什么 ŋ^{11}tu^{31}（东西、事）
	吾项什么 ŋ^{11}ʃiæŋ^{51}（东西、事）
	是物什么 ʃi^{33}muə^{44}（东西、事）
问处所	吾努⁼哪里 ŋ^{11}nu^{42}
	吾处哪一处 ŋ^{11}tʃʰy^{51}
	吾方哪一个地方 ŋ^{11}foŋ^{35}
	吾角哪个角落 ŋ^{11}kiʌ^{51}
问数量	几多多少 ki^{42}lø^{35}
问程度	几多 ki^{42}（久、高、大、厚、重…）
	吾噉多 ŋ^{11}kə^{42}（久、高、大、厚、重…）
问时间	吾阵什么 ŋ^{11}ʃuã^{31}（时候）
	几时 ki^{44}ʃi^{232}

问方式　　像粒样怎么θiæŋ^{33}naŋ^{35}iæŋ^{31}（做、办）
　　　　像箇子怎么θiæŋ^{33}kə^{33}ti^{42}（做、办）
　　　　吾子怎么ŋ^{232}ti^{42}（样）
　　　　同（～吾）子怎么toŋ^{11}（～ŋ^{232}）ti^{42}（做、办）
　　　　同（～吾）子怎么toŋ^{11}（～ŋ^{232}）ti^{42}
　　　　是物怎么ʃi^{33}muə^{44}
问原因　　为是物为什么ui^{232}ʃi^{33}muə^{44}

2. 董家垌土话疑问代词的用法

"吾ŋ^{232}"是董家垌土话表示疑问的词，使用频率很高，大致相当于北京话里"哪"，作为疑问代词，它不能单独使用，要与表示人、事物、处所的词结合后才能使用，结合后可在句中充当主语、宾语和定语，做定语时必须带结构助词"嗰"。如：

吾头话我有打算去。ŋ^{11}tə^{232}ua^{31}ŋuə^{33}mə^{33}la^{42}θuŋ^{51}hy^{51}.

台盘嗰书是吾头嗰？是老王嗰。tø^{11}puŋ^{232}kø^{42}ʃy^{35}ʃi^{33}ŋ^{11}tə^{232}kə^{42}？ʃi^{33}lo^{33}uoŋ^{232}kə^{42}.

吾头嗰帽放在门口。ŋ^{11}tə^{232}kə^{42}mo^{31}poŋ^{51}θø^{33}muŋ^{232}hə^{42}.

渠去吾努$^{=}$了？是在屋里咧。ky^{232}hy^{51}ŋ^{11}nu^{42}liu^{33}？ʃi^{11}θø^{33}o^{44}ly^{42}ne^{33}.

做吾度箇头马日日是箇努$^{=}$嗰啊。tu^{51}ŋ^{11}tu^{31}kə^{11}tə^{232}ma^{33}ȵyə^{44}ȵyə^{44}ʃi^{33}kø^{33}nu^{42}kə^{42}a^{33}.

二十加七是吾嗽多。ȵi^{31}ʃuə^{31}ka^{35}tʰuə^{44}ʃi^{33}ŋ^{11}kə^{42}lø^{35}.

六　介引与关联

（一）介词

董家垌土话介词与北京话的比较表

比较项	北京话	董家垌土话
a 引进施事	被、让、叫	分 puã^{35}
b 引进与事	给	同 toŋ^{232}
c 指示动作方向	朝、向、对	向 ʃiæŋ^{51}、对 lui^{51}、同 toŋ^{232}
d 引进受事	把	拧拿 nẽ^{51}、□拿～把 huã^{35}
e 引进凭借的工具、方法	拿、用	拧拿 nẽ^{51}、□拿～用 huã^{35}
f 表示起点	从	跟 kuã^{35}
g 引进处所和时间	在	是在 ʃi^{33}、在 θø^{33}
h 引进动作或比较的对象	和、跟、同	同 toŋ^{232}、云$^{=}$和、与 uã^{232}

从上面的比较中我们可以看到，董家垌土话常用的介词与北京话一样来自动词，一部分用词相同，一部分用词不同，“分puã^{35}”“拧拿nẽ^{51}”“□拿huã^{35}”在董家垌土话都是使用频率很高的动词。如：

执得几粒分老妹。tʃuə^{44}luə^{44}ki^{42}naŋ^{35}puã^{35}lo^{11}mui^{31}.

你拧（～□）篮菜去洗洗你拿篮去洗洗。ni^{33}nẽ^{42}（～huã^{35}）læ̃^{232}tʰø^{51}hy^{51}θuæ^{42}θuæ^{42}.

牛郎就逃去拧渠亚粒衫。ŋɔ^{31}liæŋ^{232}tɔ^{31}tiu^{232}hy^{51}nẽ^{42}ky^{232}a^{33}naŋ^{35}ʃæ̃^{35}.

就□归来啰就拿回来啦。tɔ^{31}huã^{35}kuæ^{35}lø^{232}lo^{33}.

1. 引进与事

引进与事北京话用“给”，董家垌土话用“同”，如：

牵去归同家人讲。ʃĩ^{35}hy^{51}kuæ^{35}toŋ^{232}ka^{35}ȵyã^{232}kiæŋ^{42}.

箇里我同大家讲故事。kə^{33}ly^{42}ŋuə^{33}toŋ^{232}tæ^{31}ka^{35}kiæŋ^{42}kɔ^{31}ku^{44}ʃi^{31}.

想同渠娶嗜新妇娘。θiæŋ^{42}toŋ^{232}tʰu^{42}kɔ^{31}θuã^{35}pu^{33}niæŋ^{232}.

你同我拧拿衫裤过来。ni^{33}toŋ^{232}ŋuə^{33}nẽ^{51}ʃæ̃^{35}fu^{51}kuə^{51}lø^{232}.

你同□丁小孩洗洗手。ni^{33}toŋ^{232}muæ^{44}lẽ^{232}θuæ^{42}θuæ^{42}ʃɔ^{42}.

你同渠写封信。ni^{33}toŋ^{232}ky^{232}θe^{42}foŋ^{35}θuã^{51}.

2. 引进凭借的工具、方法等

董家垌土话引进凭借的工具、方法等的介词用“拧拿nẽ^{51}、□拿huã^{35}”，这是老派说法，在口语中最常用。新派中有用“用”的，这是后起的说法。三者可以互换使用。

击石头仗，□石头做打石头仗，用石头打。kie^{44}ʃe^{11}tɔ^{11}tʃiæŋ^{51}，huã^{35}ʃe^{11}tɔ^{232}tu^{51}.

拧（～□）钢笔写字用钢笔写字。nẽ^{51}（～huã^{35}）kiæŋ^{51}puə^{44}θe^{42}θi^{31}.

拧（～□）刀砍柴用刀砍柴。nẽ^{51}（～huã^{35}）lo^{35}kʰæ̃^{42}ʃæ^{232}.

箇句话拧（～□）钟山话同子讲这句话用钟山话怎么说。kə^{33}ky^{51}ua^{31}nẽ^{51}（～huã^{35}）tʃoŋ^{35}ʃæ̃^{35}ua^{31}toŋ^{211}ti^{33}kiæŋ^{42}.

3. 引进处所和时间

董家垌土话引进处所与时间老派说法用“是在ʃi^{33}”。“是”是同音字，与“是不是”的“是”同音，同用一个字，本字待查。“是ʃi^{33}”是原有的，“在θø^{33}”是后起的。现在“是ʃi^{33}”与“在θø^{33}”可互用，在口语中还是多用“是ʃi^{33}”，少用“在θø^{33}”。如：

你是你屋里吃，我是我屋里吃啰。ni^{33}ʃi^{33}ni^{33}o^{44}ly^{33}he^{35}，ŋuə^{33}ʃi^{33}ŋuə^{33}o^{44}ly^{33}he^{35}lo^{33}.

箇得$^{=}$这些六个人原来住是南京。kə^{33}luə^{44}lo^{31}kuə^{51}ȵyã^{232}ĩ^{11}lø^{232}tʃy^{31}ʃi^{33}næ̃^{11}kẽ^{35}.

是箇种情况下呢。ʃi^{33}kə^{33}tʃoŋ^{42}θẽ^{11}kʰaŋ^{51}ia^{33}ne^{33}.

渠坐是在只椅看书。ky^{232}θø^{33}ʃi^{33}tʃe^{44}i^{42}ʃiæŋ^{31}hõ^{51}ʃy^{35}.

我坐是张床，你坐是吾努$^{=}$？我坐是只椅我坐在床上，你坐在哪里？我坐在椅子上。ŋuə^{33}θø^{33}ʃi^{33}

tʃiæŋ^{35}ʃiæŋ^{232}，ni^{33}θø^{33}ʃi^{33}ŋ^{232}nu^{42}？ ŋuə^{33}θø^{33}ʃi^{33}tʃiæŋ^{35}i^{42}.

就是住是住在箇里讴是平桂管理区。tə^{31}ʃi^{33}tʃy^{31}ʃi^{33}kə^{33}ly^{42}ɔ^{35}ʃi^{33}pẽ^{232}kuæ^{51}kuŋ^{42}li^{33}k^{h}y^{35}.

当时是渠个人是在亚努 = 住先嘓。liæŋ^{35}ʃi^{232}ʃi^{232}ky^{232}kuə^{51}ȵyã^{232}ʃi^{33}a^{31}nu^{42}ʃy^{11}θĩ^{35}kə^{42}.

以上各例用“是ʃi^{33}在”的地方一般不用“在θø^{33}”。以下各例用“是在ʃi^{33}”的地方一般都可以改为“在θø^{33}”。

你是吾努 = ？我是钟山你在哪里？我在钟山。ni^{33}ʃi^{33}ŋ^{232}nu^{42}？ ŋuə^{33}ʃi^{33}tʃoŋ^{35}ʃæ̃^{35}.

你是吾努 = 读书？我是广州读书你在哪里读书？我在广州读书。ni^{33}ʃi^{33}ŋ^{232}nu^{42}to^{31}ʃy^{35}?ŋuə^{33}ʃi^{33}koŋ^{42}tʃɔ^{35}to^{31}ʃy^{35}.

（二）关联

董家垌土话有部分与北京话不同的关联词语，主要有：

1. 云 = uã^{232}，相当于北京话的“和、与、跟”，如：

非常同情牛郎云 = 织女。fi^{35}ʃiæŋ^{232}toŋ^{232}θẽ^{232}ŋɔ^{31}liæŋ^{232}uã^{232}tʃe^{44}ny^{33}.

我想云 = 你咧结成啰双咧噫唉。ŋuə^{33}θiæŋ^{42}uã^{232}ni^{33}le^{33}kie^{44}ʃẽ^{232}lo^{33}ʃiæŋ^{35}le^{33}i^{33}e^{33}.

2. 河 = 是ø^{31}ʃi^{33}如果。“河 = 是ø^{31}ʃi^{33}”是原有的，现在多说“如果y^{11}kuə^{42}”了。如：

如果你真正想下箇努 = 住。y^{11}kuə^{42}ni^{33}tʃuã^{35}tʃẽ^{51}θiæŋ^{42}ia^{33}kø^{33}nu^{42}ʃy^{31}.

如果净是糯米呢，渠就软啰。y^{232}kuə^{42}θẽ^{31}ʃi^{33}nø^{31}muæ^{33}ne^{33}，ky^{232}tə^{31}ȵĩ^{33}lo^{33}.

3. 现ĩ^{31}…现ĩ^{31}，越……越……，也说“愿ȵĩ^{31}…愿ȵĩ^{31}”，如：

生活一年比一年好，现来现好。ʃaŋ^{44}uə^{31}ie^{44}nĩ^{232}pi^{42}ie^{44}nĩ^{232}ho^{42}，ĩ^{11}lø^{232}ĩ^{11}ho^{42}.

愿行愿快，愿讲愿快。ȵĩ^{11}aŋ^{232}ȵĩ^{11}fæ^{51}，ȵĩ^{11}kiæŋ^{42}ȵĩ^{11}fæ^{51}.

4. 平pẽ^{232}…平pẽ^{232}…，一边……一边……，如：

平行平讲。pẽ^{232}ẽ^{232}pẽ^{232}kiæŋ^{42}.

5. 同toŋ^{232}

“同”相当于北京话的“替、给、帮、和”。如：

你同我讴渠来。ni^{33}toŋ^{232}ŋuə^{33}ɔ^{35}ky^{232}lø^{232}.

你同我去。ni^{33}toŋ^{232}ŋuə^{33}hy^{51}.

（三）结构助词

董家垌土话相当于北京话“的、地、得”的结构助词有“嘓kə^{42}、得luə^{44}（～lə^{33}）”，读音不同，用法也不能完全对应。

1. 嘓

“嘓kə^{42}”相当于北京话中的“的”。用在句末的“嘓”受句调影响有时不读本调，读得较轻，统一记为“kə^{42}”。

（1）放在形容词后

兄弟呢，情义好深嗰。fẽ^{33}tuæ^{33}ne^{33}，θẽ^{11}ȵi^{31}ho^{42}ʃuã^{35}kə^{42}.

我嗰笔是红嗰，你嗰笔是黑嗰。ŋuə^{33}kə^{42}puə^{44}ʃi^{33}oŋ^{232}kə^{42}，ni^{33}kə^{42}puə^{44}ʃi^{33}hɔ^{44}kə^{42}.

饭菜都是热嗰。水是冻嗰。pæ̃^{31}t^{h}ø^{51}ʃi^{33}ȵie^{31}kə^{42}. ʃui^{42}ʃi^{33}loŋ^{51}kə^{42}.

传讲董家垌击石头仗是好厉害嗰。ʃĩ^{232}kiæŋ^{42}loŋ^{42}ka^{35}toŋ^{31}kie^{44}ʃe^{31}tɔ^{232}tʃiæŋ^{51}ʃi^{33}ho^{42}li^{31}ø^{31}kə^{42}.

亲家，你理渠做吾度？是渠自己来嗰。t^{h}uã^{35}ka^{35}，ni^{33}li^{33}ky^{232}tu^{51}ŋ^{232}tu^{31}?ʃi^{33}ky^{232}θi^{51}ki^{42}lø^{232}kø^{42}.

（2）构成“嗰kə^{42}”字短语代替名词

穿衣嗰穿衣，问瓜子嗰问瓜子。tʃ^{h}ĩ^{33}i^{35}kø^{42}tʃ^{h}ĩ^{33}i^{35}，muã^{31}ka^{33}ti^{42}kø^{42}muã^{31}ka^{33}ti^{42}.

箇部车是老张嗰，冇是老李嗰。kə^{33}pu^{31}tʃ^{h}e^{35}ʃi^{33}lo^{33}tʃiæŋ^{35}kə^{42}，mɔ^{33}ʃi^{33}lo^{33}li^{33}kə^{42}.

你扯嗰是禾冇是稗。ni^{33}tʃ^{h}ie^{42}kə^{42}ʃi^{33}uə^{232}mɔ^{33}ʃi^{33}pæ^{31}.

（3）“嗰kə^{42}”用在句末，既做结构助词，也做语气词。相当于北京话里既当结构助词又兼语气词的“的”，如：

冇是爷娘教我嗰。mɔ^{33}ʃi^{33}ie^{35}niæŋ^{232}kiʌ^{51}ŋuə^{33}kə^{42}.

故事就是箇粒样子嗰。ku^{31}ʃi^{31}tɔ^{31}ʃi^{33}kə^{33}naŋ^{35}iæŋ^{31}ti^{42}kə^{42}.

青菜是我自己种嗰，猪肉是上墟取嗰。t^{h}ẽ^{35}t^{h}ø^{51}ʃi^{33}θi^{31}ki^{42}tʃoŋ^{51}kə^{42}，tʃy^{35}ȵio^{31}ʃi^{33}hy^{35}ʃiæŋ^{31}t^{h}u^{42}kə^{42}.

箇种事本地是箇子做嗰，想改变是好难嗰。kə^{33}tʃoŋ^{42}ʃi^{31}puŋ^{42}ti^{31}ʃi^{33}kə^{42}，θiæŋ^{42}kæ^{42}pĩ^{51}ʃi^{33}ho^{42}næ̃^{232}kə^{42}.

我是冇想去嗰。ŋuə^{33}ʃi^{33}mɔ^{33}θiæŋ^{42}hy^{51}kə^{42}.

（4）放在名词前表领属

一粒圩嗰人粒袋都□敲了一个集市的人的钱袋子都丢了。ie^{44}naŋ^{35}hy^{35}kə^{42}ȵyã^{232}naŋ^{35}tø^{31}tu^{33}la^{11}t^{h}ɔ^{42}lə^{33}.

老先，有头姓黄嗰人云=与姓李嗰人对亲家。lo^{33}θĩ^{35}iɔ^{33}tɔ^{232}θẽ^{51}oŋ^{232}kə^{42}ȵyã^{232}uã^{232}θẽ^{51}li^{33}kə^{42}ȵyã^{232}lui^{51}t^{h}uã^{35}ka^{35}.

箇里箇得=村下嗰风俗啊都是箇子现在这些村里的风俗啊都是这样。kə^{11}ly^{42}kø^{33}luə^{44}t^{h}uŋ^{35}ia^{33}kə^{42}foŋ^{44}θo^{44}a^{33}tu^{35}ʃi^{33}kə^{33}ti^{42}.

（5）“kə^{42}”放动词或形容词后

养起嗰马，骑起嗰马。iæŋ^{33}hi^{42}kə^{42}ma^{33}，ki^{232}hi^{42}kə^{42}ma^{33}.

头头砌起嗰水泥楼。tɔ^{11}tɔ^{232}t^{h}i^{51}hi^{42}kə^{42}ʃui^{42}nuæ^{232}lɔ^{232}.

箇里冇同啵，箇里坐起嗰车。kə^{33}ly^{42}mɔ^{33}toŋ^{232}po^{33}，kə^{33}ly^{42}θø^{33}hi^{42}kə^{42}tʃ^{h}e^{35}.

董家垌几多嗰好歌哇。loŋ^{42}ka^{11}toŋ^{31}ki^{42}lø^{35}kə^{42}ho^{42}kø^{35}ua^{42}.

2．得

“得 luə^{44}（～ lə^{33}）”，连接动词与补语。

基本上八九成打得中。la^{42}hi^{42}kə^{31}，ki^{33}puŋ^{42}ʃiæŋ^{31}pa^{51}tʃɔ^{42}ʃẽ^{232}la^{51}luə^{44}tʃoŋ^{51}.

击□丁吾小孩仗呢击得好激烈。ke^{44}muæ^{44}lẽ^{232}ŋ^{232}tʃiæŋ^{51}ne^{33}ke^{44}luə^{44}ho^{42}ke^{44}lie^{31}.

踏得大粒姑欢喜。ta^{31}luə^{44}tæ^{31}naŋ^{35}ku^{35}fuŋ^{33}hi^{42}.

箇嚯东西好重，拧拿得动冇？ kə^{33}kɔ^{31}loŋ^{35}θuæ^{35}ho^{42}ʃoŋ^{33}，nẽ^{51}luə^{44}（～ lə^{33}）toŋ^{33}mɔ^{33}?

渠手巧画得看好好，我手□笨画得冇好看。ky^{232}ʃɔ^{42}k^{h}iu^{42}ua^{31}luə^{44}（～ lə^{33}）ho^{42}ho^{33}hõ^{51}，ŋuɑ^{33}ʃɔ^{42}tui^{232}uɑ^{31}luə^{44}（～ lə^{33}）mɔ^{33}ho^{33}hõ^{51}.

你讲得好好，你□还熟讲□是物？ ni^{33}kiæŋ^{42}luə^{44}（～ lə^{33}）ho^{33}ho^{42}，ni^{33}ʃe^{31}ʃo^{31}kiæŋ^{42}mẽ^{42}ʃi^{33}muə^{44}?

望渠紧得，紧得面都红了。miæŋ^{31}ky^{232}tʃuã^{42}luə^{44}（～ lə^{33}），tʃuã^{42}luə^{44}（～ lə^{33}）mĩ^{31}tə^{31}oŋ^{232}lə^{33}.

基本上八九成打得中。ki^{33}puŋ^{42}ʃiæŋ^{31}pa^{51}tʃɔ^{42}ʃẽ^{232}la^{51}luə^{44}（～ lə^{33}）tʃoŋ^{51}.

单独做补语的“得”只能读“luə^{44}”，不能换成“lə^{33}”。

箇得⁼果子吃得冇？ kə^{33}luə^{44}kuə^{42}ti^{42}he^{44}luə^{44}mɔ^{33}?

箇得⁼是熟嗰，吃得。亚□是生嗰，吃冇得这些是熟的，可以吃。那些是生的，不可以吃。kə^{33}luə^{44}ʃi^{33}ʃo^{31}kə^{42}，he^{44}luə^{44}. a^{51}luə^{44}ʃi^{33}ʃaŋ^{35}kə^{42}，he^{44}mɔ^{33}luə^{44}.

讲得冇讲得说得说不得。kiæŋ^{42}luə^{44}mɔ^{33}kiæŋ^{42}luə^{44}.

表示“得到”义的动词“得”在董家垌土话中读“得 luə^{44}”。

有女冇得仔亦冇要哇。iɔ^{11}ny^{33}mɔ^{33}luə^{44}tuæ^{42}e^{31}mɔ^{33}iu^{51}ua^{42}.

踏餐禾儿糍吃，云⁼时有得客来。ta^{31}t^{h}æ̃^{35}uə^{11}ni^{232}θi^{232}he^{44}，uã^{232}ʃi^{232}mɔ^{33}luə^{44}ha^{51}lø^{232}.

四朒得官做。θi^{51}lø^{232}luə^{44}kuŋ^{35}tu^{51}.

七　体貌系统

（一）完成体

董家垌土话表示完成体用“了”和“啰”。

1．“了 liu^{33}”。有时读音弱化为“了 lə^{33}”。

三年渠就生了一头仔。θæ̃^{35}nĩ^{232}ky^{232}tə^{31}ʃaŋ^{35}liu^{33}yə^{44}tə^{232}tuæ^{42}.

渠就拍了几下渠箇头马。ky^{232}tə^{31}p^{h}iʌ^{51}liu^{33}ki^{42}ia^{33}ky^{232}kə^{33}tə^{232}ma^{33}.

我照了一张相。ŋuə^{33}tʃiu^{51}lə^{33}yə^{44}tʃiæŋ^{35}θiæŋ^{51}.

逃来箇努⁼这里住，住了廿几代人了。tiu^{232}lø^{232}kə^{33}nu^{42}ʃy^{31}，ʃy^{31}liu^{33}n̡ie^{11}ki^{42}tø^{31}n̡yã^{232}liu^{33}.

箇子牵归来养，养了三两日。kə^{33}ti^{42}ʃĩ^{35}kuæ^{35}lø^{232}iæŋ^{33}，iæŋ^{33}lə^{33}θæ̃^{35}liæŋ^{33}n̡yə^{44}.

亚头□灵分渠老爷击了一场那个小孩被他父亲打了一顿。a^{31}tɔ^{232}muæ^{44}lẽ^{232}puã^{35}lo^{33}ie^{232}ke^{44}lə^{33}yə^{44}

ʃiæŋ^{232}.

吃了一碗饭。he^{44}lə^{33}yə^{44}ŋ^{33}hy^{51}.

看了两场电影。hõ^{51}lə^{33}liæŋ^{33}ʃiæŋ^{232}tĩ^{31}ẽ^{42}.

使了两文纸。ʃuæ^{42}liu^{33}liæŋ^{33}muã^{35}tʃi^{42}.

2.“啰lo^{33}”。既是句末语气助词，又相当于北京话的“了$_1$与了$_2$”，只能用在句末，受句调影响读音不稳定，有时较轻，记为“啰lo^{33}”。

小李晴$^{=}$日逃啰小李昨天走了。θiu^{42}li^{33}θẽ^{11}ȵyə^{44}tiu^{232}tɔ^{42}lo^{33}.

茶杯打烂啰。ʃa^{232}pui^{35}la^{42}læ̃^{31}lo^{33}.

（二）已然体

迟到了就冇灵了迟到了就不好了。ʃi^{11}lo^{51}lə^{33}tɔ^{31}mɔ^{33}ho^{42}lə^{33}.

球楝$^{=}$入贡$^{=}$了球滚到洞里去了。tʃɔ^{232}lĩ^{51}ȵyə^{31}koŋ^{51}lə^{33}.

老了难，老了上山变狗□老了上山像狗一样爬。lo^{33}liu^{33}næ̃^{232}，lo^{33}liu^{33}ʃiæŋ^{33}ʃæ̃^{35}pĩ^{51}kɔ^{42}pæ̃^{232}.

大了晓得书好读，老了晓得田好耕。tæ^{31}lə^{33}ʃiu^{42}lɔ^{44}ʃy^{35}ho^{42}to^{31}，lo^{33}lə^{33}ʃiu^{33}tɔ^{44}tĩ^{232}ho^{42}kẽ^{35}.

亚头飞吾飞开了那只小鸟飞走了。a^{31}tɔ^{232}pi^{35}ŋ^{232}p^{h}i^{35}hø^{35}lə^{33}.

箇夜菜咸了□今晚菜咸了点。kə^{44}ie^{51}t^{h}ø^{51}æ̃^{232}liu^{33}mẽ^{42}.

面都晒红了。mĩ^{31}tu^{35}ʃæ^{51}oŋ^{232}lə^{33}.

（三）进行体

渠箇里做吾度他在干什么呢？ ky^{232}kə^{33}ly^{42}tu^{51}ŋ^{11}tu^{31}?

渠吃倒饭在他在吃饭。ky^{232} he^{44}lo^{42}pæ̃^{31}θui^{33}.

渠哋正是讲倒话他们正在讲话。ky^{232}ti^{31}tʃẽ^{51}ʃi^{33}kiæŋ^{42}lo^{42}ua^{31}.

渠撑倒伞徛是亚努$^{=}$他打着伞站在那里。ky^{232}tʃ^{h}aŋ^{35}lo^{42}θæ̃^{51}ki^{33}ʃi^{33}a^{31}nu^{42}.

渠炒倒菜，冇得空听电话他煮着菜，没有空听电话。ky^{232}tʃ^{h}iʌ^{42}lo^{42}t^{h}ø^{51}，mɔ^{33}luə^{44}hoŋ^{51}t^{h}ẽ^{51}tĩ^{31}ua^{31}.

（四）持续体

1.“倒lo^{42}”。“倒lo^{42}”相当于北京话的“着”，表示动作持续进行。

老妹眼睏了，拧倒石榴慢慢睡。lo^{11}mui^{31}ŋæ̃^{33}huã^{51}lo^{33}，nẽ^{51}lo^{42}ʃe^{11}lə^{232}mæ̃^{31}mæ̃^{44}ʃui^{31}.

孭倒老妹去趁圩。ma^{51}lo^{42}lo^{11}mui^{31}hy^{51}tʃuã^{33}hy^{232}.

就一只眼眯倒，一只眼望。tɔ^{31}ie^{44}tʃe^{44}ŋæ̃^{33}mi^{51}lo^{42}，ie^{44}tʃe^{44}ŋæ̃^{33}miæŋ^{33}.

箇子带倒渠屋渠头女人，箇子又逃。kə^{33}ti^{42}læ^{51}lo^{42}ky^{232}o^{44}ky^{232}tɔ^{232}ny^{11}ȵyã^{232}，kə^{33}ti^{42}iɔ^{31}tiu^{232}.

坐倒吃好□是还是徛倒吃。θø^{33}lo^{42}he^{44}ho^{42}tʃie^{11}ʃi^{33}ki^{33}lo^{42}he^{35}ho^{42}.

大家慢慢行，冇要抢倒去。tæ^{31}ka^{35}mæ̃^{31}mæ̃^{31}aŋ^{232}，mɔ^{33}iu^{51}t^{h}iæŋ^{42}lo^{42}hy^{51}.

渠哋讲倒讲倒一下就笑起身了。ky^{232}ti^{31}kiæŋ^{42}lo^{42}kiæŋ^{42}lo^{42}yə^{44}ha^{33}tɔ^{31}θiu^{51}hi^{42}ʃuã^{35}liu^{33}.

外头落倒水。mui^{31}tɔ^{232}lo^{31}lo^{42}ʃui^{42}.

渠粒门锁倒，门口儿亦关倒，冇得头人是屋他门锁着，窗户也关着，没人在家。ky^{232}naŋ^{35}muŋ^{232} θø^{42}lo^{42}，muŋ^{232}hɔ^{42}ȵi^{35}e^{31}kæ̃^{35}lo^{42}，mɔ^{33}luə^{44}tɔ^{232}ȵyã^{232}ʃi^{33}o^{44}.

渠抱倒□丁儿行来行去她抱着小孩走来走去。ky^{232}po^{33}lo^{42}muæ^{51}lẽ^{35}ȵi^{232}aŋ^{232}lø^{232}aŋ^{232}hy^{51}.

坐倒，冇起身。θø^{33}lo^{42}，mɔ^{33}hi^{42}ʃuã^{35}.

渠是地里做倒工他在地里干活呢。ky^{232}ʃi^{33}ti^{31}ly^{33}tu^{51}lo^{42}koŋ^{35}.

铛里炖倒鸡肉。tʃ^{h}aŋ^{35}ly^{33}tuã^{31}lo^{42}kuæ^{35}ȵio^{31}.

在存在句中用"倒"，表示状态正在持续。

台上放倒一碗水。tø^{232}ʃiæŋ^{31}poŋ^{51}lo^{42}ie^{44}pui^{35}ʃui^{42}.

墙上挂倒一幅画。θiæŋ^{232}ʃiæŋ^{31}ka^{51}lo^{51}yə^{44}fo^{44}ua^{31}.

门口围倒一堆人。muŋ^{232}hɔ^{42}uæ^{232}lo^{42}yə^{44}tui^{35}ȵyã^{232}.

"倒lo^{42}"作为体标记可表进行，也可表持续。

2."着ʃiʌ^{31}"。董家垌土话"着"用于动作的进行与持续比较少见，是后起的。

金牛星渠望着牛郎。tʃuã^{35}ŋɔ^{31}θẽ^{35}ky^{232}miæŋ^{31}ʃiʌ^{31}ŋɔ^{31}liæŋ^{232}.

蜡烛啊，样样装着。la^{11}tʃo^{44}a^{33}，iæŋ^{35}iæŋ^{31}tʃiæŋ^{35}ʃiʌ^{31}.

望着箇七仙姊妹洗大凉啊。miæŋ^{31}ʃiʌ^{31}kə^{33}t^{h}uə^{44}θĩ^{35}ti^{33}mui^{31}θuæ^{42}tæ^{31}liæŋ^{232}a^{33}.

（五）经历体

经历体一般用"过kuə^{51}"作为标记。如：

我哋是细亚粒阵呢，我哋又打过石头仗我们在小时候，我们打过石头仗。ŋuə^{33}ti^{31}ʃi^{33}nuæ^{51}a^{11}naŋ^{35} tʃuã^{31}ni^{33}，ŋuə^{33}ti^{31}iɔ^{31}la^{42}kuə^{51}ʃe^{11}tɔ^{232}tʃiæŋ^{51}.

你哋有见过冇？我哋有见过你们见过吗？我们见过。ni^{33}ti^{31}iɔ^{33}kĩ^{51}kuə^{51}mɔ^{33}？ ŋuə^{33}ti^{31}iɔ^{33}kĩ^{51}kuə^{51}.

吃过几多糙米饭，睡过几多冇脚床。he^{44}kuə^{51}ki^{42}lø^{35}t^{h}o^{51}muæ^{33}pæ̃^{31}，ʃui^{31}kuə^{51}ki^{42}lø^{35}mɔ^{33} kiʌ^{44}ʃiæŋ^{232}。

同箇子做过之后呢，就大吉大利。toŋ^{232}kə^{33}ti^{42}tu^{51}kuə^{51}tʃi^{35}ɔ^{33}ni^{33}，tɔ^{31}tæ^{31}tʃuə^{44}tæ^{31}li^{31}.

就是讲话咧冇要随口讲，要看过先。tɔ^{31}ʃi^{33}kiæŋ^{42}ua^{31}li^{33}mɔ^{33}iu^{51}θuii^{232}hɔ^{42}kiæŋ^{31}，iu^{51}hõ^{51}kuə^{51}θĩ^{35}.

我吃过兔肉，你吃过冇？冇得，我冇吃过。ŋuə^{33}he^{35}kuə^{51}t^{h}u^{51}ȵio^{31}，ni^{33}he^{35}kuə^{51}mɔ^{33}？ mɔ^{33}luə^{44}，ŋuə^{33}mɔ^{33}he^{35}kuə^{51}.

渠去过上海了，我冇去过他去过上海，我没有去过。ky^{232}hy^{51}kuə^{51}ʃiæŋ^{31}hø^{42}lə^{33}，ŋuə^{33}mɔ^{33}hy^{51}kuə^{51}.

我见过渠爷妣我见过他父母。ŋuə^{33}kĩ^{51}kuə^{51}ky^{232}ie^{44}puæ^{33}.

箇年冷过几日今年冷过一阵子。kə^{33}nĩ^{232}laŋ^{33}kuə^{51}ki^{42}ȵyə^{44}.

啱先吾头来过刚才谁来过？ ŋæ̃^{35}θĩ^{35}ŋ^{232}tɔ^{232}lø^{232}kuə^{51}?

（六）将然体

我去了，你哋两个再多坐阵吾咧我走了，你们俩再多坐一会儿。ŋuə^{33}hy^{51}liu^{33}，ni^{33}ti^{31}liæŋ^{33}kuə^{51}tø^{51}lø^{35}θø^{33}ʃuã^{31}ŋ^{232}le^{33}。

天□把开了天要晴了。tʰĩ^{35}ʃa^{31}pa^{42}hø^{35}liu^{33}.

我要去趁圩我要赶集去。ŋuə^{33}iu^{51}hy^{51}tʃʰuã^{51}hy^{35}.

你谎冇倒我你骗不了我。ni^{33}foŋ^{42}mɔ^{33}lo^{42}ŋuə^{33}.

（七）反复体

灯又着了。laŋ^{35}iɔ^{31}ʃiʌ^{31}liu^{33}.

等你病好先，剩是做转亚□工。laŋ^{42}ni^{33}pẽ^{31}ho^{42}θĩ^{35}，ʃe^{31}ʃi^{33}tu^{51}tʃĩ^{51}a^{31}puã^{31}koŋ^{35}.

你剩是看转你□书你还是看你的书吧。ni^{33}ʃe^{31}ʃi^{33}hø̃^{51}tʃĩ^{51}ni^{33}luə^{44}ʃy^{35}.

你坐转你粒位你坐回你的座位吧！ ni^{33}θø^{33}tʃĩ^{51}ni^{33}naŋ^{35}uæ^{31}.

渠是电视面先看看就睏他在电视机前看着看着睡着了。ky^{232}ʃi^{33}tĩ^{31}ʃi^{31}mĩ^{31}θĩ^{35}hø̃^{51}hø̃^{51}tɔ^{31}huã^{51}lə^{33}.

讲倒讲倒渠就啼哭了。kiæŋ^{33}lo^{42}kiæŋ^{33}lo^{42}ky^{232}tɔ^{51} tuæ^{11}ho^{44}liu^{33}.

亚□细子儿久冇久又去粒门口撩串下来那些小朋友不久又去门口撩一串下来。a^{42}luə^{44}θuæ^{51}ti^{42}ȵi^{232}tʃɔ^{42}mɔ^{33}tʃɔ^{42}iɔ^{31}hy^{51}naŋ^{35}muŋ^{11}hɔ^{42}liu^{35}tʃʰĩ^{51}ia^{33}lø^{232}.

（八）短时体

你去望望，做吾度嘓你去看看，出什么事了？ ni^{33}hy^{51}miæŋ^{31}miæŋ^{31}，tu^{51}ŋ^{211}tu^{31}kə^{42}?

你着着箇领衫，看过合冇合你穿穿这件衫，看合身不合身。ni^{33}tʃiʌ^{44}tʃiʌ^{51}kə^{31}lẽ^{42}ʃæ̃^{35}，hø̃^{51}kuə^{51}uə^{31}mɔ^{33}uə^{31}.

一文纸就望一下一块钱就看一下。ie^{44}muã^{35}tʃi^{42}tɔ^{31}miæŋ^{31}ie^{44}ha^{31}.

你问下，看剩要几多日做你问一问，看还要几天做完。ni^{33}muã^{31}ia^{31}，hø̃^{51}ʃe^{31}iu^{51}ki^{42}lø^{35}ȵyə^{44}tu^{31}.

亚□虾公跳几下就死了那些虾跳了几下就死了。a^{42}luə^{44}ha^{35}koŋ^{35}tʰiu^{51}liu^{33}ki^{42}ha^{42}iɔ^{31}tɔ^{31}θi^{42}liu^{33}.

你坐下咧，渠就来你坐一下，他就来。ni^{33}θø^{33}ha^{42}，ky^{232}tɔ^{31}lø^{232}.

（九）起始体

电影开始放了电影开始演了。tĩ^{31}ẽ^{42}hø^{33}tʃʰi^{42}liu^{31}.

木叶开始落了树开始落叶了。mo^{31}i^{31}hø^{33}tʃʰi^{42}liʌ^{31}liu^{31}.

渠一高兴就唱歌他一高兴就唱起歌来了。ky^{232}yə^{44}ko^{35}hẽ^{51}tɔ^{31}tʃʰiæŋ^{51}kø^{35}.

两头□灵儿熟起身了两个小孩熟起来了。liæŋ^{31}tɔ^{232}muæ^{44}lẽ^{232}ȵi^{31}ʃo^{31}hi^{42}ʃuã^{42}liu^{33}

（十）惯常体

惯常体用“阵数ʃuã^{31}ʃy^{51}”。

渠陈数来我箇努⁼他常常来我家。ky^{232}ʃuã^{31}ʃy^{51}lø^{232}ŋuə^{33}kə^{33}nu^{42}.

渠阵数是赤脚他常常打赤脚。ky^{232}ʃuã^{31}ʃy^{51}ʃi^{33}tʃ^{h}a^{33}kiʌ^{44}.

渠以前阵数吃烟他以前经常抽烟。ky^{232}i^{35}θĩ^{232}ʃuã^{31}ʃy^{51}he^{44}ĩ^{35}.

渠阵数坐箇粒椅他一直坐这把椅子。ky^{232}ʃuã^{31}ʃy^{51}θø^{33}kə^{33}naŋ^{35}i^{42}.

渠一路来都是戴眼镜嘓。ky^{232}yə^{44}lu^{31}lø^{232}tu^{35}ʃi^{33}læ^{51}ŋæ̃^{33}kẽ^{51}kə^{42}.

猫儿吃老鼠，狗吃屎。miʌ^{11}n̠i^{232}he^{35}lo^{11}ʃy^{42}，kɔ^{42}he^{35}ʃi^{42}.

（十一）先行体

你要整熟粉糍啰，就是先整几粒糍狗，煮熟先啰。ka^{42}ni^{33}iu^{51}tʃẽ^{42}ʃo^{31}puã^{42}θi^{232}lo^{33}，tɔ^{31}ʃi^{33} θĩ^{35}tʃẽ^{42}ki^{42}naŋ^{35}θi^{232}kɔ^{42}，tʃy^{42}ʃo^{232}θĩ^{35}lo^{33}.

着倒衫先，冇着衫冇准去先穿好衣服，不穿衣服不准去。tʃiʌ^{44}lo^{42}ʃæ̃^{35}θĩ^{35}，mɔ^{33}tʃiʌ^{44}ʃæ̃^{35}mɔ^{33}tʃuã^{42}hy^{51}.

（十二）尝试体

你去中医望一望你去看一看中医。ni^{33}hy^{51}tʃoŋ^{33}i^{35}miæŋ^{31}yə^{44}miæŋ^{31}.

你读下看你读一读看。ni^{33}tɔ^{31}ha^{33}hõ^{51}.

你试试看你试一试看。ni^{33}ʃi^{51}ʃi^{51}hõ^{51}.

八 语气词

语气词在句末受语气语调影响声调不稳定。董家垌土话常见的语气词主要有下面几个。

1．呢 ne^{33}（～ni^{33}）。用在疑问末尾，或用在句中提顿语气。如：

就使箇头牛郎云⁼织女呢就团圆啰。tɔ^{31}ʃuæ^{42}kə^{33}tɔ^{232}ŋɔ^{31}liæŋ^{232}uã^{232}tʃe^{44}ny^{33}ne^{33}tɔ^{31}tuŋ^{31} iuŋ^{232}lo^{33}.

我吔亚努⁼下□是龙眼堷，有条江嘓呢我们那里下一点是龙眼堷，有一条河呢。ŋuə^{33}ti^{31}a^{11}nu^{42}ia^{33} mẽ^{42}ʃi^{33}loŋ^{232}ŋæ̃^{33}tʃaŋ^{35}，iɔ^{33}tiu^{232}kiæŋ^{35}kə^{42}ni^{33}.

2．滴⁼ le^{44}。用在疑问末尾。如：

老张滴⁼？ lo^{33}tʃiæŋ^{35}le^{44}?

3．□ maŋ^{33}。"□ maŋ^{33}" 是 "冇曾 mɔ^{33}taŋ^{232}" 快读的合音，用在疑问末尾兼做语气词。如：

你去读书□你去读书没有？ ni^{33}hy^{51}to^{31}ʃy^{35}maŋ^{33}?

你吃了饭□你吃了饭没有？ ni^{33}he^{35}lə^{33}pæ̃^{31}maŋ^{33}?

渠晓知□他知道吗？ ky^{232}ʃiu^{42}tʃi^{35}maŋ^{33}?

4．咧 le^{33}。语气助词，用在陈述句末或用在句中提顿语气。如：

老张是屋里咧老张在家里咧。lo^{33}tʃiæŋ^{35}ʃi^{33}o^{44}ly^{42}le^{33}.

开始住嘓时候咧。hø^{33}tʃ^{h}i^{42}ʃy^{31}kə^{42}ʃi^{11}ɔ^{31}le^{33}.

5．"嘓 kə^{42}"。相当于北京话里的 "的"，用在句末，兼做语气词，表陈述语气。

咖亚粒灯盏一日都着倒嗰这样那盏灯一天都亮着的。ka^{42}a^{11}naŋ^{35}laŋ^{35}tʃæ̃^{42}yə^{44}ȵyə^{44}tu^{35}ʃiʌ^{31}lo^{42}kə^{42}.

箇粒鬼节就是箇子过嗰这个中元节就是这样过的。kə^{42}naŋ^{35}kuæ^{42}tie^{44}tɔ^{31}ʃi^{33} kə^{33}ti^{42}kuə^{51}kə^{42}.

6. 啵 po^{33}。语气助词，用于陈述句末，表强调语气。如：

箇里冇同啵，箇里坐起嗰车 kə^{33}ly^{42}mɔ^{33}toŋ^{232}po^{33}，kə^{33}ly^{42}θø^{33}hi^{42}kə^{42}tʃ^{h}e^{35}.

我冇得书啵我没有书啊。ŋuə^{33}mɔ^{33}lɔ^{44}ʃy^{35}po^{33}.

"啵 po^{33}" 常常与 "嗰 kə^{42}" 搭配，两个语气词连用。

我哋箇努⁼七月十五冇行通嗰啵我们这里中元节互相不串门来往的。ŋuə^{33}ti^{31}kə^{33}nu^{42}t^{h}uə^{44}ȵĩ^{31}ʃuə^{31} ŋ^{33}mɔ^{33}aŋ^{11}t^{h}oŋ^{35}kə^{42}po^{33}.

7. 啊 a^{33}。句末语气助词，用于陈述句末，表感叹语气，用于疑问句句末，表疑问。如：

我冇得书啊我没有书啊。ŋuə^{33}mɔ^{33}lɔ^{44}ʃy^{35}a^{33}.

吾头啊谁啊？ ŋ^{232}tɔ^{232}a^{33}?

"啊 a^{33}" 常常与 "嗰 kə^{42}" 搭配，两个语气词连用。

老先□人是着长衫嗰啊以前那些人是穿长衫的啊。lo^{33}θĩ^{35}luə^{44}ȵyã^{232}ʃi^{33}tʃiʌ^{44}ʃiæŋ^{232}ʃæ̃^{35}kə^{42}a^{33}.

摆满月酒样样菜都有嗰啊。pæ^{42}muŋ^{33}ȵĩ^{31}tɔ^{42}iæŋ^{35}iæŋ^{31}t^{h}ø^{51}tu^{35}iɔ^{33}kə^{42}a^{33}.

8. 吱 tʃi^{33}。语气助词，用在疑问句句末，表反问语气，相当于北京话的"吗"。如：

箇□这头仔击头爷嗰吱这里有儿子打父亲（这一道理）的吗？ kə^{33}luə^{44}tɔ^{11}tuæ^{42}ke^{44}tɔ^{11}ie^{232}kə^{42}tʃi^{33}?

五月对五你冇出街吱端午节你没有上街吗？ ŋ^{33}ȵĩ^{31}lui^{33}ŋ^{33} ni^{33}mɔ^{33}tʃ^{h}uə^{44}kæ^{35}tʃi^{33}?

9. 慢⁼mæ̃^{33}。语气助词，用于陈述句句末，表不满语气。如：

我冇得书慢⁼我没有书不是。ŋuə^{33}mɔ^{33}lɔ^{44}ʃy^{35}mæ̃^{33}.

10. 啰 lo^{33}。句末语气助词，表陈述、感叹等语气。如：

碗打烂啰。uŋ^{42}la^{42}læ̃^{31}lo^{33}.

箇子呢新妇娘就出斟茶啰。kə^{33}ti^{42}ne^{33}θuã^{44}pu^{11}niæŋ^{232}tɔ^{31}tʃ^{h}uə^{44}tʃuã^{44}ʃa^{232}.

11. 了 lə^{33}。句末助词，表已然。如：

渠去街了。ky^{232}hy^{51}kæ^{35}lə^{33}.

渠话渠哋出去学熟官话了。ky^{232}ua^{31}ky^{232}ti^{31}tʃuə^{44}hy^{51}iʌ^{31}ʃo^{31}kuŋ^{35}ua^{31}lə^{33}.

12. 吧 pa^{31}。语气助词，用在句末，表示商量、提议、请求、命令、疑问、揣测等语气。如：

老师分了你本好厚嗰书吧？ lo^{33}ʃi^{35}puã^{35}liu^{33}ni^{33}puŋ^{42}ho^{42}ɔ^{33}kə^{42}ʃy^{35}pa^{31}?

可能是水土冇合吧。k^{h}ø^{42}naŋ^{232}ʃi^{33}ʃui^{42}t^{h}u^{42}mɔ^{33}uə^{31}pa^{33}.

13. 咦 i^{33}。语气词，表陈述语气。

结果又畀又是逃转前次亚努⁼咦。kie^{33}kuə^{42}iɔ^{11}pi^{42}iɔ^{31}ʃi^{33}tiu^{11}tʃĩ^{51}θĩ^{11}t^{h}i^{51}a^{11}nu^{42}i^{33}.

14．嘅 kie^{31}。语气词，表陈述语气。

所以我哋董姓嗰来历就是箇粒样子嘅。θø^{42}i^{33}ŋuə^{33}ti^{31}loŋ^{42}θẽ^{52}kə^{42}lø^{232}luæ^{31}tɔ^{31}ʃi^{33}kə^{33}naŋ^{35} iæŋ^{31}ti^{42}kie^{31}.

寨主咧就是讲我哋箇□咧，粒粒寨都有嗜寨主嘅寨主呢就是说我们这个地方，每一个村庄都供奉有一个村庄保护神的。ʃæ^{11}tʃy^{42}le^{33}tɔ^{31}ʃi^{33}kiæŋ^{42}ŋuə^{33}ti^{31}kə^{33}luə^{44}le^{33}，naŋ^{35}naŋ^{35}ʃæ^{31}tu^{35}iɔ^{33}kɔ^{31}ʃæ^{31}tʃy^{42}kie^{31}.

15．啊 ø^{232}。句末语气词。

门口徛倒一棚人，冇得讲是物啊。muŋ^{11}hɔ^{42}ki^{33}lo^{42}ie^{44}paŋ^{232}ȵyã^{232}，mɔ^{33}luə^{44}kiæŋ^{42}ʃi^{11}muə^{44} ø^{232}.

16．咖 ka^{42}。语气词，用于句首或句中提顿语气。

咖渠头女人话，同子？通圩人都□实袋他的老婆说，怎么啦？整个集市的人都丢了钱袋。ka^{42}ky^{232}tɔ^{232} ny^{11}ȵyã^{232}ua^{31}，toŋ^{11}ti^{42}？ t^{h}oŋ^{33}hy^{35}ȵyã^{232}tu^{33}la^{11}ʃuə^{11}tø^{31}.

熬熟啰，咖就一粒一粒沥出来。ŋɔ^{31}ʃo^{31}lo^{33}，ka^{42}tɔ^{31}yə^{44}naŋ^{35}yə^{44}naŋ^{35}le^{44}tʃ^{h}uə^{44}lø^{232}.

17．啫 tʃie^{44}。句末语气词。

就是箇嗜字我冇识得啫，剩有我总识得。tɔ^{31}ʃi^{33}kə^{33}kɔ^{31}θi^{31}ŋuə^{33}mɔ^{33}ʃe^{33}luə^{44}tʃie^{44}，ʃẽ^{31}iɔ^{33} ŋuə^{33}toŋ^{42}ʃe^{44}luə^{44}.

七八十文纸啫，嫁同分人家啰七八十元（彩礼），就嫁给别人啦。t^{h}uə^{33}pa^{51}ʃuə^{31}muã^{33}tʃi^{42}tʃe^{33}， ka^{51}toŋ^{232}puã^{35}ȵyã^{11}ka^{35}lo^{33}.

18．啦 la^{33}。用在句末表感叹，用在句中表提顿。

就冇来往啦。tɔ^{31}mɔ^{33}lø^{11}uoŋ^{33}la^{33}.

同嗜寨啦亦击起来。toŋ^{232}kɔ^{31}ʃæ^{31}la^{33}e^{31}ke^{44} hi^{42}lø^{232}.

19．咩 mie^{42}。表不容置疑语气，如：

箇粒节，开春第一节咩。kə^{33}naŋ^{35}tie^{44}，hø^{35}tʃ^{h}uã^{35}tuæ^{31}yə^{44}tie^{44}mie^{42}.

"咩 mie^{42}" 常常与 "嗰 kə^{42}" 连用。如：

文钱粒黄豆，你愿嗰咩一块钱买一颗黄豆，你愿意的嘛。muã^{35}θĩ^{232}naŋ^{35}oŋ^{11}tɔ^{31}，ni^{33}ȵĩ^{31}kə^{42}mie^{42}.

20．哗 ua^{232}。用在句首，表示感叹语气。

哗，打得好激烈。ua^{232}，la^{51}luə^{44}ho^{42}ki^{31}lie^{31}.

哗，整得几靓哗，做得多漂亮。ua^{232}，tʃẽ^{42}luə^{44}ki^{42}liæŋ^{51}.

21．哇 ua^{42}。用在句末，表示慨叹。

董家垌几多嗰好歌哇。loŋ^{42}ka^{11}toŋ^{31}ki^{42}lø^{35}kə^{42}ho^{42}kø^{35}ua^{33}.

有仔冇曾有女亦冇要哇 iɔ^{11}tuæ^{42}mɔ^{33}taŋ^{232}iɔ^{11}ny^{33}mɔ^{33}iu^{51}ua^{33}.

22．呵 o^{35}。一般用在句首，起到提顿语气的作用。

呵，咖等渠烧齐为止。o^{35}，ka^{51}laŋ^{42}ky^{232}ʃiu^{35}θuæ^{232}ui^{11}tʃi^{42}.

呵，讴做熟粉糍啊。o^{35}，ɔ^{35}tu^{51}ʃo^{31}puã^{42}θi^{232}a^{33}.

23. 呀 ia^{33}。表感叹，也可“啊呀 a^{35}ia^{232}”连用，表感叹。

既然你想下箇努⁼住呀既然你想在这里住呀。ki^{51}ĩ^{232}ni^{33}θiæŋ^{42}ia^{33}kə^{33}nu^{42}ʃy^{31}ia^{33}.

啊呀，讴比，咖天生有□整停渠啊哎呀，好像他有点天注定的啊。a^{35}ia^{232}，ɔ^{33}pi^{42}，ka^{42}tʰĩ^{35}ʃaŋ^{35}iɔ^{33} mẽ^{42} tʃẽ^{42}tẽ^{232}ky^{232}a^{33}.

第二节

句 法

一 处置句和被动句

（一）处置句

董家垌土话处置句的标志是“拧nẽ^{51}、□huã^{35}、把pa^{42}”。“拧nẽ^{51}、□huã^{35}”是老派说法。

1．拧拿、把nẽ^{51}

你拧粒门关倒。ni^{33}nẽ^{51}naŋ^{35}muŋ^{232}kæ̃^{35}lo^{42}.

你拧粒碗洗下。ni^{33}nẽ^{51}naŋ^{35}uŋ^{42}θuæ^{42}a^{31}.

拧地底扫扫咧。nẽ^{51}ti^{31}luæ^{42}θo^{51}θo^{51}le^{33}.

拧亚嗜东西分我。nẽ^{51}a^{31}kɔ^{31}loŋ^{35}θuæ^{35}puã^{35}ŋuə^{33}.

有得$^{=}$地方拧老爷讴吾叔有些地方管爸爸叫叔叔。iɔ^{33}luə^{44}ti^{31}foŋ^{35}nẽ^{51}lo^{33}ie^{232}ɔ^{35}ŋ^{232}ʃiu^{44}.

取归啲鱼拧啲鱼鳞刮啊脱啊。tu^{42}kuæ^{35}ti^{35}ȵy^{232}nẽ^{42}ti^{51}ȵy^{11}luã^{232}kua^{51}a^{33}t^{h}uə^{44}a^{33}.

就拧亚粒糯米动成粒糍粑。tɔ^{31}nẽ^{42}a^{11}naŋ^{35}nø^{11}muæ^{33}toŋ^{33}ʃẽ^{232}naŋ^{35}θi^{11}pa^{35}.

拧啲糯米打成粒糍粑，打成粒粉。nẽ^{51}ti^{35}nø^{31}muæ^{33}la^{51}ʃẽ^{232}naŋ^{35}θi^{11}pa^{35}，la^{51}ʃẽ^{232}naŋ^{35}puã^{42}.

拧得$^{=}$生荆木烧成粒灰拿那些荆条烧成灰。nẽ^{42}luə^{44}ʃaŋ^{33}kẽ^{35}mo^{31}ʃiu^{35}ʃẽ^{232}naŋ^{35}fui^{35}.

箇子就拧亚粒灰呢就过过得$^{=}$水这样就拿那些灰用水来滤。kə^{33}ti^{42}tɔ^{31}nẽ^{51}a^{42}naŋ^{35}fui^{35}ne^{33}tɔ^{31}kuə^{51}kuə^{51}luə^{44}ʃui^{42}.

九月朝啊拧啲禾稿啊放低啊。tʃɔ^{42}ȵĩ^{31}tʃiu^{35}a^{33}nẽ^{42}ti^{35}uə^{11}kɔ^{42}a^{33}poŋ^{51}luæ^{35}a^{33}.

宁愿拧头做凳坐，冇愿上山砍柴担。nẽ^{11}ȵĩ^{31}nẽ^{51}tɔ^{232}tu^{51}laŋ^{51}θø^{33}，mɔ^{33}ȵĩ^{31}ʃiæŋ^{33}ʃæ̃^{35}k^{h}æ̃^{35}ʃæ^{232}læ̃^{51}.

到阵间你拧我牛角，拧我得$^{=}$牛角分下来到时候你拿我牛角，拿我这牛角下来。lo^{51}ʃuã^{31}kæ̃^{35}ni^{33} nẽ^{51}ŋuə^{33}ŋɔ^{232}kiʌ^{51}，nẽ^{51}ŋuə^{33}luə^{44}ŋɔ^{232}kiʌ^{51}puã^{35}ia^{33}lø^{232}.

马上就拧渠哋两头捉起来了。ma^{33}ʃiæŋ^{31}tɔ^{31}nẽ^{51}ky^{232}ti^{31}liæŋ^{33}tɔ^{232}tʃiʌ^{51}hi^{42}lø^{232}lə^{33}.

拧我哋作□仔傻瓜，我哋冇同渠做。nẽ^{51}ŋuə^{33}ti^{31}tiʌ^{44}θoŋ^{232}tuæ^{42}，ŋuə^{33}ti^{31}mɔ^{33}toŋ^{232}ky^{232}tu^{51}.

2. □huã^{35}。这是更早的说法，现在已经少用。如：

□亚噜东西分我把那个东西给我。huã^{35}a^{31}kɔ^{31}loŋ^{35}θuæ^{35}puã^{35}ŋuə^{33}.

□台盘抹抹把桌子抹一抹。huã^{35}tø^{232}puŋ^{232}ma^{51}ma^{31}.

作为处置用法，口语中用“拧”的地方可以换成“□huã^{35}”。如：

拧（～□）菜洗净把菜洗干净。nẽ^{51}（～huã^{35}）t^{h}ø^{51}θuæ^{42}θẽ^{31}.

拧（～□）水桶装满把水桶装满。nẽ^{51}（～huã^{35}）ʃui^{42}t^{h}oŋ^{42}tʃiæŋ^{35}muŋ^{33}.

拧（～□）棉被出去晒晒把棉被拿出去晒晒。nẽ^{51}（～huã^{35}）mi^{232}pi^{33}tʃ^{h}uə^{44}hy^{51}ʃæ^{51}ʃæ^{51}.

3. 把pa^{42}。“把pa^{42}”是后起的说法，在年轻人中使用，是受北京话影响的结果。就是把原来用“拧nẽ^{51}、□huã^{35}”的地方换成“把pa^{42}”，这里不再举例。

（二）被动句

1. 分puã^{35}

董家垌土话“分puã^{35}”作为动词是“给予”的意思，在被动句中做表被动的标志，如：

由于当时分亚粒奸臣当道。iɔ^{11}y^{35}liæŋ^{35}ʃi^{232}puã^{35}a^{11}naŋ^{35}kæ̃^{33}ʃuã^{232}liæŋ^{35}tɔ^{31}.

渠私自下凡箇粒消息分玉帝大王晓得啰。ky^{232}θi^{35}θi^{31}ia^{33}fæ̃^{232}kə^{33}naŋ^{35}θiu^{33}θe^{44}puã^{35}y^{31}tuæ^{51} tæ^{31}oŋ^{232}ʃiu^{42}tɔ^{44}lo^{33}.

亚粒碗分渠做□了。a^{31}naŋ^{35}uŋ^{42}puã^{35}ky^{232}tu^{51}ui^{42}lə^{33}.

新取买嘅单车就分渠搞烂了。θuã^{35}t^{h}u^{42}kə^{42}læ̃^{35}tʃ^{h}ie^{35}tɔ^{31}puã^{35}ky^{232}kɔ^{42}læ̃^{31}lə^{33}.

鸡儿分大鹞担开了。kuæ^{35}ȵi^{232}puã^{35}tæ^{31}iu^{31}tæ̃^{35}hø^{35}lə^{33}.

鱼分猫儿担开了。ȵy^{232}puã^{35}miʌ^{35}ȵi^{232}læ̃^{35}hø^{35}lə^{33}.

亚座屋分大水冲烂了。a^{31}θø^{31}o^{44}puã^{35}tæ^{31}ʃui^{42}tʃ^{h}oŋ^{35}læ̃^{31}lə^{33}.

马善分人骑，人善分人欺。ma^{33}ʃĩ^{33}puã^{35}ȵyã^{232}ki^{232}，ȵyã^{232}ʃĩ^{33}puã^{35}ȵyã^{232}hi^{35}.

“分”后面的施事者可以不出现。如：

渠分捉了。ky^{232}puã^{35}tʃo^{51}lə^{33}.

衫裤□□全部分淋湿了。ʃæ̃^{35}fu^{51}mẽ^{42}mẽ^{42}puã^{35}luã^{232}ʃuə^{44}lə^{33}.

2. 着ʃiʌ^{31}

六腡着鬼磨。lo^{31}lø^{232}ʃiʌ^{31}kuæ^{42}mø^{232}.

我着渠击了一回。ŋuə^{33}ʃiʌ^{31}ky^{232}kie^{44}liu^{33}yə^{44}uæ^{232}.

我叔娘着狗咬伤了脚。ŋuə^{33}ʃiu^{44}niæŋ^{232}ʃiʌ^{31}kə^{42}ŋiʌ^{33}ʃiæŋ^{35}liu^{33}kiʌ^{44}.

铛着渠击烂了。tʃʰaŋ^{35}ʃiʌ^{31}ky^{232}kie^{44}læ̃^{31}lə^{33}.

二叔冇带笠头，着得$^{=}$那水淋湿了。ȵi^{31}ʃiu^{44}mɔ^{33}læ^{51}luə^{31}tɔ^{232}，ʃiʌ^{31}luə^{44}ʃui^{42}luã^{232}ʃuə^{44}lə^{33}.

很多情况下，“着”后面的施事者可以不出现。如：

渠着送去了医院。ky^{232}ʃiʌ^{31}θoŋ^{51}hy^{51}liu^{33}i^{35}ĩ^{31}.

着饿晓得田好耕。ʃiʌ^{31}ŋø^{31}ʃiu^{42}tɔ^{44}tĩ^{232}ho^{42}kaŋ^{35}.

冇着喊啦不被责骂啦。mɔ^{33}ʃiʌ^{31}hæ̃^{51}la^{33}.

亚头坏人着捉开了。a^{31}tɔ^{232}uæ^{31}ȵyã^{232}ʃiʌ^{31}tʃiʌ^{51}hø^{35}lə^{33}.

一般“分puã^{35}”与“着ʃiʌ^{31}”可以互换使用，但用“着ʃiʌ^{31}”被动的意味要比用“分puã^{35}”强。如：

帽着（～分）得$^{=}$风吹开了帽子被那风刮跑了。mo^{31}ʃiʌ^{31}（～puã^{35}）luə^{44}foŋ^{35}tʃʰui^{35}hø^{35}lə^{33}.

寨头亚兜大木着（～分）风吹断了村头那棵大树被风刮断了。ʃæ^{31}tɔ^{232}a^{31}lɔ^{35}tæ^{31}mo^{31}ʃiʌ^{31}(～puã^{35}) foŋ^{35}tʃʰui^{35}tuŋ^{33}lə^{33}.

二　双宾句

在北京话中，双宾句的结构为“动＋间接宾语＋直接宾语”，董家垌土话双宾句结构给予义动词的间接宾语与直接宾语的位置可以互换，句子意思不变。如：

分我一张剪刀。puã^{35}ŋuə^{33}yə^{44}tʃiæŋ^{35}tĩ^{42}lo^{35}.

分一张剪刀我。puã^{35}yə^{44}tʃiæŋ^{35}tĩ^{42}lo^{35}ŋuə^{33}.

渠分我一嚿桃子。ky^{232}puã^{35}ŋuə^{33}yə^{44}kɔ^{31}to^{232}ti^{42}.

渠分一嚿桃子我。ky^{232}puã^{35}yə^{44}kɔ^{31}to^{232}ti^{42}ŋuə^{33}.

舅爷分我一台电视机。tʃɔ^{33}ie^{232}puã^{35}ŋuə^{33}yə^{44}tø^{232}tĩ^{31}ʃi^{3133}ki^{35}.

舅爷分一台电视机我。tʃɔ^{33}ie^{232}puã^{35}yə^{44}tø^{232}tĩ^{31}ʃi^{3133}ki^{35}ŋuə^{33}.

老师分了你本好厚嗰书吧？lo^{33}ʃi^{35}puã^{35}liu^{33}ni^{33}puŋ^{42}ho^{42}ɔ^{33}kə^{42}ʃy^{35}pa^{31}?

老师分了本好厚嗰书你吧？lo^{33}ʃi^{35}puã^{35}liu^{33}puŋ^{42}ho^{42}ɔ^{33}kə^{42}ʃy^{35}ni^{33}pa^{31}?

分转渠十文纸。puã^{35}tʃĩ^{51}ky^{232}ʃuə^{31}muã^{35}tʃi^{42}.

分转十文纸渠。puã^{35}tʃĩ^{51}ʃuə^{31}muã^{35}tʃi^{42}ky^{232}.

你要补我三文纸。ni^{33}iu^{51}pu^{42}ŋuə^{33}θæ̃^{35}muã^{35}tʃi^{42}.

你要补三文纸我。ni^{33}iu^{51}pu^{42}θæ̃^{35}muã^{35}tʃi^{42}ŋuə^{33}.

部分非给予义动词，间接宾语与直接宾语位置可以互换，如：

问你一句话。muã^{31}ni^{33}yə^{44}ky^{51}ua^{31}.

问一句话你。muã^{31}yə^{44}ky^{51}ua^{31}ni^{33}.

问你件古怪嗰事。muã^{31}ni^{33}kĩ^{33}ku^{33}kæ^{51}kə^{42}ʃi^{31}.

问件古怪嘢事你。muã^{31}kĩ^{33}ku^{33}kæ^{51}kə^{42}ʃi^{31}ni^{33}.

部分非给予义动词，间接宾语与直接宾语位置不可以互换，如：

你争我五百文纸你欠我五百块钱。ni^{33}tʃaŋ^{35}ŋuə^{33}ŋ^{33}piʌ^{51}muã^{35}tʃi^{42}.

你争五百文纸我。ni^{33}tʃaŋ^{35}ŋuə^{33}ŋ^{33}piʌ^{51}muã^{35}tʃi^{42}.

卖药亚头谎了渠一千文纸。mæ^{31}iʌ^{31}a^{42}tɔ^{232}foŋ^{42}lə^{33}ky^{232}yə^{44}tʰĩ^{35}muã^{35}tʃi^{42}.

卖药亚头谎了一千文纸渠。mæ^{31}iʌ^{31}a^{42}tɔ^{232}foŋ^{42}lə^{33}yə^{44}tʰĩ^{35}muã^{35}tʃi^{42}ky^{232}.

三　比较句

谓语中含有比较词语或比较格式的句子叫作比较句，比较句一般包含比较项、比较值和比较词。比较项包括比项（简称甲）和被比项（简称乙），核心部分是比较值（简称A），是对比较双方的评判。这里把董家垌土话比较句分为等比句、差比句、递比句三类。

（一）等比句

通常在比较的事物的质或量具有一致性时用等比句，被比较的双方都出现时的常见形式是“甲跟乙一样A”“甲跟乙差不多A”，如：

老王云⁼和老张同样高。lo^{33}uoŋ^{232}uã^{232}lo^{33}tʃiæŋ^{35}toŋ^{232}iæŋ^{31}ko^{35}.

二婶云⁼和二叔年纪同样大。ȵi^{31}ʃuã^{42}uã^{232}ȵi^{31}ʃo^{44}nĩ^{232}ki^{42}toŋ^{232}iæŋ^{31}tæ^{31}.

大路云⁼和细路差冇多远。tæ^{31}lu^{31}uã^{232}nuæ^{51}lu^{31}tʃʰa^{35}mɔ^{33}lø^{35}ĩ^{33}.

有时等比的两方可以连在一起称呼，如：

两条箩索一样长。liæŋ^{33}tiu^{232}lø^{35}θiʌ^{51}yə^{44}iæŋ^{31}ʃiæŋ^{232}.

我亦有一对你箇亭⁼鞋我也有一双你这样的鞋。ŋuə^{33}e^{31}iɔ^{33}yə^{44}lui^{51}ni^{33}kə^{33}tẽ^{232}æ^{232}.

（二）差比句

差比句用于比较的事物的质或量不同，常用的格式是“甲比乙A”。如：

箇粒比亚粒好。kə^{33}naŋ^{35}pi^{42}a^{42}naŋ^{35}ho^{42}.

龙眼比荔枝贵，□冇得荔枝嘞好吃龙眼比荔枝贵，还没有荔枝那么好吃。loŋ^{232}ŋæ̃^{33}pi^{42}luæ^{232}tʃi^{35}kuæ^{51}，ʃi^{31}mɔ^{33}luə^{44}luæ^{232}tʃi^{35}kə^{42}ho^{42}he^{35}.

坐倒吃比徛倒吃好。θø^{33}lo^{42}he^{35}pi^{42}ki^{33}lo^{42}he^{35}ho^{42}.

你比我高，渠比你□要高你比我高，他比你还要高。ni^{33}pi^{42}ŋuə^{33}ko^{35}，ky^{232}pi^{42}ŋuə^{33}ʃi^{31}ko^{35}.

渠真比我剩要聪明！ ky^{232}tʃuã^{35}pi^{42}ŋuə^{33}ʃẽ^{31}iu^{51}tʰoŋ^{44}mẽ^{232}！

箇箩比亚箩重五斤。kə^{33}lø^{35}pi^{42}a^{42}lø^{35}ʃoŋ^{33}ŋ^{33}tʃuã^{35}.

两安渠亚得⁼米比我哋得⁼好□两安他们那些米比我们这里这些好一点。liæŋ^{33}õ^{35}ky^{232}a^{42}luə^{44}muæ^{33}pi^{42}ŋuə^{33}ti^{31}luə^{44}ho^{42}mẽ^{42}.

箇里嘢潮流比老先好啰。kə^{33}ly^{42}kə^{42}lɔ^{232}pi^{42}lo^{33}θĩ^{35}ho^{42}lo^{33}.

有的差比句比较词不出现，如：

我大你三岁。ŋuə^{33}tæ^{31}ni^{33}θæ̃^{35}θui^{51}.

渠重我三斤。ky^{232}ʃoŋ^{33}ŋuə^{33}θæ̃^{35}tʃuã^{35}.

箇粒大，亚粒细，箇两粒吾粒好咧？ kə^{33}naŋ^{35}tæ^{31}，a^{42}naŋ^{35}nuæ^{51}，kə^{33}liæŋ^{33}naŋ^{35}ŋ^{232}naŋ^{35}ho^{42}lie^{33}?

（三）递比句

递比句是在比较对象后连用两个数量结构，在内容上不断递进的句子。如：

一日比一日好。yə^{44}ȵyə^{44}pi^{42}yə^{44}ȵyə^{44}ho^{42}.

四　疑问句

这里只列举与讨论董家垌土话的是非问句、特指问句、选择问句、反复问句和反问句五种形式。

（一）是非问句

是非问句提出问题，要求做出肯定或否定的回答。董家垌土话是非问主要有下列几种形式：

1. 句末用“冇 mɔ^{33}”。“冇 mɔ^{33}”大致相当于北京话里的否定副词“不”。但它不能单独回答问题，不管是在选择问句中还是在是非问句中。用在句末兼做疑问语气词，如：

箇粒古你有听过冇这个故事你听说过吗？ kə^{33}naŋ^{35}ku^{42}ni^{33}tʰẽ^{51}kuə^{51}mɔ^{33}?

问你大嫂有米冇？ muã^{31}ni^{33}tæ^{31}θo^{42}iɔ^{31}muæ^{33}mɔ^{33}?

是你哋两头做嗰冇？ ʃi^{33}ni^{33}ti^{31}liæŋ^{33}tɔ^{232}tu^{51}kə^{42}mɔ^{33}?

老张呢？老张剩是屋冇老张呢？老张还在家吗？ lo^{33}tʃiæŋ^{35}ne^{33}?lo^{33}tʃiæŋ^{35}ʃe^{31}ʃi^{33}o^{44}mɔ^{33}?

你上回平时吃烟冇？ ni^{33}ʃiæŋ^{33}uæ^{232}he^{35}ĩ^{35}mɔ^{33}?

你是前一日来嗰冇？ ni^{33}ʃi^{33}θĩ^{232}yə^{44}ȵyə^{44}lø^{232}kə^{42}mɔ^{33}?

亚头是你老弟冇？ a^{42}tɔ^{232}ʃi^{33}ni^{33}lo^{33}tuæ^{33}mɔ^{33}?

你明日去贺州冇？ ni^{33}mẽ^{11}ȵyə^{44}hy^{51}hø^{31}tʃɔ^{35}mɔ^{33}?

你是学生冇？ ni^{33}ʃi^{33}iʌ^{31}ʃaŋ^{35}mɔ^{33}?

2. 句末用“冇曾 mɔ^{33}taŋ^{232}”或“□ maŋ^{33}”。“□ maŋ^{33}”是“冇曾 mɔ^{33}taŋ^{232}”快读的合音。

你娘归了冇曾？ ni^{33}niæŋ^{232}kuæ^{35}lə^{33}mɔ^{33}taŋ^{232}?

你去读书□？ ni^{33}hy^{51}to^{31}ʃy^{35}maŋ^{33}?

你吃了饭□？ ni^{33}he^{35}lə^{33}pæ̃^{31}maŋ^{33}?

渠晓知□？ ky^{232}ʃiu^{42}tʃi^{35}maŋ^{33}?

3. 句末带语气词的是非问句。

喂！使牛吱？ui^{51}！ ʃuæ^{42}ŋɔ^{232}tʃi^{33}?

渠是你爷啊？ ky^{232}ʃi^{33}ni^{33}ie^{232}?

（二）特指问句

特指问句是用疑问代词提问的疑问句。董家垌土话有丰富的疑问代词，在本章已对疑问代词及其用法做了讨论。本地独有的疑问代词使董家垌土话的特指问句具有鲜明的地域特点。如：

我话问你钟山跟努=去嗰？ ŋuə^{33}ua^{31}muã^{31}ni^{33}tʃoŋ^{35}ʃæ̃^{35}kuã^{35}nu^{42}hy^{51}kə^{42}?

剩有几多里路？ ʃẽ^{31}iɔ^{33}ki^{42}lø^{35}li^{33}lu^{31}?

同子论派？有论里嗰吱？ toŋ^{232}ti^{42}luã^{31}pæ^{51}?mɔ^{33}ʃi^{33}luã^{31}li^{33}kə^{42}tʃi^{33}?

你去吾努=？我去钟山。ni^{33}hy^{51}ŋ^{232}nu^{42}？ ŋuə^{33}hy^{51}tʃoŋ^{35}ʃæ̃^{35}.

是吾得=几头人去了哪几个人去了？ ʃi^{33}ŋ^{232}luə^{44}ki^{42}tɔ^{232}ȵyã^{232}hy^{51}liu^{33}?

着红衫亚头是吾头？ tʃiʌ^{44}oŋ^{232}ʃæ̃^{35}a^{42}tɔ^{232}ʃi^{33}ŋ^{232}tɔ^{232}?

箇眼车是吾头嗰？ kə^{33}ŋæ̃^{33}tʃ^{h}ie^{35}ʃi^{33}ŋ^{232}tɔ^{232}kə^{42}?

吾头啊？我是老三。ŋ^{232}tɔ^{232}a^{33}？ ŋuə^{33}ʃi^{33}lo^{33}θæ̃^{35}.

十三减七是吾嗷多？ ʃuə^{31}ȵi^{31}kæ̃^{42}t^{h}uə^{44}ʃi^{33}ŋ^{232}kə^{42}lø^{35}?

你要几多？ ni^{33}iu^{51}ki^{42}lø^{35}?

渠箇年有吾嗷多岁了？ ky^{232}kə^{33}nĩ^{232}iɔ^{33}ŋ^{232}kə^{42}lø^{35}θui^{42}lə^{33}?

箇粒东西有吾嗷多重呢？ kə^{33}naŋ^{35}loŋ^{35}θuæ^{35}iɔ^{33}ŋ^{232}kə^{42}lø^{35}ʃoŋ^{33}ne^{33}?

你讲得好好，你剩有吾度讲？ ni^{33}kiæŋ^{42}luə^{44}ho^{42}ho^{42}，ni^{33}ʃẽ^{31}iɔ^{33}ŋ^{232}tu^{31}kiæŋ^{42}?

是物东西咬你啊？ ʃi^{33}muə^{44}loŋ^{35}θuæ^{35}ŋiʌ^{33}ni^{33}a^{33}?

去广州像吾子去？ hy^{51}koŋ^{42}tʃɔ^{35}θiæŋ^{51}ŋ^{232}ti^{42}hy^{51}?

你像吾子嗰你怎么啦？ ni^{33}θiæŋ^{51}ŋ^{232}ti^{42}kə^{42}?

（三）选择问句

选择问句是提出两个以上可能的答案供对方选择的问句。董家垌土话的选择问句主要有“……吱=是tʃi^{33}ʃi^{33}…”“是ʃi^{33}……吱=是tʃi^{33}ʃi^{33}…”两种格式。如：

你要一嗜吱=是要两嗜你是要一个还是要两个？ ni^{33}ʃi^{33}iu^{51}yə^{44}kɔ^{31}tʃi^{33}ʃi^{33}iu^{51}liæŋ^{33}kɔ^{31}?

你吃饭吱=是吃粥？ ni^{33}he^{44}pæ̃^{31}tʃi^{33}ʃi^{33}he^{44}tʃo^{44}?

坐倒吃好吱=是徛倒吃好？ θø^{33}lo^{42}he^{44}ho^{42}tʃie^{11}ʃi^{33}ki^{33}lo^{42}he^{35}ho^{42}?

箇日开学吱=是明日开学？ kə^{33}ȵyə^{44}hø^{35}iʌ^{31}tʃi^{33}ʃi^{33}mui^{232}ȵyə^{44}hø^{35}iʌ^{31}?

渠生嗰□丁吾婴孩是男嗰吱=是女嗰？ ky^{232}ʃaŋ^{35}kə^{42}muæ^{44}lẽ^{11}ŋ^{232}ʃi^{33}næ̃^{232}kø^{33}tʃi^{33}ʃi^{33}ny^{33}kø^{33}?

有时选择项之间只用一个“是”连接，变成“……是……”，可以看作“……吱=是……”的简省，如：

你吃饭是吃粥？ ni^{33}he^{44}pæ̃^{31}ʃi^{33}he^{44}tʃo^{44}?

坐倒吃好是徛倒吃好？ θø^{33}lo^{42}he^{44}ho^{42}ʃi^{33}ki^{33}lo^{42}he^{35}ho^{42}?

有时供选择的是正反两项，例如：

你吃是冇吃？ ni^{33}he^{44}ʃi^{33}mɔ^{33}he^{44}?

你做是冇做？ ni^{33}tu^{51}ʃi^{33}mɔ^{33}tu^{51}?

“吃”和“冇吃”，“做”和“冇做”，是可供选择的正反两项。

（四）反复问句

反复问句是选择问句的特殊类型，是把谓语的肯定形式与否定形式并列在一起作为选择项，要求对方从中做出选择的疑问句。董家垌土话的反复问句有下面几种形式。

1 V冇V

V可以是动词，也可以是形容词。如：

你去冇去？ ni^{33}hy^{51}mɔ^{33}hy^{51}?

你有冇有钱？ ni^{33}iɔ^{33}mɔ^{33}iɔ^{33}θĩ^{232}?

你去冇去看电影？ ni^{33}hy^{51}mɔ^{33}hy^{51}?

学校开冇开会？ iʌ^{31}hiʌ^{31}hø^{35}mɔ^{33}hø^{35}ui^{31}?

箇班泥水匠手艺好冇好？ kə^{33}pæ̃^{35}nuæ^{232}ʃui^{42}θiæŋ^{31}ʃɔ^{42}ȵi^{31}ho^{42}mɔ^{33}ho^{42}?

反复问“V冇V”实际是选择问“V是冇V”式的简省。如：

你吃冇吃？ ni^{33}he^{44}mɔ^{33}he^{44}?

你做冇做？ ni^{33}tu^{51}mɔ^{33}tu^{51}?

2. V冇

口语求简洁，董家垌土话在多数情况下，反复问句是在句末加上否定词“冇”来表示，构成“V冇”的格式。“V”如果是动词，还可以带宾语，如：

你吃冇？ ni^{33}he^{35}mɔ^{33} ?

你去冇？ ni^{33}hy^{51}mɔ^{33} ?

你有钱冇？ ni^{33}iɔ^{33}θĩ^{232}mɔ^{33} ?

你看电影冇？ ni^{33}hõ^{51}tĩ^{31}ẽ^{42}mɔ^{33} ?

五 否定句

董家垌土话用否定词“莫、冇、冇得”等构成否定句。如：

千祈千，兄弟千万莫赌钱。t^{h}ĩ^{35}ki^{232}t^{h}ĩ^{35}，fẽ^{35}tuæ^{33}t^{h}ĩ^{35}mæ̃^{31}mɔ^{31}lu^{42}θĩ^{232}.

箇日啊，莫讲啰。kə^{33}ȵyə^{44}a^{33}，mɔ^{31}kẽ^{42}lo^{33}.

五月冇见六月谷，肚肠冇空总是灵。ŋ^{33}ȵĩ^{31}mɔ^{33}kĩ^{51}lo^{31}ȵĩ^{31}ko^{44}，tu^{33}ʃiæŋ^{232}mɔ^{33}hoŋ^{35}toŋ^{42}ʃi^{33}lẽ^{232}.

冇信你去望过啊。mɔ^{33}θuã^{51}ni^{33}hy^{51}miæŋ^{31}kuə^{51}a^{33}.

文钱取粒钵，取了冇得脱。muã^{35}θĩ^{232}t^{h}u^{42}naŋ^{35}puə^{44}，t^{h}u^{42}liu^{33}mɔ^{33}luə^{44}t^{h}uə^{44}.

晚妹夜夜冇得睡。mæ̃^{31}mui^{31}ie^{35}ie^{51}mɔ^{33}luə^{44}ʃui^{31}.

六　可能句

（一）能愿动词可能句

用“能、能够、会、可以、可能”等能愿动词表示，如：

如果你能够叫三声分我听。y^{232}kuə^{42}ni^{33}naŋ^{232}kiu^{51}θæ̃^{35}ʃẽ^{35}puã^{35}ŋuə^{33}tʰẽ^{51}.

烧屋会有第二回嘞啊。ʃiu^{35}o^{44}ui^{33}iɔ^{33}tuæ^{31}ȵi^{31}ui^{232}kə^{42}a^{33}.

可能是水土冇合吧。kʰø^{42}naŋ^{232}ʃi^{33}ʃui^{42}tʰu^{42}mɔ^{33}uə^{31}pa^{33}.

住了当时可能有孙啰。ʃy^{31}liu^{33}liæŋ^{35}ʃi^{232}kʰø^{42}naŋ^{232}iɔ^{33}θuŋ^{35}lo^{33}.

牛角分下来就可以变成两只大箩啰。ŋɔ^{232}kiʌ^{51}puã^{35}ia^{33}lø^{232}tɔ^{31}kʰø^{42}i^{33}pĩ^{51}ʃẽ^{232}liæŋ^{33}tʃe^{44}tæ^{31}lø^{35}lo^{33}.

咖渠拧起就可以吃啰。ka^{42}ky^{232}nẽ^{42}hi^{42}tɔ^{31}kʰø^{42}i^{33}he^{44}lo^{33}.

（二）动补结构“V得”可能句

“V得”可能句表示客观条件、情理下的可能、许可等，否定形式为“V冇得”。如：

箇得$^{=}$果子吃得冇吃得这些果子吃得吃不得。kə^{33}luə^{44}kø^{33}ti^{42}he^{35}luə^{44}mɔ^{33}he^{35}luə^{44}.

箇得$^{=}$熟嘅，吃得。亚得$^{=}$生嘅，吃冇得这是熟的，吃得。那是生的，吃不得。kə^{33}luə^{44}ʃo^{31}kə^{42}，he^{35}luə^{44}. a^{11}luə^{44}ʃaŋ^{235}kə^{42}，he^{35}mɔ^{33}luə^{44}.

你哋来得冇来得你们来得了来不了。ni^{11}ti^{31}lø^{232}luə^{44}mɔ^{33}lø^{11}luə^{44}.

我冇事，来得，渠冇□一点儿空，来冇得我没事，来得了，他太忙，来不了。ŋuə^{33}mɔ^{33}ʃi^{31}，lø^{232}luə^{44}，ky^{232}mɔ^{33}mẽ^{42}hoŋ^{51}，lø^{232}mɔ^{33}luə^{44}.

（三）动补结构“V得C”可能句

表示动作行为、发展变化或形状结果得以实现的可能性，其否定形式是“V冇C”。如：

箇嗜东西好重，你拧冇拧得动这个东西很重，拿得动拿不动。kə^{33}kə^{31}loŋ^{33}θuæ^{35}ho^{42}ʃoŋ^{33}，ni^{33}nẽ^{42}mɔ^{33}nẽ^{42}luə^{44}toŋ^{33}.

我拧得动，渠拧冇动我拿得动，他拿不动。ŋuə^{33}nẽ^{51}luə^{44}toŋ^{33}，ky^{232}nẽ^{51}mɔ^{33}toŋ^{33}.

箇真重，重得连我都拧冇动真不轻，重得连我都拿不动了。kə^{33}tʃuã^{35}ʃoŋ^{33}，ʃoŋ^{33}luə^{44}lĩ^{232}ŋuə^{33}tu^{33}nẽ^{51}mɔ^{33}toŋ^{33}.

七　动补句

动补句是动词或形容词后带有补语的句子。董家垌土话的动补句主要有如下几种：

（一）结果动补句

单个的动词或形容词直接跟在动词后充当补语的句子是结果动补句，表示动作行为所造成的结果。如：

吃敲箇粒时节呢就耕种了。he^{44}t^{h}ɔ^{42}kə^{33}naŋ^{35}ʃi^{232}tie^{44}ne^{33}tɔ^{31}kaŋ^{35}tʃoŋ^{51}liu^{33}.

扫净街头爷下马，扫净灶边爷吃烟。θo^{51}θẽ^{31}kæ^{33}tɔ^{232}ie^{35}ia^{31}ma^{33}，θo^{51}θẽ^{31}to^{31}pĩ^{35}ie^{35}he^{35}ĩ^{35}.

粉整成几粒放下铛去烧滚煮熟。puã^{42}tʃẽ^{42}ʃẽ^{232}ki^{42}naŋ^{35}poŋ^{51}ia^{33}tʃ^{h}aŋ^{35}hy^{51}ʃiu^{35}kuã^{42}tʃy^{42}ʃo^{31}.

（二）趋向动补句

趋向动补句是由趋向动词直接充当动词补语的句子，表示动作行为的趋向或性状的变化。如：

水下滩头难转回。ʃui^{42}ia^{33}t^{h}æ̃^{35}tɔ^{232}næ̃^{232}tʃĩ^{51}uæ^{232}.

好势嘓白头，打起来呼呼响。ho^{42}ʃi^{51}kə^{42}ʃe^{11}tɔ^{232}，la^{51}hi^{42}lø^{232}fu^{51}fu^{51}ʃiæŋ^{42}.

动词如果带有宾语，宾语可以放在补语后，也可以放在补语前。如：

渠就谂转粒办法。ky^{232}tɔ^{31}nuã^{42}tʃĩ^{51}naŋ^{35}pæ̃^{31}fa^{51}.

箇里出嫁坐起嘓的士，面包车。kə^{11}ly^{33}tʃ^{h}uə^{44}ka^{51}θø^{33}hi^{42}kə^{42}ti^{51}ʃi^{31}，mĩ^{11}piʌ^{35}tʃ^{h}e^{35}.

就谂想起亚两头人。tɔ^{31}nuã^{42}hi^{42}a^{33}liæŋ^{33}tɔ^{232}ȵyã^{232}.

头头娶头绣妇归来呵每一个都娶了媳妇回来呵。tɔ^{11}tɔ^{232}t^{h}u^{42}tɔ^{232}θɔ^{44}pu^{11}kuæ^{35}lø^{232}.

（三）状态动补句

表状态的动补句是由复杂的谓词性结构或状态形容词充当动词补语的句子，动词和补语之间用助词“得 luə^{44}”连接，动词如果带宾语，宾语放在状态补语前，如：

大嫂□还话包得多。tæ^{31}θo^{42}ʃe^{31}ua^{31}piʌ^{35}luə^{44}lø^{35}.

就讲得清楚。tɔ^{31}kiæŋ^{42}luə^{44}t^{h}ẽ^{33}tʃ^{h}u^{35}.

渠整得又软渠又□大。ky^{232}tʃẽ^{42}luə^{44}iɔ^{31}ȵĩ^{33}ky^{232}iɔ^{31}θaŋ^{42}.

你是咧生得我亦想咧噫唉。ni^{33}ʃi^{33}le^{33}ʃaŋ^{35}luə^{44}ŋuə^{33}e^{31}θiæŋ^{42}le^{33}i^{33}e^{33}.

到箇得⁼些时剩记得清清楚楚。lo^{51}kə^{33}luə^{44}ʃi^{232}ʃẽ^{31}ki^{51}luə^{44}t^{h}ẽ^{33}t^{h}ẽ^{35}t^{h}u^{33}t^{h}u^{35}.

第七章　语法例句

第一节

《中国语言资源调查手册·汉语方言》

本节50个例句，取自教育部语言文字信息管理司、中国语言资源保护研究中心合编的《中国语言资源调查手册·汉语方言》（商务印书馆，2015）第171—178页。各个例句的调查要点，请参看该书第162—170页“各例句调查要点”。

01 **小张昨天钓了一条大鱼，我没有钓到鱼。**

θiu^{42}tʃiæŋ^{35}θẽ^{232}ȵyə^{44}io^{44}lo^{51}tiu^{232}tæ^{31}ȵy^{232}，ŋuə^{33}mɔ^{33}luə^{44}io^{44}lo^{51}.

小 张 晴⁼日 育到条 大 鱼， 我 冇 得 育 到。

02 **a. 你平时抽烟吗？ b. 不，我不抽烟。**

a. ni^{33}pẽ^{232}ʃi^{232}he^{44}ĩ^{35}mɔ^{33}？ b. mɔ^{33}，ŋuə^{33}mɔ^{33}he^{44}ĩ^{35}.

你 平 时 吃 烟 冇？ 冇， 我 冇 吃 烟。

03 **a. 你告诉他这件事了吗？ b. 是，我告诉他了。**

a. kə^{33}luə^{44}ʃi^{31}ni^{33}kiæŋ^{42}ky^{232}tʰẽ^{51}taŋ^{35}？ b. kiæŋ^{42}lə^{33}，ŋuə^{33}kiæŋ^{42}ky^{232}tʰẽ^{51}lə^{33}.

箇得⁼事 你 讲 渠 听 曾？ 讲 喽，我 讲 渠 听 喽。

04 **你吃米饭还是吃馒头？**

ni^{33}he^{44}pæ̃^{31}ʃi^{33}he^{44}mĩ^{31}piʌ^{35}？

你 吃 饭 是 吃 面 包？

05 **你到底答应不答应他？**

ni^{33}lo^{51}luæ^{42}la^{51}ẽ^{51}mɔ^{33}la^{51}ẽ^{51}ky^{232}？

你 到 底 答 应 冇 答 应 渠？

ni^{33}lo^{51}luæ^{42}la^{51}ẽ^{51}ky^{232}mɔ^{33}？

你 到 底 答 应 渠 冇？

06　**a.叫小强一起去电影院看《刘三姐》。b.这部电影他看过了。／他这部电影看过了。／他看过这部电影了。**

a．ɔ^{35}θiu^{42}kiæŋ^{232}toŋ^{232}θuæ^{232}hy^{51}tĩ^{31}ẽ^{42}ĩ^{232}hø̃^{51}lɔ^{232}θæ̃^{35}ti^{42}.

讴小　强　同　齐　去 电影院 看《刘 三 姊》。

b．kə^{33}pu^{35}tĩ^{31}ẽ^{42}ky^{232}hø̃^{51}kuə^{51}lə^{33}.

箇 部　电影渠　看　过 喽。

07　**你把碗洗一下。**

ni^{33}θuæ^{42}a^{33}luə^{44}ŋ^{42}le^{33}.

你 洗　下 得$^{=}$ 碗咧。

08　**他把橘子剥了皮，但是没吃。**

ky^{232}muæ^{35}t^{h}uə^{44}kø̃^{33}ti^{42}pi^{232}lə^{33}，iɔ^{31}mɔ^{33}he^{44}.

渠 劘　脱　柑 子 皮 喽，又 冇　吃。

09　**他们把教室都装上了空调。**

ky^{232}ti^{31}nẽ^{51}kiʌ^{51}ʃuə^{44}tʃiæŋ^{35}ʃiæŋ^{33}hoŋ^{35}tiu^{31}lə^{33}.

渠 哋拧 教　室　装　上　空　调 喽。

10　**帽子被风吹走了。**

naŋ^{35}mo^{31}puã^{35}foŋ^{35}tʃ^{h}ui^{35}t^{h}uə^{44}lə^{33}.

粒　帽　分　风　吹　脱　喽。

11　**张明被坏人抢走了一个包，人也差点儿被打伤。**

tʃiæŋ^{35}mẽ^{232}puã^{35}uæ^{35}ȵyã^{232}t^{h}iæŋ^{42}t^{h}uə^{44}kɔ^{31}piʌ^{35}，tʃaŋ^{35}mẽ^{42}puã^{35}ke^{44}ʃiæŋ^{35}.

张　明　分 坏 人　抢　脱　嗜 包，　争　□　分 击 伤。

12　**快要下雨了，你们别出去了。**

tɔ^{31}liʌ^{31}ʃui^{42}lə^{33}，ni^{33}ti^{31}mɔ^{33}tʃ^{h}uə^{44}hy^{51}lə^{33}.

就 落 水 喽，你 哋 冇　出　去　喽。

13　**这毛巾很脏了，扔了它吧。**

kə^{44}tiu^{232}ʃɔ^{232}tʃuã^{35}uə^{51}θuæ^{232}liu^{33}，kaŋ^{31}hø^{35}ky^{232}le^{33}.

箇 条　手 巾　涴　齐　了，　□　开 渠 咧。

14　**我们是在车站买的车票。**

ŋuə^{33}ti^{31}luə^{44}tʃ^{h}ie^{33}p^{h}iu^{51}ʃi^{33}tʃ^{h}ie^{35}tʃæ̃^{51}t^{h}u^{42}kə^{42}.

我　哋 得$^{=}$ 车 票　是 车　站　取 嗰。

15　**墙上贴着一张地图。**

o^{44}pe^{44}nĩ^{35}lo^{42}naŋ^{35}ti^{31}tu^{232}.

屋壁 粘倒 粒 地 图。

16 **床上躺着一个老人。**

tʃiæŋ^{44}ʃiæŋ^{232}lĩ^{51}lo^{42}tɔ^{232}lo^{33}ȵyã^{232}.

张 床 楝$^{=}$倒头 老 人。

17 **河里游着好多小鱼。**

kiæŋ^{35}ly^{33}ho^{42}lø^{35}ȵy^{232}ŋ^{232}.

江 里 好 多 鱼 吾。

18 **前面走来了一个胖胖的小男孩。**

mĩ^{31}θĩ^{35}aŋ^{232}lø^{232}tɔ^{232}mɔ^{33}tʃi^{35}ki^{42}pi^{232}kə^{42}næ̃^{232}θuæ^{51}ti^{42}.

面 前 行 来 头 冇 知几 肥 嗰 男 细 子。

19 **他家一下子死了三头猪。**

ky^{232}o^{44}ly^{33}yə^{44}ʃuã^{31}θi^{42}liu^{33}θæ̃^{35}tɔ^{232}tʃy^{35}.

渠 屋里 一 阵 死 了 三 头 猪。

20 **这辆汽车要开到广州去。／这辆汽车要开去广州。**

kə^{33}ŋæ̃^{33}tʃ^{h}ie^{35}hø^{35}hy^{51}koŋ^{42}tʃɔ^{35}kə^{42}.

箇 眼 车 开 去 广 州 嗰。

21 **学生们坐汽车坐了两整天了。**

kə^{33}luə^{44}iʌ^{31}ʃaŋ^{35}θø^{33}tʃ^{h}ie^{35}θø^{33}liu^{33}liæŋ^{33}ȵyə^{44}liu^{33}.

箇 得$^{=}$学 生 坐 车 坐 了 两 日 了。

22 **你尝尝他做的点心再走吧。**

ni^{33}ʃi^{51}kuə^{51}ky^{232}tu^{51}kuə^{51}lĩ^{42}θuã^{35}mæ̃^{31}hy^{51}le^{33}.

你 试 过 渠 做 过 点 心 慢 去 咧。

23 **a. 你在唱什么？ b. 我没在唱，我放着录音呢。**

a. ni^{33}tʃ^{h}iæŋ^{51}ʃi^{33}muə^{44}? b. mɔ^{33}tʃ^{h}iæŋ^{51}a^{44}, ŋuə^{33}poŋ^{51}lo^{31}yã^{35}kə^{42}.

你 唱 是 物？ 冇 唱 啊，我 放 录 音 嗰。

24 **a. 我吃过兔子肉，你吃过没有？ b. 没有，我没吃过。**

a. ŋuə^{33}he^{44}kuə^{51}t^{h}u^{51}ȵio^{31}, ni^{33}he^{44}kuə^{51}mɔ^{33}? b. mɔ^{33}, ŋuə^{33}mɔ^{33}he^{44}kuə^{51}.

我 吃 过 兔 肉，你 吃 过 冇？ 冇，我 冇 吃 过。

25 **我洗过澡了，今天不打篮球了。**

ŋuə^{33}θuæ^{42}θẽ^{31}liæŋ^{232}lə^{33}, kø^{35}ȵyə^{44}mɔ^{33}ke^{44}læ̃^{232}tʃɔ^{232}lə^{33}.

我 洗 净 凉 喽，箇 日 冇 击 篮 球 喽。

26 **我算得太快算错了，让我重新算一遍。**

ŋuə^{33}θuŋ^{51}luə^{44}t^{h}æ^{51}fæ^{51}θuŋ^{51}t^{h}ø^{51}lə^{33}，laŋ^{42}ŋuə^{33}tø^{51}θuŋ^{51}yə^{44}pĩ^{51}.

我 算 得 太 快 算 错 喽，等 我 再 算 一 遍。

27 **他一高兴就唱起歌来了。**

ky^{232}yə^{44}ko^{35}hẽ^{51}tɔ^{31}tʃ^{h}iæŋ^{51}kø^{35}.

渠 一 高 兴 就 唱 歌。

28 **谁刚才议论我老师来着？**

tʃẽ^{51}ŋæ̃^{35}ŋ^{232}tɔ^{232}kiæŋ^{42}ŋuə^{33}lo^{33}ʃi^{35}kə^{42}?

正 啱 吾 头 讲 我 老 师 嗰?

29 **只写了一半，还得写下去。**

tʃø^{33}lø^{232}θie^{42}yə^{44}puŋ^{51}，tʃẽ^{31}iu^{51}θie^{42}ia^{33}hy^{51}.

□ 来 写 一 半， 剩 要 写 下 去。

30 **你才吃了一碗米饭，再吃一碗吧。**

ni^{33}tʃø^{33}lø^{232}he^{44}yə^{44}ŋ^{42}pæ̃^{31}，ʃẽ^{31}he^{44}tʃĩ^{51}ŋ^{42}le^{33}.

你□ 来 吃 一 碗 饭， 剩 吃 转 碗 咧。

31 **让孩子们先走，你再把展览仔仔细细地看一遍。**

laŋ^{42}muæ^{51}lẽ^{35}ȵi^{232}hy^{51}θĩ^{35}，ni^{33}ʃẽ^{31}mæ̃^{31}nẽ^{51}tʃæ̃^{42}læ̃^{42}θiæŋ^{232}θiæŋ^{232}θuæ^{51}θuæ^{51}hø̃^{51}yə^{44}p^{h}ĩ^{51}.

等 □ 丁 儿 去 先， 你 剩 慢 拧 展 览 详 详 细 细 看 一 遍。

32 **他在电视机前看着看着睡着了。**

ky^{232}ʃi^{33}tĩ^{31}ʃi^{31}mĩ^{31}θĩ^{35}hø̃^{51}hø̃^{51}tɔ^{31}huã^{51}lə^{33}.

渠 是 电 视 面 先 看 看 就 睏 了。

33 **你算算看，这点钱够不够花？**

ni^{33}hø̃^{51}kuə^{51}θuŋ^{51}kuə^{51}，kə^{33}luə^{44}θĩ^{232}kɔ^{51}ʃuæ^{42}taŋ^{232}?

你 看 过 算 过， 箇 得＝钱 够 使 曾?

34 **老师给了你一本很厚的书吧？**

lo^{33}ʃi^{35}puã^{35}puŋ^{42}ho^{42}ɔ^{33}kə^{42}ʃy^{35}ni^{33}ʃi^{33}mɔ^{33}?

老 师 分 本 好 厚 嗰 书 你 是 冇?

35 **那个卖药的骗了他一千块钱呢。**

mæ^{31}iʌ^{31}a^{31}tɔ^{232}foŋ^{42}ky^{232}ʃẽ^{232}t^{h}ĩ^{35}muã^{35}tʃi^{42}le^{33}.

卖 药 亚 头 谎 渠 成 千 文 纸 咧。

36 a. 我上个月借了他三百块钱。b. 我上个月借了他三百块钱。

a. ʃiæŋ^{31}kɔ^{31}ȵĩ^{31}ŋuə^{33}ʃiæŋ^{51}ky^{232}tie^{51}θæ̃^{35}piʌ^{51}muã^{35}tʃi^{42}.

上 嗜月 我 向 渠 借 三 百 文 纸。

b. ʃiæŋ^{31}kɔ^{31}ȵĩ^{31}ŋuə^{33}tie^{51}puã^{35}ky^{232}θæ̃^{35}piʌ^{51}muã^{35}tʃi^{42}.

上 嗜月 我 借 分 渠 三 百 文 纸。

37 **a. 王先生的刀开得很好。**王先生是医生，施事

a. uoŋ^{232}θĩ^{35}ʃaŋ^{35}kə^{42}lo^{35}ho^{42}ʃo^{31}hø^{35}.

王 先生 嘓 刀 好 熟 开。

b. 王先生的刀开得很好。王先生是病人，受事

b. uoŋ^{232}θĩ^{35}ʃaŋ^{35}kə^{42}lo^{35}puã^{35}ky^{232}hø^{35}lẽ^{232}liu^{33}.

王 先 生 嘓 刀 分 渠 开 灵 了。

38 **我不能怪人家，只能怪自己。**

ŋuə^{33}mɔ^{33}ĩ^{51}ȵyã^{232}ka^{35}，tʃe^{44}ĩ^{51}θi^{31}ki^{42}.

我 冇 怨 人 家，只 怨 自 己。

39 **a. 明天王经理会来公司吗？ b. 我看他不会来。**

a. mẽ^{232}ȵyə^{44}uoŋ^{232}kẽ^{35}li^{33}lø^{232}koŋ^{35}θi^{35}mɔ^{33}? b. ŋuə^{33}hõ^{51}ky^{232}mɔ^{33}ui^{33}lø^{232}.

明 日 王 经理 来 公 司 冇？ 我 看 渠 冇 会 来。

40 **我们用什么车从南京往这里运家具呢？**

ŋuə^{33}ti^{31}nẽ^{51}ʃi^{33}muə^{44}tʃ^{h}ie^{35}kuã^{35}næ̃^{232}kẽ^{35}tʃ^{h}ie^{35}ka^{35}ky^{31}lø^{232}kə^{33}nu^{42}le^{33} ?

我 呲 拧 是 物 车 跟 南 京 车 家 具 来 箇 努$^{=}$咧？

41 **他像个病人似的靠在沙发上。**

ky^{232}toŋ^{232}tɔ^{232}pẽ^{31}ȵyã^{232}kə^{33}ti^{42}ŋæ^{35}ʃi^{33}ʃa^{35}fa^{51}.

渠 同 头 病 人 箇 子 挨 是 沙 发。

42 **这么干活连小伙子都会累坏的。**

toŋ^{232}kə^{33}ti^{42}tu^{51}koŋ^{35}lĩ^{232}ɔ^{33}ʃaŋ^{35}ȵyã^{232}tu^{35}ui^{33}lui^{33}θi^{42}.

同 箇 子 做 工 连 后 生 人 都 会 累 死。

43 **他跳上末班车走了。我迟到一步，只能自己慢慢走回学校了。**

ky^{232}t^{h}iu^{51}ʃiæŋ^{33}mĩ^{42}pæ̃^{35}tʃ^{h}ie^{35}hy^{51}liu^{33}，ŋuə^{33}ʃi^{232}lo^{51}mẽ^{42}，ko^{31}pi^{42}θi^{31}ki^{42}mæ̃^{31}mæ̃^{31}aŋ^{232}lu^{31}

渠 跳 上 尾 班 车 去 了，我 迟 到 □，焗 畀 自己 慢 慢 行 路

tʃĩ^{51}iʌ^{31}tiæŋ^{232}.

转 学 堂。

44 **这是谁写的诗？谁猜出来我就奖励谁十块钱。**

kə^{33}luə^{44}ŋ^{232}tɔ^{232}θie^{42}kə^{42}？ ŋ^{232}tɔ^{232}ku^{42}tʃ^{h}uə^{44}lø^{232}ŋuə^{33}tɔ^{31}tiæŋ^{42}ky^{232}ʃuə^{31}muã^{35}tʃi^{42}.

箇 得$^{=}$吾头 写 嘔? 吾 头 估 出 来 我 就奖 渠 十 文 纸。

45 **我给你的书是我教中学的舅舅写的。**

ŋuə^{33}puã^{35}ni^{33}kə^{42}ʃy^{35}ʃi^{33}ŋuə^{33}kiʌ^{51}tʃoŋ^{35}iʌ^{31}kə^{42}tʃɔ^{33}ie^{232}θie^{42}kə^{42}.

我 分 你嘔 书是我 教 中 学嘔 舅爷 写 嘔。

46 **你比我高，他比你还要高。**

ni^{33}pi^{42}ŋuə^{33}ko^{35}，ky^{232}pi^{42}ni^{33}ʃe^{31}iu^{51}ko^{35}.

你比我 高，渠 比 你石$^{=}$要高。

47 **老王跟老张一样高。**

lo^{42}uoŋ^{232}uã^{232}lo^{42}tʃiæŋ^{35}toŋ^{232}iæŋ^{31}ko^{35}.

老 王 云$^{=}$老 张 同 样 高。

48 **我走了，你们俩再多坐一会儿。**

ŋuə^{33}hy^{51}liu^{33}，ni^{33}ti^{31}liæŋ^{33}kuə^{51}tø^{51}lø^{35}θø^{33}ʃuã^{31}ŋ^{232}le^{33}.

我 去 了，你哋 两 个 再多 坐 阵 吾 咧。

49 **我说不过他，谁都说不过这个家伙。**

ŋuə^{33}kiæŋ^{42}mɔ^{33}kuə^{51}ky^{232}，ŋ^{232}tɔ^{232}tu^{35}kiæŋ^{42}mɔ^{33}kuə^{51}kə^{33}tɔ^{232}ka^{35}fuə^{42}.

我 讲 冇 过 渠，吾 头 都 讲 冇 过 箇头 家 伙。

50 **上次只买了一本书，今天要多买几本。**

θĩ^{35}uæ^{232}tʃie^{33}t^{h}u^{42}ie^{44}puŋ^{42}ʃy^{35}，kə^{35}ȵyə^{44}iu^{51}lø^{35}t^{h}u^{42}ki^{42}puŋ^{42}.

先回 □ 取 一本 书，箇 日 要 多 取 几本。

第二节

《汉语方言语法调查例句》

本节语法例句共248句，总称为《汉语方言语法调查例句》，可以作为《中国语言资源调查手册·汉语方言》50个语法例句的补充和扩展。这些例句根据以下几个来源综合：（1）中国社会科学院语言研究所方言组《方言调查词汇表》第叁拾壹部分"语法"，参看《方言》1981：201—203；（2）丁声树《方言调查词汇手册》第18部分，参看《方言》1989：91—97；（3）中国社会科学院语言研究所"汉语方言重点调查"（1988—1992）课题组编印的"语法调查例句"（油印本）；（4）中国社会科学院A类重大研究课题"中国濒危语言方言调查研究与新编《中国语言地图集》"（2002—2007）编印的"词汇语法调查条目"（油印本）；（5）根据通行语法著作适当选取的其他一些语法例句。

001　**这句话用钟山话怎么说？**

kə^{44}ky^{51}ua^{31}nẽ^{51}tʃoŋ^{35}ʃæ̃^{35}ua^{31}toŋ^{11}ti^{33}kiæŋ^{42}?

箇 句话 拧 钟 山 话 同 子 讲?

002　**你还会说别的地方的话吗？**

ni^{33}ʃẽ^{11}ʃo^{31}kiæŋ^{42}ki^{11}t^{h}a^{35}ti^{11}foŋ^{35}ua^{31}mɔ^{33} ?

你剩熟讲 其 他地方 话 冇?

003　**不会了，我从小就没出过门，只会说钟山话。**

mɔ^{33}ʃo^{31}liu^{33}，ŋuə^{33}θoŋ^{11}nuæ^{51}mɔ^{33}tʃ^{h}uə^{44}kuə^{51}muŋ^{232}，tʃi^{42}ʃo^{31}kiæŋ^{42}tʃoŋ^{33}ʃæ̃^{35}ua^{31}.

冇 熟 了， 我 从 细 冇 出 过 门， 只 熟 讲 钟 山 话。

004　**会，还会说广东话、客家话，不过说得不怎么好。**

ʃo^{31}，ʃẽ^{11}ʃo^{31}kiæŋ^{42}koŋ^{33}loŋ^{35}ua^{31}，hiʌ^{51}ka^{35}ua^{31}，mɔ^{33}kuə^{51}kiæŋ^{42}luə^{44}mɔ^{33}tæ^{31}ho^{42}.

熟，剩熟讲 广 东 话， 客 家 话， 冇 过 讲 得 冇 大 好。

005 **会说普通话吗?**

ʃo^{31}kiæŋ^{42}p^{h}u^{33}t^{h}oŋ^{35}ua^{31}mɔ^{33}?

熟 讲 普 通 话 冇?

006 **不会说，没有学过。**

mɔ^{33}ʃo^{31}kiæŋ^{42}，mɔ^{33}luə^{44}iʌ^{31}kuə^{51}.

冇 熟 讲， 冇 得 学 过。

007 **会说一点儿，不标准就是了。**

ʃo^{31}kiæŋ^{42}mẽ^{42}ŋ^{44}，tɔ^{31}ʃi^{33}mɔ^{33}piu^{33}tʃuã^{42}.

熟 讲 □吾， 就 是 冇 标 准。□mẽ^{42}ŋ^{44}吾：一点点

008 **在什么地方学的普通话?**

ʃi^{33}ŋ^{11}naŋ^{35}ti^{11}foŋ^{35}iʌ^{31}p^{h}u^{33}t^{h}oŋ^{35}ua^{31}?

是吾粒 地 方 学 普 通 话?

009 **上小学中学都学普通话。**

ʃiæŋ^{33}θiu^{42}iʌ^{31}tʃoŋ^{35}iʌ^{31}tu^{35}iʌ^{31}p^{h}u^{33}t^{h}oŋ^{35}ua^{31}.

上 小 学 中 学 都 学 普 通 话。

010 **谁呀? 我是老王。**

ŋ^{11}tɔ^{232}？ ɲuə^{33}ʃi^{33}lo^{33}uoŋ^{232}

吾头? 我 是 老 王。

011 **您贵姓? 我姓王，您呢?**

ni^{33}kuæ^{51}θẽ^{51}？ ɲuə^{33}θẽ^{44}uoŋ^{232}，ni^{33}ne^{33}?

你 贵 姓? 我 姓 王， 你 呢?

012 **我也姓王，咱俩都姓王。**

ɲuə^{33}e^{31}θẽ^{44}uoŋ^{232}，ɲuə^{44}ti^{31}tu^{35}θẽ^{44}uoŋ^{232}.

我 亦 姓 王， 我 哋 都 姓 王。

013 **巧了，他也姓王，本来是一家嘛。**

ɲæ̃^{35}liu^{33}，ky^{232}e^{31}θẽ^{44}uoŋ^{232}，puŋ^{44}lø^{232}ʃi^{33}yə^{33}ka^{35}ma^{232}.

啱 了， 渠 亦 姓 王， 本 来 是 一 家 嘛。

014 **老张来了吗? 说好他也来的。**

lo^{33}tʃiæŋ^{35}lø^{232}taŋ^{232}？ kiæŋ^{42}tẽ^{31}liu^{33}ky^{232}e^{31}lø^{232}kə^{42}.

老 张 来 曾? 讲 定 了 渠 亦 来 嗰。

015 **他没来，还没到吧。**

ky^{232}ʃẽ^{31}mɔ^{33}taŋ^{232}lø^{232}，p^{h}uə^{51}ʃẽ^{31}mɔ^{33}taŋ^{232}lo^{51}.

渠 剩 冇 曾 来，□ 剩 冇 曾 到。□p^{h}uə^{51}：恐怕，可能

016 **他上哪儿了？还在家里呢。**

ky^{232}hy^{51}ŋ^{11}nu^{42}liu^{33}？ʃi^{11}θø^{33}o^{44}ly^{42}le^{33}.

渠 去 吾努⁼了？ 是 在 屋 里 咧。

017 **在家做什么？在家吃饭呢。**

ʃi^{33}o^{44}tu^{33}tu^{51}ʃi^{33}muə^{44}？ʃi^{11}o^{44}tu^{33}he^{44}pæ̃^{31}ne^{33}.

是 屋 肚 做 是 物？ 是 屋 里 吃 饭 呢。

018 **都几点了，怎么还没吃完？**

ki^{42}lø^{35}lĩ^{42}tʃoŋ^{35}liu^{33}，ʃẽ^{11}mɔ^{33}he^{33}t^{h}uə^{44}?

几 多 点 钟 了，剩 冇 吃 脱？

019 **还没有呢，再有一会儿就吃完了。**

tʃẽ^{11}mɔ^{33}taŋ^{232}，tʃẽ^{11}iɔ^{33}ʃuã^{11}ŋ^{232}tɔ^{31}he^{44}θuæ^{232}liu^{33}.

剩 冇 曾，剩 有 阵 吾 就 吃 齐 了。

020 **他在哪儿吃的饭？**

ky^{232}ʃi^{33}ŋ^{11}nu^{42}he^{44}pæ̃^{31}kə^{42}？

渠 是 吾 努⁼吃 饭 嘅？

021 **他是在我家吃的饭。**

ky^{232}ʃi^{33}ŋuə^{33}o^{44}ly^{33}he^{44}pæ̃^{31}kə^{42}.

渠 是 我 屋 里 吃 饭 嘅。

022 **真的吗？真的，他是在我家吃的饭。**

tʃuã^{35}kə^{42}？tʃuã^{35}kə^{42}。ky^{232}ʃi^{33}ŋuə^{33}o^{44}ly^{33}he^{44}pæ̃^{31}kə^{42}.

真 嘅？ 真 嘅。渠 是 我 屋 里 吃 饭 嘅。

023 **先喝一杯茶再说吧！**

θĩ^{35}he^{44}pui^{35}ʃa^{232}ʃi^{33}mæ̃^{31}kiæŋ^{42}le^{33}!

先 吃 杯 茶 是 慢 讲 咧！

024 **说好了就走的，怎么半天了还不走？**

kiæŋ^{42}ho^{42}liu^{33}tɔ^{31}hy^{51}kə^{42}，toŋ^{11}ti^{42}puŋ^{51}ȵyə^{44}ʃẽ^{31}mɔ^{33}hy^{51}?

讲 好 了 就 去 嘅，同 子 半 日 剩 冇 去？

025 **他磨磨蹭蹭的，做什么呢？**

ky^{232}ŋæ^{11}ŋæ^{232}t^{h}a^{33}t^{h}a^{51}kie^{31}，tu^{51}ŋ^{11}tu^{31}ne^{33}?

渠 捱 捱 擦 擦 嘅，做 吾 度 呢？

026 **他正在那儿跟一个朋友说话呢。**

ky^{232}tʃẽ^{51}ʃi^{33}a^{11}nu^{42}toŋ^{11}kuə^{51}poŋ^{11}iɔ^{33}kiæŋ^{42}ua^{31}ne^{33}.

渠 正是 亚努$^{=}$同 个 朋 友 讲 话 呢。

027 **还没说完啊？催他快点儿！**

ʃẽ^{31}mɔ^{33}taŋ^{232}kiæŋ^{42}θuæ^{232}a^{33}？ ɔ^{35}ky^{232}fæ^{51}mẽ^{232}le^{33}!

剩 有 曾 讲 齐 啊？ 讴渠 快 □ 咧！

028 **好，好，他就来了。**

ho^{42}，ho^{42}，ky^{232}tɔ^{31}lø^{232}lo^{33}.

好，好，渠 就 来 啰。

029 **你上哪儿去？我上街去。**

ni^{33}hy^{51}ŋ^{11}nu^{42}？ ŋuə^{33}ʃiæŋ^{11}kæ^{35}.

你 去 吾 努$^{=}$？我 上 街。

030 **你多会儿去？我马上就去。**

ni^{33}ʃi^{33}ŋ^{11}ʃuã^{31}hy^{51}？ ŋuə^{33}ma^{33}ʃiæŋ^{31}tɔ^{31}hy^{51}.

你 是 吾 阵 去？ 我 马 上 就 去。

031 **做什么去呀？家里来客人了，买点儿菜去。**

hy^{51}tu^{51}ʃi^{11}muə^{44}？ o^{44}ly^{42}iɔ^{11}hiʌ^{51}lø^{232}，t^{h}u^{42}mẽ^{42}t^{h}ø^{51}kuæ^{35}.

去 做 是 物？ 屋 里 有 客 来， 取 □ 菜 归。

032 **你先去吧，我们一会儿再去。**

ni^{33}hy^{51}θĩ^{35}le^{33}，ŋuə^{33}ti^{31}ʃuã^{31}ŋ^{232}ʃẽ^{31}mæ̃^{31}hy^{51}.

你 去 先 咧，我 呲 阵 吾 剩 慢 去。

033 **好好儿走，别跑！小心摔跤了。**

aŋ^{232}ho^{42}mẽ^{42}，mɔ^{33}tiu^{232}! mɔ^{33}puã^{35}ky^{232}tuə^{31}lo^{42}.

行 好□，有 逃！ 有 分 渠 □ 倒。

034 **小心点儿，不然的话摔下去爬都爬不起来。**

θiu^{33}θuã^{35}mẽ^{42}，mɔ^{33}kə^{42}tuə^{31}ia^{33}hy^{51}ni^{33}tɔ^{31}hi^{42}mɔ^{33}luə^{44}ʃuã^{35}liu^{33}.

小 心 □，有 嘓 □ 下 去 你 就 起 有 得 身 了。

035 **不早了，快去吧！**

mɔ^{33}tɔ^{42}liu^{33}，ʃe^{11}kẽ^{35}hy^{51}!

有 早 了，直 经 去！

036 **这会儿还早呢，过一会儿再去吧。**

kə33ly42ʃe11to42，kuə51ʃuã11ȵi35mæ̃31hy51.

箇 里 石⁼早，过 阵 儿 慢 去。

037 **吃了饭再去好不好？**

he44liu33pæ̃31ʃe31mæ̃31hy51ho42mɔ33ho42？

吃 了 饭 石⁼慢 去 好 冇 好？

038 **不行，那可就来不及了。**

mɔ33lẽ232，kə33ti42tə31lø232mɔ33tʃuə31liu33.

冇 灵， 箇 子就来 冇 及 了。

039 **不管你去不去，反正我是要去的。**

mɔ33kuŋ42ni33hy51mɔ33hy51，fæ̃42tʃẽ51ŋuə33ʃi33iu51hy51kə42.

冇 管 你去 冇 去， 反 正 我 是 要去 嘓。

040 **你爱去不去。你爱去就去，不爱去就不去。**

ni33hy51mɔ33hy51. ni33tʃoŋ33i51hy51tə11hy51，mɔ33tʃoŋ33i51hy51tə31mɔ33hy51.

你去 冇 去。你 中 意去 就去， 冇 中 意去就 冇 去。

041 **那我非去不可！**

①na31ŋuə33khaŋ42tẽ31iu33hy51！ ②na31ŋuə33mɔ33hy51tə31mɔ33lẽ232！

那 我 肯 定 要 去！ 那 我 冇 去 就 冇 灵！

③na31ŋuə33ie44tẽ31iu51hy51！

那 我 一 定 要 去！

042 **那个东西不在那儿，也不在这儿。**

a31naŋ35loŋ33θuæ34mɔ33ʃi33a11nu42，e31mɔ33ʃi33kə11nu42.

亚粒 东 西 冇 是 亚努⁼，亦 冇 是 箇 努⁼。

043 **那到底在哪儿？**

na31lo51luæ42ʃi33ŋ11nu42?

那 到 底 是 吾 努⁼？

044 **我也说不清楚，你问他去！**

ŋuə33e31kiæŋ42mɔ33thẽ33thu35，ni33muã31ky232le33！

我 亦讲 冇 清 楚， 你 问 渠 咧！

045 **怎么办呢？不是那么办，要这么办才对。**

toŋ11ti42tu51ne33? mɔ33ʃi33a11ti42tu51kie31，iu51kə33ti42tu51tʃie33lui51.

同 子 做 呢？ 冇 是 亚子做 嘅， 要 箇 子 做 □ 对。

046 **要多少才够呢？**

iu^{51}ki^{42}lø^{35}tʃie^{33}kɔ^{51}ne^{33}?

要几多□ 够呢?

047 **太多了，要不了那么多，只要这么多就够了。**

t^{h}æ^{51}lø^{35}liu^{33}，iu^{51}mɔ^{33}lo^{42}kə^{33}lø^{35}，iu^{51}kə^{33}lø^{35}tɔ^{31}kɔ^{51}liu^{33}.

太多了，要冇倒噉多，要噉多就够了。

048 **不管怎么忙，也得好好儿学习。**

mɔ^{33}kuŋ^{42}ŋ^{11}kə^{44}miæŋ^{232}，e^{31}iu^{51}ho^{33}ho^{42}iʌ^{31}θe^{44}.

冇管吾噉忙，亦要好好学习。

049 **你闻闻这朵花香不香?**

ni^{33}ȵioŋ^{51}ȵioŋ^{51}kə^{33}lẽ^{42}fa^{35}ʃiæŋ^{35}mɔ^{33}ʃiæŋ^{35}?

你嗅嗅箇顶花香冇香?

050 **好香呀，是不是?**

ho^{42}ʃiæŋ^{35}a^{33}，ʃi^{33}mɔ^{33}?

好香啊，是冇?

051 **你是抽烟呢，还是喝茶?**

ni^{33}he^{33}ĩ^{35}ĩ^{33}he^{44}ʃa^{232}?

你吃烟远=吃茶?

052 **烟也好，茶也好，我都不会。**

ĩ^{35}e^{11}ho^{42}，ʃa^{232}ho^{42}，ŋuə^{33}tu^{35}mɔ^{33}ʃo^{31}.

烟亦好，茶好，我都冇熟。

053 **医生叫你多睡一睡，抽烟喝茶都不行。**

i^{33}ʃaŋ^{35}ɔ^{35}ni^{33}ʃui^{31}lø^{35}mẽ^{42}，he^{33}ĩ^{35}he^{44}ʃa^{232}tu^{35}mɔ^{33}lẽ^{232}.

医生讴你睡多□，吃烟吃茶都冇灵。

054 **咱们一边走一边说。**

ŋuə^{33}ti^{31}pĩ^{35}aŋ^{232}pĩ^{35}kiæŋ^{42}.

我哋边行边讲。

055 **这个东西好是好，就是太贵了。**

kə^{33}naŋ^{35}loŋ^{33}θuæ^{35}ho^{42}ʃi^{33}ho^{42}，tɔ^{31}ʃi^{33}t^{h}æ^{51}kuæ^{51}liu^{33}.

箇粒东西好是好，就是太贵了。

056 **这个东西虽说贵了点儿，不过挺结实的。**

kə^{33}naŋ^{35}loŋ^{33}θuæ^{35}θui^{35}kiæŋ^{42}kuæ^{51}liu^{33}mẽ^{42}，mɔ^{33}kuə^{51}ʃi^{33}ho^{42}k^{h}aŋ^{51}kə^{42}.

箇粒东西虽讲贵了□，冇过是好劥嘓。

057 **他今年多大了？**

ky^{232}kə^{33}nĩ^{35}ŋ^{11}kə^{44}tæ^{31}lə^{33}?

渠 箇年吾嗽 大 了？

058 **也就是三十来岁吧。**

e^{31}tɔ^{11}ʃi^{33}θæ̃^{35}ʃuə^{31}lø^{232}θui^{51}pa^{31}.

亦就是三十 来 岁 吧。

059 **看上去不过三十多岁的样子。**

miæŋ^{31}ʃiæŋ^{33}hy^{51}θæ̃^{35}ʃuə^{31}lẽ^{232}θui^{51}a^{31}naŋ^{35}iæŋ^{31}.

望 上 去 三十 零 岁 亚粒 样。

060 **这个东西有多重呢？**

kə^{44}kɔ^{31}loŋ^{33}θuæ^{35}iɔ^{33}ŋ^{11}kə^{44}ʃoŋ^{33}?

箇嚧 东 西 有 吾嗽重？

061 **怕有五十多斤吧。**

p^{h}a^{51}iɔ^{33}ŋ^{33}ʃuə^{31}ki^{42}tʃuã^{35}po^{33}.

怕 有五十 几 斤 啵。

062 **我五点半就起来了，你怎么七点了还不起来？**

ŋuə^{33}ŋ^{33}lĩ^{42}puŋ^{51}tɔ^{31}hi^{42}lə^{33}，ni^{33}toŋ^{11}ti^{42}t^{h}uə^{44}lĩ^{42}ʃẽ^{31}mɔ^{33}hi^{42}?

我 五点半 就 起了，你 同 子 七 点剩有 起？

063 **三四个人盖一床被。一床被盖三四个人。**

θæ̃^{33}i^{51}kuə^{44}n̠yã^{232}toŋ^{11}tʃiæŋ^{35}pi^{33}. ie^{44}tʃiæŋ^{35}pi^{33}p^{h}u^{35}θæ̃^{33}θi^{51}kuə^{44}n̠yã^{232}.

三 四个 人 同 张 被。一 张 被 铺 三 四 个 人。

064 **一个大饼夹一根油条。一根油条外加一个大饼。**

ie^{44}kɔ^{31}tæ^{11}pẽ^{42}ka^{31}tiu^{232}iɔ^{11}tiu^{232}. ie^{44}tiu^{232}iɔ^{11}tiu^{232}ka^{35}kɔ^{31}tæ^{11}pẽ^{42}.

一嚧 大饼 夹 条 油 条。一 条 油 条 加嚧 大 饼。

065 **两个人坐一张凳子。一张凳子坐了两个人。**

liæŋ^{33}tɔ^{232}n̠yã^{232}toŋ^{11}tʃe^{44}laŋ^{51}. ie^{44}tʃe^{44}laŋ^{51}θø^{33}liæŋ^{33}kuə^{44}n̠yã^{232}.

两 头 人 同只 凳。一 只 凳 坐 两 个 人。

066 **一辆车装三千斤麦子。三千斤麦子刚好够装一辆车。**

ie^{44}ŋæ̃^{33}tʃ^{h}ie^{35}tʃiæŋ^{35}θæ̃^{35}t^{h}ĩ^{35}tʃuã^{35}mĩ^{11}iʌ^{31}. θæ̃^{35}t^{h}ĩ^{35}tʃuã^{35}mĩ^{11}miʌ^{31}ŋæ̃^{35}ŋæ̃^{35}ie^{44}tʃ^{h}ie^{35}.

一眼车 装 三千 斤 面麦。三 千 斤 面 麦 啱啱 一 车。

067 **十个人吃一锅饭。一锅饭够吃十个人。**

ʃuə^{31}kuə^{44}ȵyã^{232}he^{44}ie^{44}tʃ^{h}aŋ^{35}pæ̃^{31}. ie^{44}tʃ^{h}aŋ^{35}pæ̃^{31}kɔ^{51}ʃuə^{31}kuə^{44}ȵyã^{232}he^{44}.

十 个 人 吃一 铛 饭。一 铛 饭 够 十 个 人 吃。

068 **十个人吃不了这锅饭。这锅饭吃不了十个人。**

ʃuə^{31}kuə^{44}ȵyã^{232}he^{44}mɔ^{33}t^{h}uə^{44}kə^{33}tʃ^{h}aŋ^{35}pæ̃^{31}.

十 个 人 吃 冇 脱 箇 铛 饭。

kə^{33}tʃ^{h}aŋ^{35}pæ̃^{31}mɔ^{33}kɔ^{51}ʃuə^{11}kuə^{44}ȵyã^{232}he^{44}.

箇 铛 饭 冇 够 十 个 人 吃。

069 **这个屋子住不下十个人。**

kə^{33}kæ̃^{33}o^{44}ʃy^{31}mɔ^{33}ia^{33}ʃuə^{31}kuə^{44}ȵyã^{232}.

箇 间 屋 住 冇 下 十 个 人。

070 **小屋堆东西，大屋住人。**

o^{44}ȵi^{232}õ^{35}loŋ^{33}θuæ^{35}，tæ^{11}o^{44}ʃy^{11}ȵyã^{232}.

屋 儿 安 东 西， 大 屋 住 人。

071 **他们几个人正说着话呢。**

ky^{232}ti^{31}ki^{33}kuə^{44}ȵyã^{232}kiæŋ^{42}lo^{42}ua^{31}.

渠 咃 几 个 人 讲 倒 话。

072 **桌上放着一碗水，小心别碰倒了。**

tʃe^{44}tø^{232}puŋ^{51}lo^{42}ŋ^{33}ʃui^{42}，θiu^{33}θuã^{35}mɔ^{33}kuã^{42}tuə^{31}.

只 台 放 倒 碗 水，小 心 冇 滚$^{=}$□。

073 **门口站着一帮人，在说着什么。**

muŋ^{11}hɔ^{42}ki^{33}lo^{42}ie^{44}paŋ^{232}ȵyã^{232}，mɔ^{33}luə^{44}kiæŋ^{42}ʃi^{11}muə^{44}ø^{232}.

门 口 徛 倒 一 棚 人，有 得 讲 是 物 啊。

074 **坐着吃好，还是站着吃好？**

θø^{33}lo^{42}he^{44}ho^{42}tʃie^{33}ki^{33}lo^{42}he^{44}ho^{42}?

坐 倒 吃 好 □ 徛 倒 吃 好?

075 **想着说，不要抢着说。**

nuã^{42}t^{h}uã^{35}mæ̃^{31}kiæŋ^{42}，mɔ^{33}t^{h}iæŋ^{42}lo^{42}kiæŋ^{42}.

谂 亲 慢 讲， 冇 抢 倒 讲。

076 **说着说着就笑起来了。**

kiæŋ^{42}lo^{42}kiæŋ^{42}lo^{42}tɔ^{31}θiu^{51}lə^{33}.

讲 倒 讲 倒 就 笑 了。

077 **别怕！你大着胆子说吧。**

mɔ^{31}p^{h}a^{51}！ ni^{33}tæ^{31}lã^{42}kiæŋ^{42}.

莫 怕！ 你 大 胆 讲。

078 **这个东西重着呢，足有一百来斤。**

kə^{44}kɔ^{31}loŋ^{33}θuæ^{35}ho^{42}ʃoŋ^{33}，toŋ^{42}iɔ^{33}piʌ^{51}tʃuã^{35}.

箇 噹 东 西 好 重， 总 有 百 斤。

079 **他对人可好着呢。**

ky^{232}lui^{51}ȵyã^{232}tɔ^{31}ho^{42}le^{33}.

渠 对 人 就 好 咧。

080 **这小伙子可有劲着呢。**

kə^{44}tɔ^{232}ɔ^{11}ʃaŋ^{11}ŋ^{232}ho^{42}iɔ^{33}le^{31}.

箇 头 后 生 吾 好 有 力。

081 **别跑，你给我站着！**

mɔ^{11}tiu^{232}，ni^{33}toŋ^{232}ŋuə^{33}ki^{33}lo^{42}！

冇 逃， 你 同 我 徛 倒！

082 **下雨了，路上小心着！**

liʌ^{31}ʃui^{42}lo^{33}，lu^{31}ʃiæŋ^{31}θiu^{33}θuã^{35}mẽ^{42}!

落 水 啰， 路 上 小 心 □！

083 **点着火了。着凉了。**

ʃiu^{33}fuə^{42}lo^{33}. liæŋ^{31}ʃiʌ^{31}lo^{33}.

烧 火 啰。 晾 着 啰。

084 **甭着急，慢慢儿来。**

mɔ^{11}ʃiʌ^{31}tʃuã^{42}，mæ̃^{31}mæ̃^{44}lø^{232}.

冇 着 紧， 慢 慢 来。

085 **我正在这儿找着你，还没找着。**

ŋuə^{33}tʃẽ^{51}ʃi^{33}kə^{33}nu^{42}t^{h}uæ^{42}lo^{42}ni，mɔ^{33}taŋ^{232}tʃiu^{51}ʃiʌ^{31}.

我 正 是 箇 努⁼ 睇 倒 你， 冇 曾 照 着。

086 **她呀，可厉害着呢！**

kə^{44}tɔ^{232}a^{33}，ho^{42}li^{31}ø^{31}kə^{42}！

箇 头 啊， 好 厉 害 嗰！

087 **这本书好看着呢。**

kø^{44}puŋ^{42}ʃy^{35}lẽ^{42}ho^{33}hõ^{51}.

这 本 书 顶 好 看。

088 **饭好了，快来吃吧。**

pæ̃^{31}ʃo^{31}lə^{33}，fæ̃^{51}mẽ^{42}lø^{232}he^{44}.

饭 熟 啰，快 □ 来 吃。

089 **锅里还有饭没有？你去看一看。**

naŋ^{35}tʃʰaŋ^{35}ʃi^{33}iɔ^{33}pæ̃^{31}mɔ^{33}？ miæŋ^{31}kuə^{51}le^{33}.

粒 铛 是 有 饭 冇？ 望 过 咧。

090 **我去看了，没有饭了。**

ŋuə^{33}miæŋ^{31}kuə^{51}lə^{33}，mɔ^{33}luə^{44}lə^{33}.

我 望 过 了，冇 得 了。

091 **就剩一点儿了，吃了得了。**

ʃẽ^{31}iɔ^{33}mẽ^{42}ȵi^{232}a^{33}，he^{44}tʰɔ^{42}ky^{232}le^{33}.

剩 有 □ 儿 啊， 吃 敨 渠 咧。

092 **吃了饭要慢慢儿地走，别跑，小心肚子疼。**

he^{44}tʰɔ^{42}pæ̃^{31}mæ̃^{31}mæ̃^{31}aŋ^{232}，mɔ^{33}tiu^{232}，θiu^{33}θuã^{35}tu^{11}tʰoŋ^{51}.

吃 敨 饭 慢 慢 行，冇 逃， 小 心 肚 疼。

093 **他吃了饭了，你吃了饭没有呢？**

ky^{232}he^{44}liu^{33}pæ̃^{42}lo^{33}，ni^{33}he^{44}mɔ^{33}taŋ^{232}?

渠 吃 了 饭 啰，你 吃 冇 曾？

094 **我喝了茶还是渴。**

ŋuə^{33}he^{44}tʰɔ^{42}ʃa^{232}naŋ^{35}kẽ^{42}ʃe^{31}hɵ̃^{51}.

我 吃 敨 茶 粒 颈 石⁼ 渴。

095 **我吃了晚饭，出去溜达了一会儿，回来就睡下了，还做了个梦。**

ŋuə^{33}he^{44}piʌ^{42}ie^{31}，tʃʰuə^{44}hy^{51}θaŋ^{51}liu^{33}ʃuã^{11}ŋ^{232}，kuæ^{35}lø^{232}tɔ^{31}ʃui^{31}ʃiʌ^{31}lo^{33}，

我 吃 饱 夜，出 去 杂 了 阵 吾， 归 来 就 睡 着 啰，

ʃẽ^{31}moŋ^{31}ʃiʌ^{31}naŋ^{35}moŋ^{31}.

剩 梦 着 粒 梦。

096 **吃了这碗饭再说。**

he^{35}liu^{33}kə^{33}ŋ^{42}pæ̃^{31}tʃẽ^{51}mæ̃^{31}kiæŋ^{42}.

吃 了 箇 碗 饭 正 慢 讲。

097 **我昨天照了相了。**

ŋuə^{33}θẽ^{11}ȵyə^{44}tʃiu^{51}liu^{33}kɔ^{31}θiæŋ^{51}liu^{33}.

我 晴⁼ 日 照 了 嚆 相 了。

098 **有了人，什么事都好办。**

iɔ^{33}lə^{33}ȵyã^{232}ʃi^{33}muə^{44}ʃi^{31}tu^{33}ho^{42}pæ̃^{31}.

有 了 人 是 物 事 都 好 办。

099 **不要把茶杯打碎了。**

mɔ^{33}puã^{35}kɔ^{31}ʃa^{11}pui^{35}tuə^{31}læ̃^{31}.

冇 分 嚿 茶 杯 □ 碎。

100 **你快把这碗饭吃了，饭都凉了。**

ni^{33}ʃe^{11}kẽ^{35}nẽ^{51}kə^{33}ŋ^{42}pæ̃^{31}he^{44}lə^{33}，tu^{33}loŋ^{51}lo^{33}.

你 直 经 拧 箇 碗 饭 吃 了，都 冻 啰。

101 **下雨了。雨不下了，天晴开了。**

liʌ^{11}ʃui^{42}liu^{33}. ʃui^{42}mɔ^{33}liʌ^{31}lo^{33}，tĩ^{35}hø^{35}lo^{33}.

落 水 了。水 冇 落 啰，天 开 啰。

102 **打了一下。去了一趟。**

ke^{44}liu^{33}yə^{33}a^{33}。hy^{51}liu^{33}yə^{44}uæ^{232}.

击 了 一 下。去 了 一 回。

103 **晚了就不好了，咱们快点儿走吧！**

ie^{31}lə^{33}tɔ^{31}mɔ^{33}lẽ^{232}lo^{33}，ŋuə^{33}ti^{31}ʃe^{11}kẽ^{35}hy^{51}！

夜 了 就 冇 灵 啰，我 哋 直 经 去！

104 **给你三天时间做得了做不了？**

puã^{35}ni^{33}θæ̃^{35}ȵyə^{44}ʃi^{11}kæ̃^{35}tu^{51}mɔ^{33}tu^{51}luə^{44}lo^{51}?

分 你 三 日 时 间 做 冇 做 得 到？

105 **你做得了，我做不了。**

ni^{33}tu^{51}luə^{44}lo^{51}，ŋuə^{33}tu^{51}mɔ^{33}lo^{51}.

你 做 得 到，我 做 冇 到。

106 **你骗不了我。**

ni^{33}foŋ^{35}mɔ^{33}lo^{42}ŋuə^{33}.

你 谎 冇 倒 我。

107 **了了这桩事情再说。**

liu^{33}t^{h}ɔ^{42}lə^{33}kə^{44}kĩ^{33}ʃi^{31}tʃẽ^{51}mæ̃^{31}kiæŋ^{42}.

了 敲 啰 箇 件 事 正 慢 讲。

108 **这间房没住过人。**

kə^{44}kæ̃^{33}o^{44}mɔ^{33}ʃy^{31}kuə^{51}n̩yã^{232}.

箇 间 屋 冇 住 过 人。

109 **这牛拉过车，没骑过人。**

kə^{44}tɔ^{11}ŋɔ^{232}t^{h}o^{35}kuə^{51}tʃ^{h}ie^{35}，mɔ^{33}ki^{11}kuə^{51}n̩yã^{232}.

箇 头 牛 拖 过 车， 冇 骑 过 人。

110 **这小马儿没骑过人，你小心点儿。**

kə^{44}tɔ^{11}ma^{33}ŋ^{232}mɔ^{33}ki^{232}kuə^{44}n̩yã^{232}，ni^{33}θiu^{33}θuã^{35}mẽ^{42}.

箇 头 马 吾 冇 骑 过 人， 你 小 心 □。

111 **以前我坐过船，可从来没骑过马。**

i^{33}θĩ^{232}ŋuə^{33}θø^{33}kuə^{51}ʃĩ^{232}，mɔ^{33}kuə^{51}θoŋ^{11}lø^{232}mɔ^{33}ki^{232}kuə^{51}ma^{33}.

以前 我 坐 过 船， 冇 过 从 来 冇 骑 过 马。

112 **丢在街上了。搁在桌上了。**

kaŋ^{31}ʃi^{33}tiu^{11}kæ^{35}lo^{33}. puŋ^{51}ʃi^{33}tʃe^{44}tø^{232}lo^{33}.

□ 是 条 街 啰。放 是 只 台 啰。

113 **掉到地上了，怎么都没找着。**

tuə^{31}ia^{33}ti^{11}luæ^{42}lə^{33}，toŋ^{11}ti^{42}tu^{35}t^{h}uæ^{42}mɔ^{33}ʃiʌ^{31}.

□ 下 地 底 了， 同 子 都 睇 冇 着。

114 **今晚别走了，就在我家住下吧！**

kə^{44}ie^{31}mɔ^{33}hy^{51}lə^{33}，tɔ^{31}ʃi^{33}ŋuə^{33}nu^{42}ʃy^{31}le^{33}.

箇 夜 冇 去 啰， 就 是 我 努⁼住 咧！

115 **这些果子吃得吃不得？**

kə^{33}luə^{44}kø^{33}ti^{42}he^{35}luə^{44}mɔ^{33}he^{35}luə^{44}?

箇 得⁼果 子 吃 得 冇 吃 得？

116 **这是熟的，吃得。那是生的，吃不得。**

kə^{33}luə^{44}ʃo^{31}kə^{42}，he^{35}luə^{44}. a^{11}luə^{44}ʃaŋ^{235}kə^{42}，he^{35}mɔ^{33} luə^{44}?

箇 得⁼熟 嘓， 吃 得。 亚得⁼生 嘓， 吃 冇 得。

117 **你们来得了来不了？**

①ni^{11}ti^{31}lø^{232}luə^{44}mɔ^{33}lø^{11}luə^{44}?　②ni^{11}ti^{31}lø^{232}mɔ^{33}lø^{11}luə^{44}?

你哋来 得 冇 来 得？　　你 哋 来 冇 来得？

118 **我没事，来得了，他太忙，来不了。**

ŋuə^{33}mɔ^{33}ʃi^{31}，lø^{232}luə^{44}，ky^{232}mɔ^{33}mẽ^{42}hoŋ^{51}，lø^{232}mɔ^{33}luə^{44}.

我 冇 事，来 得， 渠 冇 □ 空， 来 冇 得。

119　**这个东西很重，拿得动拿不动？**

kə^{44}kɔ^{31}loŋ^{33}θuæ^{35}ho^{42}ʃoŋ^{33}，ni^{33}nẽ^{42}mɔ^{33}nẽ^{42}luə^{44}toŋ^{33}?

箇 嗜 东 西 好 重， 你 拧 冇 拧 得 动?

120　**我拿得动，他拿不动。**

ŋuə^{33}nẽ^{51}luə^{44}toŋ^{33}，ky^{232}nẽ^{51}mɔ^{33}toŋ^{33}.

我 拧 得 动， 渠 拧 冇 动。

121　**真不轻，重得连我都拿不动了。**

kə^{44}tʃuã^{35}ʃoŋ^{33}，ʃoŋ^{33}luə^{44}lĩ^{232}ŋuə^{33}tu^{33}nẽ^{51}mɔ^{33}toŋ^{33}.

箇 真 重， 重 得 连 我 都 拧 冇 动。

122　**他手巧，画得很好看。**

ky^{232}ho^{42}ʃo^{31}ʃɔ^{42}，ua^{31}luə^{44}lẽ^{42}ho^{33}hə̃^{51}.

渠 好 熟 手， 画 得 顶 好 看。

123　**他忙得很，忙得连吃过饭没有都忘了。**

ku^{232}tu^{33}mɔ^{33}luə^{44}ha^{33}ŋ^{11}hoŋ^{51}，lĩ^{232}he^{44}mɔ^{33}he^{44}pæ̃^{31}tu^{35}mɔ^{33}ʃiu^{43}tʃi^{35}lə^{33}.

渠 都 冇 得 下 吾 空， 连 吃 冇 吃 饭 都 冇 晓 知 啰。

124　**你看他急得，急得脸都红了。**

ni^{33}miæŋ^{31}ky^{232}tə^{11}kə^{44}ʃiʌ^{31}tʃuã^{42}，tʃuã^{42}luə^{44}mĩ^{31}tu^{35}hoŋ^{232}lə^{33}.

你 望 渠 □ 噉 着 紧， 紧 得 面 都 红 啰。

125　**你说得很好，你还会说些什么呢？**

ni^{33}kiæŋ^{42}luə^{44}kə^{33}ho^{42}，ni^{33}ʃẽ^{11}ʃo^{31}kiæŋ^{42}mẽ^{42}ʃi^{33}muə^{44}mɔ^{33}?

你 讲 得 噉 好， 你 剩 熟 讲 □ 是 物 冇?

126　**说得到，做得了，真棒！**

kiæŋ^{42}luə^{33}lo^{51}，tu^{51}luə^{33}liu^{33}，lẽ^{232}！

讲 得 到， 做 得 了， 灵!

127　**这个事情说得说不得呀？**

kə^{44}kĩ^{33}ʃi^{31}kiæŋ^{42}mɔ^{33}kiæŋ^{42}luə^{44}?

箇 件 事 讲 冇 讲 得?

128　**他说得快不快？听清楚了吗？**

ky^{232}kiæŋ^{42}luə^{44}fæ^{51}mɔ^{33}fæ^{51}？ t^{h}ẽ^{51}t^{h}ẽ^{33}t^{h}u^{35}taŋ^{232}?

渠 讲 得 快 冇 快? 听 清 楚 曾?

129　**他说得快不快？只有五分钟时间了。**

ky^{232}kiæŋ^{42}luə^{44}fæ^{51}mɔ^{33}fæ ? tʃẽ^{31}iɔ^{33}ŋ^{33}fuã^{33}tʃoŋ^{35}tʃie^{44}lə^{33}.

渠 讲 得 快 有 快? 剩 有 五 分 钟 啫 了。

130 这是他的书。

kə^{33}luə^{44}ʃi^{33}ky^{232}kə^{42}ʃy^{35}.

箇 得$^{=}$是 渠 嗰 书。

131 那本书是他哥哥的。

a^{11}puŋ^{42}ʃy^{35}ʃi^{33}ky^{232}kø^{35}kə^{42}.

亚 本 书 是 渠 哥 嗰。

132 桌子上的书是谁的？是老王的。

tø^{11}puŋ^{232}kə^{42}ʃy^{35}ʃi^{33}ŋ^{11}tɔ^{232}kə^{42} ? ʃi^{33}lo^{33}uoŋ^{232}kə^{42}.

台 盘 嗰 书 是 吾 头 嗰? 是 老 王 嗰。

133 屋子里坐着很多人，看书的看书，看报的看报，写字的写字。

o^{44}ly^{33}θø^{33}lo^{42}ho^{42}lo^{35}ȵyã^{232}，hõ^{33}ʃy^{35}kə^{42}hõ^{33}ʃy^{35}，hõ^{33}po^{51}kə^{42}hõ^{33}po^{51}，θie^{42}θi^{31}kə^{42}θie^{42}θi^{31}.

屋里 坐 倒 好 多 人， 看 书 嗰 看 书， 看 报 嗰 看 报， 写 字 嗰 写 字。

134 要说他的好话，不要说他的坏话。

iu^{51}kiæŋ^{42}ky^{232}kə^{42}ho^{42}ua^{31}，mɔ^{33}iu^{51}kiæŋ^{42}ky^{232}kə^{42}uæ^{35}ua^{31}.

要 讲 渠 嗰 好 话， 冇 要 讲 渠 嗰 坏 话。

135 上次是谁请的客？是我请的。

ʃiæŋ^{31}t^{h}i^{51}ʃi^{33}ŋ^{11}tɔ^{232}t^{h}ẽ^{42}kə^{42} ? ʃi^{33}ŋuə^{33}t^{h}ẽ^{42}kə^{42}.

上 次 是 吾 头 请 嗰? 是 我 请 嗰。

136 你是哪年来的？

ni^{33}ʃi^{33}ŋ^{11}nĩ^{232}lø^{232}kə^{42}?

你 是 吾 年 来 嗰?

137 我是前年到的北京。

ŋuə^{33}ʃi^{33}tʃɔ^{11}nĩ^{232}lø^{232}pɔ^{44}kẽ^{35}kə^{42}.

我 是 旧 年 来 北 京 嗰。

138 你说的是谁？

ni^{33}kiæŋ^{42}kə^{42}ʃi^{33}ŋ^{11}tɔ^{232}?

你 讲 嗰 是 吾 头?

139 我反正不是说的你。

ŋuə^{33}ʃẽ^{11}kuŋ^{42}mɔ^{33}ʃiʌ^{31}kiæŋ^{42}ni^{33}kə^{42}.

我 成 管 冇 着 讲 你 嗰。

140 **他那天是见的老张，不是见的老王。**

ky^{232}a^{11}ȵyə^{44}kĩ^{51}kə^{42}ʃi^{33}lo^{11}tʃiæŋ^{35}，mɔ^{33}ʃiʌ^{31}kĩ^{51}lo^{11}oŋ^{232}.

渠 亚 日 见 嘓 是 老 张， 冇 着 见 老 王。

141 **只要他肯来，我就没的说了。**

tʃe^{44}iu^{51}ky^{232}ȵĩ^{11}lø^{232}，ŋuə^{33}tɔ^{31}mɔ^{33}luə^{44}ua^{31}kiæŋ^{42}.

只 要 渠 愿 来， 我 就 冇 得 话 讲。

142 **以前是有的做，没的吃。**

lo^{11}θĩ^{35}ʃi^{33}iɔ^{33}tu^{51}mɔ^{33}luə^{44}he^{35}.

老 先 是 有 做 冇 得 吃。

143 **现在是有的做，也有的吃。**

kə^{33}ly^{42}ʃi^{33}iɔ^{33}tu^{51}e^{31}iɔ^{33}he^{35}.

箇 里 是 有 做 亦 有 吃。

144 **上街买个蒜啊葱的，也方便。**

tʃ^{h}uə^{44}hy^{35}t^{h}u^{42}mẽ^{42}t^{h}oŋ^{35}a^{33}θuŋ^{51}a^{33}，e^{31}foŋ^{44}pĩ^{31}.

出 圩 取 □ 葱 啊 蒜 啊，亦 方 便。

145 **柴米油盐什么的，都有的是。**

ʃæ^{11}muæ^{44}iɔ^{11}ĩ^{232}ʃi^{33}muə^{44}liu^{31}tiu^{31}，iæŋ^{35}iæŋ^{31}tu^{11}iɔ^{33}.

柴 米 油 盐 是 物 料 调，样 样 都 有。

146 **写字算账什么的，他都能行。**

θie^{42}θi^{31}θuŋ^{33}ʃy^{51}ʃi^{33}muə^{44}iæŋ^{31}，ky^{232}tu^{11}ʃo^{31}.

写 字 算 数 是 物 样， 渠 都 熟。

147 **把那个东西递给我。**

nẽ^{51}a^{11}naŋ^{35}loŋ^{33}θuæ^{35}tʃ^{h}ĩ^{51}puã^{35}ŋuə^{33}.

拧 亚 粒 东 西 串$^{=}$ 分 我。

148 **是他把那个杯子打碎了。**

ʃi^{33}ky^{232}nẽ^{51}a^{11}naŋ^{35}pui^{35}la^{51}læ̃^{31}lə^{33}.

是 渠 拧 亚 粒 杯 打 烂 了。

149 **把人家脑袋都打出血了，你还笑！**

nẽ^{51}ȵyã^{232}ka^{35}naŋ^{35}tɔ^{232}ke^{44}tʃ^{h}uə^{44}ʃie^{44}lə^{33}，ni^{33}ʃe^{31}θiu^{51}！

拧 人 家 粒 头 击 出 血 了， 你 石$^{=}$ 笑！

150 **快去把书还给他。**

ʃe^{11}kẽ^{35}hy^{51}nẽ^{42}puŋ^{33}ʃy^{35}puã^{35}tʃĩ^{51}ky^{232}.

直经 去 拧 本 书 分 转渠。

151 **我真后悔当时没把他留住。**

ŋuə^{33}ho^{42}ɔ^{11}fui^{42}a^{11}ha^{42}mɔ^{33}nẽ^{51}ky^{232}lɔ^{11}lo^{42}.

我 好 后 悔 亚 下 冇 拧 渠 留 倒。

152 **你怎么能不把人当人呢？**

ni^{33}toŋ^{11}ti^{42}mɔ^{33}nẽ^{42}ȵyã^{232}liæŋ^{51}tɔ^{11}ȵyã^{232}?

你 同 子 冇 拧 人 当 头 人?

153 **有的地方管太阳叫日头。**

iɔ^{33}luə^{44}ti^{11}foŋ^{35}nẽ^{51}tæ^{51}iæŋ^{232}ɔ^{35}tu^{51}ȵie^{11}tɔ^{232}?

有 得⁼ 地 方 拧 太 阳 讴 做 热 头。

154 **什么？她管你叫爸爸！**

toŋ^{11}ti^{42}？ ky^{232}nẽ^{51}ni^{33}ɔ^{35}tu^{51}lo^{33}ie^{232}！

同 子? 渠 拧 你 讴做 老 爷!

155 **你拿什么都当真的，我看没必要。**

ni^{33}nẽ^{51}ʃi^{33}muə^{44}tu^{33}liæŋ^{51}ʃi^{33}tʃuã^{35}kə^{42}，ŋuə^{33}ȵyã^{11}uæ^{232}mɔ^{33}pie^{44}iu^{51}.

你 拧 是 物 都 当 是 真 嘅，我 认 为 冇 必 要。

156 **真拿他没办法，烦死我了。**

ʃuə^{11}tuæ^{51}nẽ^{51}ky^{232}mɔ^{33}pæ̃^{11}fa^{51}，fæ̃^{232}θi^{42}ŋuə^{33}lə^{33}.

实 际 拧 渠 冇 办 法，烦 死 我 了。

157 **看你现在拿什么还人家。**

hø^{51}ni^{33}kə^{33}ly^{42}nẽ^{52}ʃi^{33}muə^{44}puã^{35}tʃĩ^{51}ȵyã^{11}ka^{35}.

看 你 箇 里 拧 是 物 分 转 人 家。

158 **他被妈妈说哭了。**

①ky^{232}ʃiʌ^{31}ky^{232}niæŋ^{232}ua^{31}tuæ^{11}ho^{35}lə^{33}. ②ky^{232}puã^{35}ky^{232}niæŋ^{232}ua^{31}tuæ^{11}ho^{35}lə^{33}.

渠 着 渠 娘 话 啼 哭 了。 渠 分 渠 娘 话 啼 哭 了。

159 **所有的书信都被火烧了，一点儿剩的都没有。**

luə^{44}ʃy^{33}θuã^{51}tu^{33}pu^{35}tu^{33}puã^{35}fuə^{42}ʃiu^{35}hø^{35}lə^{33}，yə^{44}mẽ^{42}ȵi^{232}ʃẽ^{31}tu^{33}mɔ^{33}luə^{44}.

得⁼ 书 信 都 部 都 分 火 烧 开 了，一 □ 儿 剩 都 冇 得。

160 **被他缠了一下午，什么都没做成。**

puã^{35}ky^{232}kiʌ^{42}lə^{33}yə^{33}æ̃^{51}，ʃi^{11}muə^{44}tu^{33}tu^{51}mɔ^{33}ʃẽ^{232}.

分 渠 搅 了一 晏，是 物 都 做 冇 成。

161 **让人给打蒙了，一下子没明白过来。**

puã^{35}ȵyã^{232}ke^{44}fuã^{33}tuã^{31}lə^{33}，ie^{44}a^{51}mɔ^{33}mẽ^{232}piʌ^{31}kuə^{51}lø^{232}.

给 人 击 昏 钝 了，一 下 有 明 白 过 来。

162 **给雨淋了个浑身湿透。**

puã^{35}luə^{44}ʃui^{42}luã^{232}lo^{33}，θuŋ^{11}ʃuã^{35}tu^{33}ʃuə^{44}.

分 得$^{=}$水 淋 啰，全 身 都 湿。

163 **给我一本书。给他三本书。**

①puã^{35}ŋuə^{33}ie^{44}puŋ^{42}ʃy^{35}. puã^{35}ky^{232}θæ̃^{35}puŋ^{42}ʃy^{35}.

分 我 一 本 书。分 渠 三 本 书。

②puã^{35}puŋ^{42}ʃy^{35}ŋuə^{33}. puã^{35}θæ̃^{35}puŋ^{42}ʃy^{35}ky^{33}.

分 本 书 我。分 三 本 书 渠。

③puã^{35}ŋuə^{33}puŋ^{42}ʃy^{35}. puã^{35}ky^{232}θæ̃^{35}puŋ^{42}ʃy^{35}.

分 我 本 书。分 渠 三 本 书。

164 **这里没有书，书在那里。**

kə^{33}nu^{42}mɔ^{33}luə^{44}ʃy^{35}，ʃy^{35}ʃi^{33}a^{31}nu^{42}.

箇 努$^{=}$有 得 书，书 是 亚 努$^{=}$。

165 **叫他快来找我。**

ɔ^{35}ky^{232}ʃe^{11}kẽ^{35}lø^{232}t^{h}uæ^{42}ŋuə^{33}.

讴 渠 直经来 睇 我。

166 **赶快把他请来。**

ʃe^{11}kẽ^{35}nẽ^{51}ky^{232}t^{h}ẽ^{42}lø^{232}.

直经 拧渠 请 来。

167 **我写了条子请病假。**

ŋuə^{33}θie^{42}lə^{33}tʃiæŋ^{35}θi^{31}t^{h}ẽ^{42}pẽ^{11}ka^{42}.

我 写 了 张 字请 病 假。

168 **我上街买了份报纸看。**

ŋuə^{33}ʃiæŋ^{33}kæ^{35}t^{h}u^{42}liu^{33}tʃiæŋ^{35}po^{51}tʃi^{42}hø̃^{51}.

我 上 街 取 了 张 报 纸 看。

169 **我笑着躲开了他。**

ŋuə^{33}θiu^{51}lo^{42}luã^{42}hø^{35}ky^{232}liu^{33}.

我 笑 倒 □ 开 渠 了。

170 **我抬起头笑了一下。**

ŋuə^{33}ŋiæŋ^{33}hi^{42}kɔ^{31}tɔ^{232}θiu^{51}liu^{33}ie^{44}ha^{33}.

我 仰 起 嗜头 笑 了 一下。

171 **我就是坐着不动，看你能把我怎么着。**

ŋuə^{33}tɔ^{11}ʃi^{33}θø^{33}lo^{42}mɔ^{33}toŋ^{33}，hõ^{51}ni^{33}nẽ^{51}ŋuə^{33}toŋ^{11}ti^{42}.

我 就是坐 倒冇 动， 看你 拧 我 同子。

172 **她照顾病人很细心。**

ky^{232}la^{42}li^{33}pẽ^{31}ȵyã^{232}ho^{42}θuæ^{51}θuã^{35}.

渠 打 埋 病 人 好 细 心。

173 **他接过苹果就咬了一口。**

ky^{232}tie^{44}kuə^{51}pẽ^{232}kuə^{42}tɔ^{31}ŋiʌ^{31}liu^{33}ie^{44}hɔ^{42}.

渠 接 过 苹 果 就 咬 了 一 口。

174 **他的一番话使在场的所有人都流了眼泪。**

ky^{232}kə^{42}ie^{44}p^{h}u^{35}ua^{31}，tʃẽ^{42}lo^{42}ʃi^{33}a^{33}nu^{33}kə^{42}ȵyã^{232}tɔ^{232}tɔ^{232}tu^{33}tʃ^{h}uə^{44}ŋæ^{11}lui^{31}ʃui^{42}.

渠 嗰 一 铺 话， 整倒是亚努$^{=}$嗰人 头头 都出 眼泪水。

175 **我们请他唱了一首歌。**

ŋuə^{33}ti^{31}t^{h}ẽ^{42}ky^{232}tʃ^{h}iæŋ^{51}lə^{33}ie^{44}tʃe^{44}kø^{35}.

我 哋请渠 唱 了一只 歌。

176 **我有几个亲戚在外地做工。**

ŋuə^{33}iɔ^{33}ki^{42}tɔ^{232}t^{h}uã^{33}t^{h}ie^{44}ʃi^{33}mui^{11}tɔ^{232}la^{33}koŋ^{35}.

我 有几 头亲 戚 是 外 头 打 工。

177 **他整天都陪着我说话。**

ky^{232}tʃẽ^{33}ȵyə^{44}tu^{33}pui^{232}lo^{42}ŋuə^{33}kiæŋ^{42}ua^{31}.

渠 整 日 都 陪 倒 我 讲 话。

178 **我骂他是个大笨蛋，他居然不恼火。**

ŋuə^{33}hæ^{42}ky^{232}ʃi^{33}tɔ^{232}tæ^{31}noŋ^{33}tuæ^{42}，ky^{232}ʃẽ^{11}kuŋ^{42}toŋ^{35}mɔ^{33}fa^{33}θẽ^{51}.

我 喊 渠 是 头 大 弄$^{=}$ 仔，渠 成 管 总 冇 发 性。

179 **他把钱一扔，二话不说，转身就走。**

ky^{232}nẽ^{51}naŋ^{35}θĩ^{232}ie^{44}kaŋ^{31}，ȵi^{31}ua^{31}mɔ^{33}kiæŋ^{42}，p^{h}uã^{42}mĩ^{31}tɔ^{11}tiu^{232}.

渠 拧 粒 钱 一 □， 二 话 冇 讲， 品$^{=}$ 面 就 逃。

180 **我该不该来呢?**

ŋuə^{33}ʃuæ^{42}mɔ^{33}ʃuæ^{42}lø^{232}ne^{33}?

我 使 冇 使 来 呢?

181 **你来也行，不来也行。**

ni^{33}lø^{232}e^{11}lẽ^{232}，mɔ^{33}lø^{232}e^{11}lẽ^{232}.

你来 亦灵，冇 来 亦灵。

182 **要我说，你就不应该来。**

tʃiu^{51}ŋuə^{33}kiæŋ^{42}，ni^{33}tɔ^{31}mɔ^{33}ʃuæ^{42}lø^{232}.

照 我 讲， 你就 冇 使 来。

183 **你能不能来？**

①ni^{33}naŋ^{232}mɔ^{33}naŋ^{232}kɔ^{51}lø^{232}？②ni^{33}lø^{11}luə^{44}mɔ^{33}lø^{11}luə^{44}？

你能 冇能 够来？ 你来得冇 来得？

184 **看看吧，现在说不准。**

hø̃^{51}kuə^{51}θĩ^{35}，kə^{33}ly^{42}ua^{31}mɔ^{33}tẽ^{31}.

看过 先，箇 里 话冇 定。

185 **能来就来，不能来就不来。**

lø^{232}luə^{44}tɔ^{11}lø^{232}，mɔ^{33}lø^{232}luə^{44}tɔ^{31}mɔ^{33}lø^{232}.

来得 就来，冇来 得 就冇 来。

186 **你打算不打算去？**

ni^{33}la^{42}θuŋ^{51}mɔ^{33}la^{42}θuŋ^{51}hy^{51}?

你打 算 冇 打 算 去？

187 **去呀！谁说我不打算去？**

hy^{51}a^{33}！ ŋ^{11}tɔ^{232}ua^{31}ŋuə^{33}mɔ^{33}la^{42}θuŋ^{51}hy^{51}?

去啊！ 吾头 话 我 冇 打 算 去？

188 **他一个人敢去吗？**

ky^{232}kuə^{51}ȵyã^{232}kø̃^{42}hy^{51}mɔ^{33}?

渠 个 人 敢 去 冇？

189 **敢！那有什么不敢的？**

kø̃^{42}! ŋ^{11}nu^{42}iɔ^{33}ʃi^{33}muə^{44}mɔ^{33}kø̃^{42}?

敢！ 吾 努$^{=}$有 是 物 冇 敢？

190 **他到底愿不愿意说？**

ky^{232}lo^{33}luæ^{42}ȵĩ^{31}mɔ^{33}ȵĩ^{11}kiæŋ^{42}?

渠 到 底 愿 冇 愿 讲？

191 **谁知道他愿意不愿意说？**

ŋ^{11}tɔ^{232}ʃiu^{42}tɔ^{44}ky^{232}ȵĩ^{31}mɔ^{33}ȵĩ^{11}kiæŋ^{42}?

吾头 晓 得 渠 愿 冇 愿 讲?

192 **愿意说得说，不愿意说也得说。**

ȵĩ^{31}kiæŋ^{42}e^{31}iu^{51}kẽ^{42}，mɔ^{33}ȵĩ^{31}kiæŋ^{42}e^{31}iu^{51}kiæŋ^{42}.

愿 讲 亦要讲， 冇 愿 讲 亦要 讲。

193 **反正我得让他说，不说不行。**

ʃẽ^{11}kuŋ^{42}ŋuə^{33}iu^{51}ky^{232}kiæŋ^{42}，mɔ^{33}kiæŋ^{42}mɔ^{33}lẽ^{232}.

成管 我 要 渠 讲， 冇 讲 冇 灵。

194 **还有没有饭吃?**

ʃẽ^{31}iɔ^{33}mɔ^{33}iɔ^{33}pæ̃^{31}he^{35}?

剩有 冇 有 饭 吃?

195 **有，刚吃呢。**

iɔ^{33}，tʃø^{33}lø^{232}he^{35}.

有， □ 来 吃。

196 **没有了，谁叫你不早来!**

mɔ^{33}luə^{44}lə^{33}，ŋ^{11}tɔ^{232}ɔ^{35}ni^{33}mɔ^{33}lø^{232}tɔ^{42}mẽ^{42}.

冇 得 了， 吾 头 讴 你 冇 来 早 □!

197 **你去过北京吗? 我没去过。**

ni^{33}hy^{51}kuə^{51}pɔ^{33}kẽ^{35}mɔ^{33}? ŋuə^{33}mɔ^{33}hy^{33}kuə^{51}.

你去 过 北京 冇? 我 冇 去 过。

198 **我十几年前去过，可没怎么玩，都没印象了。**

ŋuə^{33}ʃuə^{31}ki^{42}nĩ^{232}θĩ^{232}hy^{51}kuə^{51}，mɔ^{33}ʃi^{33}muə^{44}hy^{52}θaŋ^{51}，tu^{35}mɔ^{33}luə^{44}yã^{51}θiæŋ^{51}.

我 十 几年 前 去 过， 冇是 物 去 杂， 都 冇 得 印 象。

199 **这件事他知道不知道?**

kə^{44}kĩ^{33}ʃi^{31}ky^{232}ʃiu^{42}mɔ^{33}ʃiu^{33}tɔ^{44}?

箇 件 事 渠 晓 冇 晓 得?

200 **这件事他肯定知道。**

kə^{44}kĩ^{33}ʃi^{31}ky^{232}θø^{44}tẽ^{31}ʃiu^{33}tɔ^{44}.

箇 件 事 渠 坐 定 晓 得。

201 **据我了解，他好像不知道。**

kuã^{33}ky^{51}ŋuə^{33}liu^{33}kæ^{42}，ky^{232}ho^{33}θiæŋ^{51}mɔ^{33}ʃiu^{33}tʃi^{35}.

根 据 我 了 解， 渠 好 像 冇 晓 知。

202　**这些字你认得不认得？**

①kə^{44}luə^{44}θi^{31}ni^{33}ʃe^{44}mɔ^{33}ʃe^{33}luə^{44}？②kə^{44}luə^{44}θi^{31}ni^{33}ʃe^{44}luə^{44}mɔ^{33}ʃe^{33}luə^{44}?

箇得$^{=}$字你识冇识得？　箇得$^{=}$字你识得冇识得？

203　**我一个大字也不认得。**

①ŋuə^{33}ie^{44}kɔ^{31}tæ^{11}θi^{31}tu^{35}mɔ^{33}ʃe^{33}luə^{44}. ②ŋuə^{33}tæ^{11}θi^{31}tu^{35}mɔ^{33}ʃe^{44}ie^{44}kɔ^{31}.

我一嘈大字都冇识得。　我大字都冇识一嘈。

204　**只有这个字我不认得，其他字都认得。**

tɔ^{31}ʃi^{33}kə^{33}kɔ^{31}θi^{31}ŋuə^{33}mɔ^{33}ʃe^{33}luə^{44}tʃie^{44}，ʃẽ^{31}iɔ^{33}ŋuə^{33}toŋ^{42}ʃe^{44}luə^{44}.

就是箇嘈字我冇识得啫，剩有我总识得。

205　**你还记得不记得我了？**

ni^{33}ʃẽ^{11}ki^{51}luə^{44}mɔ^{33}ki^{51}luə^{44}ŋuə^{33}le^{33}?

你剩记得冇记得我咧？

206　**记得，怎么能不记得！**

ki^{51}luə^{44}，toŋ^{11}ti^{42}mɔ^{33}ki^{33}luə^{44}！

记得，同子冇记得！

207　**我忘了，一点都不记得了。**

ŋuə^{33}miæŋ^{11}ki^{51}lə^{33}，ie^{44}mẽ^{42}tu^{33}mɔ^{33}ki^{51}luə^{44}lə^{33}.

我忘记了，一□都冇记倒啰。

208　**你在前边走，我在后边走。**

ni^{33}ʃi^{33}mĩ^{11}θĩ^{35}aŋ^{232}，ŋuə^{33}ʃi^{33}mĩ^{11}luæ^{42}aŋ^{232}.

你是面先行，我是面底行。

209　**我告诉他了，你不用再说了。**

ŋuə^{33}kiæŋ^{42}ky^{232}t^{h}ẽ^{51}lə^{33}，ni^{33}mɔ^{33}ʃuæ^{42}tø^{51}kiæŋ^{42}lə^{33}.

我讲渠听了，你冇使再讲了。

210　**这个大，那个小，你看哪个好？**

kə^{33}naŋ^{35}tæ^{31}，a^{11}naŋ^{35}nuæ^{51}，ni^{33}ua^{31}ŋ^{11}naŋ^{35}ho^{42}?

箇粒大，亚粒细，你话吾粒好？

211　**这个比那个好。**

kə^{33}naŋ^{35}pi^{42}a^{11}naŋ^{35}ho^{42}.

箇粒比亚粒好。

212　**那个没有这个好，差多了。**

a^{11}naŋ^{35}mɔ^{33}luə^{44}kə^{33}naŋ^{35}kə^{33}ho^{42}，tʃaŋ^{35}ho^{33}lø^{35}.

亚粒 冇得⁼箇粒 噉好，争 好多。

213 **要我说这两个都好。**

tʃiu^{51}ŋuə^{33}kiæŋ^{42}kə^{33}luə^{44}liæŋ^{33}kɔ^{31}tu^{35}ho^{42}.

照 我 讲 箇 得⁼两 嗰 都好。

214 **其实这个比那个好多了。**

ʃuə^{31}tuæ^{51}ʃiæŋ^{31}kə^{33}naŋ^{35}pi^{42}a^{11}naŋ^{35}ho^{42}luə^{33}lø^{35}.

实际上 箇粒比亚粒 好得多。

215 **今天的天气没有昨天好。**

kə^{33}ȵyə^{44}kə^{42}t^{h}ĩ^{33}hi^{51}mɔ^{33}luə^{44}θẽ^{11}ȵyə^{44}kə^{33}ho^{42}.

箇日 嗰天气冇得 晴⁼日 噉好。

216 **昨天的天气比今天好多了。**

θẽ^{11}ȵyə^{44}kə^{42}t^{h}ĩ^{33}hi^{51}pi^{42}kə^{33}ȵyə^{44}ho^{42}luə^{33}lø^{35}.

晴⁼日嗰天气比箇日 好得多。

217 **明天的天气肯定比今天好。**

mẽ^{11}ȵyə^{44}kə^{42}t^{h}ĩ^{33}hi^{51}k^{h}aŋ^{42}tẽ^{31}pi^{42}kə^{33}ȵyə^{44}ho^{42}.

明日 嗰天气肯 定比箇 日 好。

218 **那个房子没有这个房子好。**

a^{11}kæ̃^{35}o^{44}mɔ^{33}luə^{44}kə^{33}kæ̃^{35}kə^{33}ho^{42}.

亚间屋冇得 箇间 噉好。

219 **这些房子不如那些房子好。**

kə^{33}luə^{44}o^{44}mɔ^{33}kɔ^{51}a^{11}luə^{44}kə^{33}ho^{42}.

箇 得⁼屋 冇够亚得⁼噉好。

220 **这个有那个大没有？**

kə^{33}naŋ^{35}iɔ^{33}a^{11}naŋ^{35}kə^{44}tæ^{31}mɔ^{33}?

箇粒 有亚粒 噉大 冇？

221 **这个跟那个一般大。**

kə^{33}naŋ^{35}uã^{232}a^{11}naŋ^{35}ie^{44}iæŋ^{31}tæ^{31}.

箇粒 云⁼亚粒 一 样 大。

222 **这个比那个小了一点点儿，不怎么看得出来。**

kə^{33}naŋ^{35}pi^{42}a^{11}naŋ^{35}nuæ^{51}mẽ^{42}ŋ^{51}，mɔ^{33}tæ^{31}ʃi^{33}muə^{44}hõ^{51}luə^{44}tʃ^{h}uə^{44}lø^{232}.

箇粒 比亚粒 细 □吾，冇大是物 看得出 来。

223 这个大，那个小，两个不一般大。

kə^{33}naŋ^{35}tæ^{31}，a^{11}naŋ^{35}nuæ^{51}，laŋ^{33}naŋ^{35}mɔ^{33}toŋ^{11}iæŋ^{31}tæ^{31}.

箇 粒 大， 亚 粒 细， 两 粒 冇 同 样 大。

224 这个跟那个大小一样，分不出来。

kə^{33}naŋ^{35}uã^{232}a^{11}naŋ^{35}tæ^{11}nuæ^{51}ie^{44}iæŋ^{31}，puã^{35}mɔ^{33}tʃ^{h}uə^{33}lø^{232}.

箇 粒 云⁼亚 粒 大 细 一 样， 分 冇 出 来。

225 这个人比那个人高。

kə^{44}tɔ^{232}pi^{42}a^{11}tɔ^{232}kɔ^{35}.

箇 头 比 亚 头 高。

226 是高一点儿，可是没有那个人胖。

ʃi^{33}kɔ^{35}liu^{33}mẽ^{42}ŋ^{51}，tɔ^{31}ʃi^{33}mɔ^{33}luə^{44}a^{11}tɔ^{232}kə^{44}pi^{232}.

是 高 了 □ 吾，就 是 冇 得 亚 头 噉 肥。

227 他们一般高，我看不出谁高谁矮。

ky^{11}ti^{11}toŋ^{232}iæŋ^{31}kɔ^{35}，ŋuə^{33}hõ^{51}mɔ^{33}tʃ^{h}uə^{44}ŋ^{11}tɔ^{232}ko^{35}ŋ^{11}tɔ^{232}æ^{42}.

渠 哋 同 样 高， 我 看 冇 出 吾 头 高 吾 头 矮。

228 胖的好还是瘦的好?

pi^{232}kə^{42}ho^{42}tʃi^{33}ʃɔ^{51}kə^{42}ho^{42}?

肥 嘓 好 吱 瘦 嘓 好?

229 瘦的比胖的好。

ʃɔ^{51}kə^{42}pi^{42}pi^{232}kə^{33}ho^{42}.

瘦 嘓 比 肥 嘓 好。

230 瘦的胖的都不好，不瘦不胖最好。

ʃɔ^{51}kə^{42}pi^{42} kə^{42}toŋ^{42}mɔ^{33}ho^{42}，mɔ^{33}ʃɔ^{51}mɔ^{33}pi^{232}tʃi^{51}ho^{42}.

瘦 嘓 肥 嘓 总 冇 好， 冇 瘦 冇 肥 至 好。

231 这个东西没有那个东西好用。

kə^{44}kɔ^{31}loŋ^{33}θuæ^{35}mɔ^{33}luə^{44}a^{11}kɔ^{31}kə^{44}ho^{33}ʃuæ^{42}.

箇 嘈 东 西 冇 得 亚 嘈 噉 好 使。

232 这两种颜色一样吗?

kə^{33}luə^{44}liæŋ^{33}tʃoŋ^{42}ʃe^{44}ie^{44}iæŋ^{31}mɔ^{33}?

箇 得⁼两 种 色 一 样 冇?

233 不一样，一种色淡，一种色浓。

mɔ^{33}ie^{44}iæŋ^{31}，ie^{44}tʃoŋ^{42}ʃe^{44}tæ̃^{33}，ie^{44}tʃoŋ^{42}ʃe^{44}noŋ^{232}.

有一样，一种色淡，一种色浓。

234 **这种颜色比那种颜色淡多了，你都看不出来？**

kə^{33}tʃoŋ^{42}ʃe^{44}pi^{42}a^{11}tʃoŋ^{42}ʃe^{44}tæ̃^{33}ho^{42}lø^{35}，ni^{33}tu^{33}hø̃^{51}mɔ^{33}tʃʰuə^{44}lø^{232}?

箇种色比亚种色淡好多，你都看冇出来？

235 **你看看现在，现在的日子比过去强多了。**

ni^{33}hø̃^{51}kuə^{51}kə^{33}ly^{42}，kə^{33}ly^{42}kə^{42}n̠yə^{11}ti^{42}pi^{42}kuə^{33}hy^{51}ho^{42}luə^{44}lø^{35}lo^{33}.

你看过箇里，箇里嗰日子比过去好得多啰。

236 **以后的日子比现在更好。**

i^{33}ɔ^{33}kə^{42}n̠yə^{11}ti^{42}pi^{42}kə^{33}ly^{51}kaŋ^{51}ho^{42}.

以后嗰日子比箇里更好。

237 **好好干吧，这日子一天比一天好。**

tʃuã^{232}mẽ^{42}tu^{51}，kə^{33}ly^{42}kə^{42}n̠yə^{11}ti^{42}ie^{33}n̠yə^{44}pi^{42}ie^{33}n̠yə^{44}ho^{42}.

勤□做，箇里嗰日子一日比一日好。

238 **这些年的生活一年比一年好，越来越好。**

kə^{33}luə^{44}ki^{42}nĩ^{232}kə^{42}ʃaŋ^{44}uə^{31}ie^{44}nĩ^{232}pi^{42}ie^{44}nĩ^{232}ho^{42}，ĩ^{11}lø^{232}ĩ^{11}ho^{42}.

箇得⁼几年嗰生活一年比一年好，现⁼来现⁼好。

239 **咱兄弟俩比一比谁跑得快。**

ŋuə^{44}ti^{31}liæŋ^{33}fẽ^{35}tuæ^{33}pi^{42}pi^{42}ŋ^{11}tɔ^{232}tiu^{232}luə^{44}fæ^{51}.

我哋两兄弟比比吾头逃得快。

240 **我比不上你，你跑得比我快。**

①ŋuə^{33}pi^{42}mɔ^{33}kuə^{51}ni^{33}，ni^{33}pi^{42}ŋuə^{33}tiu^{232}luə^{44}fæ^{51}.

我比冇过你，你比我逃得快。

②ŋuə^{33}pi^{42}mɔ^{33}kuə^{51}ni^{33}，ni^{33}tiu^{232}luə^{44}pi^{42}ŋuə^{33}fæ^{51}.

我比冇过你，你逃得比我快。

241 **他跑得比我还快，一个比一个跑得快。**

①ky^{232}tiu^{232}luə^{44}pi^{42}ŋuə^{33}ʃẽ^{11}fæ^{51}，ie^{44}kuə^{52}pi^{42}ie^{44}kuə^{51}tiu^{232}luə^{44}fæ^{51}.

渠逃得比我剩快，一个比一个逃得快。

②ky^{232}pi^{42}ŋuə^{33}tiu^{232}luə^{44}ʃẽ^{11}fæ^{51}，ie^{44}kuə^{52}pi^{42}ie^{44}kuə^{51}tiu^{232}luə^{44}fæ^{51}.

渠比我逃得剩快，一个比一个逃得快。

242 **他比我吃得多，干得也多。**

ky^{232}he^{35}luə^{44}pi^{42}ŋuə^{33}lø^{35}，tu^{51}luə^{44}ø^{11}lø^{35}.

渠 吃 得 比 我 多， 做 得 □多。

ky^{232}pi^{42}ŋuə^{33}he^{35}luə^{44}lø^{35}，tu^{51}luə^{44}ø^{11}lø^{35}.

渠 比 我 吃 得 多，做 得 □多。

243 **他干起活来，比谁都快。**

ky^{232}tu^{51}hi^{42}koŋ^{35}lø^{232}，pi^{42}ŋ^{11}tə^{232}tu^{33}fæ^{51}.

渠 做起工 来， 比吾头都 快。

244 **说了一遍，又说一遍，不知说了多少遍。**

kiæŋ^{42}lə^{33}ie^{44}uæ^{232}，iɔ^{31}kiæŋ^{42}ie^{44}uæ^{232}，mɔ^{33}tʃi^{33}kiæŋ^{42}liu^{33}ki^{11}lø^{35}uæ^{232}.

讲 了一回， 又讲 一回， 冇 知讲 了见多 回。

245 **我嘴笨，怎么也说不过他。**

①ŋuə^{33}mɔ^{33}ʃo^{31}kiæŋ^{42}，toŋ^{11}ti^{42}tu^{33}kiæŋ^{42}mɔ^{33}kuə^{51}ky^{232}.

我 冇 熟 讲， 同 子都 讲 冇 过 渠。

②ŋuə^{33}mɔ^{33}ʃo^{31}kiæŋ^{42}，toŋ^{11}ti^{42}tu^{33}kiæŋ^{42}ky^{232}mɔ^{33}kuə^{51}.

我 冇 熟 讲， 同 子都 讲 渠 冇 过。

246 **他走得越来越快，我都跟不上了。**

ky^{232}aŋ^{232}luə^{44}ĩ^{11}tu^{51}ĩ^{11}fæ^{51}，ŋuə^{33}tu^{33}kuã^{35}mɔ^{33}lo^{42}ky^{232}lə^{33}.

渠 行 得愿$^{=}$做愿$^{=}$快，我 都 跟 冇 倒 渠 啰。

247 **越走越快，越说越快。**

ȵĩ^{11}aŋ^{232}ȵĩ^{11}fæ^{51}，ȵĩ^{11}kiæŋ^{42}ȵĩ^{11}fæ^{51}.

愿$^{=}$行愿$^{=}$快，愿$^{=}$讲 愿$^{=}$快。

248 **慢慢说，一句一句地说。**

mæ̃^{11}mæ̃^{11}kiæŋ^{42}，ie^{44}ky^{51}ie^{44}ky^{51}kə^{33}ti^{42}kiæŋ^{42}.

慢 慢 讲， 一句一句 箇子 讲。

第八章　话语材料

第一节

俗语谚语

一　顺口溜

1　数朒歌

yə^{44}lø^{232}tʃoŋ^{232}，n̠i^{31}lø^{232}fu^{51}，θæ̃^{35}lø^{232}tu^{51}tɔ^{42}tu^{51}tɔ^{31}pu^{31}，θi^{51}lø^{232}luə^{44}kuŋ^{35}tu^{51}；

一朒穷，二朒富，三朒做酒做豆腐，四朒得官做；

ŋ^{33}lø^{232}ki^{31}ma^{33}ʃiæŋ^{33}tæ^{31}lu^{31}，lo^{31}lø^{232}ʃiʌ^{31}kuæ^{42}mø^{232}，t^{h}uə^{44}lø^{232}mɔ^{33}luə^{44}ka^{35}ʃa^{51}；

五朒骑马上大路，六朒着鬼磨，七朒冇得加煞；冇得加煞：生活很困难

pa^{51}lø^{232}ma^{51}ŋæ̃^{33}ma^{51}，tʃɔ^{42}lø^{232}to^{44}，ʃuə^{31}lø^{232}t^{h}i^{51}tæ^{31}o^{44}.

八朒孭眼孭，九朒足，十朒砌大屋。孭眼孭：背网打鱼

（发音人：陈有温，2015.11.30）

2　街市仔

kæ^{44}ʃi^{33}tuæ^{42}，pu^{31}tɔ^{232}n̠y^{232}；ʃæ^{11}ʃiæŋ^{232}tuæ^{42}，θi^{42}kuã^{232}ky^{232}.

街市仔，埠头鱼；寨场仔，死蠄蟝。蠄蟝：蟾蜍

（发音人：董标富，2018.6.30）

3 □ȵyæ^{42}颈狗

ȵyæ^{42}，ȵyæ^{42}kẽ^{42}kɔ^{42}，ŋɔ^{33}ti^{31}iɔ^{33}，ŋɔ^{33}ti^{31}iɔ^{33}，ni^{33}mɔ^{33}iɔ^{33}.

□，□ 颈 狗，我 吔 有，我 吔 有，你 冇 有。□ȵyæ^{42}颈狗：小孩以食物在别的小孩前炫耀

（发音人：董标富，2018.6.30）

4 董家垌各村手艺特色

θuŋ^{232}pi^{35}θæ̃^{35}ʃæ^{31}tʃe^{44}pu^{51}iæŋ^{232}，

泉 陂 三寨 织 布 行泉溪等几个村的人擅长织布，

lɔ^{232}ka^{35}θæ̃^{35}ʃæ^{31}tʃe^{44}θe^{31}iæŋ^{232}，

刘 家 三 寨 织 席 行刘家等几个村的人擅长织席，

ʃa^{232}pi^{35}θæ̃^{35}ʃæ^{31}kɔ^{44}ŋa^{232}tiæŋ^{232}，

茶 陂 三 寨 狗 牙 糖茶溪等几个村的人擅长做麦芽糖，

kiu^{232}pui^{31}θæ̃^{35}ʃæ^{31}tɔ^{31}ʃi^{31}iæŋ^{232}，

桥 背 三 寨 豆 豉 行桥背等几个村的人擅长做豆豉，

ʃæ̃^{44}u^{232}θæ̃^{35}ʃæ^{31}ȵy^{232}mo^{232}tiæŋ^{232}.

珊瑚 三 寨 鱼 毛 塘珊瑚等几个村的人擅长养殖鱼苗。

（发音人：董蕊文，2018.6.30）

二 谚语

01 ŋ^{33}ȵĩ^{31}he^{44}θo^{44}，lo^{31}ȵĩ^{31}he^{44}ko^{44}。

五月 吃 粟，六 月 吃 谷。

02 lo^{31}ȵi^{31}lo^{31}，ɔ^{31}ko^{31}ti^{42}ʃo^{31}.

六 月 六，就 谷 子 熟早稻熟了。

03 luə^{31}loŋ^{35}mɔ^{33}ʃui^{42}tɔ^{31}luə^{44}loŋ^{35}θẽ^{232}，la^{33}tʃʰuã^{35}liʌ^{31}ʃui^{42}tɔ^{31}lo^{51}tʰẽ^{35}mẽ^{232}.

立 冬 冇 水就 得 冬 晴，打 春 落 水 就 到 清 明。

04 luə^{31}ia^{33}ia^{33}，luə^{31}tɔ^{232}θø^{33}i^{35}tɔ^{31}ma^{51}ʃẽ^{232}tʃa^{33}.

立 夏 下，笠 头 蓑 衣 就 孭 成 渣立夏下雨，当年雨水就多，斗笠蓑衣会用成残渣。

05 lui^{232}tʃaŋ^{33}tʰɔ^{35}，tæ^{31}uə^{232}ȵi^{31}tʃʰuã^{35}tɔ^{31}yə^{33}puŋ^{51}ʃɔ^{35}.

雷 争 秋，大 禾 二 春 就 一 半 收立秋打雷，夏种秋收的稻谷收成只有一半。

06 hø^{35}tʃɔ^{42}tæ^{31}mu^{31}ʃui^{42}tɔ^{31}lø^{232}，liʌ^{31}tʃɔ^{42}tæ^{31}mu^{31}tʰĩ^{35}tɔ^{31}hø^{35}.

开久大雾水就来，落久大雾天就开 久晴有大雾会下雨，雨久有大雾会转晴。

07 tʃiu^{35}fa^{51}oŋ^{31}uã^{232}tɔ^{31}mɔ^{33}kuə^{51}θi^{33}，ie^{31}fa^{51}oŋ^{31}uã^{232}tɔ^{31}ʃæ^{51}tʰĩ^{35}li^{33}.

朝发红云就冇过巳，夜发红云就晒千里。

08 ĩ^{31}kiæŋ^{35}ʃiu^{31}ʃui^{44}ȵy^{232}fɔ^{31}tɔ^{232}，tu^{33}koŋ^{35}tɔ^{31}iu^{31}læ^{51}luə^{31}tɔ^{232}.

盐缸潮水鱼浮头，做工就要戴笠头 盐钵子返潮，鱼浮出水面，天就要下雨了。

09 iɔ^{33}fui^{35}iɔ^{33}puã^{51}tĩ^{232}tɔ^{232}uã^{31}，mɔ^{33}fui^{35}mɔ^{33}puã^{51}tĩ^{232}tɔ^{232}tʃʰuã^{51}.

有灰有粪田头运，冇灰冇粪田头趁 没有肥料要多做护理。

10 ȵi^{31}tʃʰuã^{35}tʃiæŋ^{31}ʃiʌ^{31}ø̃^{11}lu^{31}foŋ^{35}，ʃuə^{31}naŋ^{35}mo^{31}tʰoŋ^{42}tʃɔ^{42}naŋ^{35}hoŋ^{35}.

二春撞着寒露风，十粒木桶九粒空 晚造遇到寒露风将减产。

11 tʃɔ^{42}ȵĩ^{31}ʃiæŋ^{33}kiæŋ^{51}kiæŋ^{51}uə^{11}lɔ^{33}，ka^{35}ka^{35}u^{33}u^{33}tʰu^{42}tæ^{31}lɔ^{33}.

九月霜降降禾柳，家家户户取大篓 霜降稻穗下垂，大家买盛稻谷的大筐。

12 ȵi^{11}ȵĩ^{31}tʰẽ^{44}mẽ^{232}tu^{42}θui^{33}ɔ^{33}，θæ̃^{35}ȵĩ^{31}tʰẽ^{35}mẽ^{232}tu^{51}θui^{33}θĩ^{232}.

二月清明做在后，三月清明做在前 清明在二月，节后春耕；清明在三月，节前春耕。

13 tʰẽ^{35}mẽ^{232}iæŋ^{35}，ko^{44}y^{33}tɔ^{31}.

清明秧，谷雨豆 清明撒秧，谷雨种豆。

14 mɔ^{33}kuə^{51}luə^{11}tʰɔ^{35}tʃʰa^{51}ȵi^{31}θo^{31}.

冇过立秋插二造 立秋前要插晚稻。

15 kuə^{51}lə^{33}luə^{31}tʰɔ^{35}ʃiu^{42}naŋ^{35}ko^{44}，kuə^{51}yə^{44}ȵyə^{44}ʃiu^{42}ie^{44}kɔ^{31}.

过了立秋少粒谷，过一日少一嗜 立秋后插晚稻会减产，过一天稻穗少一颗稻谷。

16 kẽ^{35}ʃe^{31}mɔ^{33}toŋ^{33}foŋ^{35}，laŋ^{33}lo^{31}ŋ^{33}ȵĩ^{31}tʃoŋ^{232}.

惊蛰冇动风，冷到五月穷 惊蛰不吹南风，天气会一直冷到五月结束。

17 tʰẽ^{44}mẽ^{232}tʰẽ^{35}，læ̃^{33}iæŋ^{35}kuə^{51}lẽ^{33}pẽ^{232}；kə^{44}nĩ^{232}iɔ^{33}nĩ^{232}ʃẽ^{232}.

清明清，担秧过岭坪，箇年有年成 清明天气好，当年会有好收成。

18 ko^{44}y^{33}y^{33}，tʰu^{42}tẽ^{31}ka^{51}tʃiæŋ^{35}hy^{51}ka^{51}ny^{33}.

谷雨雨，取定嫁妆去嫁女 谷雨下雨当年会有好收成，可给女儿丰厚嫁妆。

19 θi^{51}ȵĩ^{31}θi^{51}，tĩ^{232}tɔ^{232}mɔ^{33}ʃui^{33}tʃaŋ^{35}tʃʰuə^{44}pʰi^{51}.

四月四，田头冇水争出屁 四月初四还没有足够春雨，当年人们会为水而争斗。

20 θi^{51}ȵĩ^{31}pa^{51}，tæ^{31}lo^{31}tʰui^{35}la^{11}θa^{44}.

四月八，大涝推垃圾 四月初八当地进入了汛期。

21 pa^{51}ȵĩ^{232}piʌ^{31}lu^{31}ʃiæŋ^{33}kiæŋ^{51}，ʃɔ^{35}koŋ^{33}kuã^{51}.

八月白露霜降，收光棍 八月白露霜降天气变凉，人人穿上衣服。

22　ȵi^{31}liæŋ^{31}tʃʰaŋ^{35}θæ̃^{51}tɔ^{31}iɔ^{33}ʃui^{42}，ȵie^{31}tɔ^{232}tʃʰaŋ^{35}θæ̃^{51}tɔ^{31}iɔ^{33}foŋ^{35}.

月亮撑伞就有水，热头撑伞就有风有月晕将会下雨，有日晕将会刮风。

23　kuæ^{44}loŋ^{232}tʃʰɔ^{51}，iɔ^{33}ʃui^{33}ɔ^{51}.

鸡笼臭，有水沤鸡笼潮湿有臭味将会有连阴雨。

24　pẽ^{232}ʃi^{232}θu^{51}ȵyə^{31}tɔ^{31}mɔ^{33}kiʌ^{51}tuæ^{42}，iɔ^{33}hiʌ^{51}lø^{232}lə^{33}ni^{33}nuŋ^{33}ŋæ̃^{33}tẽ^{35}.

平时素日就冇教仔，有客来了你暖$^{=}$眼睛平时不教育，有客来才挤眼示意。

25　ʃie^{232}iɔ^{33}ʃie^{232}lu^{31}，ʃy^{42}iɔ^{33}ʃy^{42}lu^{31}，kie^{11}na^{51}iɔ^{33}tiu^{232}uaŋ^{11}piæŋ^{33}lu^{31}.

蛇有蛇路，鼠有鼠路，杰$^{=}$镊有条横旁路。杰$^{=}$镊：螃蟹

26　ʃiæŋ^{44}kuã^{33}ȵyə^{232}he^{44}tʰɔ^{42}，ni^{33}hy^{51}pui^{51}mo^{31}mɔ^{42}.

香菌人吃敲，你去背木□。吃敲：吃完。木□mɔ^{42}：朽木。喻别人得到好处，你得到辛苦。

27　tu^{51}koŋ^{35}mɔ^{31}kẽ^{42}ʃiu^{51}nĩ^{232}，iɔ^{33}he^{44}mɔ^{31}kẽ^{42}lo^{11}θĩ^{35}.

做工莫讲少年，有吃莫讲老前做工不要称说自己曾少年有力气，不要说自己曾经富有。

28　ʃiu^{51}nĩ^{232}mo^{11}θiæŋ^{31}lo^{33}θĩ^{33}ʃaŋ^{35}.

少年木匠老先生少年木匠有力气，老年医生有经验。

29　ki^{33}ŋæ̃^{33}ȵyã^{232}θi^{42}tʰo^{44}no^{33}，uaŋ^{232}ŋæ̃^{33}ȵyã^{232}mɔ^{33}ĩ^{31}to^{44}.

徛眼人死秃脑，横眼人冇餍足。死秃脑：憨厚老实

30　lu^{42}θĩ^{232}mɔ^{31}mæ̃^{35}piʌ^{51}，mæ̃^{35}piʌ^{51}tʰuæ^{42}luŋ^{33}ʃiʌ^{51}.

赌钱莫挽膊，挽膊睇卵嘞民间忌攀别人的肩膀，赌钱时尤忌。

31　kʰiʌ^{35}kaŋ^{35}tʃoŋ^{232}，kʰiʌ^{35}uŋ^{42}pæ^{31}.

敲更穷，敲碗败旧时认为人穷才做更夫，敲碗会败家。

32　θĩ^{232}mĩ^{31}hoŋ^{35}，ɔ^{33}mĩ^{31}hoŋ^{35}mɔ^{33}tʃʰuə^{44}ka^{42}muŋ^{33}tʃʰuə^{44}ka^{42}koŋ^{35}.

前面空，后面空，冇出寡母出寡公房子前后门窗相对，是建房大忌。

33　koŋ^{42}loŋ^{35}kĩ^{35}puŋ^{42}ti^{31}，ŋæ^{232}ti^{42}kĩ^{35}tʃe^{44}θi^{31}.

广东兼本地，捱子兼职字人们认为广东粤语与本地话语音接近，客家话与官话语音接近。

34　muã^{35}θĩ^{232}tʰu^{42}naŋ^{35}puə^{44}，tʰu^{42}lə^{33}mɔ^{33}luə^{44}tʰuə^{44}.

文钱取粒钵，取了冇得脱一元钱买一个瓦钵贩卖，买了就脱不了手了。

35　ie^{44}tiu^{232}tæ^{11}θiæŋ^{31}tʰoŋ^{35}ʃi^{33}fuə^{44}lɔ^{33}.

一条大脏通屎窟牢一条肠通屁股，喻直来直去，肚子里藏不了秘密。

36　tæ^{31}lə^{33}ʃiu^{42}tɔ^{44}ʃy^{35}ho^{42}to^{31}，lo^{33}lə^{33}ʃiu^{33}tɔ^{44}tĩ^{232}ho^{42}kaŋ^{35}.

大了晓得书好读，老了晓得田好耕。

（发音人：陈有温，2015.11.30；董标富、董蕊文，2018.6.30）

三　歇后语

1　tʃʰaŋ^{44}ka^{31}kiʌ^{44}kə^{42}koŋ^{33}kuã^{51} —— mɔ^{33}tʃʰuə^{33}tʃoŋ^{51}.

铛架脚嗰光棍——有出众。

2　ʃe^{31}tɔ^{232}kø^{51} —— tʃʰy^{51}tʃʰy^{51}he^{44}o^{44}ly^{42}.

石头盖——处处吃屋里。石头盖：膝盖

3　muã^{35}θĩ^{232}naŋ^{35}uoŋ^{11}tɔ^{31} —— ni^{33}ȵĩ^{31}kə^{33}mie^{42}.

文钱粒黄豆——你愿嗰咩。

4　kĩ^{11}tɔ^{232}kuə^{51}li^{11}ŋæ̃^{33} —— ni^{33}ȵĩ^{31}kə^{33}mie^{42}.

拳头过篱眼——你愿嗰咩。

（发音人：陈有温，2015.11.30；董标富，2018.6.30）

四　谜语

1　liæŋ^{33}pʰie^{44}pʰie^{44}kuə^{51}θuæ^{35}，ie^{44}ʃy^{33}ʃy^{33}ia^{33}nuæ^{232}，ʃuə^{31}θi^{51}tʰu^{42}θuã^{35}pu^{33}，ie^{44}θuã^{35}nẽ^{51}ni^{33}kuæ^{35}.

两撇撇过西，一竖竖下泥，十四娶新妇，一心拧你归——德。

2　ie^{44}ȵyã^{232}tʃʰy^{42}paŋ^{35}tʰĩ^{35}，ʃuə^{31}ny^{33}tɔ^{31}puŋ^{51}pĩ^{31}tĩ^{232}.

一人杵崩天——夫，十女就半边田——妻。

3　ie^{44}pĩ^{35}θẽ^{35}，ie^{44}pĩ^{35}θɔ^{33}；ie^{44}pĩ^{35}ʃiæŋ^{33}lẽ^{33}he^{44}tʰẽ^{35}tʰo^{42}，ie^{44}pĩ^{35}ia^{33}ʃui^{42}he^{44}tʰẽ^{35}to^{232}.

一边腥，一边臊；一边上岭吃青草，一边下水吃青桃——鲜。

4　θi^{33}θi^{51}foŋ^{33}foŋ^{35}ie^{44}naŋ^{35}ʃẽ^{232}，tʰĩ^{33}pẽ^{35}uæ̃^{31}ma^{33}ly^{33}tɔ^{232}tẽ^{232}；

四四方方一粒城，千兵万马里头停；

ti^{33}ti^{33}ta^{33}ta^{33}tɔ^{31}kie^{44}ie^{44}pĩ^{51}，lo^{33}tʃiæŋ^{51}θuã^{33}tʃiæŋ^{51}toŋ^{42}θuŋ^{51}tʰẽ^{35}.

嘀嘀嗒嗒就击一遍，老账新账总算清——算盘。

5　yə^{44}lui^{51}ĩ^{35}iæŋ^{35}toŋ^{232}θuæ^{232}pʰi^{35}，yə^{44}tɔ^{232}ʃɔ^{51}lø^{232}yə^{44}tɔ^{232}pi^{232}，

一对鸳鸯同齐飞，一头瘦来一头肥，

yə^{44}naŋ^{35}ȵĩ^{31}lø^{232}θæ̃^{35}tʰo^{51}，yə^{44}nĩ^{232}lø^{232}yə^{44}uæ^{232}.

一粒月来三套，一年来一回——八。

6　liæŋ^{33}fẽ^{35}tuæ^{33}toŋ^{232}iæŋ^{31}ko^{35}，ʃi^{42}fuə^{44}tɔ^{232}tʃʰa^{51}tʃiæŋ^{35}lo^{3}.

两兄弟同样高，屎窟头插张刀——门。

（发音人：陈有温，2015.11.30；董标富，2018.6.30）

第二节

歌 谣

一 童谣

1 月亮光

ȵĩ^{11}liæŋ^{31}koŋ^{35}，koŋ^{35}koŋ^{35}kuæ^{51}，tʃy^{44}ȵi^{232}ʃoŋ^{232}，iɔ^{11}ma^{232}luæ^{51}.

月亮 光， 光 光 贵， 猪 儿 虫， 油 麻 蒂。

ʃaŋ^{33}kẽ^{35}mo^{31}，tɔ^{11}ti^{42}fa^{35}。kɔ^{33}luə^{44}ȵy^{11}ȵi^{35}kiʌ^{51}fu^{33}ka^{35}.

生 荆 木， 桃 子 花。 狗 得 鱼 儿 搅 苦 瓜。狗得鱼儿：泥鳅

fu^{33}ka^{35}fu^{42}，tʃaŋ^{35}ŋɔ^{11}lu^{42}，ŋɔ^{11}lu^{42}ȵiæŋ^{51}，tʃaŋ^{35}tæ^{31}ʃiæŋ^{31}.

苦瓜 苦， 蒸 牛 肚， 牛 肚 □， 蒸 大 脏。□ȵiæŋ^{51}：韧，咬不动

tæ^{11}ʃiæŋ^{31}pi^{232}，tʃaŋ^{35}tʃy^{44}ȵi^{232}.

大 脏 肥， 蒸 猪 儿。

tʃy^{35}ȵi^{232}ŋæ̃^{33}tʃi^{35}tʃi^{51}，iɔ^{31}ma^{232}lɔ^{33}tɔ^{31}ʃi^{31}.

猪 儿 眼 志 志， 油 麻 捞 豆豉。眼志志：眼睁睁地

tɔ^{11}ʃi^{31}ʃiæŋ^{35}，tuə^{11}la^{11}kiæŋ^{35}，la^{11}kiæŋ^{35}la^{31}，la^{11}la^{31}a^{51}.

豆豉 香， □ 辣 姜， 辣 姜 辣， 腊腊鸭。□tuə^{31}：捶，拍

la^{11}a^{51}ŋæ̃^{33}mi^{35}mi^{51}，mæ̃^{33}θo^{42}muã^{31}mæ̃^{31}mui^{31}.

腊鸭眼 眯眯， 晚 嫂 问 晚 妹。

mæ̃^{11}mui^{31}t^{h}ø^{35}ma^{232}t^{h}ø^{35}puŋ^{51}ie^{31}，poŋ^{51}ia^{33}ma^{31}ẽ^{35}iɔ^{31}tʃ^{h}ie^{35}pui^{31}.

晚 妹 搂 麻 搂 半 夜， 放 下 麻 罂 又 车 贝。

tʃʰie35pui31tʃʰie35lo51ŋ33kaŋ35lo33，mɔ33taŋ232tʰĩ33koŋ35iɔ31ta31lui51.

车 贝 车 到 五 更 啰，冇 曾 天 光 又 踏 碓。

mæ̃11mui31ie35ie51mɔ33luə44ʃui31.

晚 妹 夜 夜 冇 得 睡。

（发音人：陈有温，2015.11.30）

2 排排坐

pæ11pæ35θø33，miæŋ11ku35kuæ35.

排 排 坐，望 姑 归。

ku35kuæ35lo33，ʃa51ĩ33kuæ35，ĩ33kuæ11tʰui42，læ̃35pĩ35hy51læ̃35pĩ35kuæ35.

姑 归 啰，杀 阉 鸡，阉 鸡 腿， 担 边 去 担 边 归。

muã31ni33tæ11θo42iɔ11muæ33mɔ33? ta31θi232ku35hy51kuæ35.

问 你 大 嫂 有 米 冇？ 踏 糍 姑 去 归。

ta31luə44tæ31naŋ35ku35fuŋ33hi42，ta31luə44nuæ51naŋ35ku35lĩ44nuæ232.

踏 得 大 粒 姑 欢 喜，踏 得 细 粒 姑 楝⁼泥。细粒：小个。楝⁼泥：滚地

lĩ51tʃʰuə44foŋ44miʌ232ti31，tʃo33ku35tuæ232.

楝⁼出 荒 茅 地，竹 鸪 啼。

tuæ232u31ti31，tʃoŋ51u11tɔ232，ʃæ̃35tʃy35he44，læ11mui31tʰɔ35.

啼 芋 地，种 芋 头， 山 猪 吃，赖 妹 偷。

mui31mɔ33fo31，toŋ232ni33ʃiæŋ33tʰĩ35pæ51ȵie11tɔ232.

妹 冇 服，同 你 上 天 拜 热 头。

pæ51luə44ȵie11tɔ232tʰĩ35liʌ11ʃui42，lui31koŋ35ia33lø232pʰe44tʃy33tui42.

拜 得 热 头 天 落 水， 雷 公 下 来 劈 猪 嘴。

tʃy33tui42ʃo31he44ʃiʌ51，la42θĩ31θiʌ31，θĩ31θiʌ31ho42ke44tʃi42，la42mo31i42.

猪 嘴 熟 吃 潲，打 钱 凿， 钱 凿 好 击 纸，打 木 椅。

mo31i42ho42tĩ31θo33，la42toŋ31θø42，toŋ31θø42ho42θø44muŋ232，la42toŋ31puŋ232.

木 椅 好 垫 坐，打 铜 锁， 铜 锁 好 锁 门， 打 铜 盆。

toŋ31puŋ232ho42θuæ42kiʌ44，la42ha33tʰiʌ44，ha33tʰiʌ44mĩ33ʃiæŋ11ʃiæŋ232，tʰu42θuã44niæŋ232.

铜 盆 好 洗 脚，打 鸦 鹊， 鸦 鹊 尾 长 长， 娶 新 娘。

θuã44niæŋ232ʃo31tʃʰie35pui31，ka51lo11mui31，lo11mui31ʃo31tuæ11ho44，ka51mæ̃33ʃo44.

新 娘 熟 车 贝， 嫁 老 妹， 老 妹 熟 啼 哭， 嫁 晚 叔。

mæ̃^{33}ʃo^{44}tʃʰaŋ^{33}θæ̃^{51}ʃiæŋ^{33}ʃæ̃^{35}tʃuə^{44}kie^{31}ti^{42}，kie^{31}ti^{42}mo^{31}kuã^{35}ho^{42}θø^{11}liæŋ^{232}.

晚 叔 撑 伞 上 山 执 茄 子，茄 子 木 根 好 坐 凉。

（发音人：陈有温，2015.11.30）

3 绣妇娘

θɔ^{44}pu^{33}niæŋ^{232}tuə^{31}ia^{33}tiæŋ^{232}，tʃiʌ^{51}tɔ^{232}li^{33}ȵy^{232}θæ̃^{35}tʃʰe^{44}ʃiæŋ^{232}.

绣 妇 娘 □ 下 塘， 捉 头 鲤 鱼 三 尺 长。□tuə^{31}：跌

li^{33}ȵy^{232}tui^{42}，ʃo^{232}tʰuã^{35}tui^{42}，li^{33}ȵy^{232}luã^{232}ʃo^{232}ŋiʌ^{44}uã^{232}.

鲤 鱼 嘴，熟 亲 嘴，鲤 鱼 鳞 熟 挠 □。挠□uã^{232}：挠痒

θɔ^{44}pu^{33}niæŋ^{232}，mɔ^{33}puã^{44}tiæŋ^{232}，kə^{33}ie^{31}ʃui^{11}kiʌ^{51}tuə^{31}ia^{33}ʃiæŋ^{232}.

绣 妇 娘， 冇 分 糖， 箇 夜 睡 觉 □ 下 床。□tuə^{31}：跌

调皮的小孩看见从村边经过的娶亲队伍时唱的童谣

（发音人：董标富，2018.6.30）

4 撒冬瓜

θa^{51}，θa^{51}loŋ^{33}ka^{35}，θa^{51}，θa^{51}iɔ^{232}ma^{232}，θa^{51}hø^{35}iɔ^{232}ma^{232}tʰa^{51}mẽ^{42}ʃa^{232}.

撒，撒 冬 瓜， 撒，撒 油 麻， 撒 开 油 麻 擦 □ 茶。□mẽ^{42}：一点点

toŋ^{35}，toŋ^{35}ti^{33}toŋ^{35}，na^{51}，na^{51}ti^{33}na^{51}，li^{33}ȵy^{232}ha^{35}koŋ^{35}kʰiæŋ^{35}kie^{31}na^{51}.

冬， 冬 哋 冬， 镊，镊 哋 镊， 鲤 鱼 虾 公 扛 杰$^{=}$镊。杰$^{=}$镊：螃蟹。

小孩做游戏时唱。多个小朋友排成一队，把手放在背后。一个小朋友在队后拿着一颗石子，点着手掌，大家一齐唱，唱的过程中，拿石子的小朋友已把石子偷偷放在某个小朋友的手中，唱完大家举起双手，由站在队前的小朋友猜石子在谁手中。

（发音人：董标富，2018.5.14）

5 嘟噜羹

tu^{31}lu^{31}kaŋ^{35}，tu^{31}lu^{31}nø^{31}，ta^{31}lui^{51}kaŋ^{35}，tʃʰie^{42}lui^{51}nø^{31}.

嘟 噜 羹， 嘟 噜 糯，踏 碓 羹， 扯 碓 糯大人拉着小孩的手做推磨与扯碓状。

kuæ^{35}aŋ^{35}paŋ^{42}，puã^{35}naŋ^{35}ni^{33}mo^{31}kaŋ^{42}.

鸡 瘿 膨， 分 粒 你 木$^{=}$梗$^{=}$。木$^{=}$梗$^{=}$：外祖父。以前没有玩具，杀鸡后把吹胀的鸡嗉给小孩玩。

kuæ^{35}aŋ^{35}θi^{232}，puã^{35}naŋ^{35}ni^{33}mæ̃^{11}i^{232}. mæ̃^{11}i^{11}ʃiæŋ^{33}，tæ^{31}læ̃^{51}θi^{232}.

鸡 瘦糍， 分 粒 你晚 姨。晚 姨 丈， 大 担 糍。

tʃie^{44}muæ^{33}ie^{44}，θoŋ^{51}ni^{33}tʰuã^{35}tʰe^{44}，tʰuã^{35}tʰe^{44}tʃie^{44}ŋæ̃^{33}mie^{44}mie^{44}.

占 米 糙， 送 你 亲 戚， 亲 戚 只 眼 瘪 瘪。眼瘪瘪：笑得眼眯成一条缝

边与小孩玩耍，边唱的童谣。

（发音人：董标富，2018.5.14）

二 摇篮曲

1 游老妹

iɔ^{232}，iɔ^{232}，iɔ^{232}lo^{11}mui^{31}. kuə^{51}tiæŋ^{11}tɔ^{232}，tiæŋ^{11}tɔ^{232}iɔ^{11}lɔ^{35}ho^{42}ʃe^{11}lɔ^{232}.

游， 游， 游 老 妹。 过 塘 头， 塘 头 有 蔸 好 石 榴。老妹：婴儿

ʃe^{11}lɔ^{232}hø^{33}fa^{35}iɔ^{31}kie^{33}ti^{42}，tʃuə^{44}luə^{44}ki^{42}naŋ^{35}puã^{35}lo^{11}mui^{31}.

石榴 开 花又结 籽， 执 得 几 粒 分 老 妹。

lo^{11}mui^{31}ŋæ̃^{33}huã^{51}lo^{33}，nẽ^{51}lo^{42}ʃe^{11}lɔ^{232}mæ̃^{31}mæ̃^{44}ʃui^{31}.

老 妹 眼 睏 啰， 拧 倒 石榴 慢 慢 睡。

抱着婴儿晃动，哄婴儿睡觉的摇篮曲。

（发音人：陈有温，2016.8.6）

2 去趁圩

hy^{35}，hy^{35}，ma^{51}lo^{42}lo^{11}mui^{31}hy^{51}tʃʰuã^{33}hy^{232}.

嘘， 嘘， 孭 倒 老 妹 去 趁 圩。

tʃʰuã^{33}hy^{232}tʰu^{42}tuŋ^{232}tiæŋ^{11}ka^{35}puã^{35}lo^{11}mui^{31}，nẽ^{51}lo^{42}tiæŋ^{11}ka^{35}mæ̃^{31}mæ̃^{44}ʃui^{31}.

趁 圩 取 团 糖 瓜 分 老 妹， 拧倒 糖 瓜 慢 慢 睡。

背着婴儿晃动，哄婴儿睡觉的摇篮曲。

（发音人：陈有温，2016.8.6）

三 民歌

01 冇唱只歌人亦老

mɔ^{33}tʃ^{h}iæŋ^{51}tʃe^{44}kø^{35}ȵyã^{23}e^{31}lo^{33}，mɔ^{33}ʃuæ^{42}muã^{44}θĩ^{232}ȵyã^{232}e^{31}tʃoŋ^{232}.

冇唱只歌人亦老，冇使文钱人亦穷。只：支

mɔ^{33}θuã^{51}tɔ^{31}hø̃^{51}tæ^{31}ʃæ̃^{35}θuə^{44}，mɔ^{33}kĩ^{51}ȵie^{11}tɔ^{232}θuə^{44}e^{11}ioŋ^{232}.

冇信就看大山雪，冇见热头雪亦融。

02 久冇唱歌忘记歌

tʃɔ^{42}mɔ^{33}tʃ^{h}iæŋ^{51}kø^{35}miæŋ^{11}ki^{31}kø^{35}，tʃɔ^{42}mɔ^{33}tʃ^{h}aŋ^{44}ʃĩ^{232}miæŋ^{11}ki^{51}ø^{232}.

久冇唱歌忘记歌，久冇撑船忘记河。

tʃɔ^{42}mɔ^{33}to^{31}ʃy^{35}miæŋ^{11}ki^{51}θi^{31}，θi^{31}miæŋ^{11}ki^{51}，lu^{31}tʃɔ^{42}mɔ^{33}aŋ^{232}ʃiæŋ^{33}t^{h}ẽ^{44}tø^{232}.

久冇读书忘记字，字忘记，路久冇行上青苔。

（以上两首发音人：董标富，2018.6.30）

03 一根大木

yə^{44}kuã^{35}tæ^{31}mo^{31}tæ^{31}pø^{232}θø^{35}，kuə^{33}ȵyə^{44}laŋ^{42}mui^{31}aŋ^{232}lo^{51}lø^{232}.

一根大木大婆娑，箇日等妹行到来。

ŋuə^{31}t^{h}uŋ^{35}kø^{33}kø^{35}laŋ^{42}ni^{33}lo^{51}，laŋ^{42}mui^{31}lø^{232}lo^{51}tʃ^{h}iæŋ^{51}ʃæ̃^{35}kø^{35}.

我村哥哥等你到，等妹来到唱山歌。

04 一条大路（之一）

yə^{44}tiu^{232}tæ^{31}lu^{31}hø^{35}iɔ^{31}hø^{35}，θɔ^{35}t^{h}oŋ^{35}tæ^{31}lu^{31}laŋ^{42}mui^{31}lø^{232}.

一条大路开又开，修通大路等妹来。

ŋuə^{31}t^{h}uŋ^{35}tʃie^{31}iɔ^{31}ho^{42}muŋ^{232}hɔ^{42}，ŋuə^{31}t^{h}uŋ^{35}tʃie^{31}iɔ^{31}ho^{42}kø^{33}kø^{35}.

我村剩有好门口，我村剩有好哥哥。剩有：还有。

05 一条大路（之二）

yə^{44}tiu^{232}tæ^{31}lu^{31}hø^{35}iɔ^{31}hø^{35}，kə^{33}ȵyə^{44}θoŋ^{51}ŋuə^{31}θuã^{35}ȵyã^{232}lø^{232}.

一条大路开又开，箇日送我新人来。

kə^{33}ȵyə^{44}θoŋ^{51}ŋuə^{31}θuã^{35}ȵyã^{232}lo^{51}，lø^{232}lo^{51}ŋuə^{31}nu^{42}tʃ^{h}iæŋ^{51}tʃe^{31}kø^{35}.

箇日送我新人到，来到我努$^{=}$唱只歌。我努$^{=}$：我这里。

06 妹啊我难想你

mui^{31}a^{33}ni^{33}ŋuə^{33}næ̃^{232}θiæŋ^{42}ni^{33}le^{33}e^{33}i^{33}e^{33},

妹啊你我难想你咧唉噫唉，

t^{h}ĩ^{35}ʃiæŋ^{33}ȵĩ^{31}liæŋ^{31}le^{33}næ̃^{232}luə^{44}lə^{33}mui^{31}le^{33}i^{33}e^{33}.

天上月亮咧难得了妹咧噫唉。

lo^{31}mui^{31}lə^{33}ʃaŋ^{35}ho^{42}ŋuə^{33}θiæŋ^{42}mɔ^{33}lo^{51}le^{33}i^{33}e^{33},

老 妹 了 生 好 我 想 冇 到 咧 噫 唉,

tʃ^{h}uə^{44}luə^{44}θiæŋ^{42}luə^{44}le^{33}lo^{31}mui^{31}kuæ^{35}le^{33}i^{33}e^{33}.

出 得 想 得 咧 老 妹 归 咧 噫 唉。

07 **兄生归郎**

fẽ^{35}ʃaŋ^{35}kuæ^{35}liæŋ^{232}ŋuə^{33}tʃoŋ^{51}i^{51}le^{33}i^{33}e^{33},

兄 生 归 郎 我 中 意 咧 噫 唉,

lo^{31}fẽ^{35}ʃaŋ^{35}ho^{42}le^{33}uə^{31}ŋuə^{33}le^{33}θuã^{35}le^{33}i^{33}e^{33}.

老 兄 生 好 咧 合 我 嘞 心 咧 噫 唉。

ni^{33}ʃi^{33}le^{33}ʃaŋ^{35}ho^{42}ŋuə^{33}e^{31}θiæŋ^{42}le^{33}i^{33}e^{33},

你 是 咧 生 好 我 亦 想 咧 噫 唉,

ŋuə^{33}θiæŋ^{42}uã^{232}ni^{33}le^{33}kie^{44}ʃẽ^{232}lo^{33}ʃiæŋ^{35}le^{33}i^{33}e^{33}.

我 想 云$^{=}$ 你 咧 结 成 啰 双 咧 噫 唉。

（以上五首发音人：刘桂花，2015.11.30）

08 **打作死**

la^{33}tiʌ^{51}θi^{42}，la^{33}tiʌ^{51}hy^{33}kuæ^{35}t^{h}uə^{44}naŋ^{35}tɔ^{232}.

打 作 死， 打 作 去 归 脱 粒 头 打算回去就人头落地。

t^{h}uə^{44}tɔ^{232}ʃi^{33}liæŋ^{35}mo^{31}ie^{31}liʌ^{31}，θø^{33}kæ̃^{35}ʃi^{33}liæŋ^{35}θø^{33}fa^{35}lɔ^{232}.

脱 头 是 当 木 叶 落， 坐 监 是 当 坐 花 楼。

09 **隔江见妹洗萝卜**

男：

kiʌ^{51}kiæŋ^{35}kĩ^{51}mui^{31}θuæ^{42}lø^{232}pɔ^{31}，ʃɔ^{42}kẽ^{42}piʌ^{31}kuɔ^{51}lø^{232}pɔ^{31}tɔ^{232}.

隔 江 见 妹 洗 萝 卜， 手 颈 白 过 萝 卜 头。

iɔ^{33}θuã^{35}puã^{35}naŋ^{35}fẽ^{35}θoŋ^{51}tɔ^{42}，nẽ^{51}ni^{33}ʃɔ^{42}kẽ^{42}tu^{51}tʃuã^{42}tɔ^{232}.

有 心 分 粒 兄 送 酒， 拧 你 手 颈 做 枕 头。

女：

iɔ^{33}kə^{44}i^{31}，nẽ^{51}ŋuə^{33}ʃɔ^{42}kẽ^{42}tu^{51}tʃuã^{42}tɔ^{232}.

有 嗽 易， 拧 我 手 颈 做 枕 头。

hy^{51}kuæ^{35}ua^{31}puã^{35}ŋuə^{33}ie^{35}t^{h}ẽ^{51}，tʃa^{51}ni^{33}pæ̃^{31}taŋ^{51}ʃĩ^{35}ni^{33}ŋɔ^{232}.

去 归 话 分 我 爷 听， 砸 你 饭 甑 牵 你 牛。

男：

tɔ^{31}iɔ^{33}kə^{44}i^{31}，nẽ^{51}ni^{33}ʃɔ^{42}kẽ^{42}tu^{51}tʃuã^{42}tɔ^{232}.

就有嗽易，拧你手颈做枕头。

ʃiæŋ^{33}lo^{51}pẽ^{232}liʌ^{31}ko^{51}yə^{44}tʃi^{42}，ŋuə^{33}ko^{51}ni^{33}ie^{35}ʃi^{33}θɔ^{31}tɔ^{232}.

上到平乐告一纸，我告你爷是贼头。

10　**千祈千**

tʰĩ^{35}ki^{232}tʰĩ^{35}，fẽ^{35}tuæ^{33}tʰĩ^{35}uæ̃^{31}mɔ^{31}lu^{42}θĩ^{232}.

千祈千，兄弟千万莫赌钱。

lu^{42}lø^{232}lu^{42}hy^{51}ka^{35}ia^{33}pæ^{31}，ki^{42}lø^{35}tʰuã^{35}ȵyã^{232}tuŋ^{33}tʃʰui^{35}ĩ^{35}.

赌来赌去家下败，几多亲人断炊烟。

tʰĩ^{35}ki^{232}tʰĩ^{35}，fẽ^{35}tuæ^{33}tʰĩ^{35}mæ̃^{31}mɔ^{31}he^{44}ĩ^{35}.

千祈千，兄弟千万莫吃烟。

ie^{44}nĩ^{232}θæ̃^{35}piʌ^{51}lo^{31}ʃuə^{31}ȵyə^{44}，iæŋ^{33}tʃy^{35}mɔ^{33}kɔ^{51}he^{44}ĩ^{35}θĩ^{232}.

一年三百六十日，养猪冇够吃烟钱。

11　**老了难**

lo^{33}liu^{33}næ̃^{232}，lo^{33}liu^{33}ʃiæŋ^{33}ʃæ̃^{35}tɔ^{31}pĩ^{51}kɔ^{42}pæ̃^{232}.

老了难，老了上山就变狗□。□pæ̃^{232}：爬

næ̃^{11}ȵĩ^{31}nẽ^{51}tɔ^{232}tu^{51}laŋ^{51}θø^{33}，mɔ^{33}ȵĩ^{31}ʃiæŋ^{33}ʃæ̃^{35}kʰæ̃^{35}ʃæ^{232}læ̃^{35}.

难愿拧头做凳坐，冇愿上山砍柴担。难愿：宁愿

（以上四首发音人：董标富，2018.6.30）

四　咒语

天皇皇

tʰĩ^{35}uoŋ^{232}uoŋ^{232}，ti^{31}uoŋ^{232}uoŋ^{232}，uə^{33}ka^{35}iɔ^{33}tɔ^{232}tuæ^{11}ho^{44}ʃoŋ^{232}.

天皇皇，地皇皇，我家有头啼哭虫。

kuə^{51}lu^{31}kuã^{33}ti^{42}to^{31}ie^{44}to^{31}，ie^{44}kiʌ^{51}ʃiæŋ^{232}ʃiæŋ^{232}huã^{51}tʰĩ^{35}koŋ^{51}.

过路君子读一读，一觉长长睏天光。

（发音人：董标富，2018.6.30）

第三节

故事

一　牛郎织女

kə33ly42ŋuə33toŋ232tæ31ka35kiæŋ42kɔ31ku44ʃi31，ku44ʃi31ɔ35tu51ŋɔ31liæŋ232tʃe44ny33. θoŋ31θĩ232，

箇里我同大家讲嚐故事，故事讴做牛郎织女。从前，

θoŋ31θĩ232a31，iɔ33 tɔ232ȵyã232，iɔ33tɔ232θiu33fo42ti42，iɔ33tɔ232ɔ31ʃaŋ31ŋ232，kə11tɔ232a31ʃaŋ31ŋ232to42lo33ie35

从前啊，有头人，有头小伙子，有头后生吾，箇头后生吾早老爷

lo33puæ33tu33kuə51ʃuæ51lo42，a33，θi31ki42ku33læ̃35to31θi31yə33kuə51ȵyã232. ka35ly33tʃe44iɔ33yə44tɔ232ŋɔ232，

老姚都过世啰，啊，自己孤单独自一个人。家里只有一头牛，

θø42i33tɔ11tɔ232tu33ɔ35ky232tu51，toŋ232ky232po51kɔ31mẽ232，po51ɔ35ky232tu51ŋɔ31liæŋ232，ŋɔ31liæŋ232.

所以头头都讴渠做，同渠报嚐名，报讴渠做牛郎，牛郎。

ŋɔ31liæŋ232ne33，ky232tɔ31ȵyə33ȵyə44iæŋ31ŋɔ232，khĩ35ho42ky232tɔ31ŋɔ232，lø232uæ31ʃi232ka35tẽ232ʃaŋ35uə31，

牛郎呢，渠就日日养牛，牵好渠头牛，来维持家庭生活，

ho42khu42kə11tɔ232ȵyã232. ki31ʃuə31kə11tɔ232ky232kə11tɔ232ŋɔ232ne33，ʃi33thĩ44ʃiæŋ31a33tɔ232tʃuã35ŋɔ31θẽ35，

好苦箇头人。其实箇头渠箇头牛呢，是天上亚头金牛星，

a33，thĩ44ʃiæŋ31a33tɔ232tʃuã35ŋɔ31θẽ35，thĩ44ʃiæŋ31θø33ʃiæŋ31kiæŋ42ku51ʃi31a33tɔ232ɔ33tu51tʃuã35ŋɔ31θẽ35.

啊，天上亚头金牛星，天上在上讲故事亚头讴做金牛星。

tʃuã35ŋɔ31θẽ35ky232miæŋ31ʃiʌ31ŋɔ31liæŋ232，mæ̃31mæ̃33kə33khu42，mɔ33ie35mɔ33puæ33，fi35ʃiæŋ232toŋ31θẽ232.

金牛星渠望着牛郎，晚晚嗽苦，冇爷冇姚，非常同情。

θø42i33，ky232θiæŋ42piæŋ35ky232ʃẽ232kɔ31ka35，θiæŋ42toŋ232ky232thu42kɔ31θuã31pu33niæŋ232. a33，toŋ232

所以，渠想帮渠成嚐家，想同渠娶嚐新妇娘。啊，同

ky^{232}ʃẽ^{232}kɔ^{31}θuã^{31}pu^{33}niæŋ^{232}。θø^{42}i^{33}，kə^{11}tɔ^{232}tʃuã^{35}ŋɔ^{31}θẽ^{35}θuã^{35}ʃi^{33}huã^{42}ho^{42}. a^{33}，miæŋ^{31}ʃiʌ^{31}
渠成嚿新妇娘。所以，箇头金牛星心是很好。啊，望着

ŋɔ^{31}liæŋ^{232}k^{h}ø^{42}k^{h}u^{42}，ky^{232}tɔ^{31}t^{h}ĩ^{35}foŋ^{35}piʌ^{51}ki^{51}θiæŋ^{42}piæŋ^{35}ky^{232}ʃẽ^{232}kɔ^{31}ka^{35}，a^{33}，ʃẽ^{232}kɔ^{31}ka^{35}.
牛郎可苦，渠就千方百计想帮渠成嚿家，啊，成嚿家。

kə^{33}ti^{42}iɔ^{33}yə^{44}ȵyə^{44}ne^{33}，a^{33}kə^{11}tɔ^{232}tʃuã^{35}ŋɔ^{31}θẽ^{35}a^{33}，ʃiu^{42}tʃi^{35}t^{h}ĩ^{35}ʃiæŋ^{31}t^{h}uə^{44}θĩ^{35}ti^{33}mui^{31}，iu^{51}lo^{51}
箇子有一日呢，啊箇头金牛星啊，晓知天上七仙姊妹，要到

a^{33}naŋ^{35}ø^{232}pĩ^{35}hy^{51}θuæ^{42}liæŋ^{232}. kə^{33}ti^{42}ne^{33}，ky^{232}tɔ^{31}t^{h}iʌ^{51}kɔ^{31}moŋ^{31}pi^{42}kə^{11}tɔ^{232}ŋɔ^{31}liæŋ^{232}. kiæŋ^{42}，
亚粒河边去洗凉。箇子呢，渠就托嚿梦比箇头牛郎。讲，

tuæ^{31}ȵi^{31}ȵyə^{44}a^{33}ni^{33}lo^{51}a^{33}nu^{42}hy^{51}miæŋ^{31}，miæŋ^{31}ʃiʌ^{31}kə^{33}t^{h}uə^{44}θĩ^{35}ti^{33}mui^{31}θuæ^{42}tæ^{31}liæŋ^{232}a^{33}，
第二日啊你到亚努⁼去望，望着箇七仙姊妹洗大凉啊，

y^{31}kuə^{42}ky^{232}ʃæ^{33}fu^{51}kɔ^{35}ʃiʌ^{31}naŋ^{35}ʃæ^{35}，ni^{33}nẽ^{51}ky^{232}naŋ^{35}ʃæ^{35}huã^{35}，tɔ^{31}kuæ^{35}lø^{232}，huã^{35}kuæ^{35}lø^{232}
如果渠衫裤勾着粒衫，你拧渠粒衫□①，就归来，□归来

tɔ^{31}tiu^{232}kuæ^{35}o^{44}ly^{33}. tiu^{232}kuæ^{35}lø^{232}k^{h}ø^{42}naŋ^{232}ne^{33}，ky^{232}tɔ^{31}ʃẽ^{232}uæ^{232}liæŋ^{33}kuə^{51}ȵyə^{232}lo^{33}，ky^{232}tɔ^{31}
就逃归屋里。逃归来可能呢，渠就成为两个人啰，渠就

ʃẽ^{232}uæ^{232}ni^{33}kə^{42}t^{h}uæ^{33}ti^{42}lo^{33}. ʃi^{33}kə^{33}ti^{42}ua^{31}ne^{33}，ʃi^{33}kə^{33}ti^{42}kə^{33}tɔ^{232}tʃuã^{35}ŋɔ^{31}θẽ^{35}kiæŋ^{42}puã^{35}ŋɔ^{31}liæŋ^{232}
成为你嗰妻子啰。是箇子话呢，是箇子箇头金牛星讲分牛郎

t^{h}ẽ^{51}，ŋɔ^{31}liæŋ^{232}tɔ^{31}puŋ^{51}θuã^{51}puŋ^{51}mɔ^{33}θuã^{51}，kə^{33}ti^{42}a^{33}ȵyə^{44}t^{h}u^{31}ĩ^{232}tʃi^{33}kæ̃^{35}. lo^{51}ŋ^{31}nu^{42}moŋ^{31}moŋ^{232}
听，牛郎就半信半冇信，箇子亚日突然之间。到吾努⁼濛濛

tʃoŋ^{35}，tuæ^{31}ȵi^{31}ȵyə^{44}tʃiu^{35}miæŋ^{31}ʃiʌ^{31}，e^{35}he^{51}！kuə^{42}tʃuã^{35}ʃi^{33}po^{33}. miæŋ^{31}ʃiʌ^{31}t^{h}uə^{44}θĩ^{35}ti^{33}mui^{31}
中，第二日朝望着，唉唉！果真是啵。望着七仙姊妹

ki^{42}tɔ^{232}ʃi^{33}a^{33}nu^{42}fɔ^{232}tæ^{31}liæŋ^{232}，θuæ^{42}tæ^{31}liæŋ^{232}. ŋɔ^{31}liæŋ^{232}tɔ^{31}tiu^{232}hy^{51}nẽ^{42}ky^{232}a^{33}naŋ^{35}ʃæ^{35}，tɔ^{31}
几头是亚努⁼浮大凉，洗大凉。牛郎就逃去拧渠亚粒衫，就

huã^{35}kuæ^{35}lø^{232}lo^{33}. huã^{35}kuæ^{35}lø^{232}liæŋ^{35}ie^{31}tʃuã^{35}ʃi^{33}kə^{33}naŋ^{35}t^{h}uə^{44}θĩ^{35}ti^{33}mui^{31}，hy^{51}ky^{232}a^{33}nu^{42}
□归来啰。□归来当夜真是箇粒七仙姊妹，去渠亚努⁼

k^{h}iʌ^{35}muŋ^{232}. lø^{232}ʃẽ^{232}kie^{44}p^{h}ui^{51}liæŋ^{33}kuə^{44}ȵyã，tɔ^{31}ka^{51}puã^{35}ky^{232}lo^{51}，ka^{51}puã^{35}ky^{232}. ka^{51}puã^{35}ky^{232}
敲门。来成结配两个人，就嫁分渠啰，嫁分渠。嫁分渠

kə^{33}tɔ^{232}tʃẽ^{51}tʃẽ^{51}ʃi^{33}t^{h}uə^{44}θĩ^{35}ti^{33}mui^{33}，t^{h}uə^{33}θĩ^{35}mui^{31}kə^{33}naŋ^{35}θĩ^{35}ny^{33}. ʃuə^{31}tuæ^{51}kə^{33}tɔ^{232}ɔ^{35}tu^{51}tɔ^{232}
箇头正正是七仙姊妹，七仙妹箇粒仙女。实际箇头讴做头

tʃe^{44}ny^{33}，a^{33}，ʃuə^{31}tuæ^{51}kə^{33}tɔ^{232}ʃi^{33}tɔ^{232}tʃe^{44}ny^{33}. kə^{33}tɔ^{232}ȵyə^{232}fi^{35}ʃiæŋ^{232}kə^{44}ʃĩ^{31}liæŋ^{232}，a^{33}fi^{35}ʃiæŋ^{232}
织女，啊，实际箇头是头织女。箇头人非常嗰善良，啊非常

① □huã^{35}：拿。

kə42ʃĩ31liæŋ232. kə33ti42ŋɔ31liæŋ232fi35ʃiæŋ232ho42ʃi31tʰø42lo33，fi35ʃiæŋ232kə42fuŋ33hi42. ky31ti31kuæ35lø232
嘢善良。 箇子牛郎 非常 好时彩啰，非常 嘢欢喜。渠哋归来
tɔ31ʃẽ232uæ232liæŋ33kø33ȵyɔ̃232la33，ʃẽ232uæ232liæŋ33kuə33ȵyɔ̃232ne33.
就成为 两个人 啦，成为 两个人 呢。

kə33ti42mɔ33ʃiu42tɔ44ȵyə33ti42kuə51luə44ho42fæ51liæŋ51，mɔ33tʃi35mɔ33kiʌ51mɔ33tɔ44θæ̃35nĩ232tɔ31kuə51
箇子冇晓得日子过得好快当， 冇知冇觉冇得三年就过
hy51lo33. kie44kuə42θæ̃35 nĩ232ky232tɔ31 ʃaŋ35 liu33yə44tɔ232 tuæ42，ʃaŋ35liu33 yə44 tɔ232 ny33liæŋ33tɔ232muæ44lẽ35.
去啰。结果 三年渠就生了一头仔， 生了一头女两头□丁①。
liæŋ33tɔ232muæ44lẽ35ki42tʰẽ51kiæŋ42，iɔ31kʰø42kʰø42ø51. iɔ33liu33liæŋ33tɔ232muæ44lẽ35i33ɔ33ne33，ka44tẽ232
两头□丁几听讲， 又可可爱。有了两头□丁以后呢，家庭
kuə51luə44fi35ʃiæŋ232hø35θuã35kʰø42hẽ31fo44. kʰø42ʃi33a33kə33tɔ232tʃe44ny33，ky232θi35θi31ia33fæ̃232kə33naŋ35
过得非常 开心可 幸福。可是啊箇头织女，渠私自下凡箇粒
θiu33θe44puã35y31tuæ51tæ31oŋ232ʃiu42tɔ44lo33，kə33ti42y31tuæ51tæ31oŋ232a33，tɔ31iu51ky232a33tʃĩ51tʃĩ51naŋ35
消息分玉帝大王晓得啰。箇子玉帝大王啊，就要渠啊转转粒
tʰĩ35koŋ35. kie44kuə42iɔ33yə33tʰi51tʰĩ35a33，tʃʰui35tæ31foŋ35，liʌ31tæ31ʃui42. kə33ti42ʃuã31ŋ232，a33，kə33tɔ232
天宫。结果有一次天啊，吹大风，落大水。箇子阵吾，啊，箇头
tʃe44ny33tɔ31mɔ33kĩ51hø35lo33. a33，tɔ31tiu232ʃiæŋ33liu33tʰĩ35hoŋ35lo33. kə33ti42ky232liæŋ33tɔ232θuæ33ti33hɔ42
织女就冇见开啰。啊，就逃上 了天空 啰。箇子渠两头细子口
tuæ232luə44mɔ33ʃuæ42kiæŋ42，tʰuæ42ky232ma33ma42iɔ31tʰuæ42tʰuæ42mɔ33ʃiʌ31. kə33ti42ŋɔ31liæŋ232ne33iɔ31
啼得冇使讲， 睇渠妈妈又睇睇冇着。箇子牛郎呢又
mɔ33luə44toŋ31ti42pæ̃31. kə33nu42tʰuæ42a31nu42tʰuæ42，mɔ33luə44toŋ31ti42ho42.
冇得同子办。箇努=睇亚努=睇， 冇得同子好。

tɔ31ʃi33kə33naŋ35ʃi31ɔ31a33，ky232tɔ232lo33ŋɔ232tɔ31hø33hɔ42lo33. ky232tɔ232ŋɔ232，ky232ka35ly33iæŋ33kə33
就是箇粒时候啊，渠头老牛就开口啰。渠头牛， 渠家里养箇
tɔ232ŋɔ232a33，"ni11ti31mɔ33iu51næ̃11kuə51，mɔ33iu51næ̃11kuə51. ky232ua31tʃe44ny33ne33，ʃi33tʰĩ35ʃiæŋ31
头牛啊，"你哋冇要难过， 冇要难过。渠话织女呢，是天上
y31tuæ51ɔ35ky232tʃĩ51hy51liu33a33. ni33ti31iu51tʰuæ42ʃiʌ31ky232ne33，mɔ33næ̃232kə42，ni33tʰẽ51ŋuə33kiæŋ42
玉帝讴渠转去了啊。你哋要睇着渠呢，冇难嘢，你听我讲
tɔ31lẽ232kə42lo33. lo51ʃuã31kæ̃35，ni33nẽ51ŋuə33ŋɔ232kiʌ51，nẽ51ŋuə33luə44ŋɔ232kiʌ51puã35ia33lø232，ŋɔ232kiʌ51
就灵嘢啰。到阵间， 你拧我牛角， 拧我得=②牛角分下来，牛角

① □muæ44丁：男孩。

② 得=luə44：这。

puã35ia33lø232tɔ31kʰø42i33pĩ51ʃẽ232liæŋ33tʃe44tæ31lø35lo33. kə33ti42kiæŋ42ia33kə33ti42ne33，a33，kə33tɔ232ŋɔ232
分下来就可以变成两只大箩啰。箇子讲下箇子呢，啊，箇头牛
yə44kiæŋ42lo51ky232tʃe44kiʌ51yə44te44le44tuə31ia33ti31luæ42lo33. kuə42tʃuã35tɔ31ʃẽ232liu33liæŋ33tʃe44lø35，
一讲到渠只角一嘀呖□[1]下地底啰。果真就成了两只箩，
ʃẽ232liu33liæŋ33tʃe44lø35. ŋɔ31liæŋ232tɔ31pa42ky232liæŋ33tɔ232θuæ51ti42hɔ42，tɔ31poŋ51ȵyə31ky232liæŋ33tʃe44lø35.
成了两只箩。牛郎就把渠两头细子口，就放入渠两只箩。
ky232poŋ51ȵyə31ky232liæŋ33tʃe44lø35，kə33ʃuã31ky232tɔ31fu31fu232tɔ31ʃo31pʰi35. θiæŋ33tɔ232taŋ31uã232ka44
渠放入渠两只箩，箇阵渠就呼呼就熟飞，像头腾云驾
mu31kə42iæŋ31，a33，tʃiæŋ42hi42kə42tʃʰi51piæŋ232，yə44ʃuã31a33pʰi35a33pʰi35，pʰi35a33. miæŋ31ʃiʌ31ho42
雾嗰样，啊，长起嗰翅膀，一阵啊飞啊飞，飞啊。望着好
fæ51tɔ31iu51miæŋ31lo51piæŋ35lo51kə31tɔ232tʃe44ny33lo33. tɔ31ʃi33kə33naŋ35ʃuã31kæ̃35，tʰĩ35ʃiæŋ31kə33tɔ232y31
快就要望到帮到箇头织女啰。就是箇粒阵间，天上箇头玉
tuæ51kə33tɔ232y31mu33niæŋ31niæŋ232，miæŋ31ʃiʌ31kə33tʃoŋ42θẽ31kʰaŋ51. mɔ33puã35ky232liæŋ33tɔ232tuŋ31
帝箇头玉母娘娘，望着箇种情况。有分渠两头团
iuŋ232；tʃʰe42ia33ky232naŋ35tɔ232a33tiu232tæ̃35，ʃi33kə33naŋ35ŋɔ31liæŋ232tʃe44ny33liæŋ33tɔ232tʃi33kæ̃35yə44ua35；
圆；扯下渠粒头亚条簪，是箇粒牛郎织女两头之间一划；
yə44ua35tɔ31pĩ51ʃẽ232liu33yə44tiu232tæ31tʰĩ35ø232.
一划就变成了一条大天河。

kə33tiu232tʰĩ35ø232iɔ31fuə44iɔ31ʃiæŋ232，θø42i33，pa42ky232liæŋ33tɔ232tɔ31kiʌ44hə35lo33，mɔ33pæ31fa51，
箇条天河又阔又长，所以，把渠两头就隔开啰，有办法，
tʰuæ42mɔ33lo42. kə33ti42kə33ti31kə33luə44ha33tʰiʌ44，a33ti31ʃi31tʃʰø51；ʃi31tʃʰø51miæŋ31lo51kə33θẽ31kʰaŋ51，
睇有倒。箇子箇呲箇得=鸦鹊，亚子喜鹊；喜鹊望到箇情况，
fi35ʃiæŋ232toŋ232θẽ232ŋɔ31liæŋ232uã232tʃe44ny33. lo51mui33yə44nĩ232a33tʰuə44ȵĩ31tʃʰø33tʰuə44a33ȵyə44，
非常同情牛郎云=织女。到每一年啊七月初七亚日，
ʃẽ31tʰĩ35ʃiæŋ33uæ31kə33luə44ʃi31tʃʰø51a33，tɔ31pæ232ʃe232yə44pæ232yə44pæ232；yə44tɔ232læ̃35lo42yə44tɔ232a33
成千上万箇得=喜鹊啊，就排成一排一排；一头担倒一头亚
tiu232mi33，pæ232ʃẽ232ka51ʃẽ232tiu232tʰĩ35kiu232. a31ka51ʃẽ232tiu232tʰĩ35kiu232. tɔ31ʃuæ42kə33tɔ232ŋɔ31liæŋ232
条尾，排成架成条天桥，啊架成条天桥。就使箇头牛郎
uã232tʃe44ny33ne33tɔ31tuŋ31iuŋ232lo33. ku31ʃi31tɔ31ʃi33kə33naŋ35iæŋ31ti42kə42.
云=织女呢就团圆啰。故事就是箇粒样子嗰。

（讲述人：董标富，2015.11.30）

① □tuə31：跌。

二　文钱瞎只眼

lo^{11}θĩ^{35}，a^{11}luə^{44}uæ^{232}liu^{33}p^{h}ĩ^{51}ŋuə^{33}ti^{31}θuæ^{33}ti^{42}ho^{42}kə^{42}θĩ^{232}a^{33}，ky^{232}nẽ^{51}a^{31}luə^{44}poŋ^{51}tæ^{31}kẽ^{51}
老先，亚得$^{=}$为了骗我哋细子口嘓钱啊，渠拧亚得$^{=}$放大镜
tu^{51}naŋ^{35}uŋ^{33}θiæŋ^{35}，ly^{33}tɔ^{232}tɔ^{31}tʃiæŋ^{35}naŋ^{35}puə^{31}ȵi^{232}a^{33}，tʃiæŋ^{35}naŋ^{35}puə^{31}ȵi^{232}ne^{33}，foŋ^{51}kə^{33}luə^{44}
做粒暗箱，里头就装粒佛儿啊，装粒佛儿呢，谎箇得$^{=}$
θuæ^{51}ti^{33}hɔ^{42}lø^{11}kə^{33}ti^{42}p^{h}o^{44}tʃ^{h}uæ^{44}hy^{51}miæŋ^{31}. ie^{44}muã^{35}tʃi^{42}tɔ^{31}miæŋ^{31}ie^{44}ha^{31}，miæŋ^{31}kə^{42}tʃe^{44}ʃi^{232}
细子口来箇子匐出去望。一文纸就望一下，望嘓只时
ɔ^{31}le^{33}，tɔ^{31}ie^{44}tʃe^{44}ŋæ̃^{33}mi^{51}lo^{42}，ie^{44}tʃe^{44}ŋæ̃^{33}miæŋ^{33}. kiʌ^{33}luə^{44}ho^{42}iɔ^{33}mi^{11}to^{31}，kə^{33}luə^{44}ɔ^{35}tu^{51}
候咧，就一只眼眯倒，一只眼望。觉得好有味道，箇得$^{=}$讴做
θuæ^{11}iæŋ^{232}kẽ^{51}kə^{33}luə^{44}，ɔ^{35}tu^{51}muã^{35}θĩ^{232}ha^{51}tʃe^{44}ŋæ̃^{33}.
西洋镜箇得$^{=}$，讴做文钱瞎只眼。

（讲述人：陈有温，2016.8.6）

三　通圩人□la^{232}①实袋

t^{h}oŋ^{33}hy^{35}ȵyã^{232}la^{11}ʃuə^{11}tø^{31}kə^{33}naŋ^{35}ku^{42}ni^{33}iɔ^{33}t^{h}ẽ^{51}kuə^{51}mɔ^{33}？ ŋuə^{33}mɔ^{33}ʃiʌ^{31}t^{h}ẽ^{51}kuə^{51}. lo^{11}
通圩人□实袋箇粒古你有听过冇？我冇着听过。老
θĩ^{35}，ŋuə^{33}ti^{31}tu^{35}ho^{42}iɔ^{33}kẽ^{42}kə^{42}a^{33}，kə^{33}ti^{33}a^{33}！ iɔ^{33}tɔ^{232}a^{31}tɔ^{232}liæŋ^{33}koŋ^{35}puə^{232}a^{33}，ky^{232}kə^{11}tɔ^{232}
先，我哋都好有讲嘓啊，箇子啊！有头亚头两公婆啊，渠箇头
ny^{11}ȵyã^{232}mæ̃^{11}li^{11}ø^{31}，kuŋ^{42}kə^{11}tɔ^{232}næ̃^{11}ȵyã^{232}kuŋ^{42}mæ̃^{11}huã^{42}. kə^{11}tɔ^{232}næ̃^{11}ȵyã^{232}ne^{33}，mæ̃^{232}ku^{33}
女人蛮利害，管箇头男人管蛮狠。箇头男人呢，蛮古
kæ^{51}. kə^{33}ti^{33}iɔ^{33}yə^{44}ȵyə^{44}，ky^{232}kə^{33}tɔ^{232}ny^{11}ȵuã^{232}，ɔ^{35}ky^{232}kə^{33}tɔ^{232}næ̃^{11}ȵyã^{232}læ̃^{35}naŋ^{35}fuə^{51}hy^{51}mæ^{31}.
怪。箇子有一日，渠箇头女人，讴渠箇头男人担粒货去卖。
lo^{11}θĩ^{35}tʃ^{h}uã^{33}hy^{35}tu^{33}ʃi^{33}ma^{51}kɔ^{31}tø^{31}kə^{42}a^{33}，a^{11}naŋ^{35}tø^{31}ɔ^{35}tu^{51}ʃuə^{31}tø^{31}，ma^{51}lo^{42}a^{31}naŋ^{35}tø^{31}. kə^{33}
老先趁圩都是孭嗜袋嘓啊，亚粒袋讴做实袋，孭倒亚粒袋。箇
ti^{33}，næ̃^{11}ȵyã^{232}a^{11}luə^{44}loŋ^{33}θuæ^{35}mæ^{31}t^{h}uə^{44}le^{33}，muæ^{44}mo^{232}，ky^{232}naŋ^{35}tø^{31}la^{11}t^{h}uə^{44}lə^{33}！ puã^{35}
子，男人亚得$^{=}$东西卖脱咧，□毛②，渠粒袋□脱了！分
ȵyã^{11}ka^{35}p^{h}ĩ^{51}t^{h}ɔ^{42}le^{33}，mɔ^{33}kĩ^{51}le^{33}！
人家骗敨咧，冇见咧！

① □la^{232}：丢失。

② □muæ^{44}毛：男性阴毛，此处意为“完啦，不好啦”。

ky^{232}tɔ^{31}iɔ^{35}la^{33}，iɔ^{35}kə^{33}ti^{42}ky^{232}hy^{33}kuæ^{35}，ky^{232}tɔ^{232}ny^{11}ȵyã^{232}haŋ^{42}tẽ^{31}tɔ^{31}hæ̃^{51}ky^{232}kə^{42}le^{33}. ky^{232}
渠就忧啦，忧箇子渠去归， 渠头女人 肯定就喊渠嘓咧。渠
tɔ^{31}nuã^{42}tʃĩ^{51}naŋ^{35}pæ̃^{31}fa^{51}. ky^{232}hy^{51}lo^{51}kuæ^{35}，ŋæ̃^{35}ŋæ̃^{35}ta^{31}ȵyə^{31}ie^{11}kæ̃^{35}o^{44}，æ^{35}，ky^{232}tʰɔ^{42}tʃe^{44}
就谂 转粒 办法。渠 去 到归， 啱 啱踏入 一间 屋，哎，渠 敨只
tæ^{11}hi^{51}. "kə^{33}ȵyə^{44}a^{33}，mɔ^{31}kiæŋ^{42}lo^{33}，tʰoŋ^{33}hy^{35}ȵyã^{232}tu^{33}la^{11}ʃuə^{11}tø^{31}!" ka^{42}ky^{232}tɔ^{232}ny^{11}ȵyã^{232}
大气。"箇日 啊，莫讲 啰， 通 圩 人 都□实袋!" 咖渠头女人
ua^{31}: "toŋ^{11}ti^{42}？ tʰoŋ^{33}hy^{35}ȵyã^{232}tu^{33}la^{11}ʃuə^{11}tø^{31}!" "ʃi^{33}a^{33}！ ie^{44}naŋ^{35}hy^{35}kə^{42}ȵyã^{232}naŋ^{35}tø^{31}tu^{33}la^{11}
话:"同子? 通 圩人 都□实袋!""是啊! 一粒 圩嘓人 粒 袋都□
tʰɔ^{42}lə^{33}." ky^{232}ua^{31}. "iɔ^{33}kə^{33}ku^{33}kæ^{51}ka^{42}." "ky^{232}ʃi^{33}me^{42}，mɔ^{33}θuã^{51}ni^{33}hy^{51}miæŋ^{31}kuə^{51}a^{33}，tɔ^{11}tɔ^{232}
敨了。" 渠话。"有嗽古 怪咖。""渠是咩， 冇信 你去望 过啊，头头
naŋ^{35}la^{31}." ky^{232}ua^{31}，"kə^{33}ti^{42}la^{232}tʰɔ^{42}. mɔ^{33}tʃuã^{42}iu^{33}ne^{33}，la^{11}tʰɔ^{42}ŋuə^{33}iɔ^{31}mɔ^{33}ua^{31}ni^{33}，ni^{33}ua^{31}
粒 □。" 渠 话，"箇 子□敨。冇 紧 要呢，□敨①我 又有 话你，你话
tʰoŋ^{33}hy^{35}ȵyã^{232}la^{232}me^{31}，mɔ^{33}iu^{51}tʃuã^{42}." ky^{232}ua^{31}. mɔ^{33}ʃiʌ^{31}hæ̃^{51}la^{33}. ɔ^{35}tu^{51} "tʰoŋ^{33}hy^{35}ȵyã^{232}
通 圩人 □咪， 冇 要紧。" 渠 话。冇 着 喊啦。讴做"通 圩 人
la^{11}ʃuə^{11}tø^{31}."
□实 袋"。

（讲述人：陈有温，2016.8.6）

四 冬至头冬至尾

loŋ^{33}tʃi^{11}tɔ^{232}loŋ^{33}tʃi^{11}mi^{33}，tɔ^{11}ʃi^{33}ky^{232}pæ^{44}ȵuã^{31}fẽ^{33}tuæ^{33}，liæŋ^{33}kuə^{33}pæ^{44}ȵuã^{31}fẽ^{33}tuæ^{33}ne^{33}，
冬至头冬至尾，就是渠拜认 兄弟， 两个 拜认 兄弟呢，
θẽ^{11}ȵi^{31}ho^{42}ʃuã^{35}kə^{42}. kẽ^{44}ʃiæŋ^{232}ne^{33}ni^{33}tʰẽ^{42}ŋuə^{33}kuə^{51}lø^{232}he^{35}，ŋuə^{33}tʰẽ^{42}ni^{33}kuə^{51}lø^{232}he^{35}. kə^{33}ti^{42}
情义好深嘓。经常 呢你请我 过来吃， 我 请你过来吃。箇子
luə^{44}loŋ^{33}tʃi^{51}ne^{33}，ʃi^{33}ie^{44}ȵyə^{44}tʃi^{33}ia^{33}，y^{11}kuə^{42}ne^{33}，tɔ^{11}tɔ^{232}ʃi^{33}kuæ^{51}loŋ^{33}tʃi^{51}a^{11}ȵyə^{44}le^{33}，ni^{11}ʃi^{33}
得$^{=}$冬至呢， 是一日吱呀，如果 呢， 头头是惯 冬至亚日咧，你是
ni^{33}o^{33}ly^{33}he^{35}，ŋuə^{11}ʃi^{33}ŋuə^{33}o^{33}ly^{33}he^{35}lo^{33}，tɔ^{31}mɔ^{33}lø^{11}uoŋ^{33}la^{33}. θø^{44}i^{33}tɔ^{31}puã^{35}hø^{35}，ŋuə^{33}tɔ^{31}
你屋里吃， 我 是 我 屋里 吃啰， 就冇来往 啦。所以就分 开， 我 就
kæ̃^{51}loŋ^{33}tʃi^{11}tɔ^{232}，ŋuə^{33}tɔ^{31}tuæ^{11}θĩ^{232}ie^{33}ȵyə^{44}kæ̃^{51}，ni^{33}tɔ^{31}kuə^{51}mĩ^{11}luæ^{42}ie^{33}ȵyə^{44}kæ̃^{51}. kə^{33}ti^{42}ŋuə^{33}
惯冬至头，我 就 提前一日 惯， 你就过 面底 一日 惯。箇子我

① □la^{11}敨：丢失完。

kæ̃51a11ȵyə44ne33，ni33tɔ31kuə51ŋuə33luə44he35，lo51ni33kæ̃51a11ȵyə44ŋuə33kuə51ni33luə44he35，kə33ti42ȵyã11
惯亚日呢，你就过我得⁼吃，到你惯亚日我过你得⁼吃，箇子人
ka35lø11uoŋ33le33tɔ11lø35lo33. kə33ti42tɔ31ẽ232ʃẽ232kə33naŋ35loŋ33tʃi11tɔ232uã11loŋ33tʃi11mi33kə33naŋ35te44hi52
家来往咧就多啰。箇子就形成箇粒冬至头云⁼冬至尾箇粒节气
kə33naŋ35θe44kæ̃51lo33.
箇粒习惯啰。

（讲述人：陈有温，2016.8.6）

五　九月九送火殃

kiæŋ42kə33luə44tʃɔ42ȵĩ31tʃɔ42，tʃɔ42ȵĩ31tʃɔ42kuæ35lu232o44ŋ232，kə33naŋ35tʃy42iu51tɔ31ʃi33θoŋ51fuə42
讲箇得⁼九月九，九月九鸡庐屋吾，箇粒主要就是送火
iæŋ35kə42. ʃiæŋ31nĩ232fo42ʃiu35ho52khø42pha51，θoŋ51hø35tɔ31mɔ33luə44ʃi31lo33，ky232tɔ31mɔ33ʃiʌ31fo42ʃiu35，
殃嘓。上年火烧好可怕，送开就冇得事啰。渠就冇着火烧，
tɔ31khø42ʃiu42liu33kə42a33. yə44nĩ232ly33tʃɔ42ȵĩ31tʃø33tʃɔ42ɔ35tu51tʃɔ42ȵĩ31tʃɔ42，tɔ31ʃiu35kuæ35lu232o44ȵi232.
就可少了嘓啊。一年里九月初九讴做九月九，就烧鸡庐屋儿。
“ŋuə33ti31a42luə44，ŋuə33ti31ɔ35tɔ31pu31kuæ42o44ŋ232.” a42ti42ʃi33ni33ti31kə42ɔ35fa51，tu35ʃi33yə44iæŋ31kie31.
“我哋亚得⁼，我哋讴豆腐鬼屋吾。”亚子是你哋嘓讴法，都是一样嘅。

kə33ti42le33ʃi33kə33ti42kə42a33，ky232a42ȵyə44le33，tɔ31phæ42luə44muæ44lẽ232ȵi232tɔ31nẽ42khæ̃42luə44tʃo44a33
箇子咧是箇子嘓啊，渠亚日咧，就派得⁼□丁儿就拧砍得⁼竹啊
mo31a33，tɔ31la51tʃhaŋ51ʃẽ232naŋ35θæ̃33kiʌ51kə42，toŋ232naŋ35miʌ11o44kə33ti42a33，toŋ232naŋ35miʌ11o44
木啊，就搭撑成粒三角嘓，同粒茅屋箇子啊，同粒茅屋
tʃhaŋ51ʃẽ232naŋ35θæ̃33kiʌ51lu232o44a33，tʃhaŋ51lo42a33. ka42a42luə44tʃiæŋ35mo31ie31a33，tʃiæŋ35mo31kha51
撑成粒三角庐屋啊，撑倒啊。咖亚得⁼樟木叶啊，樟木卡
la51ʃiæŋ433hy51，nẽ42a42luə44miʌ232ie44hi42uæ232lo42toŋ232kæ̃33o44ŋ232kə42ti42. ɔ35tu51kuæ35lu232o44ȵi232a33，
搭上去，拧亚得⁼茅一起围倒同间屋吾箇子。讴做鸡庐屋儿啊，
tʃi42ʃi33a42ȵyə44lo51ie31tʃi35θĩ232tɔ31yə44tẽ31tu51ho42kə33kæ̃35o44ȵi232lo33. mɔ33luə44ŋ232kuə51fuə44，tæ31kæ52
只是亚日到夜之前就一定做好箇间屋儿啰。冇得唔个阔，大概
tu35ʃi33yə44ʃiæŋ33pa51fuə44kə33ti42，la51θaŋ42a42luə44tu35iɔ33ʃiæŋ33pa51kə42po33，yə44ʃiæŋ33fuə44kə42ti42
都是一丈把阔箇子，搭□①亚得⁼都有丈把嘓啵，一丈阔箇子

---

① □θaŋ42：大。

po33. o35tʃhaŋ51hi42，a33θæ̃35tʃhaŋ51. a42luə44tʃo44，ʃaŋ33tʃo44，ʃiu35lo51pha31pha31piʌ51，tʃiæŋ35mo31ie31a33，
啵。呵 撑 起，啊 三 撑。亚得=竹，生 竹，烧到啪啪 爆，樟 木 叶啊，
ka42tɔ31kĩ35luə44miʌ232a33，kə33ti42a42ȵyə44tɔ31la51ho42liu33. o35，kə33luə44θuæ44ti11ȵi232ho42tʃoŋ51i51tu51
咖 就兼得=茅 啊，箇子 亚日 就搭好 了。呵，箇 得=细 子儿 好 中 意做
kə33luə44kə42a33，ka42a42luə44tæ31ȵyã232thẽ35nĩ232ȵyã232tɔ31tu51tʃi42to33a33，a33，tɔ31khæ̃42lo42kə33luə44
箇得=嘓 啊，咖 亚得=大人 青 年 人 就 做指导啊，啊，就 砍倒 箇 得=
tɔ31la51lo33，la51ʃẽ232kə44kæ̃35o44，ka51kə33luə44miʌ232a33，iæŋ44iæŋ31toŋ232luə44miʌ232，“ka51tɔ31thuæ42
就搭啰，搭 成箇 间 屋 咖 箇 得=茅 啊，样 样 同 得=茅，“咖就睇
luə44uə11ko42tʃẽ42ʃẽ232tɔ11puə31kə42pa31 ？”iɔ33tɔ232a33，iɔ33tɔ232ʃi33tʃoŋ33iæŋ35kə42a33，tʃø51ʃẽ232tɔ232
得=禾 稿 整 成头 佛 嘓 吧？” 有头啊，有头 是 中 央 嘓啊，□① 成 头
ȵyã232kə42ti42kə33a33. ka51luə44uə11ko42a33，a11tɔ232tɔ31poŋ51ʃi33tʃoŋ33iæŋ35，poŋ51ʃi33kæ̃33o44kə42tʃoŋ33
人 箇 子嘓 啊。咖 得=禾稿啊，亚 头就 放 是 中 央，放 是 间屋 嘓 中
iæŋ35，a11tɔ232uə11ko42ȵyã232，nẽ42luə44uə11ko42tʃẽ42ʃẽ232a11tɔ232ȵyã232，uə11ko42ȵyã232. a11tɔ232ti42tɔ31
央，亚 头禾 稿 人，拧 得=禾 稿 整 成 亚 头 人，禾 稿 人。亚 头 子就
ʃuã232la33，a11tɔ232fuə42iæŋ35mie42. ka51tɔ31poŋ51ʃi33a11nu42，iɔ31pa42ky232ʃiu35ky232lo33. ka51tɔ31he44piʌ42
神 啦，亚头 火 殃 咩。咖 就放 是 亚努=，又把渠 烧 渠 啰。咖 就 吃饱
ie31，uŋ51lo33，lo51uŋ51lo33. yə44tẽ31iu51lo51uŋ51，ka51tɔ31ka33ka35u11u33tɔ31piʌ35tẽ31kuæ44mo232fuə42thæ̃51.
夜，暗 啰，到 暗 啰。一定要 到暗，咖 就 家家户 户就包 定鸡 毛 火 炭。
tæ311ka35nẽ51ki42tʃiæŋ35θĩ11tʃi42，poŋ51ki42mẽ42kuæ44mo232，ʃa31kuæ35tʃhe42thuə44luə44kuæ44mo232a33，
大 家 拧 几 张 钱 纸，放 几 □②鸡 毛，杀 鸡 扯 脱 得=鸡 毛 啊，
ka51tɔ31poŋ51mẽ42fuə42thæ̃51，ʃiu35ʃæ232ʃẽ31ʃiu35θo44a11luə44fuə42thæ̃51. ka51tɔ31ʃĩ33ʃiæŋ35，kiʌ42lo42tɔ31
咖就放 □ 火 炭，烧柴 剩 烧 宿亚 得=火 炭。咖 就馨香，搅 倒 就
tʃø51. ka51yə33o44tɔ31tʃø51yə44ŋa35kə42，piæŋ42ho42，piæŋ42yə44ŋa35kuæ44mo232fuə42thæ̃51.ka51tɔ31poŋ51
□ 。咖 一屋 就□ 一 桠 嘓，绑 好，绑 一 桠 鸡 毛 火 炭。咖 就 放
ȵyə31a11tɔ232ʃuã232a31nu42，tɔ31kaŋ31ȵyə31hy51.
入 亚 头 神 亚 努=，就□③入 去。

ka42lo51a11ie31uŋ51lo33，tɔ11tɔ232tu33kaŋ31θuæ232lo33，iæŋ44iæŋ31tu33kaŋ31ȵyə31hy51lo33. tɔ31uŋ51lo33，
咖到亚夜暗啰，头 头 都□ 齐 啰，样 样 都 □ 入 去啰。就暗啰，
tɔ31tʃiæŋ35ʃiʌ31ʃiæŋ33tʃi35la31tʃo44，ka35tɔ31foŋ31a33. o35，tæ11ȵyə232θuæ33ti42tu35tʃhuə44toŋ33kə42，tu35
就装 着 香 枝 蜡烛，咖 就奉 啊。呵，大 人 细 子 都 出 动 嘓，都

---

① □ tʃø51：捆扎。

② □ mẽ42：一点点。

③ □ kaŋ31：扔。

tʃʰuə44θuæ232kə42，o35，yə33naŋ35ʃæ31kə42ȵyã232tu35tʃʰuə44θuæ232kə42. iə33kuə51pie31ȵyã232mɔ33tʃʰuə44
出齐嘞，呵，一粒寨嘞人都出齐嘞。有个别人冇出
tʃie44a11luə44，lɛ̃33a11luə44. ka51θuæ33ti42hɔ42nuæ51a31luə44mɔ33tʃʰuə44，ki232tʰa35a31luə44tu35tʃʰuə44kə42.
啫亚得=，懒亚得=。咖细子口细亚得=冇出，其他亚得=都出嘞。
tɔ31ʃi33nu42ui11ui232tʃie44，ka51foŋ31lo42ne33ka51tɔ31iə33a11luə44ʃæ̃31tɔ232，a11luə44ʃæ̃31tɔ232a33，kiæŋ42luə44
就是努=围围啫，咖奉倒呢咖就有亚得=寨头，亚得=寨头啊，讲得
ua31a11tɔ232a33. ka51tʰoŋ35ki42ky51ua31，a33，kə33ȵyə31θoŋ51fuə33iæŋ35lo33po33a33，ka51ky232tɔ31ŋa31tʃi35
话亚头啊。咖通几句话，啊，箇日送火殃啰啵啊，咖渠就□①枝
fuə42ʃæ232，fuə31tʃe42lĩ42yə33tʃi35la31tʃo44，ka51tɔ31tʃʰy42ȵyə31a11tɔ232ʃuã232a11nu42tɔ31ʃiu35lĩ42le33mie42.
火柴，或者点一枝蜡烛，咖就杵入亚头神亚努=就烧点咧咩。
ʃɔ42θĩ35tɔ31ʃiu35a11tɔ232ʃuã232，a11tɔ232uə11ko42ʃuã232θĩ35kə42a33. ka51ʃiu35lo42ky232tɔ31lø11lø232，iə31kuã35
首先就烧亚头神，亚头禾稿神先嘞啊。咖烧倒渠就来来，又跟
ly33tɔ232ʃiʌ31tʃʰuə44kə42mie42. kə33ti42a11luə44kuæ35mo232fuə42tʰæ̃51yə44hi42ʃiu35，ka51tɔ31ʃiu35tʃʰuə44lø33
里头着出嘞咩。箇子亚得=鸡毛火炭一起烧，咖就烧出啰
kə33mui31luə44miʌ232，luə44uə11ko42，ka51tɔ31ø11ø232ʃiæŋ42lo33，a11luə44tʃiæŋ35mo31ie31a11luə44tʃo44pʰi42
箇外得=茅，得=禾稿，咖就呵呵响啰，亚得=樟木叶亚得=竹噼
li42pʰa33la35piʌ51，ka51a11luə44θuæ44ti11ȵi232a33，tæ31ȵyã232a33tɔ31ɔ35lo33po33a33："kuæ35lu232o44ŋ232tø51
里啪啦爆，咖亚得=细子儿啊，大人啊就讴啰啵啊："鸡庐屋吾哉
tø51tø51！tæ31puə31ku42tʃʰaŋ35ʃĩ232ia33loŋ232ŋæ̃33tʃaŋ35lo33！tʃʰaŋ35hø35lo33！"tæ31puə31ku42tʃʰaŋ35ʃĩ232
哉哉！大佛牯撑船下龙眼墇啰！撑开啰！"大佛牯撑船
ia33loŋ232ŋæ̃33tʃaŋ35，ŋuə33ti31a11nu42ia33mẽ42ʃi33loŋ232ŋæ̃33tʃaŋ35，iə33tiu232kiæŋ35kə42ni33！tɔ31ʃi33kiæŋ42
下龙眼墇，我哋亚努=下□是龙眼墇，有条江嘞呢！就是讲
tʃʰaŋ35hy51lo33！nẽ42kə33luə44fuə42iæŋ35tʃʰaŋ35hø35lo33！kuæ35lu232o44ŋ232tø51tø51tø51！i11ka35ʃiu35
撑去啰！拧箇得=火殃撑开啰！鸡庐屋吾哉哉哉！夷家烧
tʰɔ42lo33！kə33luə44tæ31puə31ku42tʃʰaŋ35ʃĩ232ia33hy51lo33，tiu11tʰɔ42lo33，mɔ33ʃi33kə33nu42lo33！o35ka51
敨啰！箇得=大佛牯撑船下去啰，逃敨啰，冇是箇努=啰！呵咖
laŋ42ky232ʃiu35θuæ232ui11tʃi42，ie44hi42ʃiu35ʃiu35ia33lo33，ka51tɔ11tɔ232tʃẽ51hy51kuæ35kə42. kə33naŋ35ʃi33
等渠烧齐为止，一起烧烧下啰，咖头头正去归嘞。箇粒是
naŋ35foŋ33θo44θe33kæ̃51. iæŋ35hø35kə33naŋ35fuə42iæŋ35，ky232tɔ31mɔ33luə44fuə42tø35lo33.
粒风俗习惯。殃开箇粒火殃，渠就冇得火灾啰。

（讲述人：陈有温，2016.8.7）

① □ŋa31：擦。

参考文献

陈小燕 2007《多族群语言的接触与交融——贺州本地话研究》，北京：民族出版社。

丁声树 1989《方言调查词汇手册》，《方言》第2期。

丁声树、李荣 1981《汉语音韵讲义》，《方言》第4期。

邓玉荣 2000 钟山方言音系，《方言》第4期。

邓玉荣 2005《钟山方言研究》，南宁：广西民族出版社。

邓玉荣 《藤县方言研究》（未刊稿）。

广西师院中文系《广西汉语方言概要》编辑组 1960《广西汉语方言概要》油印本。

侯兴泉 2017《信息处理用粤方言字词规范研究》，广州：广东人民出版社。

侯兴泉 2016《粤语勾漏片封开开建话语音研究》，上海：中西书局。

黄雪贞 1993《江永方言研究》，北京：中国社会科学出版社。

教育部语言文字信息管理司、中国语言资源保护研究中心 2015 《中国语言资源调查手册·汉语方言》，北京：商务印书馆。

李立宁 2012《钟山方言声调发声模式的研究》，广西师大硕士学位论文。

李琼永 2007《雁叫秋风》，南宁：广西人民出版社。

覃远雄 2014 广西南北平话的差异，《方言》第4期。

谢建猷 2007《广西汉语方言研究》，南宁：广西人民出版社。

邢向东 2002《神木方言研究》，北京：中华书局。

王　力 1982《同源字典》，北京：商务印书馆。

伍　巍 2007 粤语，《方言》第2期。

余瑾等 2016《广西平话研究》，北京：中国社会科学出版社。

朱德熙 1982《语法讲义》，北京：商务印书馆。

中国社会科学院语言研究所 1981《汉语方言调查字表》，北京：商务印书馆。

钟晓婧 2015 钟山方言单字调对比实验研究，《华中师范大学研究生学报》第12期。

钟山县民间文学三集成编辑组 1987《钟山县故事集》油印本。
钟山县民间文学三集成编辑组 1987《钟山县歌谣集》油印本。
钟山县民间文学三集成编辑组 1987《钟山县谚语集》油印本。
钟山县志编纂委员会 1995《钟山县志》，南宁：广西人民出版社。
张振兴 1992《漳平方言研究》，北京：中国社会科学出版社。

调查手记

钟山地处广西东部偏北，在古代是中原地区进入岭南的重要通道之一，独特的地理位置使钟山县历史文化相当丰富，其历史文化古迹遗存之多，在广西壮族自治区县一级建制中是少有的。钟山有多种汉语方言土话，语言文化丰富多彩，与语言有关的自治区级非物质文化遗产项目就有瑶族门崃歌，市一级非物质文化遗产项目董家垌山歌等。

我对钟山方言的调查是从20世纪90年代开始的，2000年和2005年，先后写了《钟山方言音系》和《钟山方言研究》。限于当时的水平和条件，当年的这两项研究成果相当粗糙。面对丰富多彩的钟山语言资源，一直有对钟山土话进一步深入记录研究的想法。进入新世纪以来，钟山县的各种土话已经处于不同程度的濒危状态中，我更强烈地感到应尽快对钟山的土话进行抢救性的记录和研究。

村落调查　石龙镇松桂村 / 2017.7.12 / 廖祖平 摄

2015年中国语言资源保护工程

董家垌山歌对唱　石龙街 / 2016.6.17 / 廖家庄 摄

启动，我有幸得到中国语言资源保护研究中心的立项，终于有机会对钟山的土话进行进一步的调查研究，并选择了最有特点的董家垌土话作为这次语保项目的调查点。

钟山县教育局对语保工作非常支持，2012年广西启动中国语言资源有声数据库广西库建设工作，全区各县分批开展，工作布置下来，还没有轮到钟山县，但钟山县就做好了寻找发音合作人的准备工作，甚至寻找发音合作人的广告初稿都设计好了。现在广西语言资源有声数据库建设工作纳入中国语言资源保护工程管理，董家垌土话调查研究作为语保重点项目，其运作方式与一般项目不一样，寻找发音合作人不用经过政府部门，可由项目主持人直接寻找。但我们还是找到了县教育局主管语委办工作的董土长副局长，县语委办董老师，请他们帮助找发音合作人，他们热情地给予了帮助。

2015年4月，我们通过教育局从董家垌的回龙和石龙寻找发音合作人，回龙镇语文辅导员董文述老师帮助找发音合作人，经多方寻访面试对比，最终定下了董标富老师为方言老男发音人，董前忠老师为方言青男发音人，董瑞兰老师为青女发音人。

董家垌距县城有十多公里，主要发音合作人退休后已经在县城定居，由于交通条件的改善，以前要走几个小时的路程，现在驾车也就不到半小时的车程。在乡下的发音合作人来县城也非常方便，因而我们的调查工作大部分可以在县城进行。

方言老男和青男定下来后，我们就开始了纸本的调查工作。但方言老女发音人还没有找到，各方寻找，也没有找到合适的。我们只好边开始方言老男的调查边寻找方言老女。

董家垌山歌用董家垌土话传唱，是市级非物质文化遗产项目，钟山县城和董家垌经常有山歌对唱活动，为了了解董家垌山歌，我们已经专门采访过董家垌山歌的非物质文化遗产传承人回龙镇东寨村的蒋世福先生。为了解钟山的历史文化与语言文化，我们先后拜访了县文化馆的钟毓佑先生，县文物管理所的陈晓林先生。一天我们项目组成员来到县城广场上，看到一群人里三层外三层正在广场边的大树底下对唱山歌。歌声在广场上空飘荡，你来我往，歌手们的歌声发自内心，没有纸本没有提示，纯为天籁。其中一位老年妇女尤其活跃，我们眼睛一亮，这不正是我们要找的方言老女嘛！我们悄悄地把这位歌手叫到旁边，一问，她名叫刘桂花，正好是董家垌回龙镇朝东行政村人，做方言老女兼文化调查人再合适不过了，真是"踏破铁鞋无觅处，得来全不费功夫"。可以说，方言老女是从广场上随手"拣"来的，也是最合适的。在后续的文化调查中，她从自身的婚嫁经历给我们提供了不少董家垌的婚俗材料。

2015年底，在项目组成员刘宗艳、李林欣的配合下，我们顺利完成了调查手册要求的

发音人讲故事　钟山迎宾馆 / 2016.8.7 / 邓玉荣 摄

惯节1　石龙街/2018.6.18/董治安 摄

1000个单字、1200条词语、50条句子及文化调查的纸本调查与音像摄录工作。这只是第一阶段的工作。

更艰苦的工作在于语言志的编写，这是项目的重点与难点。虽然1998年，我就开始了对钟山汉语方言的调查，先后调查过县内6个土话点。这次只记录董家垌的土话，但要深挖一个点的材料，写出志书并超越此前的成果也并不容易。为此，我在这几年的时间内前后十几次自驾车到钟山进行调查，短则一两天，长则一住就是十几天。由于主要发音合作人董标富老师已经定居县城，这给调查工作带来了方便，调查工作也常在县城进行。但远离了调查点董家垌，就少了对调查点的许多感性的认知。为了对董家垌的风土人情加深了解，这几年我自驾车寻访了不少董家垌的村庄，石龙镇的松桂村、回龙镇的泉岭村等村庄更是去了四五次以上。行走乡间，下田头，趁集市，入寺庙，访农庄，在村里访问老人，到董家垌籍同事家中“惯节”，感受他们的节庆文化，录取人们自然交谈的口头语料。这几年包括请到宾馆里摄录，先后录了十多个小时的口头语料，并对其中一部分做了转写，从中撷取词汇和语法例句，语法一章中不少例句就是从转写的语料中选取的。为了找到民俗文化词“佛子大哥”的实物，费了不少时间，不断地向村中老人打听寻找，但社会在进步，移风易俗，这种以前常见的旧风俗的完整遗物已经很难找到了，却在一次乡间走访中不经意地在路边发现了。

可以说，本书词汇与语料是从众多的合作人那里收集来的，陈有温先生是董家垌龙福行政村鸟塘村人，早年中师毕业后，长期在董家垌生活工作，对钟山特别是董家垌的语言

惯节 2　石龙街 / 2018.6.18 / 董治安 摄

文化有深刻的了解。退休前在县师范工作，参与过钟山县民间文学三集成《钟山县故事集》《钟山县歌谣集》《钟山县谚语集》的编写工作。其夫人亦为董家垌人，家庭语言为董家垌土话，是非常理想的发音合作人。十多年前做钟山方言调查时，他就是董家垌点的发音合作人，这次语保工作开始时他年事已高，已经不适合做发音合作人了，但作为文化调查合作人还是合适的。年近80岁的陈老师知道我们要把董家垌话作为语言志来写，非常热情地来为我们录制他所熟悉的董家垌语言文化语料，本书不少语言文化语料是他提供的，非常遗憾的是陈老师已经于2017年底驾鹤西去，未能看到本书的出版，再也看不到听不到我们给他录的音视频，但他对家乡文化的那份热情深深地感动我们，他留下的家乡语言文化的音像也将永存。

市文化局退休干部李琼永先生是董家垌人，是钟山通，他著的散文集《雁叫秋风》，字里行间饱含了对家乡董家垌的厚重之情，是本课题重要的参考资料。钟山县政协潘绍作先生对本土文化有专门的研究，他提供了部分词汇语料，并对书稿提出修改意见。县政府办公室虞颂平先生提供了虞姓族谱，贺州灵峰律师事务所董军先生提供了董姓族谱，松桂村村干部提供了潘姓族谱并给调查提供了帮助，贺州学院退休教师骆永标提供了骆姓族谱，县文化馆钟毓佑先生提供了钟姓族谱，钟山中学陶恒老师、回龙钟寺湾小学陶义平老师提供了陶姓族谱，他们的无私奉献为我们的研究工作提供了不少的方便。钟山一中董蕊文老师、董进佳老师，钟山县政府退休干部董伟武也提供了部分语料。钟山县总工会黎远伟先生，贺州学院廖祖平老师、董治安老师，贺州家庄工作室廖家庄老师提供了部分照片。

松桂村入户调查　石龙镇松桂村 / 2017.7.12 / 廖祖平 摄

调查工作现场　钟山县迎宾馆 / 2015.9.17 / 梁文相　摄

圩场上摆卖的农具　石龙街 / 2016.1.4 / 廖家庄　摄

特别使我们项目组感动的是，在县迎宾馆录音像期间，我们虽然对宾馆房间进行了密封布置，但还是抵挡不了县城市场里突如其来的高音喇叭叫卖声，多亏了县政府办公室的胡林先生与县公安局的邓强先生从中协调，叫停了高音喇叭，才使录音得以顺利进行。

本项目得以顺利进行，首先归功于张振兴先生的教导和扶持，2000年我得到了到中国社会科学院语言研究所方言研究室进修学习的机会，师从张先生做广西东部的汉语方言调查，《钟山方言音系》是习作之一，经张先生指导修改，在《方言》上发表，事隔近二十年，续写钟山董家垌土话书稿，张先生又亲自帮助修改订正，可以说是缘分，更是先生长期的关照。中山大学庄初升教授是本书执行编委，曾到钟山指导项目调查、审读书稿，提出了宝贵的修改意见。中国社会科学院覃远雄教授也曾到钟山帮助听音辨音，解决了不少疑难问题。

对各位师友的帮助在此一并表示衷心的感谢！